China, Africa, and the African Diaspora: PERSPECTIVES

中国、非洲和离散非洲人

〔美〕沙伦·T.弗里曼（Sharon T. Freeman）/主编

苏世军　苏京京/译

社会科学文献出版社
SOCIAL SCIENCES ACADEMIC PRESS (CHINA)

Sharon T. Freeman

China, Africa, and the African Diaspora: Perspectives

This edition is an authorized translation from the English Language edition by AASBEA PUBLISHERS by arrangement with China-United States Exchange Foundation.

本书根据 AASBEA Publishers 2009 年版译出

前　言

中非的话题能够激发人的热情，这确实是个感人的话题，令人充满深情。此时认识到情感的重要性有利于解释这种现象，即本书囊括了撰稿人发自心底的情感。随着中非主题的书目的日渐增多，许多论著是在心平气和地“谈话”，而本书则是在“谈心”。

本书各章作者深情地讲述了他们的个人经历以及在中非工作和生活的情况，并由此而阐发他们的观点。也许他们并未找到真正的答案，许多是在探索中寻找答案。更多的是提出问题而没有给出答案，但是提出问题的重要性就在于能够帮助形成未来对话的基础。

许多人都认为中非关系被蒙上了神秘的面纱。中国是想要控制非洲，是要购买非洲有用的土地，是要榨取非洲的石油矿藏资源？他们在做什么？为什么这么做，他们怎样来做，我是怎样与他们合作的？重要的是，中国所采取的方法与其他开发伙伴为什么不同？

总体说来，欧洲、印度 、黎巴嫩和美国与非洲已有数百年的关系，他们熟知非洲的一城一池，他们谈论有关非洲发展的主要话题都是绕不开的中非关系。

中非关系的确有些特别，富于变化而又持久。这是件坏事还是件好事？实际上问题是复杂的。非洲的问题并不那么简单，没有现成的答案。“罗马不是一天建成的，中国也确实如此。”

许多文章论及了中非的权宜之计及其影响，本书对此尽可能多有涉猎，特别是关于非洲人与非裔侨民，他们的观点并未引起人们的注意。

有些观点是积极的，有些是消极的，但是一切都将证明：中国开始新的一天也是非洲的黎明时分。

在几百页的篇幅中都涉及“权宜之计”的话题，即做事的方法，而不是重点论述做什么，以此说明了中国问题的特殊性。

中国人在方程式中引入了一种新元素，那就是人的情感。在开发共同体的每一个人都会谈到人权，而很少人会谈及人的情感——在中非关系中就包含有大量的人类情感。

傲慢、偏见、尊重、谦虚、团结、赞扬，先谈这几种吧。中国完全脱开其非洲战略，邀请非洲各国领导人到中国，像他们所期待的那样，热情招待，尊重有加，这就是策略的变化。

如果中国人说，“兄弟之间彼此扶持，可以共患难——如今，让我们建立共同的纽带”，这就会打动你的心。如果中国人高傲地说，“我们绝不会说出不利于你们的话，不会对你们的发展道路指指点点，我们就是要做贸易来的”，这当然不会打动你的心。

非洲领导人对此所做的积极反应为众多开发共同体所认知，就像他们想取消西方的约束和良治一样，但那只是针对某些情况，而不是所有情形。

更大的问题在于非洲人情感上受到伤害，各国领导人常常无法兑现自己的承诺。他们贫穷，他们低调，但是他们并未置身于外，这在很大程度上要感谢中国人。在中非关系中他们发现一个强大的伙伴，给予他们以强大的援助，开启新的航程，使他们在良治的路上，充满希望。

有许多质疑，甚至有些指出这样会导致负债更多和新型殖民化的局面，非洲各国领导人准备和中国人踏上征程，观看前景。他们究竟会失去什么？按照开发机构给出的方式去行动，几十年过去，他们展示了什么？他们只有准则，没有道路可行。

非洲人看中国，看到的是什么？他们看到的是成功。他们看到中国在非洲所取得的成就，看到的是成功和气魄。从积极方面来看，中国人在短期内以低成本修建基础设施，他们还在修建非洲人具有优先权的土建工程，由于他们的介入，非洲天然资源产业和经济使他们成为可选择的买主，令世界对非洲刮目相看。

从消极方面来看，他们看到中国商业正在以空前的规模进入他们的国家，使当地商业失去了竞争力。他们还看到他们的制度缺乏处理中国人介入当地经济事务的能力。非洲的制度从海关到移民、环境、标准、劳工，通常不具备有效控制、调整和监控中国个体商户的技术能力。非洲私营企业缺乏资金和其他的投入渠道，从而无力与中国企业进行有力的竞争。

这是一道难题。一方面，中国是非洲的开发和伙伴，带来了很多好的东西；另一方面，有些中国个体商户对某些非洲国家的经济造成了很大的伤害。

这里有人类的另一种情感：祈祷。每个人都在祈祷一切都会好起来的。如今火车正在高速运行，谁也无法跳下车。祈祷就像是中国历经了“文化大革命”后的千辛万苦，利用中国人的智慧，在中非关系前进道路上的障碍就会一扫而光。我们没找到解决问题的具体公式，但是其主要因式可能包括中国人更多的冷静和克制，以及非洲人更多的能力建设。

尽管道路曲折，但是前进的方向是正确的。中非关系是牢固的，其不仅建立在今天或昨天的合约基础上，而且真正建立在超越商务的人民之间的情谊基础上。比如，中非对自然和社会力量的相互作用、祖先崇拜、生命的现世理解、基于恢复平衡和社会和谐整体概念的治疗思想等观念相似。在两种传统文化上，神圣的山脉、河流和森林之所与共存的信条相合一。连续和发展的元素融合在典礼、节日、文化表演和社会事件之中，这些活动需要召集祖先、长者、医治者和文化与历史的代表作象征性的参与。

对于中国人来说，这种神奇的力量和思想都包含在阴和阳之中，阴和阳意味着动态交互作用的二元互补。相对于西方人的二元对立思想，中国人把这些力量更多归结为阴而不是阳，但是两者总是处于平衡状态的。

不知何故，希望和祈祷就是中非关系平衡的阴和阳。

沙伦·T. 弗里曼

作者/出版者

中国与非洲之间的互利互惠关系

刘贵今　大使

如今中国和中非关系已经成为国际会议上热议的话题，就此问题从不同角度可以得出不同的结论。

从中国来看，非洲历史悠久，幅员辽阔，自然资源丰富，具有强劲的发展势头。尽管面临诸多的困难和挑战，但是非洲在国际事务中所起的作用越来越大。

中国与非洲有过相同的经历，对与非洲国家发展“双赢”合作关系具有非常重要意义。从某种意义上说，中国与非洲的合作促使国际社会更加关注非洲大陆。

在彼此坦诚、平等互利、共同发展等五项基本原则基础上，政府官方文件《中国的非洲政策》中明确阐述了中国在非洲事务上的指导原则。

中国兑现了自己的诺言。

在政治关系上，中国遵循和平共处五项原则，不干涉非洲国家内部事务。中国支持非洲国家探索适合自己国情的正确的社会体制和发展模式。中国愿意与大家分享自己的发展经验，但并不承认所谓的“北京协议”，也不想把自己的思想和政治体系强加给非洲。中国人民深受两千五百多年前的古代哲学家孔子的教诲，“己所不欲，勿施于人”，由此可见一斑。

记得邓小平（中国改革开放的总设计师）会见西非国家首脑时，曾建议非洲国家领导人不必采取社会主义制度，因为社会主义制度不适合他们的国家。在经济关系方面，中国不愿意称自己是非洲国家的施主，而是把自己定位于中非经济合作伙伴的角色。中国相信中非经济关系不是单向救济，而是在南南合作框架基础上的双向互利，南南合作可以为中国在经济援助上不附加政治条件提供一个合理的解释。这并不意味着中国不关注非洲的人权、民主或良治的问题。我们认为，非洲要自身求发展，不存在外来的万能良方，因为每一个国家都有各自的发展水平、历史背景、种族构成和政治现状。

非洲人民完全可以办好自己的事情。近年来，随着在非洲贸易的扩展和投资规模的增加，中国在非洲的形象越来越重要，这是毋庸置疑的。中国政府鼓励本国公司到非洲投资的政策如今已见成效。

中国公司和个体商家成为非洲市场上的活跃分子，其领域包括贸易、采矿、能源、基础设施、制造业、农业、服务等。

中国为非洲经济和社会的发展作出了切实的贡献。在这个过程中非洲和中国都得到了利益。中国为帮助非洲国家开发基础设施所作的贡献在世界银行2008年7月公布的报告中得到部分认可："建筑桥梁，中国作为撒哈拉以南非洲基础设施投资者的作用越来越重要。"该报告指出，中国在非洲石油方面的投资份额相对较小，其100亿美元的投资只占其他国际石油公司在该地区1680亿美元的不到10%。任何将中国能源和矿产方面的正常事务政治化的企图都是不恰当的，都是人为设立的双重标准。

同时，中国将会与非洲相关的政府和协会合作，面对新的挑战，解决新的问题，这些挑战和问题是随着经济关系的拓展而出现的，例如不合时宜的贸易结构、小型商户的不良行为。

在外交关系方面，中国一直与非洲国家保持平等。中国与非洲在重大国际问题上持有同样或类似的观点，相互支持。中国感谢非洲对有关中国根本利益事务的支持，如台湾和平统一和民族安全。

毛泽东主席在20世纪70年代曾风趣地说："是非洲兄弟把中国抬进了联合国"，令许多中国人记忆犹新。毛泽东指的是1971年在76张赞成票中有26个非洲国家支持的情况下中国恢复联合国合法席位这件事。我相信在这个唯物主义世界里，中非之间真挚的友谊将会万古长青。在解决非洲争端问题上，中国被要求承担更多的责任。

在遵守固定政策中的基本原则的同时，中国通过与国际社会的合作也显示出其灵活性。中国奉行对话与和平协商的原则，支持各种和平倡议，自己所扮演的角色为服务者、调停人和可靠的参与者。中国多年来参与联合国维护非洲和平工作，就投入军队数量而言，在联合国安全理事会五个常任理事国中是数一数二的。

我认为，中国面对大国势力的挑战表现出不追求在非洲的霸权、独裁和特权，其在非洲的努力也不是要对付第三世界国家或集团。中国愿意看到非洲国家同发达国家、新兴国家发展并加强正常的双边关系。中国不愿或无权垄断非洲市场。中国的非洲政策是其独立和平外交政策的一个重要组成部分，主要目的是要建立并维护自身和平发展的有利环境。中国真诚地希望帮助非洲，也就是通过建立在达成共识的国际规范和惯例基础上的“双赢”合作来帮助自己，进而促进世界的发展更加和谐。

鸣　谢

经过美国、中国和非洲许多合作者在内的同人两年的努力，本书终于完成。当然还有许多人需要答谢，感谢他们的支持和信任，他们或对本书的完成至关重要，或完成重要的幕后工作。

首先要深深感谢董建华先生和中美交流基金会对于本书出版的大力支持。感谢所有的作者，他们共同书写的文字有助于阐释一个世界新发展的最令人鼓舞的主题，这就是中非关系。

除作者以外，还要感谢其他人，感谢他们的策划、联络和道义上的支持。感谢中国驻华盛顿前大使李顾问和迈克尔·平在编著伊始时给予的支持。感谢很多中国人，感谢中国政府非洲事务特别代表刘贵今大使，感谢中美友协会领导，感谢马旭先生在中国的陪同，对接见我的商业部和外交部的代表深表谢意。

特别要感谢中国社会科学院研究员刘乃亚、张永蓬和潘日霞，他们和我们促膝交谈，使我们获益匪浅。感谢非洲投资网站的威廉·唐以及北京华立科泰医药有限责任公司等。

感谢中国国际贸易促进委员会代表、深圳市政府成员，以及中国国家海洋石油公司代表提供的重要信息。

感谢香港朋友卓百德、罗慕理、周策兰多年来的友谊，他们在香港和我们会见并提出许多宝贵意见。感谢身在上海的伊尔·卡尔和尼克林·约翰逊与作者电话联络及所做的召集工作。

在非洲一线有许多人需要感谢，在非洲许多国家都有善良的乐于助人的人，他们心系本书的编著工作，并提出宝贵意见。

感谢驻美非洲大使及其随员，特别要感谢的是安哥拉大使皮特拉·迪亚基特，莫桑比克大使阿曼德·蓬古恩，尼日利亚的格雷戈里·奥昆，塞内加尔的马马杜·蒙特加。

万事开头难。一开始在美国就有很多人前来帮忙，有的从远处带来参考资料，帮助联络并出谋划策，其中有帕梅拉·布里吉沃特大使、马里克·扎加、安吉尔·巴普蒂斯、玛丽塔·哈伯、欧文·威廉森、马纳·科恩、桑德拉·泰勒、巴蒂·福斯特、格雷格·伊姆西、玛丽·约翰斯以及让·波贝尔等。还要特别感谢迈克尔·塞缪尔斯的热诚相助，感谢我的朋友克里斯·霍尔姆斯帮助我到香港过上新的生活。

特别感谢美国驻纳米比亚大使约什·达科鲁兹，以及丹尼斯·马修、赫伯特·约赫、索菲亚·伯索蓬。感谢美国贸易代表弗洛雷·里瑟、美国进出口银行肯·金斯利的帮助。

每个人的贡献各异，最重要的是让我感到温暖，感到有一个支持者的“村落”，他们都是值得信赖的。

感谢家人和朋友，他们在我紧张的编著工作中一直支持我。常言说，众人拾柴火焰高，他们就是我的坚实后盾。

我亲爱的、已故的朋友，香港百灵国际基金会创始人伊拉·丹·卡耶，他的音容笑貌总是萦绕在我的耳边和眼前，难忘与他在香港一起工作的时光，那是我人生中最美好的一段经历。

作者的话

本书主要论述中国在非洲的事务，其中有诸多感慨，愿与大家分享。

我有过在100多个国家工作的经历，其中，从20世纪70年代中期开始在非洲和中国的研究生涯，是我一生中最为艰苦的经历。

狄更斯1859年在《双城记》中开宗明义地写道：“这是最美好的年代，也是最糟糕的年代……这是怀疑一切的时代。”20世纪70年代的非洲和中国处于最糟糕的年代、怀疑一切的年代，再怎么有想象力的人也不会说是最美好的年代。我在非洲和中国的经历令人心痛，很难说哪一处更为糟糕，可能在中国的处境更糟。

如果不是沿着公路去海岸，你就不会知道在那些地方的处境多么艰难。在那里，你能看到人们一贫如洗，生活环境异常艰苦，目不识丁的人们从早到晚终日劳作。

20世纪70年代在非洲，没有食物，没有水，我和姐姐好几天都在空地里等着，等着部落把足够多的人转移到下一个目的地。在“公共汽车”上挤满了穷人，他们穷得不能洗澡，这是些活的动物。我们从未经历过如此炎热的气候，坐一整天的车，没有水，语言不通，无法弄清楚我们到哪里去，需要多长时间可以到达。我们的目的是从加纳到布基纳法索，去见几位美国外交部驻瓦加杜古的朋友。

走过陆地之后，我们上渡船过水道，但挤得要命，特别是妇女，有怀孕的，有的背着孩子，好像头上还顶着不少东西。我们到“浴室”的时候，得蹲下身来，臭气熏人，难以忍受。我们到达目的地的时候，看见了空旷的红土马路，脏兮兮的，那股兴奋劲儿荡然无存。数百人乱哄哄地挤进小公共汽车和小渡船，尽管我们想要看见什么，但是眼前还是空无一物。我们喜欢瓦加杜古的宁静，并不怎么理解这种宁静意味着没有建筑的噪声，实际上是没有发展。

对于没有历史知识的人来说，非洲是个可怕的地方，如果有人要我和姐姐说出第一次来非洲的深刻印象，除了人之外，都是糟糕的：糟糕的气味、糟糕的食物、糟糕的道路、糟糕的建筑……

按照我们的观点来看，中国是个社会主义国家，在当时也是十分可怕的。

中国许多地方的物质条件很差，精神方面更甚。1979 年我们来到中国，成为美国第一团队的成员。

来自贸易发展部的政府官员指导政府贸易工作。整个国家刚刚从“文革”困境中摆脱出来，突出的问题在于其影响会造成人们的恐慌。这种恐慌有的是我们感觉不到的。我们实际上是不了解中国的。我们拿不出什么方案。我们最希望的是不犯错误，然而犯错误在所难免。

第一次会面来了不足十人。我们不认识他们，叫不出他们的名字，只好小心地搭讪，他们更是小心翼翼，因为他们也害怕出错。他们大多数人在“文革”中受到迫害，尽管会讲英语，但也装作不会，他们不想表现出他们是有一定知识的，因此，我们的谈话通过翻译进行，他们露出惊讶的目光，好像是一点也不懂英语。

与会期间，他们作为主人总是给我们倒可口可乐，而我们则以为最好是喝下去，千万不要造成什么国际影响。在大型午宴过程中，我们总是接受主人的敬酒，说声“干杯”，便一饮而尽。这都是烈性酒，作为小组成员不干杯会不会造成什么影响？我们就是这样连吃带喝的，要我们吃的食物中有的是活物，这在以前是我们无法想象的。

记得我住的是北京福星 Fuxing 宾馆——不会中国话的发音，就用英语说，在房间一侧的浴室没有窗户，灯也不亮，黑糊糊的，又潮又有味道。

我们只好努力工作。我的任务就是写出中国私营部门发展策略的计划，在亚洲 12 年的生活和工作经历使我对中国了解很多，然而，我的希望和梦想再一次落空。

你是如何促进发展的？这个问题困扰着整个社会发展。从政治改组，到机构建设、商务干涉，许多非洲国家还停留在最糟糕的时代中。相反，如今的中国处于“令人信任的时代”，也是最好的时代。中国能够对非洲有着神奇的影响吗？

说到神奇，不外乎两种：一种是发自内心和灵魂的，一种是来自金钱的。从整体经济角度来看，最终还是来自金钱。

在中国有大量资金来自香港和海外华人。在香港回归之前，中国内地和香港地区演绎的是另一个版本的《双城记》。

如果中国在许多方面是落后的，那么香港地区就同时在许多方面是先进的。

香港拥有大量的资金。据说香港的劳斯莱斯汽车比全世界的数量还要多，每天的赛车赌注比世界的总和还要多。重要的是，在20世纪80年代中期，还有人说每年从香港流到深圳的资金金额超过了外国在东亚的全部直接投资。资金——外国直接投资是创造中国奇迹的重要组成部分。

美国人极力推崇的是欧洲文化，而不是东亚文化。因此，到20世纪70年代后期美国很少有人知道“香港”奇迹，当时有人问起香港的时候，我们就只知道中国菜、功夫和苏西黄。

那就想象一下，1979年到了半岛酒店，看到的全部是劳斯莱斯，优秀的人群，美丽的楼房和基础设施，实在是令人震惊，啧啧称奇。我们以为最好的东西是来自欧洲的。欧洲拥有最好的衣服、食品和大厦等，是不是？我们很快就会说出：显然不是的。

同样令人称奇的是，在香港还有我近期的伙伴伊拉·丹·卡耶，他曾经在加利福尼亚做过零售商，来香港是对销售源头进行直接的了解。

他在香港半岛酒店设立临时办公室后，便一直住在香港，从未返回美国。我们无法想象中国人所具有的才华和刻苦精神，也无法想象出在美国和西欧之外还有香港这样先进发达的地方。尽管中国刚刚摆脱困境，但我们很快就会想到在其宣称达到世界领先地位之前会经历一个艰难时期，特别是会想方设法汲取香港地区积累的经验和知识。面对机遇，令人激动。

我在香港的生活和工作使我受益良多，让我成为一名造访中国的“参与者”，我认为自己是一位非洲“参与者”。自20世纪70年代中期在非洲40多个国家工作之后，作为一名非裔美国人，访问非洲对于我来说也具有重要的意义。借本书出版之机，回顾中国和非洲多年来的发展事宜，见证中非财富的融合，是个令人难忘的经历。

在非洲的中国故事是发生在过去50年发展的土地上，同时还揭示出人人参与竞争的世界的前途。

尽管在发展领域充满竞争的因素，但对于中国、非洲或西方合作者来说已不再是博弈。在世界新的秩序下，如制度效率建设、公私合股、公民社会咨询以及良治等概念很快就从计划执行过程中显现出来。

世界在迅速发展，各项工作也在迅速开展，计划被更迅速地认定并得到尽快实施，相关的协商工作进展迅速，令人鼓舞。

我认为，谈论中非关系的问题，最好还是谈发展问题。

作者简介

沙伦·T.弗里曼博士，美国商务代表非洲委员会委员，美国商务代表联合会委员，美国商业部工业微小企业贸易政策咨询委员会委员（1991年以来）。曾经为美国进出口银行咨询委员会委员（2006～2008年），美国小企业主利益保护局华盛顿咨询委员会委员（2006～2008年），美国能源部小企业咨询委员会委员（2005～2008年），马里兰州商品出口委员会委员（2000～2009年），还曾担任哥伦比亚商会国际委员会主席（2000～2006年）、哥伦比亚政府国际商业发展办公室主任（2002年）以及其他职务。

从博斯开始，她曾在100多个国家担任经济发展专家和主办人，1977年在艾伦与汉密尔顿公司任特别顾问，包括在美国外交部、审计院、政治经济联合研究中心任高级官员；1985年投资并创办自己的旗舰顾问公司——拉科－霍顿全球顾问公司，事业达到顶峰。

弗里曼博士是全美小营业额出口协会创始人和总裁（AASBEA），该协会在美国为重要的行业协会，并承担行业图书的出版工作。她投资并管理贸易投资技能发展国际基金（IFTISD），这是她1990年创办的非营利性公司，旨在为合格的接受者提供广泛的建筑设施。她还担任美国大学商学院兼职教授，讲授两年国际商业与进出口课程。

她为私营部门加快发展步伐、加强贸易与投资管理、提高公司能力方面提供建议。此外，作为作者和出版商，她的著作记录下了她在开发之路上的经验，让人们倾听她所采访的人的话语。这是她1999年以来写的第17本书，其中14本是由她的AASBEA公司独立出版的。她获瓦尔登大学应用管理与决策科学博士学位（1998）、卡内基·梅隆大学公共管理与政策科学硕士学位（1977年）、卡内基·梅隆大学认知心理学与历史学学士学位（1974年）。

她获得由DC商会、美国小企业主利益保护局、卡内基·梅隆大学、瓦尔登大学授予的商业领导、倡议、新闻、成就等奖项。有关她的视频可参见http://www.youtube.com/watch?v=LdtQBw0iSqA。

有关她在发展地区旅行的信息参见http://www.sharontfreeman.com。

目　录
CONTENTS

第一章

引言与本书的结构

引　言

非洲人、中国人、非裔侨民以及那些见多识广并关心非洲发展的人们，愿与我们分享他们关于中国在非洲的地位和影响的观点，这些观点启人心智，发人深省，其中既有宏观论述，也有微观描述，为读者探讨有关问题提供了重要的观察视角。本书就有关非洲、中国与非裔侨民多年经历进行探讨，通过表象来加深对人的本性的认识。

这里强调的视角本质上是一种见解，可以反映一个人看问题的方法，假定这个人具有一定的经历。这里的视角没有对错之说，视角本身也可以说明问题。设定一个大题目，你就不可能面面俱到，你可以列出大纲，画出草图，剩下的其他人会完成的。

我们对本书所有的作者对发展表象的复杂性的认识表示认可和理解。他们明确表示，解决非洲发展问题，没有单一的答案或方法，不可能一蹴而就，需要几十年的时间，需要花费时间走上正确的道路，而且道路上也有曲折，只有沿着“崎岖的道路”坚持不懈，才能取得今天的成就。

在本书编辑过程中，尽量拓宽各类学科的范畴，包括心理学、社会学、经济学、历史学、政治学、自然科学等，这些学科有助于研究中国在非洲的作用和影响的方方面面。许多作者是外交官、领导人以及发展的实践者，他们的观点是最具说服力的。作者的经历不同，所写的文章也各具特色，第七章收入了有关国家重点课题的研究成果。

本书的结构

第二章　概览与主题再现。像是一道表现一幅丰富的风景画的谜题，多幅画片拼到一起就可再现整个画面。概要和主要调查结果就像是谜题画片，有的画片只是展示出整个画面的一角，但是要求整个画面揭示事物的本质。

问题在于回顾并评估画片的真正含义，如何才能有助于表现整个画面。这一章的重点在于揭示所选择的图片的含义，帮助读者拼出清晰的整个画面。

第三章　前沿的视角：非洲学家的观点。“前沿”一词指的是那些在领导非洲国家承担重要职责的或为非洲发展铺平道路的人们。回顾自非洲民族独立50多年的历程，有许许多多重要的参与者。我们选择几位参与者讲述国际社会所关注的关于中非关系的重要事件。就此关心的问题，有的作者呼吁非洲领导人抓住机遇，有的作者提醒中国领导人关注个体商户对非洲社会基层民众的影响，有的提示基层民众起来发出自己的呼声，有一点是一致的，那就是非洲、中国和美国领导人需要互相学习、互相鼓励，为非洲赢得多倍的红利。

第四章　中美“软实力”比较论。本章讨论的是做事的内容和方法之间的区别。

所提供的信息可以揭开神秘面纱，对关键问题作新的阐释，即影响非洲各国元首的心智和行为的方法上的差异。影响心智的原因是什么？重要的是随后的行动。

本章分三部分。第一部分概要说明了有关综合方法的主要分歧。强调的是感情重要，做事的方式重要，而不是要强调做事本身。以麦当劳为例最能说明这句话的含义。

麦当劳没有发明汉堡和奶昔，只是给出了销售汉堡和奶昔的营业模式。用管理术语来说就是麦当劳开创了汉堡营销的“营业过程重构”。“营业过程重构”的理念完全可以运用到外交上——这是不言而喻的，所有的外交事务都是如此。“做”外交工作有多种方式，正如麦当劳一样，中国从某种程度上基本改变了在该领域将会产生重大影响的模式，从中国之前和中国之后来讲，非洲发展永远是探讨不完的话题。

在第二部分，普林斯顿·莱曼大使是最富经验的非洲研究者之一，他认识到中国在非洲起到了关键的作用，说明了支持中美在非洲进行战略合作的理由。在第三部分，美国商会的斯科特·艾斯纳分享了商会对美国在非洲商务情况近期调查的信息。调查结果证明，美国实业界在非投资的风险规避与中国在非商务的景气现象正好相反。中国人把非洲看成是第二个“黄金国”。

第五章　前沿的视角：来自中国与关于中国的观点。那些来自中国的人就中国人看非洲、中国对非政策、华人侨民所面临的挑战以及“绿色科技”新领域等中国在非洲的问题阐述了富有创见的观点。从在中国与中国人的谈话录中也可以分享一些观点。这些观点总体上阐述了中国在非洲的长久性，以及创新带来机遇的问题，还阐述了吃苦耐劳的重要意义，中国人一旦作出投资决定，无论如何都会付诸实践的。非洲研究者的声音——有关中国在非洲常常被忽略的问题——具有中非经历和知识的人以独特的视角看问题。总体说来，他们表述的观点是，“如果你不能打败他们，就去联合他们”。他们认为中国已成为闪亮的灯塔，有很多值得学习的东西，要与中国结成战略联盟。

第六章　中国公司的视角。本章有两个重要部分。第一部分阐述经济决策制度在中国的作用。这种情况很重要，因为原本人们以为所有决策都是由高层制定的。实际上，就重要经济决策而论有许多“中国”和许多参与者。因此，这就意味着非洲大门一旦对中国商业开放，中央政府就没办法关闭。

第二部分论述公司社会责任。公司社会责任是解决中非关系中出现的一些问题的关键所在。也就是说，非洲底层存在一些问题，中国个体户的行为扰乱了非洲社会。因此有人认为中国公司应该承担公司社会责任。还有人认为通过公司社会责任倡议，妇女和青年人提高了抓住机遇的能力，在某种情况下中国人所参与的行为对环境保护有负面影响。

第七章　案例研究。本章为本书核心内容。这样安排就是让读者在充分理解国家个案研究问题之前掌握充分的背景知识。正如各个国家个案题目所示，选择这五个国家是有理由的。总体来说，它们都是中国重要的伙伴。有的国家有着重要石油资产，有的国家没有，但无论怎样都是中非战略中重要的国家，中国分别同各个非洲国家强调不同的方面与策略。例如，在埃塞俄比亚、加纳、纳米比亚个案中，可以看到中国正在为中国公司利用并创造重要商业机会，而不仅仅是获取石油资源。通过这些个案研究，我们看到中非战略在全方位地实地操作。相反，安哥拉和苏丹个案揭示了中国石油战略，这是中国对非战略中又一支重要的锚。

中非事务另一个重要维度在国家个案研究中被揭示出来，非洲制度对在这些国家的中国合约缺乏有效管理，特别是对中国个体户。我们从中发现没有考虑这些国家获得独立的时间，比如埃塞俄比亚确实没有被殖民化，未能开发切实有效的制度能力或使用国家能力来执行与中国的合约。

第八章　从基础设施看非洲国家的发展。“中国在非洲所做的一切就是修建公路和基础设施。”这一点为什么重要？本章给出的答案是很重要的。没有充分运行的基础设施，非洲就无法参与竞争，也无法利用资源优势，环境也无法得到保护，贸易协议无法执行，商业也就无法繁荣。本章讲述了非洲物质基础设施的贫瘠状况，说明了基础设施建设是所有开发项目之“母”。

本章还论述了非洲基础设施问题的两个方面：物质基础设施的匮乏和“软”基础设施的约束。后者包括非洲人在基础设施管理上的行为。在这方面要遵从人民的意愿，做正确的事。

第九章　鸟瞰。在非洲生活和工作的人们谈论他们的观点，讲述他们看到的中国在非洲的实际情况。这些观点说明任何事物都有两个方面。一方面，中国作为合作伙伴受到欢迎；另一方面，由于中国人和非洲人在能力上的不平衡而产生恐惧感，中国将会吞食非洲，普通非洲人将会再一次被冷落。问题多于答案，但明显的是，中国在非洲引起从元首到专业开发人员和机关，再到民间社会的普遍质疑，他们需要所有有关的新方针、新方法和新承诺。

第十章　非裔侨民与非洲主义观。非裔侨民开发者和参与者的观点一致性地阐明了中国在非洲的现象。他们的发言清楚地表明他们曾被忽视，他们在开发制度中失去很多席位，商讨中没有他们的参与。个人观点的深刻、入微是本章的一个亮点，充分说明了他们让人感到亲切，使我们相信我们已经彼此熟悉。许多对中国在非洲的作用与影响的重要而微妙的观点经过梳理加以陈述，内容包括外交、开发者、学者、民间生活和个体户的代表的经历。他们提出了重要的问题，在深厚的非洲文化知识的基础上阐释了一些表象，并指出了未来合作的发展趋势。本章提供的广泛深入的观点说明，没有高屋建瓴的视角就不可能出现有关中非问题的具有深远意义的思想。正如华侨华人是中国在过去几十年内崛起的关键，非裔侨民也是非洲发展的重要潜力。

第十一章　妇女撑起非洲 75% 的天。中国有句话说，妇女能顶半边天。在非洲她们至少能顶起 75% 的天，除了从事企业活动之外，她们还支付学费、操持家务并赡养老人。如果中国商业竞争者挤垮了她们，她们就失业了，这就会对非洲的稳定产生严重的负面影响。提高妇女的竞争能力是确保非洲稳定所必需的先进理念。本章认为通过各种可行的方法保护非洲妇女的利益是中非元首们的利益所在。

第十二章　青年失业：非洲国家面对的重大挑战。如果建设公路和基础设施很重要的话，那么建设非洲青年的未来也是重要的，因为青年是非洲的未来。青年的能力在提高的时候，他们希望加快基础设施建设。能力建设不能从明天开始，必须从今天开始，其中包括教育规划、培训规划、实习规划，所有这一切都适应于中国公司社会责任的介入。各个阶层的非洲领导人包括当地非洲酋长要优化并要求中国以及其他开发伙伴实行公司社会责任介入，确保青年充分就业，为明天肩负的重任而提高自己的能力。

第二章

概览与主题再现

中国有句老话，“宁为太平人”，谁知道自己对太平盛世有什么重要作用呢？

2009 年 10 月 1 日，中华人民共和国庆祝成立 60 周年。60 年来发生了翻天覆地的变化，包括中国国内的变化，也包括中国在国际上的变化。

今天，中国在非洲是人们热议的开发主题。中国用了很短的时间就变成了今天这样，还可以提炼成教材，装订起来，应用到非洲去，造成对非洲自独立以来的最大的开发影响。中国令世界瞩目，也让非洲警醒。这是怎么回事，又意味着什么？要是对非洲有益，对非洲其他开发伙伴如何呢？

这些不是简单的问题，回答也不那么简单，因为看问题有诸多不同角度。快照就是在适当的角度下定格画面，角度没有对错。快照通常需要后退，调镜头、调焦距，试图定格脑和眼合作迅速而自然地捕捉到的美。因此，本书有许多快照，就是试图定格中国在非洲的作用的画面。回顾本书中的许多文章，选取上百篇与在中国、非洲和美国的参与者的交谈，许多重要的再现主题成为关注的焦点，以下是详细论述。

中国显示出以不同的方式实现开发的方法

中国对非洲有着通盘战略，而美国显然没有。重要的是使人想起一个战略：“用举国之兵，行既定之策，战和与否，行之有效，此乃用兵之道。”在《孙子兵法》中，中国人表明他们精通兵法。如今从对非战略来看，中国人表明他们掌握了和平与外交的艺术。中国如何部署和利用“全国之兵，行既定之策”是与西方争论的焦点。

争论的焦点问题之一是中国如何利用混合贷款来补贴国有企业赢得在非主要开发项目招标。许多观察家认为，中国人是通过不公平竞争取胜的，使用的是自己的游戏规则而不是国际社会普遍接受的规则。还有一个与西方有争议的重要话题就是，中国的不干涉政策允许中国与像津巴布韦这样的国家有生意来往，国际社会对这样的国家采取避让的态度，美国也对其实行制裁。相反，中国主张影响行为的最佳方式是通过协商而不是制裁。

中国与非洲交往的风格和方式也产生了巨大影响并在改变游戏规则。风格很重要。那么，风格在外交上重要吗？中国邀请所有非洲国家领导人来北京制定非洲战略，为个别国家协商奠定了基础。中国可以改变游戏规则。

中国人在处理非洲事务中有两个基本点至关重要。一是中国人对非洲领导人要表现出一种尊重；二是他们让非洲人在前边走，自己在后面跟着，不走中间路线。

由于中国的非洲战略不断结出硕果，许多国家争先效仿并愿意成为中国的伙伴。比如美国正急于与中国携手从事非洲开发，这具有深远的意义。同时，非裔美国人也正在积极探寻与在非中国人的合作。

非洲领导人积极响应中国新开发方式

非洲领导人积极响应中国方式，这种方式能够使治理问题边缘化还是变得更加复杂？最终目的是良治还是经济开发？还有，这样治理的目的有价值吗？当一方面有价值的时候，为了保护有价值的事物，来自社会内部的力量能够确保良治吗？

可能有一种具有说服力的观点是中国没能促进非洲的良治。相反，作为非洲重要的投资者与合作伙伴，中国促进非洲良治的主要障碍是保护自己的投资。中国在非洲下了所有赌注，而良治不过是对其投资的一种保护政策。

中国在非洲的对策说明中非关系的第一步就是帮助非洲建设有价值的东西，也就是它们在基础设施建设中的作用。接下来相互交流经验，相互学习有价值的良治和管理。

交流南南合作经验的意义

当双方坐下来协商的时候，他们要在议程以外看两个问题——观点和假设，从而可以知道议程是怎样形成的。

由于有着相同经历，中非有着许多相同的观点。这并不意味着所有的经历都可以共享——尽管有一些是——这更意味着经历是由相同的现象引起的，对人们的精神和行为产生类似的影响。

中非在反压迫斗争中的相互支持方面拥有牢固的基础。在困难和关键时期中国都在支持非洲国家独立，非洲也同样在历史的关键时刻支持中国，直到今天形成了友谊假设的牢固基础。

中非各自所共有的是压迫和被压迫下的自尊假设，即如何使他们感到人的尊严，如何使他们发展制度反击压迫，如何使他们加强团结，休戚与共。假设或真实的偏见是问题的一个重要因素，中国人大概被认为是对有色人种的非洲人存有偏见的。

经过艰苦的努力，中国以胜利者姿态出现了，这给非洲带来希望。中国做到了，我们呢？他们撒给我们神奇的粉，我们就不能合作一同发展？我们相信中国，中国是它说的那样吗？不提友好假设，尽管发生了金融危机，但中国在对非政策的执行上信守对非承诺，这一点是十分明显的。

需要强调的是，中非关系不仅建立在合约基础上，而且建立在广泛的人类情感和相互作用的基础上。

重要的是，中非还有共同的发展中国家的经历。中国当然是走在前面，但是中国也面临许多发展中的问题，这些问题同非洲所面临的类似，其中某些问题解决方法也适合于非洲。

在日常生活中关于如何操作的问题，中非都有许多相同的理论与实践，这关系到他们看待“我们”和“他们”的问题。

封建主义和殖民主义有某些相同之处，两者都树立了“我们”和“他们”的立场。在中国和非洲做生意的关键在于很快就能辨别出真伪的能力。中国人理解这种现象，他们适应这种环境并营造语言文化氛围，非洲人也是如此。他们在一起根据彼此发出的是真还是假的信号理解各自的诉求。

其中，互相理解是关键。

如何拥有一个事物要依靠该事物呈现时的状态以及这时候个人的感觉。中国人懂得这一点，这就是他们跟随非洲人而不是领导非洲人。他们搞建筑是非洲人想让他们搞的，他们不搞制裁是因为他们知道对谋求发展的非洲人搞强制是不管用的。如果强制管用的话，比如说采取制裁手段，就不会出现那么多的问题。如果制裁管用，那么所有的暴君就都消失了。所以，中国倡导与非洲通过协商解决问题。这一倡导是建立在几千年的理解基础上的，具有深远的意义。

说“不”不是典型的非洲方式，但是“做”也不是非洲方式，这是非洲项目一个接一个都没做成的原因。国际社会与非洲人尚未发现找到“真正北方”的途径，无法辨别真假。

中国将真和假的程度加以制度化和货币化。到非洲市场，一般非洲人就会告诉你，买中国人的东西你就必须能够识别你所要的商品有多“真”，你要90%真、50%真还是10%真？他们都有相应的价目表。总之，中国人和非洲人相互之间都明白。

变化带来机遇和挑战

由于中国在非洲短期内取得的重大成就，给非洲人带来新的希望，同时也带来了忧虑。

从积极方面来看，新的基础设施、新的投资、新的关注和新的追随者所带来的希望将会形成合力，引发所有参与者都能共享新的经济增长和机遇。

那些对中国带来的变化心生忧虑的人们没有看到他们在火车上是如何受益的，他们受益的方式是作为列车长而不仅仅是乘客。

非洲领导人停下来思考开发伙伴多年来的建议及其局限，他们也在提出新问题。修建基础设施的真正成本、还款条款以及利率都是多少？重要的是，他们在质疑目前是否走在开发的正确道路上。他们还抱着希望审视自己，以便领悟到在正确方向上改进和把握航船的方法，据说卢旺达总统就是这样做的。同时也希望非洲人民作为跟随者审视自己，以更高的标准要求领导人担负起英明领导和良治的责任。

开发伙伴也在被迫审视自己。还有另一种“做”开发的方式，结果有什么不同？如何促进开发确实是如今要拿到桌上公开讨论的问题。桌边有了新座位，感谢多半的中国人，印度人、巴西人等开始重新介入非洲。

双边赠与国正在考虑通盘战略而不是逐点的方法是否可行。如果可行的话，战略的概要是什么，谁会从中受益？来自开发伙伴私营部门叫喊的声音越来越大，以确保自己的利益不被忽视。中国介入了非洲和发展社区，结果从各个角度来看都是立刻发生了翻天覆地的变化——这是件好事。

中国对非政策是没有结束的开始

中国对非政策是一致而明确的，中国兑现了自己的承诺——这一点是毫无疑问的。

然而尚未明确的是，中国的政策不是静态的，而是动态的，可以根据实际情况进行更改。在中国对非政策五项原则中有一项特别能够说明中国的远见卓识，可以确保使用的方法经得起时间的检验并能够应对情况的变化，这是中国对非政策的支柱：

> 中非互相学习并应用管理和发展的经验，加强教育、科学、文化和卫生领域的交流与合作，支持非洲国家提高能力建设的努力，中国将与非洲一起探索可持续发展的道路。

从本书的个案研究中可以明显看出，中国正在按照这个方针行事，但是确切地说，行事的方式和过程在外面看来还不够清楚，在普通非洲人看来也不够清楚。

许多非洲人和非洲研究者的文章都指出，非洲领导人应该和中国人做最好的交易。但是他们怎么知道最好的交易不是被动做出来的？为什么做交易的假设在中非概念之间不是互利的？问题的答案可能是有关交易的信息未被非洲领导人及时传播出去，也没有民间社会的充分协商，以减少大众的忧虑和关注，没有在交易做出之前阐明观点并进行投入。

学习与倾听是关键

在阳光下什么都是新的吗？做同一件事还有更好的方法吗？不做功课是

不知道答案的。

如果中国发展的成功有什么经验值得世界学习的，那就是重视学习最好的案例并适应自己的环境。

有关“中国模式”或所谓的“北京共识”的谈论很多，但都没有深入研究发现中国成功的真正原因。中国驻非洲特使刘贵今讲述了当他就任南非大使时发生的一件事。当时中国在向南非服装制造业转让技术方面面临的压力很大。按照刘贵今大使的说法，实际上不存在什么神秘的技术转让，“就是卖力气干活”。

中华人民共和国成立60周年之际，回顾过去我们看到了什么？看到的是在努力工作、虚心学习和适应环境的基础上的快速进步。

中国通过向其他国家学习并将学到的应用到适合自己的实际当中才取得了今天的成就，这正是中国推荐给非洲的经验。中国对非政策没有秘诀，也不是中国成功的秘诀，中国的成功建立在学习的基础上。中国需要学习某学科知识的时候，就请该学科公认的最好的专家来中国传道授业。换句话说，中国要做功课。那么非洲国家呢？需要做功课是成功的要素，也是向中国学习最重要的经验，但是许多人都忽视了这一点。中国模式的核心就是学习的模式，而不是所谓的“北京共识”，是不断地学习和适应。中国人还直接对非洲人说，“不要看我们的模式，不要模仿，学会该做什么以及如何去做就行了”。

学习不能靠外因，只能靠内因，这就是在社区内倾听至关重要的原因。培训教程也可以在今后起到借鉴的作用。非洲正处在变化的关键时期，问题是非洲人能做什么，还有各种各样的开发伙伴如何帮助。非洲需要加快提高技能和学习的步伐。

基础设施：物质的、金融的、“软的”
——开发所必需的前提

中非未来关系的真正“砖块和水泥”将是共同学习并共同成长的机会。

同时修建物质性的基础设施也是重要的。

中国在非洲基础设施建设方面的策略引起了全世界的关注。首先，中国人将优化基础设施开发作为参与其中的关键锚来显示对非洲的干预，这是西方最近才能做到的。其次，中国成为世界建筑业主要竞争者，而且通过正在建设中的基础设施项目继续提高公司资质。最后，正在建设中的基础设施项目降低了许多成本，也缩短了很多时间，这里有喜有忧：喜的是节省了成本和时间，从普通非洲居民的角度来看，忧的是中国通过加大工人的劳动强度而节省成本和时间。非洲工会似乎无能为力，因为工作条件、职业道德和就业条件全部由中国人规定，以至于非洲国家元首不得不作出决定是要规则还是要公路。

参加基础设施建设的中国人的职业道德引起了人们的关注，特别是非洲工人。当非洲工人看到中国工人“日出而作，日落而息”时，他们扪心自问，如果他们想要努力工作，也想要调节生活品质，就会使人处在两难境地。

因此有人提出疑问：中国人有义务帮助非洲人提高能力，以便成为非洲未来的建设者吗？这个问题正是中非领导人负责解决的问题，他们需要估计当前的形势，测试人们的体温和脉搏，以确定如何减少中非关系道路上的障碍。如果人们没有幸福感，最终就会引发重要的问题，因为在某些地区（如赞比亚）他们已经开始这样做了，结果那里发生了骚乱。处理这种情形关乎每个人的利益，可先借用物理定律的说法，“你可以控制作用力，但不可控制反作用力”。

从西方的观点来看，忧的是中国显然在改革新的融资方式，大概会以国际社会还未认可的方式同信贷结合起来。此外，他们与个别非洲国家达成的许多合约条款常常包括将非洲产品作为偿还的款项，这扰乱了目前的贸易秩序，并对非洲国家长期债务产生负面影响。

非洲基础设施的这一部分问题与中国人无关，但是正需要非洲阵营来约束自己。问题的外延与“基础设施软约束”有关。这个问题发生在边界、港口以及其他地方，在那里有非洲官员执行约束，官员公然索贿，否则就放慢进程，按照规定收取多余费用。基础设施维修属于另一个领域，其中非洲国家元首的决策和对策对于营造开放的贸易环境至关重要。总之，这些属于管理问题，其部分原因正说明良治的重要性。

期盼发展的曙光

灵感需要启迪。由于基础设施建设出现了新焦点，很快就出现了期待已久的创造力和发展。自从非洲独立以来第一次可以想象很快就会有一天非洲基础设施得以修建，非洲人对其重点呵护，严格管理。这时候在非投资将会增加，非洲本土私营部门的潜力将会经过重组而得以释放，已经增长的地方贸易将会加快发展步伐。

还可以想象中国、非洲和非裔侨民的公司有一天会在牢固的基础上进一步携手，共同投资开发非洲的生产能力和出口，进一步利用贸易协定，促进非洲的经济发展。还可以想象非洲小营业主以及妇女和青年业主的能力得到提高，可以胜任非洲未来的领导和精英。

但是，要实现美好的未来，需要若干先决条件。

首先，要加大对中国私营者的限制力度，避免非洲社会的瓦解。

非洲商业在中国进入很久以前就处于岌岌可危的状态，而中国商业日益激烈的竞争则给当地造成了很大的威胁。由中国私营公司进入给非洲社会各阶层带来的威胁暴露出中非国家双方的主要弱点。在中国方面，出现了很多背离中央政府意愿的做法，无法控制中国内外所有参与者和事件的局面。许多中国私营公司是在未经中国政府批准的情况下进入非洲并参与最低层次的商业竞争。中国驻非洲大使馆确实阻止过他们的行为，但是在许多情况下是无法控制的。

许多中国个体户将吃苦耐劳的能力转变成财富并形成人格特质。“他们在非洲住小窝棚，在巴西住贫民窟，就坐在路边卖油炸饼。”这就引来了竞争，引来了非洲从未有过的竞争。西方人愿意到非洲农村地区深部，住小窝棚，到路边卖货？这是绝不可能的。现在引发的竞争对非洲小营业主和小商小贩形成了主要威胁。

今天人们到非洲最难到达的、不发达的、最深部地区，会寻找的对象有三个：SIM 卡、可口可乐和中国人。非洲的变化一目了然，就不必赘述了。

在非洲方面，在农村和城市华人人口的不断增长显然与各管理阶层的公共腐败有关。比如中国长城公司，谁都高攀不上，只能去走后门了。

其次，加强非洲机关的能力建设，使之能够有效管理并控制华人的行为。

中国个体户不断地介入非洲社会和经济，全面暴露了非洲制度的弱点，即从海关到移民、标准、环境以及其他机构都无法有效控制和监管中国人参与的各种行为。书本上有许多管理外国投资者的法律条文——尽管也有许多漏洞——但在执行规则上还是软弱无力。据说有些中国个体户来到非洲国家，没有如实说手中有多少资本，也不知道怎么来用。这并不能说明中国人的每一笔生意都不慎重，多数还是好的，是为非洲经济发展作出过很大贡献的。

关于海关和标准执行能力上的弱点所产生的问题人人都遇到过，包括试图在法律范围内操作的中国业务。非洲制度缺乏有效控制有害贸易和投资行为的能力是必须要指出的。

这说明民主是要付出昂贵代价的，海关的“密室功能”、移民、国内贸易条例等都需要民主来维持正常运转，目前非洲国家在许多情况下都需要进一步发展。

希望非洲民主制度尽快发展起来，现在已经没有时间等待了。一股强有力而又普遍存在的新力量来到门前，就像流水顺山而下，沿着适合自己的道路流向角落和缝隙，这时候非洲人该如何治理自己的社会？显然这些地区需要更多的投资。

最后，更民主的社会磋商和更强烈的公司社会责任感。

有关中国人在非洲的最严厉的批评之一是，“中国人不雇用非洲工人，他们不帮助非洲人提高能力”。书中的很多文章明确指出这一点。然而，当我们进一步搜集有关中国人在个别国家的具体作为的报道时看到的是另一种情形。实际上中国公司雇用许多非洲工人并做了很多事——那是非洲国家元首要求他们做的——从很多领域帮助他们提高能力。尽管中国人在基础设施建设上最为有名，但是他们还是在农业、卫生、教育以及其他很多领域作出了重要贡献。

如果是真的，为什么更多的人不知道？回答是中非有意在领导层面上运作，并没有充分包括并告知民众。社会底层不知道高层的事情，中非领导人都没有保持与广大民众的关系。普通非洲居民相信亲眼看到的事情，他们不相信杂志上写的。他们亲眼看见的是很多中国工人。这就给底层民众造成非常大的压力，而且他们就是社会的基础——他们动摇了，整个社会也就坍塌了。

领导人的风格重要，而传播更重要。人们对中非关系的进展情况一无所知，就会出现麻烦。到了一定程度就会导致混乱。中非领导人需要想办法让中非关系有利于非洲人民。

精心制定出来的公司社会责任可以解决中非关系的许多问题，有谁会比中国更了解公司社会责任？中国自 1978 年开放以来，在各种情况下都在强调公司社会责任，这是很有意义的。中国在这方面是值得学习的。如今历史翻开新的一页，非洲必须要求中国具有公司社会责任，以中国为榜样，学习并加以实践。

妇女、青年、环境、顾问、学徒、制造技术转让、农业开发通过中国公司社会责任干预都可以转化为切实可行的目标。

有一点是明确的，“谁也没有比你对自己更负责的了”。领导人治理社会和经济的方式足以验证他们对民众的责任。如果想获得局外人帮助，对待他们像对待自己一样认真，承担公司社会责任，他们必须要有优先权。为了说明公司社会责任的重要性，他们就应该下决心与参与者进行广泛的协商。

总之，在庆祝和团结的气氛中，我们完全有理由相信中国人愿意并能够确保在非洲双赢的所有倡议能够实现。

第三章

前沿视角：非洲学家的观点

中国、非洲与塞内加尔

阿卜杜拉耶·瓦德

阿卜杜拉耶·瓦德，塞内加尔共和国总统

从发展上来看，非洲正处在十字路口。从过去几十年伙伴关系来看，扶持和援助无法实现预期目标。今天非洲显然是需要伙伴而不是保护者。这种伙伴可以促进当地私营部门的发展，并为非洲拿出可持续性的解决方案。这种伙伴可以开发创新性资金项目，以更好地支持非洲经济开发、基础设施开发以及国家和地区大规模经济投资的成果。

中华人民共和国就是以非洲大陆的首选伙伴身份出现的。近年来中国通过平等相待并提高非洲自然资源价值来提升非洲在国际舞台上的形象和地位。这部分地说明了西方国家对非洲越来越关注，加深非洲对南南合作关系利益的理解，特别是与中国的关系。

中国实现与非洲的这种伙伴关系是战略性的，不仅是建立在想要利用非洲自然资源特别是石油的优势的基础上。胡锦涛主席曾访问非洲许多国家，包括塞内加尔、马里、坦桑尼亚和毛里求斯，这些国家没有石油资源。中国是世界上经济情况最好的国家之一，需要非洲丰富的原材料，这就提供了一个框架，使非洲国家与中国协商实现双赢伙伴关系。

中非关系不仅止于经济和贸易层面，还拓展到国际关系领域。非洲在支持中国重返联合国安理会上起到关键作用，中国对此十分感激。同时作为支持者之一的我坚信，非洲在联合国安理会应有一个固定席位，中国作为报答也会支持非洲的愿望。

中非关系的有效性得到了很好的证明。塞内加尔自从 2003 年与中国恢复外交关系以来充分认识到这种伙伴关系所带来的利益。我要明确表示我的承诺和决心，实现对基础设施、教育、卫生等领域最重要的投资，增加就业，降低为非法移民所接受的外国投资，进而加快塞内加尔的发展。

目前由中国援建的项目有布莱斯迪亚涅国际机场建设、收费公路建设以及新航线开发建设，以帮助实现我的理想，让塞内加尔真正成为综合经济区和航运中心。这些项目以及西非最大的项目为促进我国产业重新布局，发挥我国的地理优势起到积极作用。

塞内加尔在发展。近年来塞内加尔政府将年度预算的 40% 分配给教育，达到了毛费率 93% 的令人非常满意的结果。

另一个积极的发展指标是塞内加尔农业的发展和开发，其中由我发起的所谓“食品与富裕大攻势”，这项宏伟计划包括输入设备补贴。由于 2008 年工作上的成功，我们还设法实现在农村地区消除饥荒。

中国在帮助我们取得这些成绩以及开发其他重要的新方案的过程中起到了关键的作用。中国为完成这些项目提供资金和建设服务，包括大剧场和黑人文明博物馆的建设。中国还改建了地区性的运动场、医院、公交站和农村学校。重要的是，在新方案中中国帮助塞内加尔开发网络政务厅系统，提高了管理效率。

在这些领域内与中国的合作得到了很高的评价，因为中国人在工作上勤奋高效，因为中国人传授给我们与工作相关的知识。

总之，中国随时准备占据南南合作的领导地位，使非洲和南亚团结在一起。发展中的伙伴关系是公平的、良好的，与大多数非洲领导人的政治和经济思想相适应，也与目前全球经济形势相适应。

从巴西到中国，再到印度，加强了南南合作关系，作为其中的一员，我坚信南南关系的未来是美好的。这种合作关系创建了战略、贸易、经济和政治关系，对所有的国家和人民都具有深远意义，也是利益所在。

作者简介

作为塞内加尔共和国总统，阿卜杜拉耶·瓦德的生涯漫长而辉煌，他研究过数学，当过律师、计量经济学家、国会议员、部长、教授、作家。他担任过的公职有地方法院律师（1959～1988年），民主党创始人、总书记（1974年），国会议员（1978～1980年），政府国务部长（1991～1992年），总统国务部部长（1995～1998年）。

学术奖及声望

- 波尔多大学名誉博士，2001年。
- 克莱蒙－费朗大学名誉博士，2002年。
- 拉巴特穆罕默德五世大学名誉博士，2003年。
- 美国明尼苏达大学名誉博士，2004年。
- 达喀尔萨福克大学名誉博士，2004年。
- 法国里昂大学名誉博士，2005年。
- 法国贝桑松大学名誉博士，2005年。
- 意大利那不勒斯大学名誉博士，2005年。
- 瑞典斯德哥尔摩比较法国际学会会员。
- 摩洛哥皇家艺术院荣誉证书，2003年。
- 凡尔登国际和平中心荣誉证书与金质奖章，2002年。
- 华盛顿约翰霍普金斯大学荣誉证书，2002年。
- 哈佛大学荣誉证书，2002年。
- 黎巴嫩圣约瑟夫大学拜罗伊特和平唇红奖章，2003年。
- 联合国教科文组织和平证书与孔子奖章，2003年。
- 伊斯兰教科文组织和平证书与金质奖章，2003年。
- 巴黎高级商业研究学院，2004年。
- 民主与侨民人权奖。
- 纽约人权国际同盟奖，2004年11月。
- 非政府开发项目华盛顿哈里曼民主奖，2004年。

- 因成就卓越而颁发的纽约国际学术奖，2005 年。
- 在东京获“非洲和平广岛宝石”声誉，2003 年。
- 因非洲复兴（特立尼达和多巴哥）而获亨利－西尔维斯特－威廉姆斯金质奖章与奖品，2003 年 7 月。
- 受委派执行联合国塞内加尔玫瑰湖“国际和平城市”与地球村建筑计划。
- 2003 年 12 月，2004 年 5 月和 10 月，第一次非洲及非裔侨民知识分子泛非会议发起人。
- 2008 年达喀尔第一届伊斯兰教基督教对话国际会议发起人。
- 由人道主义者组织“请莫触摸该隐”颁发废奴主义者 2005 年度奖。
- 第十三届蒙塔纳经济论坛奖。
- 辩护律师国际学会会员（美国加利福尼亚圣何塞）。
- 由非洲妇女领导人联盟授予和平金手杖，2005 年。
- 巴黎第九大学科学奖章，2006 年 12 月。
- 巴黎大学名誉博士，2006 年 12 月。

新的开发伙伴带来新的机遇

费斯图斯·莫哈埃

费斯图斯·莫哈埃，1998～2008 年任博茨瓦纳总统

在担任博茨瓦纳总统期间，像欢迎其他国家一样，我欢迎中国人成为我们的开发伙伴、投资者、建筑资源、旅游者。欢迎中国人绝不是要取代别的伙伴，而是我们的目标具有多样性，需要增加我们的伙伴。

中国是我们的福祉。实际上，中国当时还没有成为我们的伙伴，我们需要建立伙伴关系。

中国和博茨瓦纳很久以前就有过交往，我们的关系不是最近几年中国成为热点国家时才开始的。2005 年博中两国庆祝建交 30 周年，但是我们的交往在我们建立完全外交关系之前就开始了，在 1971 年博茨瓦纳对中国恢复联合国合法席位投了赞成票。

我们两国在 1975 年 1 月 6 日正式建立外交关系，我们遵守诚实友好、互相尊重、平等互利的原则。在过去几十年我们有过多次互惠互利的交往。比如，博茨瓦纳得到中国特惠贷款，以帮助修建跨卡拉哈里大通道并整修铁路。

这些事情进展顺利，所有人都注意到了中国在非洲的作用。如今，外国人想要问非洲领导人唯一一个问题就是“你怎样看中国”。我对这个问题非常恼怒，对中非关系时常关注，问到有关中国人的问题时我只是回答，“我想他们是中国人”。

比如，一次我到柏林，同行的有其他前非洲国家领导人，他们与波士顿大学非洲总统档案与研究中心有关系，一位德国政府官员和我们共进午餐。她说："我听说有几位非洲国家领导人在城里，我就想过来看看你们。"她唯一想知道的就是中国在非洲的情况。从表面上看她问的是我们认为的中国在非洲的作用，这时她实际上给出了自己的观点，那就是"中国正在利用非洲的资源"。

告诉我们如何看中国就是无礼，以为我们没有智慧，幼稚到无法衡量我们的关系。

我们知道中国的目的，中国在非洲的既得利益与其他国家在非洲的一样，所不同的是，中国把自己的利益都在前面说得一清二楚。

2006 年第一届非洲峰会在北京举行，中国明确指出他们和非洲国家直接交往的意图，他们通过直接与非洲国家协商解决问题。

首先，非洲领导人不知道中国的期望是什么。在峰会之前我记不得非盟会议的一个议事日程，峰会上提出了中国主题。我们没有带着针对中国的联合非洲战略去参加峰会。

即使到了今天，我还是不相信非洲国家领导人会联合起草对中国的政策，而是像中国人一样直接和非洲国家领导人接触，我们就是直接与他们接触，每一次起草一段我们个人的"中国政策"。

要知道与中国的合作是长期性的，而且我坚信，非洲国家领导人的责任是确信与中国的每一小笔生意都会给非洲带来最大的利益。

我们博茨瓦纳感谢中国，在我们的共同努力下完成了各项工程，工程范围从土地测量、铁路更新、公路建设，到文化、卫生、人力资源开发领域富有成果的合作。

但是这并不意味着前进的道路是平坦的。一些当地企业抱怨中国人的不公平竞争，特别是在建筑工程上，在公开招标上中国人总是能赢，因为他们从中国政府得到补助，还因为他们的低工资。还有抱怨其他的。记得在博茨瓦纳我主持一个我们称之为"Kgotla"的大型会议，代表社会各界人士讨论中国人在服装业的不公平竞争问题，主要的抱怨是中国商人以低质商品充斥当地市场。

很多人愤怒了。最后一天是由妇女主持并作最后发言。根据她们的观点，中国人供货的价格是她们承受得了的。她们特别指出，中国人卖的衣服适合她们上中学的孩子，让穷孩子穿得有个特权阶层的孩子样。

这使人处于两难之境。在个人层面上，我们建设自己的家园，希望付出的建筑成本最低；而从国家的角度来看，我们要确保本国建设产业向前发展。

博茨瓦纳工会与中国人的观点刚好对立，其中有几种原因。其对立的重要原因之一是中国劳动力系统流动性很大，人人都是哪里需要就到哪里打工。比如中国建筑师可以出去一整天干挖土的活计。而博茨瓦纳工会要确保工人严格在工种分类内做工。

博茨瓦纳工会严格执行国际工会章程，但是我对此并不赞同。他们还特别想要确保在博茨瓦纳美国或西方公司工作的本地人和外国人拿同样的工资。在我看来这是个问题。作为总统，我的工资每月 4000 美元，而美国驻博茨瓦纳大使馆官员相对低的工资也以高于我的总统工资加以补偿。

把所有西方国家劳工标准一夜之间强加在一个小的发展中国家身上，比如博茨瓦纳，也是不切实际的。我不同意国际劳工组织试图在我们小的发展中国家完全执行西方劳工标准的做法。我认为，这种强迫接受劳工标准的做法导致南部非洲关税同盟建议（关于劳工问题）以及美国代表该同盟需求的失败。美国主要出口国之一以及其他工业国家则无须执行劳工标准。

还有的抱怨说，博茨瓦纳工会与中国的行为如出一辙，会引起更大的矛盾。工作作风和工作习惯是问题的核心。作为局外人来看，中国老板对于下属的态度是苛刻的，这种行为不是非洲人所希望的。更重要的还在于“辛苦工作”的问题。

中国人日出而作，日落而息。博茨瓦纳人正相反，我们开工晚，中间还要休息几次，下午 4 点半就收工了。中国人要工作到天黑，他们都是在天黑时收工回家的。

非洲有更多的批评说，中国人不雇更多的非洲工人，我们确实鼓励他们雇用更多的本地工人。同时我们还认识到我们的工作作风不行，正因为如此，我们非洲人要向前迈进，就必须要使我们自己保持艰苦奋斗的精神。

中国人确实懂得艰苦奋斗，这不仅反映在他们的日常工作习惯上，而且还向非洲人传达了他们的政策。

作为非洲的新来者，和竞争者相比中国给非洲提供的条件更加优惠。除非是有强制性的原因，用新伙伴取代他们以前可靠而真诚的伙伴不是非洲国家领导人的本意。但是在许多场合下，问题不是一个取代另一个，而是多样性的合作伙伴增加了我们销售有限资源的选择机会。

对于所有接近并告诉我中国在非洲“行窃”的西方人，我对他们说，“是的，他们确实在做你们不愿意做的投资”。

对于那些举例说明中国的公路建筑不能持久以及中国人不转让公路保养技术的人，我说，“罗马不是一天建成的”。

是的，我们确实是需要更多的能力建设，作为领导人，必须减少与中国的交易，以便使中国进一步帮助我们更加充分地进行能力建设，但是我们相信，到时候我们会掌握公路维修的技术。我们不要妄自菲薄，我们不要以为非洲人不会学习，不会进步，不会发展。

确实，多年来我们从过去的殖民者那里学会了很多。我们还记得蒙博托·塞塞·塞科掠夺刚果的时候，没有人敢说话。

我们还记得，殖民者首先是阿拉伯人，然后是欧洲人怎样对待我们，伤疤和落后就像是我们永久的传统。

然而，公路还是不够用。如果不修建公路，贫穷永远都会伴随我们，没有公路就不会有健康，没有公路孩子就不能上学，没有公路，即使怀有良好愿望的非政府组织也不能提供有效服务。两个刚果就说明了这一点，它们领土巨大，资源丰富，但是没有公路贫穷依然故我。即使是不好的公路也比没有公路强。

很多年来从利益出发的西方开发伙伴有机会帮助我们建设公路和基础设施，但是他们还是优先选择了其他，如今很明显的事情是，没有良好的基础设施，非洲就永远也无法利用连接西方国家供给的市场优势。当没有产品利用通道的优势、没有公路运输产品的时候，市场通道也无法帮助我们解决目前最棘手的问题。

除提供急需的基础设施以外，中国对我们的商品做选择性购买起到重要作用。更重要的是，中国在非洲的作用正在使世界关注非洲，世界停下脚步，在观看、在倾听，也使一些国家（比如印度）再看一眼，又回到游戏中来。就在印度回归后在大型视频会议免费联系所有的非洲总统办公室。我们感谢中国帮助非洲回到游戏中来。

中国的需求还使得我们的红砷镍矿价格上涨，自从20世纪70年代以来红砷镍矿的价格一直在下降。我们能把这看成是一件坏事吗？我想不会的。对于那些警告我们这种价格增长只是暂时的人们，我们的反驳是：这恰恰说明了我们必须乐观起来并尽可能从中国获得益处的原因。

我们会认为中国是天使吗？不。我们会认为他们的行为不是为了自己的利益吗？答案是否定的，只有为自己谋取最大利益的行为才是合理的。

我们确实希望中国人的行为是合理的，他们是为了自己的利益，就像我们非洲人一样，美国人和欧洲人在非洲的努力也是如此。

我们感谢所有的开发伙伴、投资者和旅游者。我特别要感谢美国人所做的一切，特别感谢《非洲发展与机遇法案》政策对许多非洲国家的帮助，尽管博茨瓦纳不在其中。国会议员麦克德莫特和兰吉尔，美国国会黑人同盟及其他许多前克林顿政府成员，在此向他们致以崇高的敬意和衷心的感谢。我们还要感谢美国前总统布什为非洲所做的好事，比如总统减缓艾滋病应急方案，千年挑战基金项目，并委派时任助理国务卿的简戴伊·弗雷泽负责非洲事务，他真正成为博茨瓦纳的朋友。

这并不意味着我们的问题都得以解决，我们需要许多开发伙伴，还需要在他们中间开展更大的竞争，以确保非洲有更大的收获。

非洲对美国的补助并不满意。从非洲的角度来看，美国把持着所有的牌，他们有对自己有利的肥料、农药、大规模经济效益等，这最终会减少许多我们可能存在的相对优势。

那么西方提供的援助就成了问题。减去雇用昂贵的外国专家费用，包括需要利用指定商标营运商运载货物，需要给外国工人提供昂贵的设施配套的住房，以及所有的保险费——在 3000 万美元项目中非洲只能净剩 1000 万美元。

实际上西方援助是有条件的，是靠不住的。非洲人需要有更多的发言权，以确保发展的优先权掌握在自己手里，朝着有利于非洲的方向发展。

因为修建公路而批评中国是不能让非洲各国领导人改变看法的。如果你问我们在非洲的优先发展项目是什么，我的回答是优先权 1、2、3 都是公路。

可能在公路后面就是对电力的需求。博茨瓦纳在这方面的情形非常不利。我们历史性地依赖南非来实现我们大多数的电力需求。由于南非自己对电力的需求的增长，他们明确表示南非人民不能容许政府在他们自己需要的时候给我们送电，对此我们表示理解。

有一次我们建议南非修建五个 5500 兆瓦煤电站中的一个，因为博茨瓦纳有剩余的煤。在金融危机之前我们经过协商完成这项计划，但是危机的到来使之搁浅，于是我们降低要求修建一个仅 1250 兆瓦的电站。

在中国的帮助下，我们找到了解决问题的办法。非洲资产最多的银行——标准银行，以及中国工商银行同意为莫鲁普莱乙煤电站的扩建提供资金。银行授权联合牵头安排提供 8025 亿美元资金，扩建博茨瓦纳东部帕拉佩附近的电站，这是标准银行和中国工商银行合作的第一项重要事务。

投资 16 亿美元的莫鲁普莱乙煤电站工程是博茨瓦纳重要的政府倡议，由博茨瓦纳电力公司执行，目的是增加国家发电能力。这时南非国家电力公司为了满足南非日益增长的国内需求，切断对博茨瓦纳的供电。作为合同的一部分，中国工商银行顶级企业客户之一中国国家电力设备公司得到 9.7 亿美元的合同，供应并修建电站的重要部分。

对于关注这种煤电站的环境影响的环境保护论者，我的回答是："我们的国家在黑暗中如何发展?"

"一个政策万能论"的时代已经过去了。如今非洲人应该有效地、乐观地处理与开发伙伴的关系，开发伙伴包括中国，但不仅是中国。

这使我想起有一次我在博茨瓦纳拿到了美国大使馆发布的一份报告，报告上说博茨瓦纳没有足够的民主，如博茨瓦纳监狱过于拥挤的事实所表明的那样。我的回答是："我们的教室都过于拥挤，你为什么对监狱如此关心？是的，监狱拥挤是不错，但是你要是真关心的话为什么不关心教室?"

问题在于非洲各国领导人和非洲社会有责任正确处理与对外伙伴的关系。

就我们与中国的伙伴关系来说，我们做得还不够，但毕竟有了好的开端。我们把问题整理出来，我们要提醒中国人考虑我们的愿望，更多雇用我们本地人，帮助我们进一步提高能力建设，不要把我们的国家设想为倾销市场，不要让中国商业在我们的国家过度发展。

根据我们多年来从开发伙伴那里学到的经验，如果我们知道这些问题得不到及时妥善解决的话，我们必须大声呼叫。

我再一次想起"罗马不是一天建成的"这句话来。我们与中国的关系有了广泛的基础，有着巨大的发展潜力。例如中国正在塞罗韦和马翁修建两所小学，作为投资建设 100 所非洲小学的承诺的一部分。

为了努力增进相互间的文化理解，中国还在博茨瓦纳创立了"孔子学院"，学院名称来自创立了哲学与伦理教学体系的中国哲学家孔子。学院是在博茨瓦纳大学和中国上海师范大学共同努力下创立的，创立时间为 2008 年 11

月24日，这标志着两所大学携手承担在博茨瓦纳大学传授中国语言文化任务的开始。

正如非洲人学习中国文化一样，中国人也学到了更多的非洲文化。我们互相学习，学会让我们的关系发挥作用，这是对双方都很有益的事情。

同时，我们期待我们与中国以及其他伙伴友好的双赢合作圆满成功。

作者简介

费斯图斯·莫哈埃（生于1939年8月21日），博茨瓦纳前总统，任期为1998～2008年。莫哈埃在英国学习经济学，先到牛津大学，后到苏塞克斯大学。他回到博茨瓦纳当公务员，之后到国际货币基金会和博茨瓦纳银行任职。从1992～1998年任博茨瓦纳副总统。1999年10月莫哈埃在博茨瓦纳民主党选举中获胜，1999年10月20日宣誓就职，任期5年。

2004年10月博茨瓦纳民主党获胜，2004年11月莫哈埃再次宣誓就职一个任期。莫哈埃承诺解决贫困和失业问题，以及抑制艾滋病并到2016年在博茨瓦纳消除艾滋病。

2007年7月14日，莫哈埃宣布9个月后卸任，随后他信守诺言。

2008年3月20日莫哈埃的“模范领导”使博茨瓦纳成为民主和良治的典型，因此被法国总统尼古拉·萨科齐授予大十字军团荣誉勋章。2008年4月1日卸任，由副总统伊恩·卡马继任。2008年莫哈埃因总统任内的成绩而获得易卜拉欣奖，10年得奖金500万美元，之后每年得20万美元，直到终年。莫哈埃目前担任联合国秘书长气候变化特使。

关于易卜拉欣奖

易卜拉欣奖是表彰非洲杰出元首的奖项。奖金颁发给经民主选出的国家宪法规定期限中近三年内卸任的前非洲元首。

易卜拉欣奖10年奖金共500万美元，之后每年发20万美元。这是世界上每年最多的奖金。基金会在10年内还将可能每年额外提供20万美元奖金，以奖励卸任元首的善行。

易卜拉欣奖获得者由基金会指定的独立委员会评选出来，该委员会根据任期内个人政绩及所领导国家的情况对每位撒哈拉以南非洲国家符合条件的元首进行评定。

撒哈拉以南非洲各国元首高超的领导能力不能被夸大。他们面临的挑战多，资源少。他们能够排除万难，提高人民生活水平，摆脱贫困，为今后的繁荣昌盛奠定了基础，他们的成就值得表彰。

易卜拉欣奖金还将有助于确保非洲要珍惜最佳元首在卸任时的经历和经验，让他们继续担当其他公共角色。西方元首卸任后选择的范围较宽，包括写回忆录，或任公司董事长，但非洲元首则无法做到。奖金能够让他们在任期内成就的基础上，在民间社会、外交或解决冲突方面发挥积极的作用。前两届得主若阿金·齐沙诺和费斯图斯·莫哈埃以及基金会荣誉奖得主纳尔逊·曼德拉只是非洲元首卸任后有特别贡献的几个例子。

易卜拉欣奖是引起人们关注非洲大陆的真正发展的一种方式，这个大陆上的每一个国家都经常为许多问题和挑战而蒙上了阴影，这种介绍方式会导致人们对非洲认识上的平衡。非洲面临挑战的时候，有时是元首的失败，还有令人振奋的消息，那就是非洲出现了伟大的元首。

基金会相信，引导利用资源的最好办法之一就是通过表彰在决定国家未来的事务上作出突出贡献的人物来提高非洲伟大元首的地位。2008 年一年中，G7 国家援助撒哈拉以南非洲总共仅有 250 多亿美元，基金会认为易卜拉欣奖所捐助的资金相对较少，但是对于被证实了是对非洲作出贡献的伟人来说，钱只是具有实现重大利润的潜力。

奖金计划与发展开支、外国投资和国家资源结合起来，如果国家出现良治状态，就意味着国家所有资金的效益和影响有了重大增长。

共同的基础

杰达依·E. 弗雷泽

杰达依·E. 弗雷泽大使，卡内基·梅隆大学著名公共服务学教授，美国非洲事务助理国务卿（2005~2009年）

在我就任非洲事务部长助理期间，美国认为，从对大陆投资的数量和规模来看，中国是参与非洲事务的一个重要国家。

在中国参与的许多非洲事务中，美国与中国有协作，也存在根本的分歧。两国在其他领域属于竞争关系。因此，美国根据不同的情形采取不同的策略，从而达到预期的目的。

例如，与中国就非洲基础设施开发的必要性达成共识。又如，卡内基·梅隆协议表现出与中国合作的主动性，其中包括中国承担由盛世远景公司（MCC）投资的基础设施项目。还有许多其他的合作项目，如在利比亚美国与中国共同根治疟疾。在这种情况下双方都贡献出自己宝贵的学识和经验。

总之，在诸多领域中，与中国的合作多于分歧，有许多不为外界所知的关于日常事务的密切合作。一旦出现分歧，美国就会尽力动用所有有效的外交手段，说服中国支持美国。

美国与中国在津巴布韦事务中有着根本性的分歧。美国无法说服中国加入旨在孤立并制裁津巴布韦的世界共同体。

有关苏丹的情形也是如此，也存在着根本性的分歧。美国试图劝说中国对苏丹进行制裁，从油田撤出全部援助，因为这是美国利益之所在。尽管中国政府最初坚持通常援引的不干涉国家内部事务的立场，但是当中国的设备受到苏丹叛乱者的袭击，且考虑到美国和负责任的国际共同体所施加的压力，不结盟的中国开始改变计划，与美国以及其他一些国家站在一起，将其资源借给达尔富尔维和计划。

问题在于制裁还在发生作用，我们在津巴布韦被孤立的情形下发现了这个问题。加入世界共同体，对津巴布韦和苏丹施加压力，中国的实力和影响会起到巨大的作用，否则独裁统治者会采取有害于人民的行动。

至于中国对非洲发展所作贡献的影响，虽然也存在不足之处，但在非洲的公路建设方面是确信无疑的，非洲受益，且基础设施建设打下的基础使所有的国家受益。然而，长远的利益成本以及能否以非洲珍贵的有限资源进行有效商谈的最优惠条件，这一点受到质疑。有一点可以确定，非洲过去几百年的经历可确保他们能够处理好与其他各地的关系。现在到了非洲人用其所学的时候了。

总而言之，无论你是否认识到，从非洲所涉及的每个人的利益来说都希望非洲局势稳定，因为非洲局势不稳会伤及所有人的利益。失控的国度会伤及所有人的利益，如索马里海盗的所作所为，或者几内亚比绍毒品走私犯，所有的边界都是可以渗透的，我们要通过全球化实现互通有无。

良治的前提是稳定。无论政治体制是资本主义还是社会主义，最重要的就是按照可预期的标准和准则办事，从而使人民获得最大的利益。

非洲人最终必须采取最适合他们的政治体制，他们终将建立并保持良治的必要性的时期漫长但必定会结束。我们从美国制度中看到的是“民有、民治和民享”。

可以想见，中国将会在与非洲的合作中获得最大利益，而且是有目共睹的，可以预期中国将会注重实效，正如数百年的历史所证实的那样。正是在非洲的学习模式中我们可以预期，随着时间的推移，将会调整姿态并根据所需进行自我修正。美国同样会继续追求自己的利益，并确保最大利益，其中也包括非洲的最大利益。

非洲一定能实现自己的最大利益。

作者简介

杰达依·E. 弗雷泽以非洲事务政策权威和专家而著称，她2009年进入卡内基·梅隆大学，是由社会与决策科学系以及约翰·海因茨学院公共政策与管理系联合任命的杰出的公共服务教授。她目前重点研究加强非洲区域安全合作以及经济政治一体化问题。她是卡内基·梅隆国际政治与革新中心主任，对利用技术并运用革新解决非洲发展与管理的核心问题富有浓厚的兴趣。

弗雷泽大使是近十年来美非政策的主要制定者，特别是近期美国非洲事务助理国务卿从2005年8月至2009年1月任职期间。从2001年1月起她就任国家安全委员会非洲事务主任和总统特别助理，直到2004年6月宣誓就职美国驻南非第一位女大使为止。弗雷泽任职期间，美国对非援助在2008年增长4倍，高达67亿美元，成为历史最高。她还帮助布什政府作出签署新倡议的决定，包括150亿美元抑制艾滋病蔓延的应急方案，5亿美元非洲教育倡议，以及2008年为良治国家调拨32亿美元的千年挑战账户。

弗雷泽在刚果民主共和国、塞拉利昂、利比里亚和布隆迪广泛宣传为结束战争所作的政府政策。她还帮助解决2007年肯尼亚总统竞选后的违纪问题。为了表彰弗雷泽的贡献，2009年1月国务卿康多莉扎·赖斯授予她杰出服务奖，这是由国务卿所授予的最高奖项。

在斯坦福大学，1985年弗雷泽博士获政治学（荣誉）与非洲和美国非洲学（声望）学士学位，1985年获国际政策学学士学位，1989年获国际发展教育学士学位，1994年获政治学博士学位。

新的战略导向

艾米娜·阿里

艾米娜·阿里，大使，非盟常驻美国代表

非盟把中国当成朋友，同时也认识到了与中国“双赢”关系的潜力。非洲一定会从非中关系中收获很多：基础设施开发，技术援助，原材料加工和投资。非洲在与中国合作关系中学习和收益的机会不可胜数。

除了对个别非洲国家提供援助之外，中国还处于对非盟提供直接援助阶段。2008年非盟会议中心和25层办公大楼的建设在埃塞俄比亚的亚的斯亚贝巴开工，可以提供更多必需的工作场所和会议设备。会议中心建筑群将会容纳2500个会议厅，500间办公室，1个中等会议厅，30间小会议室，1个可容纳3000人的多功能厅，1个拥有3000个席位的圆形剧场，1个数字档案中心和图书馆，1个医疗中心，以及许多银行营业厅，等等。

在建筑开工仪式上，非盟委员会主席让·平欢呼新建筑是非中之间密切合作与牢固友谊的象征。在演讲中，中国全国人大常委会委员长吴邦国到场讲话，他说非洲在有关台湾、西藏、奥运会等诸多问题上支持中国，支持中国重新获得联合国合法席位，2008年“5·12”大地震后支持中国，他代表中国对此表示衷心感谢，还特别回顾了2006年11月在北京举行的历史性的中非峰会，指出中非峰会加强了中非之间的伙伴关系与合作，增进了中非友谊。

他说到2008年的今天，中国与53个非洲国家制定了发展项目。

除了新建筑项目中断以外，非盟可以与中国探讨的机会出现了。他们探讨世界金融危机与中国援非问题，非洲需要在类似G20的国际论坛上发表看法，另外还探讨了在和平、安全以及发展领域内的合作。

会议为中国与非盟之间战略性对话商定目标、内容和运行方式提供了机会。双方坚信战略性对话是加强与发展合作关系、促进双方更好地应对国际变化的理想机制。对话还有意于加强在战略性问题上的双向联系，推动各国对有关地区和国际问题的认识的交流和统一。

关于对话的做法双方达成协议，由中国外交部代表和非盟委员会代表轮流在亚的斯亚贝巴和北京主持召开每年一度的会议。双方还同意就专题会议、临时组建专家等拓宽战略性对话内容。

非盟与中国关系建立了牢固的基础。现在需要的是判断思维、领导能力和各方适当的调停，以确保非洲青年美好的未来。如今就业困难，经济发展缓慢，在这种情况下青年就像是定时炸弹，随时有可能爆发。

非洲马上就要修建更多公路和电力系统，如果中国首先帮助非洲加快基础设施建设步伐，那么我们非常欢迎中国成为我们重要的开发伙伴。

加强民主和良治是西方和非洲关注的重点，这将更加有利于心理的健康发展，心理发展也带来了非裔侨民和其他外国直接投资更多的机会，同时也将促使非洲各国领导人做“正确的事”。

过去的经验表明，非洲需要基础设施，这和所有的非洲公民的利益都是密切相关的。在没有经济生存能力的国家选举领导人也是徒劳的。

在重点对宏观经济政策调整并加强民主建设几十年之后，没有修建公路和电网就没有发展的态势。现在到了开始调整战略方向的时候，让我们建设基础设施，憧憬美好未来！

作者简介

艾米娜·阿里大使是坦桑尼亚人，2006年以来任非盟常驻美国代表。2005~2006年曾担任桑给巴尔第一公使和国务部长。阿里大使曾两度就任财政部（坦桑尼亚联合政府）国务部长，负责联合政府外交部国际和地区合作事务。她还任桑给巴尔宏观计划部主任助理、外贸主任和计划官员。阿里大使的高级行政经验丰富，还担任过东南非共同市场（1987年）和南部非洲发展共同体主席（1988年）。

艾米娜·阿里获印度新德里德里大学经济学学士学位，印度管理发展与研究学院金融管理证书，印度浦那大学工商管理硕士学位，芬兰贸易促进与出口市场研究证书。阿里大使还是坦桑尼亚国会议员（1985年），桑给巴尔众议院议员（1990年至今），对外贸易部委员（1981～1985年，2003～2005年），阿里大使是伊斯兰开发银行主流妇女开发行动杰出妇女小组成员（吉达）。

要采取机动灵活的方针

奥凯克·尤顿瓦

奥凯克·尤顿瓦，尼日利亚商业与产业部部长

中国与尼日利亚的往来由来已久，主要是在贸易和制造业方面，为当地市场提供广泛的消费品。他们一直坚守职业道德，故而取得了成功。

你会发现中国人工作勤奋刻苦，效率非常高。他们起早贪黑地工作，我们要向他们学习。相反，尼日利亚工人从以前的殖民者那里学到了坏习惯，如茶歇、长午餐、下午5点钟打烊等。这在竞争的时代是行不通的，我们都要更加努力地工作。

随着响应中国“走出去”的战略，中国来到尼日利亚的人口数量也在与日俱增。我们明显可以看到，中国决定在世界舞台上不做政治带头人，而是要做经济带头人。

中国通过提供软贷款、优惠准入条件、廉价劳动力来鼓励其公司“走出去”。劳动管理问题一直困扰着非洲。中国需要保持人口就业率，即使是到海外就业也存在问题。像尼日利亚这样的国家看到的是中国劳动力的进入而不是走出，他们留下来成为当地市场和公司的竞争对手。

尼日利亚的1.4亿人口以及对其他非洲市场的优惠准入条件对中国有很大的吸引力。同时中国对尼日利亚也有很大的吸引力。我们从中国学到很多东西。接下来我们需要中国减少来尼日利亚的人口数量，增加当地输入源，雇用更多尼日利亚员工。

尼日利亚面临着挑战。我们需要建设自己的中小型企业，培训自己的员工，我们正在努力做到这一点。我们正在致力于增加资源数量，以培养各类中小型产业的能力，并提高组织和金融管理的能力。我们还要鼓励当地公司利用自由贸易区来增加出口。

我们的公司重点要在提高能力和适应多样性方面下工夫，特别是面临在中国和本地市场以及世界舞台上的越来越激烈的竞争。竞争是很难的，因为中国工人的工作强度是我们的两倍，而中国政府正在利用贸易和产业的便利来输出劳动力。

与中国竞争如此艰难的一个原因就是中国选择性地吸收了资本主义和社会主义两种体制精华的部分，尤其是从社会主义中学到了纪律性。因此，中国人的纪律性就是其最大的财富之一。

相反，西方主张自由主义经济学原则，其行为和创新性是很短浅的，似乎是不协调的，属于个人主义。

“亚洲虎”的出现给西方敲响了警钟。西方睡大觉的时候，中国在做战略性的规划，在自由市场经济竞争中提高效率并与非洲展开合作。其重点计划在非洲的运作涉及政府最高层和所有参与者。

西方要学习中国在非洲的运作方式。

很多人质疑中国出口非洲某些商品的质量，而多年来也有少数人质疑西方提供给非洲低素质的顾问，后者更为滑稽。

现在是该重新考虑国家战略的时候了，包括尼日利亚。美国、欧盟必须认识到，并非一切皆有市场，还需要适应市场的商品。非洲必须认识到，我们必须灵活机动，生产能够销往世界市场的商品，也就能在我国市场上赢得进口商品的竞争。

更重要的是，由于世界竞争越来越激烈，非洲人民必须提高斗志，更加努力地工作。同时中国必须认识到不能够冲击和接收尼日利亚，这是行不通的，必须要形成真正“双赢”的局面。中国和尼日利亚本质上都是在创业，我们不能坐下来休息，而让其他人抢了我们的生意。

此时，我们应该把非裔侨民请进来，提供更多的帮助，我们从中国人那里学到了这方面的经验。华侨华人通过投资和帮助中国加速开发进程、转让技术与方法而作出巨大贡献。尼日利亚必须创造条件使之适合侨民，包括在中国的侨民回到尼日利亚投资。

尼日利亚在中国设有贸易办事处，很多尼日利亚人在那里做生意，我们相信在5～10年内要使尼日利亚中小企业促进经济迅速增长，就必须与侨民公司及中国公司增进战略伙伴关系。

中国在世界关注非洲进程中起到关键的作用。我们必须认真审视自己，改进自己，用我们的智慧，充分利用这一机遇。

作者简介

奥凯克·尤顿瓦，尼日利亚商业与产业部部长，生于1948年，曾担任尼日利亚伊莫州州长。1999年成功竞选州长，2003年再次当选州长，任期于2007年5月29日结束。他是人民民主党党员，还担任伊博人酋长。

别问中国做什么，要问我们做什么

艾西娜·安东尼奥·德·阿布罗

人人都在关心中国在非洲做什么。作为负责任的非洲人，为什么不关注我们自己在做什么？

我们政府部门有计划、优先权和众多的开发伙伴。中国就是其中之一，但中国不是我们唯一的伙伴。我们最近与韩国签署了一项协议。我们怎样看中国？中国是我们的朋友，再次帮助我们独立，我们是不会忘记的。在环境以及许多其他领域中，我们把中国当成牢固的开发伙伴。

艾西娜·安东尼奥·德·阿布罗，莫桑比克环境部部长

莫桑比克的未来发展就要靠我们青年人的理想、领导能力和投资。我们的开发伙伴不能决定我们的未来，未来还是要靠我们自己。

关于中国在莫桑比克的影响以及在木材业的做法有很多批评的声音，但是我们的政府要保证我们的环境受到保护，我们正在许多层面并利用许多途径来做这件事。

对于莫桑比克来说，保护环境至关重要。莫桑比克有两千万人口，木炭和木材依然是主要燃料。我们缺少电力来灌溉农田、净化饮用水、为学校照明。莫桑比克纯净能源是阻止气候变化更重要的途径。其解决的办法是确保增加农业生产，降低痢疾患病率，提高妇女文化水平并赋予她们更多的权利。

一个更加美好的世界需要纯净水和电力。我们今天的生活条件和美好未来相比还有很大差别。但是问题是棘手的——能源的需求在增多，更多的莫桑比克人需要更多的能源。在我们部门领导的充分信任和大力支持下，我们与各类开发伙伴合作积极寻求革新的解决方案。

莫桑比克目前急需解决的是有关对妇女形成威胁的环境问题。

2009 年 3 月我有机会作为一名环境方面的女部长和专家在阿斯彭学会环境论坛上发表讲话。论坛重点对我们的能源挑战进行了反思。其他女部长和我都认为这种挑战是由环境侵蚀和气候变化造成的，在发达国家和发展中国家已经证明了对妇女所产生的巨大影响，并且她们有能力适应这种挑战。因此，经过反思之后我们一致赞同一系列建议，现将已经核准的部分条款复述如下。

• 加强妇女在决策工作上的领导和参与对全球环境有效治理是至关重要的；

• 强调妇女是对变化的主要义务人的角色；

• 让更多的妇女投入全球环境治理当中，会使政府及其社会的决策变得更有实效；

• 建议世界部长级领导、民间社会与个体经营者之间进行富有创造性的合作，制订计划，支持妇女的领导与参与；

• 鼓励私营部门和民间社会的参与者通过培训和创造学习的机会支持妇女领导；

• 号召更广大的妇女走上环境领域领导岗位，媒体要更加重视妇女参与与否的报道；

• 积极动员集体领导，在环境领域、私营公司和民间社会加强与妇女领导的合作关系。

以上所述为行动议案，我们在莫桑比克各个层面上还要采取行动，保护环境，确保妇女和青年积极参与我们的行动。我们的未来掌握在自己的手中，而不是由中国人或西方大国所决定的。

作者简介

艾西娜·安东尼奥·德·阿布罗，莫桑比克政治家，2005~2008年任外交部长，目前为环境部部长。阿布罗积极从事莫桑比克青年联合会工作，20世纪70年代末和80年代初任副秘书长。1994~1997年任社会福利部部长。在1998年地方选举中阿布罗被莫解组织任命为国家选举委员会成员，负责组织工作。2002年莫解阵线会议上被选为党政治局15位委员之一。2005年2月3日，格布扎总统当权不久任命新政府时，阿布罗被任命为外交部部长。2008年3月10日她被任命为环境部部长并在3月27日宣誓就职。

中国是牢固的伙伴

奥本尼 · Y. 瑟夫伊

奥本尼 · Y. 瑟夫伊，坦桑尼亚驻美国大使

坦桑尼亚是同中国有着十分牢固的双边关系的国家之一。我可以用这样的形容词来描述这种关系：持久的、稳定的、全天候的、可靠的、可预期的、互惠互利的、互相支持的、多层面的、战略性的——我这样写时笔调并不是轻松的。

我们的关系是在中国增加石油矿产需求量之前建立的。中国只是对非洲自然资源感兴趣的观点严重地挑战了中坦之间的关系。还有其他的例子可以说明这一点。大多数公司勘探石油天然气，或勘探和开采坦桑尼亚大量矿物资源都是西方公司，相对而言中国在坦桑尼亚矿物资源中只占很小的份额。

西方国家如果继续重视非洲资源小问题而不重视战略性大问题以及我们变化中的世界所提供的机会，那么他们就会失去更重要的机会。如果中国满足西方生活消费品的需求，就必须要有保持工业生产的原材料和燃料，包括由西方跨国公司修建开采所需的。中国不是对非洲自然资源感兴趣的唯一国家。2007 年非洲 31% 的石油运往美国，另外的 31% 运往欧洲，中国仅占 12% 。

很难说中国增加在非洲的份额对非洲是件坏事，而其他世界如果不多的话也会与中国的份额持平。中国的统计数字表明，中国与美国彼此都是双方贸易第二大伙伴，2008 年贸易额为 3337 亿美元，比 1979 年增长 130 倍。

西方国家如果相信中国在国内事务上采取不干涉政策定会阻碍非洲国家良治进程，同样也是错误的。大多数非洲国家有着同样的说法。

西方国家不相信他们是非洲良治的驱动者。良治是在冷战结束时期制定的《国家环境政策法案》框架下的一项非洲议案。我们会记住一些非洲最恶毒的独裁者以及冷战时期窃取伟人头衔的人，他们实际上是西方大国的傀儡。我们看问题更客观一些。非盟中的 53 个成员国因为与中国的友好关系有几个回到良治议程？是的，从一个国家所坚持的观点就能看出这个国家对非洲的倾向。

与大多数经合组织国家不同，像政治承诺一样，中国实现了援非的承诺，即使是在目前全球经济危机清偿能力十分有限的情况下也是如此。中国在实现与非洲的关系方面与西方正好相反。

军事合作

1961 年坦桑尼亚独立后成为南非自由斗争的前线。我们无法相信我们的独立很大程度上是整个次区域继续在殖民统治之下。同时南非所有国家处于殖民统治之下，而南非则在最野蛮的少数种族隔离政权统治之下。

我们欢迎从整个次区域加入坦桑尼亚的自由战士，难民和自由战士都需要训练、后勤和物资保障。这自然把我们推到抗击所有南非的殖民力量和种族隔离政权的最前线。我们是新独立的穷国，很少国家愿意帮助我们完成历史性重大任务。中国就是极少数这样的国家之一，帮助我们提高保卫自己以及支持自由战士的能力。中国为我们维护独立以及实现南非其他地区的自由贡献出自己的力量。我们不会忘记，我们将永远维护中非关系的牢固基础。

政治关系与外交关系

中国在发展与非洲国家政治与外交关系方面总是有大量的投入，这种姿态得到了非洲领导人的回报。而且中国始终如一，坚持战略性的方针。中国领导人信守承诺，相继增加了访问和交往的层次和高层互访的频率。

坦桑尼亚与中国进行过三次高层访问交流。2006 年 7 月中国总理温家宝访问坦桑尼亚。2006 年我们的总统访问中国，参加中非合作论坛北京峰会。2008 年 4 月，我们的总统对中国进行国事访问，作为胡锦涛主席 2009 年 2 月访问坦桑尼亚的一次互访。

团结在世界其他地方是个很普通的词，但是用来形容中非关系却是恰如其分的。共同的历史、经历、挑战以及南非合作更大背景下的共同命运都离不开团结。的确，中国使人联想到发展中国家之间的团结。

在与非洲交往过程中，中国明显是一个有感情的、有同情心的伙伴，总是彬彬有礼。中国对非洲的态度是认真的，鼓励非洲国家探索自己的政治和经济体制，走适合于自己国情的发展道路。然而这可能会被误解是对治理不善的宽宥。他们的简单逻辑是，非洲良治就是非洲议程，而不是中国议程。这要由非洲自己在推进良治过程中发挥重要作用。正如奥巴马总统在加纳所说的，“非洲的未来要靠非洲人自己”。

因此，非洲国家发现中国的态度是认真的，它们也认真回应。它们发现中国从非洲大陆看到了希望，尽管带有些许的同情与慈善，但确实在寻找具有深远意义的、长期的、战略性的、互利互惠的伙伴关系的机会。

基础设施与声望工程

中国致力于非洲的基础设施建设，在建设中采用各种不同的方式。这些工程由中国通过贷款或赠款筹资，并由中国公司修建。这些建筑工程的筹资还通过国际金融机构、双边援助机构或非洲国家资源的贷款或赠款加以实现，中国公司积极投标，主要是因为其成本低。中国在这些工作上所获得的成功自然提升了中国在非洲的地位。

第一项工程是坦赞铁路，也以乌呼鲁铁路闻名，斯瓦希里语为自由的意思。修建该铁路是为了给赞比亚提供一条可选择的通向海洋的道路，以绕过当时在罗得西亚和种族隔离的南非的少数种族主义政权。铁路有政治和经济上的作用。铁路资金由中国提供无息贷款，由中国国有公司修建，共有 5 万名工程师和技术员参加修建，有 69 人死亡并葬在坦桑尼亚。在遭到西方国家和其他金融机构拒绝之后，坦桑尼亚向中国求助修建铁路线。尽管中国在 20 世纪 60 年代后期困难重重，但是中国政府还是同意以这种方式来支援坦桑尼亚和赞比亚。有反对者从某些方面认为中国是不会负责到底的，然而铁路提前竣工，而且保质保量，为中非友谊立下一座丰碑。

还有一些“声望工程”。一座由中国人修建的现代体育馆在达累斯萨拉姆竣工，在其他非洲国家也有几座这样的建筑，还建起了办公楼。在坦桑尼亚多多马建新国会大厦，一家中国公司中了标，用坦桑尼亚的资源筹集经费。目前中国正在亚的斯亚贝巴为非盟修建会议厅。和过去所谓的“白象”不同，现在又另辟蹊径——他们解决了被非洲政府优化的实际问题。当中国接受这些工程的时候，也提高了自己在非洲的声望和形象。

当然也有对中国基础设施和建设工程质量的批评。我们不能说中国公司承包的工程没有质量问题。但是，我们在坦桑尼亚的经验告诉我们，西方公司比中国公司的问题还要多。中国工程质量总体说来还是令人满意的。对于非洲政府来说在中国公司招标方面小心谨慎是非常重要的。中国当局包括大使馆随员（他们关心中国的形象胜过于中国公司的利润）非常有利于淘汰那些有不良记录的公司。

投资与贸易

20 世纪 60 年代和 70 年代中国在坦桑尼亚生产部门的最早投资如下：

- 友谊综合纺织厂，有意解决棉花业价值链问题。
- 达累斯萨拉姆乌朋果农具厂姆贝亚分厂。工厂生产各类农具，从割灌刀到耕犁——大体上属于本地销售，一些出口到附近的肯尼亚、乌干达、扎伊尔（现刚果民主共和国）、卢旺达、布隆迪和赞比亚。
- 芒古拉农具厂生产农具，为坦桑尼亚开发提供技术。
- 穆巴拉里与卢乌综合稻庄，生产稻米。
- 基维拉煤矿，中国（62%）与坦桑尼亚（38%）政府合资建设。
- 桑给巴尔马亨达糖酒厂。
- 桑给巴尔住宅计划。

这些都是非常好的计划，或许是走在时代前头了，因为计划是由国有企业执行的而未能完成，坦桑尼亚大多数国有企业都有同样的隐忧。今天，在生产经济政策框架下，坦桑尼亚和非洲再次学习中国工业和农业的经验。这也是美国和其他西方国家与中国在非洲合作的领域，特别是在促进农业开发、食品安全及农业附加价值方面的合作。

如今已有40家中国公司（包括建筑公司）在坦桑尼亚运营。

在一些非洲国家中国公司正在投资自然资源，但与其说是在坦桑尼亚，不如说是重点投资的目的在于恢复上述的产业，他们还在寻找在农业、信息与通信技术、航空运输和制造业领域的投资。

西方投资者看到的是问题，中国投资者和商人看到的是机会和成功。

20世纪50年代中非贸易额只有1200万美元。随着中国改革开放的推进，经济政策放宽，贸易额从2000年的100亿美元迅速增长到2008年的1068.4亿美元，比上一年增长45.1%。对非出口2008年达508.4亿美元，增长36.3%，而从非洲进口达560亿美元，增长54%。

中坦双边贸易额从2002年的1.28亿美元增长到2005年的4.743亿美元。中国商品进口从2002年的1.21亿美元增长到3.036亿美元，而坦桑尼亚出口中国的商品从660万美元增长到1.701亿美元。

人们也越来越关注中国对非销售标准以下或假冒的商品。这是中国部分不法出口商与同样不法的非洲进口商非法交易的结果。非洲海关和监管当局的解决办法就是提高对这类交易的监管力度，确保不准伪劣或假冒商品进口。我们在坦桑尼亚毁掉了数百万美元价值的不合格或假冒的中国进口商品。我们会像所有国家那样继续保持警惕性。

中国国家主席胡锦涛访问非洲，在达累斯萨拉姆演讲时强调：

> 中国愿继续推动中非贸易往来，尽量照顾非洲关切，采取优惠措施扩大从非洲进口。中国政府鼓励和支持更多有实力的中国企业赴非洲投资，为非洲创造更多就业机会，增加对非洲的技术转让，并鼓励中国企业在当地承担更多社会责任，同当地人民和睦相处。对双方合作中出现的问题，我们愿同非洲朋友通过平等协商，妥善处理，共同维护中非友好合作大局。

从中国人的办事风格来看这并不是讲空话。这种声明来自主席本人并且是在非洲作出的，这表明中国最高领导人意识到了某些问题，认识到了需要解决的问题，要建立一个框架解决这些问题，非洲要同中国一道提出这些问题，寻找一条和平的解决方案。中国正在开具从非洲免税进入中国的货物扩展名单。坦桑尼亚就是受惠者之一。

由个人移民策略来调整的。非洲资源是中国利益的驱动者，但十分明显的是，中国与非洲之间的纽带是在不断发展个性和改善关系的基础上得到加强的。

作者简介

克里斯·奥尔登博士 1990～2000 年在威特沃特斯兰德大学伦敦政治科学学院讲授国际关系课程。专著有《中国在非洲》（捷思锐出版社，2007），已被翻译成阿拉伯语、葡萄牙语和西班牙语，与人合著有《世界政治学的南方》（帕尔格雷夫出版社，2009），与人合编《中国重返非洲》（赫斯特出版社，2008）。他目前为南非国际事务研究所中国在非项目研究室主任。

相互学习的重要性

大卫·申

大卫·申，大使

我对非洲的认识是建立在37年生活和学习的经历基础上的，其中包括我在非洲不同的国家生活的17年，直到1999年我卸任埃塞俄比亚大使为止。平心而论，丰富的阅历和持续的关注使我成了一个非洲通。

非洲具有多样性，文化表述也十分迥异，连我这个居住此地多年的人也不时感觉惊叹：53个国家各有各的不同。许多重要因素，如宗教、种族、气候、海拔以及自然资源等无疑说明了这种多样性，虽然要想证明一种文化之所以如此并不是件容易的事，但你可以观察到以区域为基础的共同点和民族的共同特质。

例如，你容易观察到集体人格类型的特点，这也许算不上是一种文化，例如西非人特别具有冒险性和独创性。相反，除了索马里人具有尼日利亚人的冒险精神之外，东非人似乎更为保守。

非洲是由众多不同文化的许多国家组成的，这是问题的复杂所在。对于所有的发展、贸易和投资伙伴而言，首先要了解非洲及其丰富的历史、远大的志向，慎用"一刀切"的办法才是明智之举。

记得当我第一次走进驻外事务处的时候，那里的人对非洲知之甚少。实际上，我在上大学的时候就决定关注非洲，因为当时美国国务院缺少有关资料和专家，但是在华盛顿大学研究非洲不容易，因为有些大学有非洲系，华盛顿大学则没有，因此我不得不从各个系把资料拼凑到一起。

在早期大陆解放运动之后，西方开始关注非洲，因为西方在反对东欧式社会主义的非洲利益中获得了权益。这种情况一直持续到整个20世纪70年代。

20世纪80年代和90年代，国际社会对非洲的关注发生了变化，更多关注的是发展中的非洲。问题是促进发展的理论很多，而成功的经验很少，至少是没有提出有价值的策略。

进入20世纪90年代，亚洲成为世界上发展最快、最深入的地区，但是其发展大多可归因于散居国外的人的智识和资金，以及高储蓄率和敬业精神。

相反，非洲则是宏观经济政策和机构建设理论的试验田，这种试验到了世纪之交犹如空中楼阁，在没有必要的物质基础设施前提下更是如此。

民主机制运行良好，几个国家通过它选举领导人。如今这种机制为博茨瓦纳、加纳、毛里求斯、南非、坦桑尼亚以及其他几个国家所采用并打下坚实的基础，这是毫无疑问的。

对于非洲领导人来说，从军事统治到更民主的治理模式的转变并非易事，经历了几十年。如今，随着中国在舞台上的亮相——基于以政府为中心的方略上的经济发展而为世人瞩目——在西方人们对非洲领导人将要回归不民主政体的认识有所抬头。

一些观察家认为中国正在向非洲推销其管理方式，但我不同意这种观点。我认为中国在销售商品并购买所需。我认为中国无意于让非洲按照它的模式走，因为中国知道非洲是无法做到这一点的。

中国不只有一种政策模式，而是有几种模式，其中有适用于工业化程度较高的沿海模式，有适用于技术落后的西部模式，还有特区模式。

更为重要的是，中国人了解非洲人，中国成功的两个主要因素就是其勤劳的品质和高家庭储蓄率。

任何想要学习中国成功模式的国家必须确保其公民准备放弃节假日、婚礼、葬礼，从早工作到晚，节省大部分工资。这是中国文化而不是非洲文化。有一个许多非洲国家领导人正在考虑的问题，就是需要表述一种有关中国的共识。某些问题迫切需要解决的一般方法和个别意见。例如，实际上就有从中国进入非洲的伪劣药品。中国政府认为这是民间行为者的过失，与政府毫无关系。我认为，如果中国人秉着对非洲严肃认真的态度，就会对这种行为采取严厉的措施。

中国政府会采取严厉措施吗？当然会的。例如，他们会对出口货物进行随机抽查，并且严肃惩治不法分子，可谓言必信，行必果。

相反，假设像多哥那样的一个非洲小国要求中国采取这样的行动，是没人会听到的，但是如果非洲领导人联合起来集中发表意见，结果就会不同。

由非洲地区组织如东南非共同市场、南部非洲发展共同体和西非国家经济共同体联合表达意见的情形有所加强，但是还需要更进一步，因为一些行为的负面影响可以持续几百年。例如，中国公司从非洲伐木工那里购进木材，非洲从此失去了原始森林，这些伐木工的行为使环境变坏。这样的森林是几代人都无法补偿的。处处都有遵从规律的知与行。我们必须要互相学习。在新世界秩序中傲慢和自卑是无立足之地的。美国也要学习中国。例如要学习中国如何倾听非洲的声音从而加深理解非正式经济的运作；必须认识到理想是一回事，现实是另一回事，缩短两者的距离才是客观的态度。

中国也要向美国和欧洲学习，学习的重要课题就是如何提高事务的透明度，从而减少人们的疑心。例如，在某个国家人们对经费的情况一无所知。提高透明度就会提高效率，使整个发展中的共同体避免重复性的工作。

中国还要向非洲学习，更加关注非洲的民间团体。

非洲也要向所有的伙伴学习，特别要向中国学习敬业精神。要学会如何预期并采取行动，以预防会给人带来疾患甚至毁掉未来的传染病。最后，对所有风险承担者来说有机会形成战略同盟，创造共赢的局面。

作者简介

大卫·申，2001 年以来任乔治·华盛顿大学艾略特国际事务学院兼职教授。他在全球范围内就美国事务和中非关系问题开设讲座。他发表在《学术和政策》期刊上的关于美国的许多文章汇编成书。他的《埃塞俄比亚历史词典》正在编撰中，该书内容广泛，对中非关系作了从古至今的研究。

申大使在美国驻外事务处分别在华盛顿国务院，以及黎巴嫩、肯尼亚、坦桑尼亚、毛里塔尼亚、喀麦隆和苏丹等大使馆工作，共 37 年。1987 ~ 1990 年他就任驻布基纳法索大使，1996 ~ 1999 年就任埃塞俄比亚大使。20 世纪 90 年代中期他在国务院就任非洲事务东部与合恩地区主任，20 世纪 90 年代初国际干预时期就任索马里联络员。他获得乔治·华盛顿大学学士、硕士和博士学位，并获得西北大学非洲研究证书。

中国与非洲：实现开发红利的机会

罗莎·惠特克

2006 年 11 月，参加中非合作论坛北京峰会的 41 位非洲元首乘飞机回国，他们同中国投资者、国家机关、国家进出口银行签下数十亿美元的合同，其中包括大坝、公路、石油天然气管道的修建以及其他高价项目。

罗莎·惠特克，惠特克集团董事长

据报道，非洲领导人都有所收获，无论他的人权记录怎么样。的确如此，非洲最著名的两位独裁者——津巴布韦总统罗伯特·穆加贝和苏丹总统奥马尔·巴希尔也是最大的受惠者。津巴布韦获得 11 亿美元能源合同以及津巴布韦中文系专款，到 2007 年底苏丹向中国销售年产量 40% 的石油，还有由北京提供的武器装备。

此外，中国国家主席胡锦涛建议动用最大的外币储备 1 万亿美元，将数十亿美元作为援助和优惠资金，用 50 亿美元开发资金鼓励中国公司对非投资。实际上这些资金不附带良治或人权条件，许多非洲政府厌倦于迎合西方开发伙伴和多边机构的苛刻要求，因此迅速发展的中非关系更加具有吸引力。

2006 年以来，中国继续拓宽了在非洲的经济范围。双方似乎出现了双赢的局面。中国经济增长迅速，对非洲自然资源主要是石油、天然气和矿产品的需求更加强烈，非洲有了一个可靠的伙伴，可将巨资投到对非洲经济开发至关重要的基础设施和能源项目上。

西方开发专家、政治家和人权激进分子以及越来越多的非洲人认为中国侵袭了非洲，令人心痛。他们批评中国支持邪恶政权，说中国以新帝国主义形式出现，竭尽全力攫取非洲自然资源，结果使资源丰富的国家精英变富了，而大多数非洲普通人变穷了。

如今中国已成为非洲最大的贸易伙伴，在2008年超过了美国。2008年双边贸易额为1070亿美元，自2001年起增长了10倍，但是这个数字还不能说明全部。非洲出口到中的石油有85%来自如下几个富含石油国家——安哥拉、刚果共和国、赤道几内亚、苏丹。批评家反而认为，中国的生活消费品在非洲泛滥，破坏了非洲刚刚起步的制造业。美国商业部报道说2007年中国是向该地区的最大出口商，占市场份额的9.8%。2007年美国出口市场份额跌至5.3%。

批评家还指责说许多中国合同规定在非洲工程中的工人70%以上为中国人，中国人在非洲生活和工作的的确很多，据估计有75万人。还有报道说，在中国工程中干活的有一些非洲人，他们的工作环境很差，中国公司通过降低当地商务出价而进一步提高了当地失业率。

据《纽约时报》报道，全球经济衰退使人十分明显地看到与中国公司签有合同的非洲政府的许多缺陷。中国的方法就是通过签订协议而在一个时期获权使用非洲资源，交换的条件是完成巨大的基础设施建筑项目。非洲政府认识到这些合约本质上是耗用未来的税收和跌价，从而背上累累的债务。

然而，中国在非洲的发展无疑会带来实实在在的好处。中国投资者在非洲的投资项目风险比西方对手风险小。他们通过过去十年在非经济的增长而抓住机会，成为非洲最大基础设施项目的主要外国承包商。中国人修建铁路、桥梁、大坝、学校、办公楼、光纤网络和学校，而且他们都是提前完成修建工作。

中国表示在全球经济衰退的情况下要继续加深与非洲的合作。据《华尔街杂志》报道，2007年由国有的中国开发银行创办的中非开发基金会在11月出资20亿美元，以扩大中非之间的业务联系。

显然中国会在非洲持续下去，尽管有许多的担忧，但是可以预期非洲将会是中非关系的受益者。非洲不仅会从基础设施开发的浪潮中受益，而且中国还会帮助非洲国家进入全球价值链，提供拓宽商品渠道出口的机会。

非洲领导人所面临的关键问题是如何控制与中国的关系，以确保非洲大陆不把未来抵押出去而更能实现开发红利。专家一致认为非洲政府在与中国的交易中首先要更加自信。随着在非洲开发程度不断深入，中国就必须使用只有非洲才能提供的稀缺商品。这自然就会把非洲国家推到一个可以规定贸易条件的强势位置上去。

非洲国家联合起来制定出连贯统一的政策，要求中国对非洲农产品打开广阔的市场。作为食品净出口国，中国具有非洲主要出口国的潜力，而非洲则拥有小麦、玉米、水稻、食用植物油和糖等资源，但目前这些食品的进口关税偏高。因此，非洲要利用其谈判杠杆终止中国棉花和纺织品的补助，使非洲新生的了无生机的棉纺织业到世界舞台抑或是自己的市场上竞争。

非洲领导人要坚持与中国承包商的协议包括要求地方公司提供资源，大型建筑和其他工程雇用本土劳工。这种协议还应包括一项规定，即向非洲工人转让技术，以及执行国际认可的先进的劳工制度。

非洲国家必须继续进行对国内的商业、银行和管理的改革，与国内外更广泛的投资者进行交往。如果中国只是单方面表演的话，非中关系是不可能健康发展的。那些有着强政厉治的历史和透明的经济商业惯例的非洲国家处在最佳的位置，可以收获中国投资带来的成果，也可以避免过度依赖中国和单一资源出口带来的弊端。

2009年底，非洲部长会在开罗中非合作论坛第四届部长级会议上会见中国官员和投资者。非洲领导人要以更加强势而统一的姿态出现在谈判桌前，这一点至关重要。

作者简介

在创办技术工作集团之前，罗莎·惠特克担任克林顿和布什政府美国对非贸易代表第一助理。她制定并实现《非洲发展与机遇法案》，以及其他对非双边和多边贸易政策倡议。她设立美国贸易代表团非洲事务办公室，成为与非洲国家签署贸易协定时美国主要谈判代表。在她的领导下，推出一系列前所未有的倡议，加强了与非洲国家的贸易、投资和经济合作，为美国赢得了声誉。

在加入美国贸易代表团之前，惠特克女士是国会议员查尔斯·兰赫尔的高级贸易顾问。在此时期，她是《非洲发展与机遇法案》的专业起草人，协助召开国会贸易投资小组会议。她负责就与国际贸易组织、非洲与中国的广泛事务为兰赫尔议员提供建议。

作为职业外交官，她在非洲以及国务院国际能源政策办公室任职，她还当过国际商业华盛顿办公室主任。惠特克女士与美国政府和实业界以及非洲公共和私营部门有着广泛的交往。她领导设计和完成的倡议给非洲带来了无数贸易和投资机会。

惠特克女士是慈善船舶执行委员会委员，这是一家全球性慈善机构，20年来在发展中国家运行医务船，赢得声誉无数。她在华盛顿美国大学获得学士学位和硕士学位，完成了在英国、意大利和美国外交学院的学业。2008年4月，惠特克女士与大教主尼古拉斯·邓肯－威廉姆斯结婚，他是基督教励行会信仰部监督。

第四章

中美“软实力”比较论

中国在撒哈拉沙漠以南非洲地区的领导地位超过美国吗?

沙伦·T. 弗里曼

专栏 4.1 中国在撒哈拉以南非洲地区的领导地位超过美国

《快速公司》:理查德·比哈尔 2008 年 6 月 1 日报道,西方正在失去撒哈拉以南非洲地区的领导地位,这个事实本身在非洲已不算新闻。许多领导人已经接连不断地表明这个观点,塞内加尔总统指出:“今天欧洲在非洲的竞争战役中已经走向失败”;博茨瓦纳总统认为:“我感到中国和我们平等相待;西方把我们当做从前的臣民”;尼日利亚总统在为胡锦涛主席举行的宴会上发表演讲时认为:“这是中国领导世界的世纪。你们正在领导着世界,我们要紧跟你们。”

出现过什么变化?是什么时候出现的?又是怎样出现的?

关键在于中国和美国各自的态度对非洲人民的情感、思想和行为有什么影响。

为中国和非洲以及中国人和非裔侨民之间的合作打下基础的中非共同经历是什么?从这个角度来分析,实际上不可能排除人类情感问题。发展经济学家总是根据可建的模型来对发展进行分析。但是人类相互交往具有心理和人情因素，这是不能用模型来表示的。不能理解人类行为就会产生十分严重的后果。

首先，中国和非洲之间的关系是人与人之间的关系，自然会涉及人类情感，而不仅仅是一种商务交易。2006 年中国政府邀请非洲国家元首去中国，向他们表示他们渴望获得的尊重，于是情况便发生根本的变化；在编年史上看非洲的发展就总是以中国到来之前和之后来划定时间界限的。尊重对一直受到不尊重的人来说就意味着一切。中国人懂得这一点，他们最先提醒非洲人和非裔侨民："我们从来没有用那种最讨厌的方式称呼你们。"中国人可以对非洲人说："当你们在为独立而斗争且我们也在斗争的时候，'兄弟'，我们的斗争是为了你们。"曾给邓小平当过翻译的维克多·高在一次公开会议上评述道："我在耶鲁大学就读的时候，我的大多数同学都是白种人；其中有很多今天都成了我的朋友。但我从来不称他们为兄弟，我只把非洲人称为且当做'兄弟'。"

尊重对中国人来说也非常重要，他们像非洲人一样在他们自己的土地上也有过被殖民主义者蔑视的经历。

中国人在美国也没有受到尊重，在美国的非裔美国人也有同感。他们在19 世纪中叶来到美国，就来到了一个种族色彩非常强烈的国家。由于肤色的原因，他们与非裔美国人有着不解之缘，尽管两者之间还存在着差别。非裔美国人被打上奴隶或非自由劳工的烙印，而中国人不管地位如何都被打上便宜劳工、"苦力"（违反自己意愿的合同劳工或进口的劳工）或奴役般的非自由劳工的烙印，尽管他们自由地移民美国，在美国有自由劳工的身份。此外，很多白种人把中国人完全看成是另外一种黑人。

《哈泼斯周刊》上的一幅政治漫画

在 1879 年 3 月 29 日出版的《哈泼斯周刊》上有一幅政治漫画，耐人寻味，画面上一家黑人和一个中国男子背对背站着，这反映了他们势如水火，预示着他们为微薄的收入相互之间要进行一番较量。

当时在美国种族政治已经成为两个阶层的种族论争和经济学，这并非是中国移民和以前的奴隶之间开展竞争的唯一原因，白人政治起着重要的作用，白人设圈套让黑人和中国人相互斗争，他们往往夸大这两个种族之间的差别，以维持霸主地位，伺机指出和利用一个种族或部落可能会有的任何可察觉出的积极或消极的因素。强调和拨弄少数民族之间的是非就会提高种族和部落意识，增加他们之间嫉妒和对立的程度。

增加少数民族之间矛盾和对立的程度，这是每个少数民族所面临的固有矛盾——他们进入美国的首要矛盾。美籍华人享有自愿移民的好处（因为他们不是由于经济需要所迫离开家园的），可以保持自己的文化。这最终却成为被用来反对他们的手段，但在有些情况下可以使他们比较容易被认为是外国人而不是劣等人。

弗雷德里克·道格拉斯 1869 年在波士顿发表题为《多民族大家庭》的演讲，他根据“1882 年排斥华人法案”的背景对美国的民族群体加以评论。他认为排斥是不民主的、泛美的、虚伪的，有悖于美国人民“多民族大家庭”的理想。

道格拉斯的表述非常生动：“中国是一个万分拥挤的国家，她的人民就像装在货车里的牛一样挤在一起。人和蜜蜂一样都需要空间。当蜂窝过于拥挤的时候，蜜蜂就会成群地移动，有可能会抢占最有利于酿蜜的位置。”

种族这个主题就是房间里的一头大象，只有当这头大象得到认可的时候，人们才能深刻体会到他人的情感和经历。2009 年 7 月 11 日，美国总统奥巴马在他的加纳之行期间谈到他个人与非洲的种族关系，他说道：

> 我的身上有非洲的血脉，我自己家庭的历史与整个非洲历史的灾难和成功息息相关。我祖父在肯尼亚为英国人当厨师，虽然他在村子里是一位受到尊敬的长者，但是他的雇主在他一生的很多时间里都叫他“伙计”。他没有直接参加肯尼亚的解放斗争，但在残酷镇压时期他还在牢狱里待过一段时间。在他的一生中，殖民主义并不只简单地划出人为的边界抑或制定出不公平的贸易条款，而是人们日复一日、年复一年所能亲身体会到的某种东西。我父亲是在一个小村庄放羊长大的，与我来美国就读的大学之间的距离似乎遥不可

> 及。他正好赶上非洲黎明将至的特殊时期，他父亲那一代人在为新国家的诞生而奋斗，而这恰好是加纳开始的……

种族这个主题暴露出情感问题，情感至关重要，尊重至关重要，共同的经历至关重要。有了这样的一种认识，现在就可以分析前面提到的中国和美国对非洲的态度之间的差别。通过这种分析可以看到经常有“某种因素”存在，看来事情的发展并非以量取胜：在过去多年美国在非洲投资很大，与之相比中国只投资一小部分，但在有些情况下，中国却赢得了非洲民心。毋庸置疑，其中的奥妙与情感有着千丝万缕的联系，尽管在形式上有所不同。

《美国国会研究》2008 年发表《全球影响力对比：中美对发展中世界的外交、外援、贸易和投资》，以下是对该文内容的概括。①

> 山上的灯塔放射光芒的原因是什么？西方在冷战中的胜利给军事战略学家带来欢庆的喜悦，也为在各地从事为赢得有抱负的民族情感和思想的无形斗争中的人们带来成功的欢笑。美国模式至高无上：民主、自由市场、私有化、国际贸易与投资流动，还有家庭生活方式、汽车以及子女教育。尽管最近的金融危机使山姆大叔的辉煌黯淡下来，但美国依然有巨大的、潜在的软实力储备。但美国有很多方面在世界上依然是无与伦比的，包括美国社会、经济、文化、学术、科技及其他方面的影响力，其中有许多来自私有产业或政府范畴之外。许多美国理想具有长期的、普遍的魅力，虽然从军事、经济和科技方面来讲美国依然是世界头号大国，但“中国模式”正在成为一块磁石和一座灯塔。

何谓“中国模式”

在 1978 年中国实行开放政策之前，世界上没有什么国家渴望采用中国模

① 美国国会研究服务部：《全球影响力对比：中美对发展中世界的外交、外援、贸易和投资》，华盛顿哥伦比亚特区：作者出版社，2008。

式。中国的“大跃进”“文化大革命”、集体农场、国有企业、平均主义的贫困（不包括党内人士）以及专制政府除了对独裁统治集团外没有什么魅力。但所有这一切都随着中国开放政策的施行而改变。

20 年之后，中国模式由于其实用的外交方针而引起许多发展中国家的重视，采用这种方针政府把外交、商业以及外援与其在全球经济影响力的迅速提高联系在一起。

自从冷战结束和 20 世纪 90 年代中期中国经济加速起飞以来，北京的双赢外交风格具有更大的灵活性，强调短期共同的经济利益。在过去几年中，中国国内发展迅速，对其他国家的贸易、投资和外援迅速增长，强调互惠互利。通过这些协定，中国为自己的商品找到市场，得到原材料和国际的尊重，与此同时为非洲提供对外投资和援助项目，不附加诸如政治和经济行为标准等条件。中国的外交风格及其“不干涉内政”的对外政策原则被认为符合当地情况，而不搞强加的标准。看来非洲国家对这种风格十分欣赏。

有些观察家认为中国在未来会取代美国，在很大程度上如同美国作为世界大国取代英国一样。这种观点来自很多地区的保守分子、自由分子、国家主义者、国际主义者以及孤立主义者。中国倡导的“东方回归”的命题似乎“不可避免”，这种观点特别引人注目。

中国提供的模式与西方模式有部分相似之处，但在很多方面形成鲜明的反差。有些人将这形容为所谓的“华盛顿共识”在发展中国家的衰落。“北京共识”意味着代表中国政策制定者的思想，强调他们与世界发展中国家相处的态度。这种共识的根本在于无视“华盛顿共识”的中国、印度和其他国家已获得成功，而听从美国建议或奉行世界银行或国际货币基金组织原则的国家的很多目标却没有实现，如使其人民摆脱贫困的目标。

对于全盘采用西方的私有化和自由贸易的经济模式，照搬与西式民主制度一致的政治体系以及完全被市场牵着鼻子走，“北京共识”持怀疑的态度，尽管中国在过去 1/4 多世纪里实际上已采用其中的许多政策。“北京共识”认为各个国家可以融入全球体系，不用放弃自己的生活方式或对独立采取妥协方针（即集权政府）。其他国家可以借鉴西方模式中最有益的成分，利用外国投资和技术，而又不被“西化”。

中国和美国都使用软实力工具，方法不同，结果也各不相同。自从 20 世纪 90 年代中期以来，中华人民共和国在世界各地采取越来越积极实用的外交方针，强调经济利益的互补性。通过越来越开明的外交使团，通过在非洲引人注目的基础设施、公共工程和经济投资项目，中国在世界的影响和形象得到加强和提升。

中国对别国内部事务不干涉的政策，特别在涉及人权和民主问题方面，对非洲国家领导有吸引力，与西方捐赠国强加给非洲的获取信贷的政治受限条件形成反差。

一些非洲人认为西方的方法是家长式作风，有些非洲国家在长期受到西方政策压力后已经转向中国。虽然这种重新结盟可能不会持久，但安哥拉已断绝与国际货币基金组织的关系，与中国建立经济关系，津巴布韦保持着与中国的关系，从中都反映出这种观点。中非经济合作迅速增长，中国经济快速发展对非洲的意义越来越明显，这会使非洲人认为中国的政治经济模式比西方民主国家的更有意义。中国有许多值得炫耀的地方。到 2007 年，中国与世界三个主要经济中心——美国、欧盟和日本实现贸易顺差。2000 年以来，美国遭受有史以来最大的双边贸易逆差（2005 年为 2010 亿美元，比 2004 年增长 25%）。2003 年中国取代墨西哥成为美国的第二大进口来源国。2005 年中国占美国进口份额的 14.6%，虽然这一比例还低于日本在 20 世纪 90 年代的 18%。根据累计纳税基数，美国是中国的最大海外市场，也是第二大对外直接投资国。美国对华出口虽然基数很小，但也正在迅速增长。2004 年，中国取代德国和英国成为美国第四大商品市场，依然是增长最快的美国主要出口市场。中国在亚洲贸易伙伴国进行大规模采购，特别是精密仪器、电子元件以及制造业原材料。中国大陆对台湾地区和韩国实现贸易逆差，已成为日本和东南亚的一个主要商品购买地。

在过去十年中，美国从中国进口的最具戏剧性增长部分并不在劳动密集型产业里，而是在一些先进技术领域里，如办公和数据加工仪器、电讯和声学设备以及电力机械和电器。中国对美国的出口正在从太平洋沿岸国家特别是东南亚新近工业化的国家手中夺取市场份额，这些国家把低端生产设备推向中国。

中国和美国对非方针比较

“发展状态”学说的提出旨在对中国和东亚的工业化现象加以解释。这是一个简洁的表达方式，意味着资本主义的东北亚是由一张具有政治、官僚和金钱影响力的无缝网构成的，从概念上来讲往往介于自由市场资本主义经济体系和中央计划经济体系之间，被称之为理性计划资本主义体系，将私有制与国家指导融为一体。一种“发展状态”的概念以及其他因素是如何在中国对非方针上起作用的呢?

经济因素。中国利用政治和经济相结合的方针促进贸易和双边关系。因此，开展经济关系并不以纯粹的商业为基础。中国的开发援助、投资和商业交易之间有相当大的重叠部分。这往往是以中华人民共和国的软性贷款为基础，合同条款从无偿援助到接近市场利率的贷款。中华人民共和国的资助和政治支持使中国公司获得主导竞争地位的能力不断加强，这涉及经常快速增长的非洲小型市场，很多人认为这种市场往往为发达国家企业所忽略。

政治因素。中国在非洲的政治目标包括取得非洲国家对北京的政治、经济和贸易利益的支持，尤其是要长期努力在国际上孤立“台独”势力。在这方面中国在非洲获得越来越大的成功；48 个亚撒哈拉沙漠以南的非洲国家中只有 4 个（布基纳法索、索托姆、冈比亚和斯威士兰）现在与台湾地区保持正式关系。中国追求国际政治目标，努力在联合国体系内和其他国际论坛上扩大影响，非洲在这样的组织里通过联合投票形成一个重要的潜在阵营。1971 年联合国安全理事会中国席位把台湾地区换成中华人民共和国，实践证明非洲的票数起到关键的作用。

中国还利用这类论坛促进发展中国家的利益，创造一个新的、正义的、合理的经济秩序，左右诸如苏丹这样国家的国际政策制定的决议，中国在这样国家中有重要的利益。从更直接、更实用的角度来看，还可以证明中国对很多国家具有吸引力。除了对台湾政策之外，中国与西方正式捐赠国不同，对提供资助和发展政治关系不以改进治国方略、经济改革和人权状况为前提，而是对国家主权和“不干涉”其他国家内部事务表示强烈支持，强调双边关系互惠互利以及“经济双赢合作”。这样的政策与许多非洲国家政府的相吻合，其原因不仅在于经济，而且还在于有些国家像中国一样经常就政治不民主和人权问题成为外国批评的对象。

反应。批评家和利益攸关者就中国在非洲活动的意义作出各种不同的复杂反应，从热烈和谨慎乐观到担心中国在战略和经济上对西方和非洲利益构成潜在的威胁。有些观察家对中华人民共和国在非洲的活动采取以国家为中心的政治—商业模式表示担心；对美国和西方在非洲的政策目标和活动的潜在负面影响感到忧虑，对中华人民共和国从非洲增加进口原材料产生的具有竞争力的影响有所顾虑，对中国对当前和未来非洲市场需求的竞争、美国的政治利益关系和中国在非洲活动的影响也都非常关切，只是程度小些而已。一个主要的担心在于中国在非洲的行动越来越受到事关西方政府利益的各种不同国际事件的影响。

2009 年 7 月 11 日美国总统奥巴马在加纳就美国未来的非洲政策和重点发出暗示，他的声明如下：

> 美国绝不会把任何政治制度强加给任何其他国家——民主的基本道理在于每一个国家的命运都由自己来决定。我们要做的事情在于增加对有责任感的个人和组织的援助，重点支持良治——注重支持对滥用权力予以制止和反对派发言权予以保护的议会；重点支持法制，确保司法公正；重点支持公民参与，以便青年人加入进来；重点支持解决腐败问题的具体方案，如司法会计、自动化服务、加强热线活动的开展、保护检举人以加强透明度和问责制。

治国是一个“热点”问题，但不是唯一的问题。除了对中国越来越大的政治影响力及其对非洲治国的作用的担心之外，还有其他热点问题。对有些分析家来说，中国在非洲投资的增长意味着中国对发达国家在非洲大陆的投资构成竞争性威胁。中非双边投资协议成为批评的焦点，因为这种协议经常融商业、政治、援助、时而还有军事等因素于一体，使中国可以提供全方位的一揽子交易，对非洲政府来说比西方国家政府的更有吸引力，西方国家政府对私有企业的控制程度远远低于中国政府，而且在实际中往往把援助、军事和外交行动计划相互分离开来。有批评家认为，中国和非洲的协定有时候包含的条款违反国际人权、透明度或环境准则，抑或促进与发展非洲私有企业不相干的经济活动。

但也有分析家指出中国在非洲大陆的活动给非洲带来潜在的好处。非洲最经常引用的积极成果包括中国对非洲投资的增加，特别是对基础设施的投资；非洲对中国出口的增加以及中国满足非洲的消费需求。人们还认为中国为非洲提供一个新的私人信贷和资金来源，刺激全球商业对非洲资源和市场兴趣的增长。

对美国政策的意义。分析家就中国在非洲的活动可能会对美国政策产生的意义存在分歧。有些观察家认为两国之间正在出现经济和/或政治竞争，有些则不这样认为。

可能令人担心的一个问题在于中国在非洲的活动会对非洲政府产生负面影响，他们将不会情愿追求民主化、开明政治、透明度改革以及坚持普遍的公民与人类权利准则和法制。另一种担心包括非洲对中国的金融债务可能会再度攀升，接下来便是最近欠下美国和西方政府大量债务，非洲过去对债务无力维持。

美中加速在非洲开展经济竞争的前景还带来国家能源安全政策问题，特别是在石油产业以及战略金属和矿产贸易方面。有些人担心中国增加纺织品生产和对非商品贸易会对美国通过《非洲发展和机遇法案》项目来努力加强非洲服装和其他制造产业产生冲击，该法案旨在鼓励非洲生产，为美国从非洲进口各种产品提供免税途径。有些人还担心在联合国机构和其他多边组织里可能会形成一个亲中国投票阵营。

文化与教育合作比较

与中国的教育合作。在中国的非洲人只占中国全部留学生的一小部分，比非洲在美国的留学生要少得多。但在中国的非洲留学生的数量正在增长。到2007年中华人民共和国的留学生总数达到195503人，其中大约5900人（3%）是非洲人。这种增长说明中国正在兑现承诺，从2006年起增加资助非洲学生在中国学习的名额，其中包括增加中华人民共和国政府给非洲学生提供奖学金的名额。大多在中国学习的非洲学生是本科生和硕士生，没有博士生，大多主要是学习技术和工程、医学以及接受语言培训。

在2000年到2006年期间，每年大约平均有1200名非洲学生获得中国政府奖学金在中国学习。2006年11月在中非合作峰会期间，中国政府承诺到2011年把这种奖学金名额增加一倍，这会使非洲学生接受这种奖学金的人数大幅度提高，从20世纪50年代初到2006年获得这种奖学金的非洲留学生总共达到19000人。

与此同时，从2003年到2005年，有2808名“自费”或非中华人民共和国资助的非洲学生被中国高校录取。人们认为这种增长有两个原因：增加中非之间的高校发展合作以及与西方相比在中国生活和学习费用较低。

中国与非洲50个国家有教育交流与合作关系，为非洲国家提供人才培养教育援助。这样的发展活动的重点在于一种继续不断的中非合作论坛追踪活动，人们称之为中非教育部长论坛。据报道，20世纪50年代以来，中国向32个非洲国家派遣700多名专业教师，帮助中高等教育发展。在20世纪90年代期间，这种合作几乎增加一倍。中国大学派往非洲的教师旨在支持大学筹划的培训、交流和合作项目，所需资金是由中华人民共和国和非洲人力资源发展基金会提供的。这样的项目一般资助高等教育教学或管理培训以及职业与中小学教师培训。此外，中国在20世纪50年代到2006年期间还提供过大约60个援助项目，旨在帮助25个非洲国家发展弱势学科，提高科学、技术、教学和研究水平。相比之下：

与美国的教育与文化合作。2006～2007年度在美国学习的国际学生有582984人，其中有32102人是非洲人。2006年，美国资助68937名非洲人参加学术和科技交流，非洲和美国城镇之间有接近100对结成姊妹城关系，这种城镇也资助美国和非洲之间的文化和民间交流。

推进与非洲教育合作的主要渠道之一是富尔布莱特家族的资助项目。在2006～2007学年，非洲学生、教师和专业人员获得246个名额的资助。1949～2006年，为非洲人提供资助的名额总共达到9462个。此外，有3200名非洲专业人员在美国重要开发领域的项目里获得哲学博士学位和硕士学位，按2004年美元价值折合计算，总共花费为3.66亿美元。

美国对非洲的高等教育援助。美国国际开发署高等教育发展项目支持美国高校与外国高校之间的合作，为美国高校与发展中国家的高校建立关系。其目标在于促进高等教育在国际开发中的作用，重点放在个人和机构水平的提高上。美国国际开发署高等教育发展项目目前或最近遍布非洲21个国家。美国国际开发署其他部门、国家使命团以及美国国际开发署支持的公私联盟也实施促进高校发展的项目，成为推动卫生、农业或信息与通信技术发展的全盘努力的一部分。

培训。自从2000年以来在中非合作论坛的指引下，中国增加了对非洲的职业教育的支持，还增加了在中国和非洲的汉语培训以及中短期专业与应用技术培训课程。这种培训重点放在不同领域，如外交、新闻、疟疾及卫生保健、太阳能和农业。中华人民共和国非洲人力资源开发基金会对这种活动的资助力度在不断地加大，这个基金会是中国在2000年中非合作论坛中非经济与社会发展合作项目启动之后建立的。

2003年在埃塞俄比亚举办的第二届中非合作论坛会议上，中国提出在未来三年为非洲培养10000名人才，还增加为非洲交换学生在中国留学的奖学金名额。2004年中国驻南非大使声明，中国从2000年到2003年在农业、外交、医学以及其他领域培训过6000名非洲人，派遣500多名专家和教师开设短期课程。

在2006年中非合作论坛北京峰会之前，中国就已经超额实现培养10000名非洲人才的承诺，实际培养了14600名。2005年中国还派送青年志愿队前往埃塞俄比亚工作，资助来自50个国家的4600名非洲人参加在北京举办的139次学习班。

在2006年中非合作论坛峰会上，中华人民共和国主席胡锦涛承诺到2009年中国将派100名农业专家到非洲，在非洲建立10个农业技术中心，建设30所医院，提供4000万美元资助用于抗疟药物及其预防和示范治疗中心的建设，建设100所农村学校，培训15000名非洲专业人员，使中华人民共和国政府对非洲学生的奖学金名额增加一倍，从每年2000个提高到4000个。

中国还对国际货币基金组织主持的非洲人才培养基金会作出过贡献。这个基金会支持在非洲的技术援助项目和职业培训课程，按照联合国主持的“南南合作”特别单位的发展中国家技术合作框架来实施。《中国对非洲政策文件》是2006年发表的一份正式文件，预计增加对非洲远程教育的支持力度。

在非洲的孔子学院。中国积极推进汉语语言文化教学。在撒哈拉沙漠以南非洲地区现有12所孔子学院，其中有的即将竣工。中国还帮助几所大学建立汉语学习中心，有些命名为“孔子讲堂”。据报道，2005年有16个非洲国家差不多有120所学校开设汉语课程，有8000多名非洲学生向来自中国的200多名中文教师学习汉语。

其他交流。中国共产党、各部委以及出口促进和金融部门经常接待来自非洲的客人，从国家领导人和政府部长到非洲中层党政官员，他们经常参加对非洲的交流访问。相比之下：

美国开放、民间外交与合作的成果。美国通过“美国之角”“虚拟岗哨”“信息资源中心”以及通过《美国之音》的广播和互联网等形式支持在非洲或针对非洲的民间外交和信息传播工程。“美国之角”在非洲有77个，以出版和数字媒体、展览、演讲等形式提供有关美国的信息。“虚拟岗哨”是互联网站，取代美国政府的物理空间，由于缺乏环境安全无法创办物理岗哨。“虚拟岗哨”在非洲有3个，为乌干达北方、索马里和塞舌尔服务。美国在非洲有37家大使馆设立民间外交信息资源中心，为外国听众提供直接的、权威的信息以支持美国政策目标，为当地国民和美国大使馆人员提供联系点。在非洲26个国家实施的和平使团项目促进发展、文化交流和人员联系。

在非洲的中华人民共和国青年志愿者。中国已经发起“海外青年志愿行动计划”，这堪称为新生的中华人民共和国“和平使团”，预期规模会增加。2006年，胡锦涛主席承诺到2009年为止要向非洲派遣300名中国行动计划志愿者。据报道，志愿者当前已布署在埃塞俄比亚、塞舌尔和津巴布韦。

中华人民共和国媒体。中华人民共和国越来越重视开拓和建设涉及中非关系的媒体领域。2007年12月，新华社创建一个中国非洲新闻服务部，扩大中非听众共同感兴趣的有关中非新闻报道范围。2004年以来，中华人民共和国国务院新闻办公室与其他国家部委及机关合作在北京为非洲记者举办年度双周研讨班。研讨班突出中国有关非洲的观点和政策，对非洲学员讲授中国媒体系统，在新闻领域促进中非交流与合作，支持中非关系“友好合作社”。据报道，参加上届研讨班的有来自30个非洲国家的40多位新闻官员。这样的交流是中国非洲政策的一个目标，通过交流提出有关中非政策的建议，促进中非国家部门之间的关系发展，重点放在处理国内国外媒体关系方法的战略交流上。

中华人民共和国的卫生外交。中国长期向非洲派遣医疗队，是其所谓的“卫生外交”的一部分，中国视之为建立公民对公民关系的一种重要手段。中国为非洲提供药品、医疗物质和各种不同的其他卫生保健发展援助。中国驻南非公使声明，从1963年到2005年，有16000名中国医生在47个非洲国家工作过，治疗过近240万名患者，中国为非洲赠送大量的药物和医疗设备，援建30所医院。他指出，2004年有880名医生组成的35个中华人民共和国医疗队工作在非洲34个国家。

2006年末，胡锦涛主席承诺到2009年中国将在非洲建立30所医院，提供大约4000万美元资金，用于抗疟药物及其预防和建设示范治疗中心。据报道，中国医疗队工作期为两年，与中国的民间医疗合作将由中国各省卫生厅实施。

据报道，这些升级部门承担很多项目费用，如医疗队往返机票、生活补贴以及医疗队使用的一些医疗供给品。中国还举办各种不同的热带疾病与艾滋病病毒/艾滋病培训班，如江苏寄生虫病研究所就举办过这类培训班。2007年，中国还在多边关系的基础上提供这样的援助，为世界卫生组织提供800万美元指定为非洲使用。

外　交

中国对非洲政策。中国在非洲的政治经济目标和对非关系在2006年早期发表的题为《中国对非洲政策文件》的一份正式文件里有明确的描述。其中确定的一个目标在于与非洲建立一种新的战略合作伙伴关系，由以中国长期外交政策指导原则为基础的多边合作构成，明确规定与非洲政府的正式关系，在台湾问题上坚持“一个中国”的原则立场，但没有提出任何其他政治要求。文件旨在增加双方领导人互访和较低层次的合作交流，承诺中非在国际论坛上开展合作，还要努力扩大中非贸易，为一些非洲出口商品提供中国免关税待遇，力争达成地区自由贸易协定，为中国在非洲的投资和商业活动，特别是为基础设施投资提供出口信贷。《中国对非洲政策文件》倡导改进贸易争端解决方案、投资保护以及双重课税协定，寻求增强联合贸易活动的地位。

《中国对非洲政策文件》承诺中国对非洲发展特别是对农业发展的支持，提高中国对一些非洲国家减免债务的可能性，敦促增加对非洲的国际债务减免和无条件的经济援助。这项政策还寻求扩大科技、文化和环境领域的合作，中华人民共和国为非洲人增加人力资源培训规模和中国政府奖学金名额以及其他教育扶持项目，还承诺增加医疗援助，包括向非洲派遣中国医疗队（一项长期的、基本成功的“卫生外交”传统），媒体、公务员和救灾培训也列入计划之中。

中非合作论坛。中国通过双边和中非合作论坛来追求在非洲的政策目标。中非论坛是在2000年中华人民共和国与43个非洲国家在北京举办的一次峰会期间创立的，是中国根据“南南合作”的原则发起的一次全面行动，与非洲建立互惠互利的经济发展、贸易和政治关系。中华人民共和国还利用这样的会议提出债务减免和各种不同的发展援助，与非洲国家签订多重商业、贸易与合作协定。中非论坛凸显了中国兑现过去援助承诺的记录。最近一次中非合作论坛峰会是2006年11月在北京举行的。据报道，这是曾在北京举办的规模最大的国际盛事，中国最高领导人和48个高级别非洲政府代表团，包括41位国家元首出席会议。在峰会上，中国国家主席胡锦涛宣布八项重大的、新的中国行动计划，加强在中非合作论坛下的中非“战略合作伙伴关系”，承诺中国要：

•到2009年使2006年的援助水平提高一倍。

•到2009年为非洲贫穷国家提供30亿美元“优惠贷款”和20亿美元“优惠购买信贷”。

•建立一个最终价值50亿美元的中非发展基金会，鼓励中国公司在非洲投资，为其提供支持。

•为非洲联盟建设一个总部，支持非洲团结和统一。

•减免与中国保持外交关系的非洲贫穷国家到2005年底到期的所有无息政府贷款。

•增加与中国有外交关系的非洲贫穷国家享受中国免关税出口产品的种类，从190种增加到440种。

•到2009年在非洲创建3～5个经济合作区。

•到2009年，向非洲派遣100名中国农业专家；创办10个农业技术中心；建设10所医院；提供大约4000万美元资助，用于抗疟疾药物及预防和示范治疗中心的建设；向非洲派遣300名像和平使团一样的中国志愿者，使中国政府对非洲留学生提供的奖学金名额翻一番，从每年2000个增加到4000个。

中华人民共和国的外交工具。中国在非洲保持一个广泛的外交官网络。除了与台湾地区保持外交关系的4个非洲国家之外，中国在所有其他非洲国家均设有大使馆（不包括索马里，中国大使馆由于担心安全问题而关闭）。中国还在40个非洲国家设有商务参赞办事处，在其中的5个设有7个总领事馆。

领导人频繁互访，特别是胡锦涛主席和温家宝总理等中华人民共和国最高领导人的多次非洲之行，使中国的外交地位得到提升。自1990年以来中国外交部长每年访问非洲。中华人民共和国政治要人来访经常在大型商务和部长级代表团的陪同下进行，签订重大双边合作条约，宣布往往由中国政府资助的大型商务交易。非洲最高领导人频繁进行互访。各种不同的底层互访也在进行，往往包括对非洲官员的培训，其中有外交官、经济官员、商务专业工作者、新闻记者以及其他重要的决策制定者和评论员。立法机关之间、中国共产党和非洲政党之间以及地方政府官员之间也进行交流，中国定期为这种活动提供实物援助。

地区关系。中国仍在大陆层面上向非洲伸出援助之手，对非洲开发银行有少量捐赠，但在 2007 年 5 月主办非洲开发银行年度会议。温家宝总理出席会议，其间有各种不同活动凸显中华人民共和国与非洲的投资和发展关系，其中包括：

- 中国批准中国开发银行提供总额 10 亿美元初期贷款计划，由中非发展基金会实施，这批贷款预计总共要扩大到 50 亿美元，旨在为在非洲的中国公司提供注入资本和营业交易的资助，涉及商品、基础设施、农业、制造业和工业。

- 中国进出口银行承诺从 2007 年到 2009 年提供 200 亿美元贷款，资助在非洲的各种不同项目。

- 中国成为西部非洲开发银行的会员国，中国开发银行与东部非洲开发银行和东部南部非洲贸易与开发银行等签署合作“框架协定”。

非洲联盟。中国加快与非洲联盟发展关系的步伐，参加 2006 年和 2007 年非洲联盟重要峰会。中国是几个非洲亚地区组织的观察员。2007 年 5 月，中国任命刘贵今（中国原驻南非和津巴布韦大使、中华人民共和国外交部非洲司原司长）为非洲事务与达尔富尔特别代表之后，同意资助 1 亿到 1.5 亿美元用于非盟总部的建设，兑现胡锦涛主席在 2006 中非合作论坛峰会上的承诺。中国还为非洲联盟在苏丹达尔富尔地区和索马里的维和使团提供资助，时而还为达尔富尔和其他地区提供一些人道主义援助。

军事和安全问题。北京在中国为非洲军官提供培训，提供与其向非洲出售的军事设备有关的技术援助以及有助于提高非洲军事人员水平的帮助，但是有关这样活动的范围和内容的公共信息不多。据报道，中国与非洲 25 个国家有军事交流协定。中国在全球总共设有 107 个武官处，其中只有 7 个在撒哈拉以南非洲，到目前为止还没有非洲国家与中国进行过联合军事演习。在《中国对非洲政策文件》里，中国承诺增加军事援助，帮助非洲同犯罪分子作斗争，提供司法与警力培训及配合，建立针对“非传统安全威胁”的情报交流渠道。国际维和是中国在非洲行动的新兴领域。除了联合国目前在非洲进行的维和行动中的一次之外，中国军人和警察都受到支持和表彰。

中国在苏丹达尔富尔联合国武官处布署一个分队。大多中国武官处分队是由军事观察员或职能部门组成的（即工程、交通与后勤以及医疗小组）。中国还向西部非洲国家经济共同体捐赠用于维和目的的设备，为在苏丹的非洲联盟使团提供援助。

中国长期向非洲出售武器。除了小型武器外，这种出口产品大多为大炮、装甲车、海军舰艇和飞机。近年来与苏丹、尼日利亚、非洲之角国家和津巴布韦的武器交易有些涉及军用飞机运输，引起关注。据估计，从 2003 年到 2006 年，中国继德国和俄罗斯之后成为对非洲的第三大武器出口国，出售的武器金额（5 亿美元）占全球在这个地区总量（33 亿美元）的 15.4%。中华人民共和国的军事武器和设备简单耐用，在非洲市场有很大的吸引力。据报道，中国在非洲是各种不同小型武器的主要供应商，特别是普通 AK－47 型突击步枪。相比之下：

美国关系：美国与撒哈拉沙漠以南非洲地区的 48 个国家中的每一个都有外交关系，在其中的 43 个设有大使馆，最近还与非洲联盟建立起外交联系。上届美国政府的《转型外交》政策议程“全盘利用美国外交影响帮助外国公民改善他们自己生活、建设他们自己的家园以及改变他们自己的未来”。与非洲艾滋病病毒/艾滋病的流行现象作斗争，得到 2003 年总统艾滋病紧急救治计划的认可，也成为特别优先考虑的项目。

美国还与其他西方主要捐助国政府一起按照八国集团的框架把非洲发展放在优先地位，这就形成一个被称之为非洲合作伙伴论坛的实体，其成员有主要捐助国政府、非洲联盟代表非洲的 8 个地区经济共同体以及各种多边政府间组织。

与中国的不干涉他国内部事务的政策不同，美国的非洲政策越来越多地把美国援助与接受国的表现挂钩，要满足于经济、领导以及人类与政治权利基准。当出现民主的政体变化或接受国基本上不能还付美国贷款的时候，美国非人道主义双边援助就自动终止，贸易和投资在促进非洲长期经济增长和发展方面所起的作用也得到强调。促进贸易的主要工具是 2000 年通过的《非洲发展和机遇法案》，自从那时以来已经作过几次修订。这项法案规定对大多进口商品实行免税待遇，提供某些其他贸易能力培养津贴。

2001 年恐怖主义分子袭击美国之后，安全和军事关系在美非官方关系中开始发挥越来越重要的作用，特别是在地区和国际维和任务援助、维和人员培训以及双边反恐合作等领域。有关就在地区布署新的美国军事非洲指挥部的可能方式所开展的对话最近在美非外交关系方面起到明显的作用。新美国军事非洲指挥部计划包含美国国务院和美国国际开发署的一个重要部分，旨在促进美国军事和民间外交目标之间更加协调，尽管这样的目标已成为某些批评的焦点。反恐项目和一系列紧急禁毒项目也将纳入美国军事非洲指挥部的工作。

外　援

中国的援助。中国正在给非洲提供越来越多的官方开发援助（ODA，即至少减免25%的援助），但中国对非洲援助的大部分是由大量的且不断增加的政府支持的商业和双边信贷构成，这种信贷促进中非贸易和投资关系发展，很难与美国的开发援助相比较。很多中国信贷是“受限的”，也就是说，其接受者必须同意使用这种援助购买或接受来自中国的商品、服务或信贷。这种受限援助长期以来是美国和欧洲对非援助的一个共同特点，但近年来除了有一些例外，很多西方捐助国政府都开始把对非洲的大部分援助作为补助金来提供。

据报道，中国官方开发援助水平远远低于主要捐赠国政府的水平，这部分归因于中国提供援助的方式。中华人民共和国提供各种不同资助：低息双边国家贷款、特惠贷款、低息贷款、市场利率贷款，这些贷款来自国家或国有企业，作为援助使非洲获益，这些资源在概念上和实际中往往相容在一起。此外还缺乏相关的公开数据，因此难以作出可靠的估计和划分，据报道甚至对中国政府来说都是如此。有些报道认为中国可能会建立一个统一的官方援助组织，使中国能更有效地评估和了解其援助的数量和效果。

援助结构。中华人民共和国“援助”的主要来源包括国有的中国进出口银行，提供中国官方双边特惠贷款、出口信贷和国际贷款担保。商务部对外国援助司管理和执行中国双边外援政策、预算和项目事宜，控制利用通过软贷款向中国公司进行项目招标和审核的过程，还对这些在非洲的公司进行宽松式管理和零散式援助。中国开发银行是中华人民共和国最高行政决策机构国务院监管下的一个“以开发为导向的金融机构”，管理新成立的中非开发基金会。职能部委（即卫生、教育和农业）向非洲派遣技术顾问团和培训团。各种其他金融和出口部门和省市组织，如商会和出口促进与对外培训实体，也在中国对非洲援助方面发挥作用。外交部和商务部官员就对非援助政策为最高决策领导人提供咨询，监管其他部门的项目。援助政策指南是由国务院通过与中国共产党外事部门和国家计划发展委员会协调制定出来的，这个委员会制定中国的经济目标。

2005～2006年，中国的双边条约有30%是与非洲签订的。大多涉及经济、医疗和技术合作或中国贷款或援助条款，但也有涉及法律、税收和外交关系的。中国的援助计划旨在支持中国对外政策目标。大型项目往往是由双边、商务以及军事援助和/或政治等一揽子统一协定构成的。据报道，援助项目的设计和管理往往以国家之间的关系为基础，基本上与一种通行的职能或地区政策无关。这种方法似乎在一定程度上体现出执行中国援助项目的部委和公司的主要性质——运作上的独立性以及时而出现的对立性，还体现出中国对外援助目标与在非洲执行中国双边项目的很多中国公司的利益驱动结构之间存在矛盾。

从涉及工作条件、工人安全、工资水平、对非洲公司的竞争、环境破坏以及所谓的技术质量低下等实际情况来看，中华人民共和国的商业活动违背或破坏了其在非洲的对外政策目标。中国正在作出一些努力对在非洲的中国公司进行整改，避免这种现象再度发生。

在有些情况下中国商业和对外目标可能相互冲突，但在有些情况下是相互一致的。例如，中国对国有企业实行补贴，这样就会促使追求经济效益不好的项目，但会实现中国长期战略投资和商品准入目标。这样的补贴就能以超出市场价格购买商品，以确保供给或促进非营利项目中标，旨在争取合同项目或改进双边关系。

中华人民共和国对非援助水平。现在还找不到中华人民共和国对非援助流量的统一准确的数据。对这样的年度总流量水平所作的合理估计也都相差很大，部分是由于有些人想把官方开发援助与非官方开发援助区分开来，而有些人则不想区分。据非洲学者黛博拉·布劳加姆报道，2007年中国对非洲援助总量为40亿美元，比10年前大约增加4.5亿美元，而在本年代初期对非援助仅为这个数目的44%。

但如前所述，中国对非援助很多并非采用官方开发援助的形式，而是各种不同的低息贷款形式。据报道，到2006年中期，仅在基础设施领域里尚赊欠的中国进出口银行对非洲提供特惠和非特惠贷款总计达到125亿美元。据报道，其中有80%贷给安哥拉、尼日利亚、莫桑比克、苏丹和津巴布韦，都要用于基础设施建设。2007年5月，中国国务院批准中国开发银行通过中非基金会提供10亿美元的初步非官方开发援助贷款，款额最终达到50亿美元。2007年初，非洲未还付中国开发银行的贷款利息为10亿美元，中国开发银行正在考虑在非洲资助30个项目，主要在农业、制造业和基础设施领域，所需金额为30亿美元。由于缺乏数据，目前无法把中国对非洲的官方开发援助与其他捐赠国对非洲的官方开发援助作直接对比。由于计算方法不同，例如，据报道，中国只计算双边补贴贷款利率，而西方国家则计算这种贷款的全额面值。

美国的援助。在布什执政期间，美国对非洲的直接双边和地区援助增长。与中国不同，美国为非洲提供的大部分援助采用传统的官方开发援助的形式，而不是贸易资助、促进出口或贸易人才培养的援助形式。美国在这方面的资助远低于中国，也比美国为非洲提供的其他类开发援助少得多。但是有关促进贸易和人才培养方面的援助却稳步提高，从1999年的8080万美元升至2007年的5.048亿美元。

美国为非洲提供的大多传统类型开发援助由美国国际开发署提供。但布什政府根据新的外援机制不断加大这种类型的援助。两项数十亿美元的双边援助签名计划由布什政府提出，获得国会批准和资助，在非洲产生重大影响，其中之一是“总统防治艾滋病紧急计划”项目，另一项为“千年挑战公司”项目。

- 总统防治艾滋病紧急计划项目。总统防治艾滋病紧急计划2003年获得通过成为法律，这个行动计划在未来五年提供150亿美元用于防治艾滋病、结核病和疟疾，其中大部分用于资助艾滋病防治项目。

- 千年挑战公司项目。千年挑战公司项目为发展中国家提供援助，其条件要求涉及政体运行、人力投资、企业精神和自由市场的培育。有两类千年公司挑战项目：条约和门槛计划。契约类是多方面的参照开发协定，接受国必须同意使用千年挑战公司项目资助加以执行。门槛计划支持使预期的条约国能够完成条约资助的申请工作。一项有效期多年的条约签订后，就会根据条约提供全额资助款项。已签署的条约项目总金额为31亿美元，具体项目从1.098亿美元到6.891亿美元不等。门槛计划项目总金额为1.1126亿美元。

公众舆论

Pew 2007年的一项民意调查结果表明，在非洲国家被调查人认为中国和美国在他们的国家都有重要的影响力，但中国的影响力正在增长。

对非洲报纸每日新闻标题加以回顾就能看到一幅更加微妙、更加生动的画面，表明非洲公众舆论随着调查的时间不同而不同。一般来讲，非洲领导人达成普遍共识，认为中国在非洲的活动是一件好事。但是如果你问不得不与中国商人竞争的非洲小企业主，就会出现一种不同的观点。特别是如果你问必须与中国人进行建筑合同竞标的非洲地方公司，其观点会是否定的，不得不与自己一起坐在路边卖小商品的与中国人竞争的非洲妇女所表达的看法一样。

如果你问非洲贫穷的母亲，她们购买便宜的中国商品，使她们的孩子感觉像所有其他孩子一样——虽然这种商品只够一天的消费，她们会告诉你她们的孩子那一天是多么幸福。如果你问想在中国学习的非洲年轻人，他们会告诉你中国是山上闪光的灯塔。

当地的非洲人朝窗外张望，看见正在大型建筑项目工地上施工的非洲人并不可观，如果你问他们，他们就会告诉你他们感到愤怒，一种新殖民主义正在接踵而至。如果你去中国看到尼日利亚人和其他非洲人在市场上的生意火爆，你问他们，他们就会根据自己的观点告诉你一个崭新的、完整的商品世界已朝着他们打开。问题在于大家各执一词。

美国国务卿希拉里·克林顿2009年8月在肯尼亚内罗毕举行的《非洲发展和机遇法案》论坛上指出：

> 非洲的进步需要建立在共同负责基础上的合作伙伴关系。责任的另一面是机遇——共同的机遇。而这就是我今天上午想谈的问题，我们如何进行合作以帮助发挥上帝赋予居住和生活在东非大裂谷、塞伦盖蒂平原，以及从内罗毕、约翰内斯堡到达喀尔等充满生机的大城市的8亿人民的潜力，以及为什么把握建设非洲未来的机会不仅事关非洲人民，而且事关我们所有的人……

换言之，美国在参加竞赛。

在下一篇文章中，普林斯顿·莱曼大使就一种对待非洲的三方“三赢”方案的前景作了探讨和研究。

中国、美国与非洲：一种竞争战略还是一种合作机会?

普林斯顿·莱曼

在过去几年中，中国在非洲特别活跃，开展一系列高层访问，承诺提供巨额贷款资金，大规模投资，在非洲赢得普遍好感。美国对此作出的反应不一。有些人认为中国构成一种战略威胁，企图封锁重要的自然资源，如石油、矿产和木材，降低传统的西方影响。

普林斯顿·莱曼大使，美国对外关系委员会外聘研究员

有人反对这种战略威胁论，但承认中国对于政治影响和商业利益来说都是一个强大的竞争对手。但从另一个角度来看，布什政府认为中国在非洲的活动大体上是有益的，为非洲提供各种不同的益处。但中国最令人头痛的一个问题在于对苏丹和津巴布韦“流氓政权”的支持。中国制定出一个相当明确的、全面的非洲战略，但是还没有作出相应的全面的反应，这也许是再明确不过的事实。

当然，中国长期在非洲活动，不仅几百年前就有往来和断断续续的贸易，而且在冷战期间中国就与苏联竞争，争取在非洲大陆赢得解放运动和早期独立政府的支持和信赖。在 20 世纪 70 年代中国支持为国家独立而战的罗伯特·穆加贝领导的津巴布韦非洲民主联盟解放部队，而苏联支持津巴布韦非洲民主联盟的对手津巴布韦非洲人民联盟，这有助于说明今天穆加贝政权和中国继续保持密切关系的原因。但是那个时期的历史只能部分地说明中国当前保持这种关系的原因。今天中国在非洲的活动带有一种新特点，其标志在于以一个相对富有的合作伙伴展现在非洲，中国当前需要大量的原矿物质以促进快速增长。坦白地说，中国现在大量的金钱和一种融政治和经济目标于一体的明确战略登上表演舞台。

中国对非洲政策

中国邀请非洲国家元首出席2006年的一次峰会，在会议上为未来三年制订出计划。中国承诺为非洲人提供30亿美元的一揽子优惠贷款和20亿美元的优惠购买信贷，此外还承诺把对非援助增加一倍，减免2005年到期的所有非洲国家欠下的债务。中国还承诺建立一个50亿美元的“中非开发基金会”，为中国在非洲投资的公司提供启动基金。最后，中国还承诺培训1万名专业工作者，在非洲大陆建立10个一流的农业中心和5个贸易和经济区。自从那时以来，中国的承诺至少都已经兑现，在有些情况下还超出承诺水平，如给刚果民主共和国提供80亿美元信贷就是其中的一个例子。

峰会不仅讨论经济问题。中国和非洲客人同意在多变论坛上和一系列对外政策问题上开展合作。这意味着中国在非洲的政策有更加宏伟的目标。中国在非洲有明确的政治目标和经济目标。首先，减少承认台湾当局是中国合法政府的非洲国家的数目；自从那次峰会以来，这个数目已经减少到只剩下4个。其次，中国寻求非洲的支持——非洲在联合国有53票，而且在其他国际组织也有类似的实力——阻止台湾成为任何这类组织的一个正式会员。此外，中国还寻求非洲在联合国人权委员会的支持，以阻止对中国人权记录的批评。在这些问题上，中国与非洲合作伙伴已获得成功。南非，特别是在前总统塔博·姆贝基的领导下，成为确定非洲阵营在多边谈判中的立场的领头羊，对与所谓的“金砖四国”（巴西、俄罗斯、中国和印度）结盟感兴趣，以坚定“南方”在南北问题方面的立场。中国在这种联盟中发挥作用并获得收益。非洲阵营在多哈回合谈判中曾与美国密切合作，现在却站在中国—印度—巴西阵营反对美国和欧盟的立场。

中国非洲政策的第二个因素在于不仅仅把重点放在获取自然资源的途径上。对这种途径的需求当然是其经济议事日程的首要问题。因此，中国向生产石油的安哥拉提供大量贷款，在津巴布韦买下两座大型铜矿的控制权，在整个非洲大陆寻求石油和矿物妥协或与贸易相关的贸易协定。安哥拉现在是中国最大的石油进口来源国。中国拥有苏丹大型石油公司 40% 的所有权，正在为苏丹石油产业输油管道及其他需求投资。中国是非洲木材的一个主要进口国，这往往给环境带来严重问题。今天在中国政府的支持下，至少有 800 家中国公司在非洲经营，涉及各个经济领域，即农业、电讯、建筑、旅游、卫生和其他产业。中国认为非洲经济潜力巨大，这一点似乎非常清楚。也许像要买断或租赁非洲土地的中东和其他一些亚洲国家一样，中国认为非洲可能成为食品进口来源国，这样就可以减少对西方国家的依赖。

美国的一种反应

如人们所注意到的，美国对中国最近在非洲的行动反应不一。但一种适当的反应在于把不当的担心与关于对美国利益所在之处所作的符合现实的评估结合起来。有人认为中国对美国构成战略威胁，这种观点以对自然资源的获取途径受到一种威胁为依据，他们夸大国际资源市场运作的方式。从本质来看，如果中国和任何其他国家努力增加生产，这只会使全世界获得更多好处。从石油来讲难以进行大量“封锁”。例如，虽然非洲给中国提供的石油占中国进口量的 33%，但中国只占非洲石油出口总量的 9%，美国占 32%。此外，中国对石油生产直接投资少于预期，部分由于中国初期购买了已经为西方石油公司所抛弃的、微不足道的石油集团，还因为缺乏对大规模未开发的近海石油储备技术。中国（和印度以及其他迅速增长的市场）对现有石油资源的影响在于需求的增长，已推动价格上涨。这就是国际社会的共同事业所在：（1）克服对石油的依赖性；（2）提高对所有这类资源的使用效率；（3）关注环境的变化。换而言之，找到共同利益比进行残酷竞争的可能性要大。

另外，明智的认识在于把中国看做在非洲发挥政治和经济影响力的强大对手，而不仅仅是第一个良好的参与者。大卫·辛纳斯指出中国现在在非洲设的外交办事机构比美国多，他认为在有些国家中中国的影响力更为重要。如我们所注意到的，中国在受到严重违反人权指控的包括苏丹和津巴布韦这样的国家的投资和其他活动并没有受到阻碍，使联合国和其他国际组织对这类政权的制裁和施压能力受到限制。在国际论坛上，与美国相比，中国得到非洲阵营的更为一贯的支持。从商业方面来看，中国的做法不利于美国公司。例如，中国将会经常把石油或矿物特许权竞买与对某些项目的许愿挂钩，这是根据经济合作与发展组织开发顾问委员会规定美国受到禁止的一种做法。中国不属于这个组织的成员。中国还违背其他捐赠国的一些惯例和原则。

与此同时，中国也不免遭受美国和其他西方国家面临的风险和困难。中国工人在埃塞俄比亚遭到绑架并被杀害，在尼日利亚遭受绑架并索要赎金。在作出为尼日利亚提供50亿美元铁路建设贷款的提议数年之后，中国和尼日利亚由于在具体条款和其他细节方面没有达成一致而放弃了这个项目。中国还放弃了购买尼日利亚一家炼油厂以换取石油特许权的提议。中国开始意识到2011年南部苏丹独立的可能性意味着减少对喀土穆政府的一贯支持，中国已经开始向南部苏丹政府靠拢，还为联合国在那里的驻军提供维和士兵。所有这些发展都为中美之间更为广泛的合作打开了大门，其范围涉及非洲的安全与稳定以及希望会制定出来的商务与援助活动的运作规则。

美国特别需要对中国在非洲的活动加速回应，制定出一套处理诸如贸易等多边问题的综合方案，其效果要好于“金砖四国”的提议。国际上有各种不同的活动在分裂或破坏非洲加强各种次区域贸易领域的建设，美国必须予以反对，在贸易谈判中必须呼吁非洲站在美非共同利益的立场上来。美国还必须呼吁非洲更加重视民主和良治问题，与中国和非洲国家开展三边会谈，重点放在使所有捐助者和投资者都能加强这些目标的方法上。最后，美国还必须认识到，中国对非洲的魅力很大一部分在于中国乐于对诸如基础设施等非洲开发重点作出回应，把非洲看做投资的希望所在。根据“千年挑战报告”，美国在历经30年的缺席之后，只是近来又重返基础设施项目。美国的投资依然主要是集中在自然资源领域里。

在非洲，中国对美国来说并不是一种战略威胁，但中国确实对美国的政治和商业势力提出严峻的挑战。美国要作出更好的回应，与中国就共同关心的领域进行更多的磋商，这样就可以有效地应对挑战。

作者简介

普林斯顿·N. 莱曼，美国对外关系委员会美国政策研究问题外聘高级研究员，美国乔治敦大学外聘教授。

莱曼大使的政治生涯包括担任非洲事务助理秘书（1981～1986年），美国驻尼日利亚大使（1986～1989年），难民项目主任（1989～1992年），美国驻南非大使（1992～1995年）和国际组织事务助理秘书（1996～1998年）。1976～1978年，他担任美国国际开发署驻埃塞俄比亚的斯亚贝巴主任。1999～2003年，他担任阿斯彭研究所全球互助行动计划项目执行主任。

莱曼大使是许多组织的成员，包括美国外交学会、和平基金会、乔治·华盛顿大学卫生与人类安全中心以及美国国家科学院非洲科学院发展委员会。他还是美国贸易代表非洲顾问委员会委员。莱曼大使在哈佛大学获得政治科学哲学博士。他发表的论著和论文涉及对外政策、非洲事务、经济开发、艾滋病病毒/艾滋病、联合国改革以及维和。他在《华盛顿邮报》《华尔街报》《巴尔的摩太阳报》《迈阿密论坛报》《洛杉矶时代报》以及《国际先驱论坛报》发表专栏文章。他的论著《历史的合作伙伴——美国在南非向民主过渡时期的角色》发表于2002年（美国和平研究所出版社）。他担任过美国对外关系委员会特别任务组报告起草委员会联合主席，其中的一篇报告发表于2006年，题为《何止于人道主义：美国对非洲的战略方法》，另一篇为合编，题为《超越人道主义：必须了解非洲及其重要性》（对外关系委员会），发表于2007年。

对非投资的公司观

——选自《密室里的交谈：美国公司对非洲的真实看法》

斯考特·艾斯纳

斯考特·艾斯纳

美国商会是世界最大的商业联合会，代表各种不同规模、行业和地区的300万家企业。商会会员中有96%是只有100名或100名以下员工的小型企业，其中70%只有10名或不足10名员工。此外美国最大的公司实际上也是活跃的会员。商会几乎可以代表经济的每一个行业，在所有的50个州中都有重要的会员基地，我们会员的每个方面在国际贸易和投资方面几乎都有已经完全确立起来的或正在增长的攸关利益。

商会长期以来就认识到全世界范围的贸易可以提供极为宝贵的商业机会，而不会给国内繁荣带来威胁，因此商会在国际范围的交往十分重要而独特。除了商会的由112家美国海外商会组成的全球网络之外，还有一家美国商会附属机构国际私有企业中心——美国国家民主基金会在新兴经济国家执行100多个项目，其中包括非洲很多国家，旨在提高私有企业的水平，支持自由市场机制。就是这种层次的全球交流才使商会能加倍努力提高美国的竞争力，与此同时，反对孤立主义和对国际商业设置的人为障碍，不管是美国的还是外国的。

今天美国商会仅仅倡导企业开发和投资对非洲有好处或非洲对企业要开放的基本要旨是不够的，在当今高度复杂和竞争激烈的世界里，美国商会坚信必须努力发展具体的战略和机制，促进和帮助美国在非洲以及其他地区的商业活动或者消除风险，因为国际企业和投资者甚至国家都对非洲市场进行战略投资。

按照促进在非洲进行直接对外投资的立法政策，美国商会非洲企业行动计划项目负责帮助美国公司，促进美国与非洲国家的贸易，把非洲大陆的经济机会让给美国公司。

毫无疑问，非洲企业行动计划项目代表美国在非洲不断增长的企业利益，这种利益在于创造美国进出口机会，回应在非洲的具体行业里的对咨询、知识和技能的需求，建设一支精通如何与非洲公有和私有行业打交道的专门队伍。非洲企业行动计划项目还促进美国商会对美国和非洲之间互惠互利的公平贸易，为美国在非洲的公司和非洲地方企业推动和发展降低经营成本的政策。这种行动计划对于为在所有新兴经济体里的美国公司搭建竞赛平台至关重要，在像中国和印度这样的主要发展中国家在整个非洲的活动越来越多的今天尤为如此。

为了就美国公司是否正在非洲投资的原因开展一次建设性的对话，就必须了解贴近市场——非洲地区已经接受投资的公司的人们的观点。美国商会与南非一家大型通信公司——贝尔德计算机传媒通信集团进行合作，开展一项调查并予以公布，题为《密室里的会谈：美国公司对非洲的真实看法》。这项定性调查是在2008年末和2009年初完成的，对高级经理作了一些不留记录的访谈，他们大多数来自在非洲经营的进入《财富》杂志排行榜的100家公司。

调查强调在非洲经营的复杂性和感知力，对于在整个非洲大陆可以想见的限制美国跨国投资的条件、问题和态度加以探讨。最为重要的在于调查提出需要改革的具体领域。对于像美国商会这样的相信非洲市场具有长远意义的机构来说，这项具有开拓性的调查对于认识增加美国在非洲投资所需的政策和行为改变来说是第一步。

主要发现

美国主管指出，非洲只是美国公司考虑投资的许多可能的对象之一。投资具有很强的竞争力，很多国家竞相争取成为资本选择的对象。这意味着在某些产业里的美国公司，特别是技术产业里的公司，现在认为非洲是最后的增长前沿。这些公司认为拥有大约10亿人口市场的非洲再也不能被人忽视了。即使有这样的利益所在，非洲要吸引美国投资依然面临着激烈的竞争和巨大的障碍。

从全球角度来讲，争取美国直接对外投资的竞争十分激烈。来自各个地区的国家竞相展示他们的优越性，根据美国的需求拿出他们的提议，努力争取得到重视，各自在自己的国家投资以吸引更多的投资。因此，美国公司并不缺乏投资选择，他们很少考虑把非洲国家作为选择对象。

此外，有关非洲的新闻大体上涉及动乱和不安。非洲就吸引投资而言缺乏积极性和进取性；几个国家努力的呼声被周围消极的噪音所淹没。有些非洲国家正在作出特别的努力来帮助外国投资公司。例如，尼日利亚总统经常与外国公司领导人交往，帮助扫清官僚主义的繁文缛节。

美国公司需要非洲表现出强大而鲜明的吸引力以作出有价值的投资。这可以是强劲的市场诱惑力，重要原材料的巨大发源地抑或是一种信念认为早期进入非洲市场具有竞争优势。调查数据表明，这些优势很少存在抑或没有足够的吸引力，在短期内不会产生效应。

这次调查表明有五个因素影响美国公司在非洲投资的决策。

• 法制——接受调查者非常一致地认为非洲缺乏法制，对投资没有吸引力。公司法、社会法和刑法的情况也都一样。

• 吸引力——非洲中产阶级消费人群不大，没有显示出给未来市场带来希望的经济持续增长。大多非洲国家很小，市场乏力，地区市场阻碍不少，如税收以及人与货物的自由进出。但非洲确实可以提供丰富的自然资源。

• 风险与报偿——美国公司考虑把非洲当做投资目的地时，就会观察“风险调节投资回报率”。就非洲目前可知的风险而言，进行有价值的投资会得到很高的回报。目前美国公司认为进行大规模投资在未来得到高回报的希望十分渺茫。

• 支撑企业的框架——运输和通信基础设施、接受过培训或可以接受培训的人力资源以及公平贸易与就业惯例是支撑公司投资的基本要素。当前这些要素还不够充分。

• 良好的环境——为了让美国公司聘用当地人，非洲国家必须进一步努力，为潜在的劳动力提供教育和卫生服务。非洲国家要通过为公司创办和经营提供便利，来展现鼓励外国直接投资的诚意。

要吸引外国直接投资，美国公司需要非洲国家做几件事。

• 对非洲人民的卫生和教育投资，造就一大批有技术的高素质人才队伍。

• 对基础设施进行投资和维护——交通、通信、电力和安全，这样才会有一个经营所需要的安定的社会。

• 建立一个可运作的法律体系，确保法制、透明和公平竞争。

• 不管国别如何，都要为外国投资创造良好的环境，减少官僚手续、消除腐败和对税收体制进行改革。

• 确保稳定的政治环境——这并不一定要以西方民主原则为基础，而要以社会所有的利益攸关者的共同福祉为目标。

作者简介

斯考特·艾斯纳，美国商会非洲企业行动计划项目执行主任。他负责加强美国与非洲之间的贸易关系，促进美国企业界在整个非洲大陆的利益。

此前艾斯纳担任商会副秘书长，监管商会行政办处，担任商会主席兼首席执行官汤姆·多诺霍的高级助理。他代表商会出席亚太经济合作峰会和达沃斯世界经济论坛。

艾斯纳在商会担任不少领导职务，商会主席兼首席执行官的特别助理和美国国家商会基金会项目主任，这是一家独立的、非营利的公共政策智囊团，附属于美国商会。

在加入美国商会之前，艾斯纳在政治职场担任过高级职务，他的最突出业绩在于帮助参议员约翰·麦凯恩2000年总统竞选及其2004年再度当选为参议员。

艾斯纳从事过国际政治学研究，在非洲马拉维国际共和研究所任职，在此期间他就交流和竞选策略对政党进行培训，直到马拉维2004年总统选举为止。

艾斯纳在加州马尼布佩珀代因大学获得政治科学学位。他住在华盛顿哥伦比亚特区。

第五章

前沿的视角：来自中国与关于中国的观点

中非关系及中国对非洲政策（2008～2011年）*

中非关系及中国对非洲政策有如下几个部分。

中非友好关系的历史与现状

中非虽然在地理上相距遥远，但是拥有悠久的传统友谊。大约两千年前，中非之间开始互相了解并有间接的贸易往来。到了公元7世纪，中非开启了直接海上贸易。15世纪中国著名航海家郑和率船队四次到达非洲东海岸，访问了东海岸地区，即现在的索马里和肯尼亚。

最早出现的描绘非洲大陆完整形态的地图就是中国绘制的。《大明混一图》证明了中国是对非洲了解得最早的国家之一。中非在现代化进程中也有着类似的经验，都受到过殖民主义者的侵略、掠夺和奴役。中非人民在反对殖民主义、争取国家自由独立的斗争中互相支持、互相帮助，建立起坚固的友谊基础。

中华人民共和国的成立和非洲国家的独立开创了中非关系新纪元。1956年中华人民共和国和阿拉伯埃及共和国建立外交关系，从而开始了新中国与

* 本文由中国外交部非洲司王参赞提供。

非洲国家的外交关系。在过去的半个世纪中，国际舞台风云变幻，中国和非洲国家之间的友谊与合作经受住了时间的检验。中非友谊始终如一地保持在诚挚、平等、互惠、团结、共同的基础之上，我们在所有领域里的合作都不断得到深化。

中非国家之间高层互访频繁

从1957~2007年，中国部长级或以上领导人174次访问非洲。在此期间，461位非洲领导人667次访问中国。高层交流与访问有助于中非友谊与合作的加强。

现任中国领导人十分重视发展中非关系。国家主席胡锦涛分别于2004年、2006年和2007年访问非洲。

中国人民代表大会常务委员会委员长吴邦国2004年访问肯尼亚、赞比亚和尼日利亚，2007年5月访问埃及。

中国总理温家宝、中国人民政治协商全国委员会主席贾庆林分别于2006年6月和2007年3月访问非洲，自1991年以来，中国外交部长每年首次出访，必到非洲。

经贸合作稳步增长

中国在自己的能力范围内始终对非洲进行真诚的、无私的发展援助。到2007年，中国为非洲的500多项工程提供援助，有87项是在中国优惠贷款前提下完成的。这些工程对非洲接受国的政治、经济以及社会发展起到重要的作用。由中国援建的1860公里长的坦赞铁路就是中非合作的突出范例。近年来双边贸易不断增长。中非之间的贸易额由20世纪50年代早期的0.12亿美元上升到1979年的8.17亿美元。2000年首次突破百亿美元，2007年达到733.1亿美元，创下逐年递增32.2%的纪录。从2008年1月到7月，贸易额创下629亿美元纪录，比2007年同期增长60%以上。

互惠合作增长迅速。到2007年底，中国在非洲的投资总额达146亿美元，涵盖贸易、加工产业、资源开发、运输、农业和农产品开发，从而通过增加就业、提高人们生活水平对非洲社会经济发展起到积极的作用。

文教卫领域合作结果令人满意

到2007年底，中国政府与非洲国家签署66项文化合作协议以及164项实施计划。中国分别在贝宁、毛里求斯和埃及成立中国文化中心。到2007年底，中国为非洲国家两万多名学生提供奖学金。

国际事务相互支持

中非在主要地区和国际性问题上，利益相近、立场相似，相互支持、密切合作。中国永远也不会忘记，正是在非洲和其他发展中国家大力支持下使中国在1972年恢复联合国合法席位。

近年来，在非洲友好国家的支持和帮助下，在联合国大会上中国成功阻止台湾当局“以台湾名义加入联合国”的16次企图、加入世界卫生组织的12次企图以及由联合国人权委员会西方国家指定的11项反华协议。

中国也尽全力支持非洲国家。当联合国安全理事会商讨相关非洲相关问题时，中国认真听取非洲意见并支持其立场和主张。中国重视与非洲地区组织包括非洲联盟的合作，并提供大量援助，例如对非洲联盟在苏丹和索马里维和行动的援助。

新形势下加强中非关系具有重要意义

首先，中非国家都属于发展中国家，相互之间没有历史争端，只有传统的友谊和共同的战略利益。我们在广泛的国际问题上有着同样或类似的观点，比如在新形势下我们所倡导的国际秩序问题。我们相信，中非之间加强磋商与合作将会增加发展中国家的联合力量，更好地扩大共同的利益，推进国际关系民主化进程，使发达国家更加认真关注发展中国家的利益，确保发展中国家在竞争激烈的国际舞台上具有应有的影响。

其次，中非在经济发展上非常具有互补性，这是双方的一个优势，有助于促进共同发展，加强“南南合作”，实现共同繁荣，缩小南北差距，进而为整个世界的和平、稳定和发展作出贡献。

非洲资源丰富，具有巨大的发展潜力，大多数非洲国家经过艰苦努力实现了社会稳定和经济发展。中国的一些技术和设备也适合于非洲。同时非洲巨大的市场潜力为双方提供了加强与扩展合作的机遇。

一些非洲国家积极探索适合自身条件的发展道路。中国经过改革开放 30 年，找到了一条具有中国特色的社会主义道路，中国经济成功的经验为非洲国家提供了参考。

中国对非洲政策概要

中国政府对非洲政策是一贯而明确的。加强同非洲国家以及发展中国家的团结与合作是中国独立和平外交政策的基础。2006 年 1 月发表的《中国对非洲政策文件》，全面阐述了政策的目标和方法，并概括了中非未来的合作。中国对非洲政策的总则和目标如下。

（1）真诚、友好与平等。中国遵守“和平共处五项原则”，尊重非洲国家发展道路的独立选择，并支持非洲国家联合发展壮大的努力。

（2）互惠互利，共同繁荣。中国支持非洲国家在诸多经济与社会领域内发展经济与建设，进而促进中非共同繁荣。

（3）相互支持，密切合作。中国加强与非洲在联合国等多边机制下的合作，支持彼此正当要求与合理主张，继续推动国际社会重视非洲的和平与发展。

（4）互相学习，谋求共同发展。中非在管理和发展方面要互相学习、互相借鉴，在教育、科学、文化与卫生方面加强交流与合作。为帮助非洲国家提高建设能力，中国要与非洲合作，共同探索一条可持续性发展的道路。

由于中国对非洲政策是在双方共同和长期战略利益基础上制定的，因此无论国际形势发生变化或中非国内形势发生改变，中国对非洲政策是不会改变的。中非友谊同中非人民根本利益相一致，中非合作范围广泛。中国愿意进一步加强各个领域和级别的政治交往与合作。中国也愿意与非洲国家探索中非合作的新领域和新路径，推动中非关系协调发展到新的高度。

中非合作论坛及后续行动

为进一步加强新形势下的中非友好合作，共同迎接经济全球化的挑战，促进共同发展，根据一些非洲国家的建议，中国政府提出召开“中非合作论坛”的倡议，这一倡议得到许多非洲国家的积极响应。两次部长级会议分别于2000年10月在北京、2003年12月在亚的斯亚贝巴举行。两次部长级会议期间，中国政府提出一系列有效措施，包括取消债务，某些国家的零关税待遇，对非洲以及与非洲贸易的支持投资，扩大旅游合作，促进人力资源发展、文化及人与人之间的交流。以上所有措施均得以执行。

实际上，论坛成为中非国家集中对话与促进合作的一个重要平台和有效机制。

2006年是新中国与非洲国家之间建立外交关系50周年。在双方共同倡导和努力下，中非于2006年11月3日至5日成功地召开北京峰会以及非洲合作论坛第三次部长级会议。

中国国家主席胡锦涛，以及48个成员国的国家与政府首脑，以及论坛的高级代表参加了峰会。峰会通过了《中非合作论坛北京峰会宣言》和《中非合作论坛——北京行动计划（2007至2009年）》。

峰会宣布中非之间确立了新型战略伙伴关系，强调政治上互相信任、双赢的经济合作和文化交流。峰会制订了今后三年的合作蓝图。中国国家主席胡锦涛还宣布八项政治措施，以加强与非洲的务实合作，支持非洲发展。增加对非洲的援助，建设非洲联盟会议中心大厦，取消债务，增加社会发展领域如人力资源发展、教育、健康与卫生的投入，成为中国对非洲战略的重要内容。

北京峰会是中非关系史上的新的里程碑，开启了中非关系的新篇章。

自峰会以来，由于中非的一致努力，使后续行动的进展积极而顺利。中非新型战略伙伴关系得以稳步加强，双方的务实合作进展顺利。

紧密联系中非的政治纽带

中非高层交往频繁，各种形式的对话与磋商有了增加，政治上的相互信任得以加强。2007年国家主席胡锦涛、全国人大常委会委员长吴邦国、中国人民政治协商会议主席贾庆林以及外交部长李肇星访问了20个非洲国家。2008年前7个月，党政领导人李长春、贺国强以及外交部长杨洁篪访问了非洲10个国家。

过去的两年间，有19位非洲总统、副总统、总理或国会发言人访问中国。

2008 年 8 月和 9 月，有 12 位总统、4 位总理、2 位副总统和非盟委员会主席参加中国北京奥运会和残奥会的开幕式和闭幕式。

根据双方领导人所达成的协议，中非于 2007 年在纽约举行首届中非外长政治协商会议。会议正式启动了双方在中非合作论坛框架下外交部长之间的常规政治对话。

此外，两年期间中国外长与非洲七国外长进行政治协商，还主办两国委员会第四次全体会议，与南非外长进行战略性对话，并且与非洲 11 个国家召开经贸委员会会议。

双方在议会、政党以及地方政府之间都有密切往来。2007 年有 7 位议会发言人访问中国。2008 年 6 月，中非合作论坛中国后续委员会邀请 11 位法语非洲议会友好团成员访问中国，在中非合作论坛框架内开始中非多边议会交流。共有 48 个非洲国家政党代表团访问中国，而中国共产党派 23 个代表团或小组访问非洲。姐妹省市的数目从 13 个增加到 82 个。

中非国家在联合国以及其他国际论坛内继续相互支持，共同维护双方以及其他发展中国家的合法权利及利益。非洲国家在与中国相关重大问题如有关台湾、西藏及北京奥运会问题上继续给予中国以大力的支持。

中国积极呼吁国际社会特别是发达国家，为非洲的发展提供更多援助并保证其援助的承诺。中国还敦促联合国安理会更加关注非洲，帮助其解决热点问题，在非洲和平与安全方面起到建设性的作用。

2007 年 3 月中国政府任命刘贵今大使为非洲事务特使。自就任以来，刘大使访问了苏丹及其他国家，就达尔富尔问题参加了 8 次国际会议，为了正确解决争端而作出艰苦的努力。中国政府对达尔富尔提供了几次人道主义援助，将多功能工兵分队派到该地区。中国参加过 7 次联合国维和在非洲的行动，出兵 1600 名以上。

中国加强与非洲联盟及此地区组织的合作与磋商，非洲联盟中心大厦开工典礼基石 2007 年 5 月立在埃塞俄比亚首都亚的斯亚贝巴，这块基石就是由中国资助的，大厦将于 2011 年竣工。

中非经济关系得到加强

中国在非洲的投资稳步增长，而且向更多领域扩张。2007 年中国公司在非洲的直接投资总额为10亿美元。中非工商联合会完成了多项工作，主办了2007年在埃及举行的中非经济合作会议，与会者有500多名中非企业家。

2008年4月中非商业论坛在坦赞尼亚举行。300多个中非代表团讨论如何加强中非之间私营公司合作问题。

为了鼓励和支持中国公司在非洲投资，中国政府设立中非开发基金会，这项基金于2007年7月开始启动。在非洲的第一项工程建设，深圳燃气联合循环发电一站是在加纳开始动工的。基金会正在探讨在非洲投资其他工程的可行性。

中国实现了对非洲国家开放市场的承诺。466项出口中国商品（在2008年中国关税内）短期债券在31个非洲最不发达国家中的30个可以兑换，并于2007年开始执行。

在赞比亚由中国倡导的经济贸易合作区已经初见成效，在毛里求斯和尼日利亚建立的经济贸易合作区也取得了重大的进展。

中非金融合作继续扩展。中国创立非洲发展基金，积极参与多边债务减免倡议。中国加强与非洲主要区域金融机构的合作。中国人民银行和西非发展银行2006年11月在多哥洛美联合主持“中国经济日”，并签署几项合作协议。非洲发展银行2007年5月在上海召开年度董事会议，成为促进非洲脱贫与发展，加强中非经贸关系和金融合作的一件大事。

中非社会发展合作得到深化

中国在自己能力允许范围内继续为非洲提供援助。中非国家的共同努力带来了切实的经济和社会效益，而中国对非洲在社会、文化以及公共事业方面的投入为当地人带来了实惠利益。中国同非洲国家签署了20项框架协议，为一些非洲国家提供优惠贷款并执行特惠出口买方信用条款。

中国还与非洲同中国建立外交关系的32个重债穷国和最不发达国家签署取消2005年底到期的债务草案。

为了满足非洲的需要，自从北京峰会以来，中国为非洲49个国家进行8627人次职业培训，其职业包括商务、教育、卫生、科学技术、文化、农业、海关、质量检查、远程通信技术、环境保护以及媒体等。中国还向35个非洲国家派100位高级农技师，以帮助当地政府制订农业发展计划，提高种子品系，共享实用农业技术和管理经验，并培训当地技术员。

在14个非洲国家农业技术演示中心进行的可行性研究进展顺利。中国计划为非洲农村修建100所学校，其中的49所已经开始动工，余下的51所也将在2008年底开工。所有学校都将在2009年底竣工并投入使用。中国计划为非洲国家修建30所医院，其中19所将在2008年底之前开始动工，余下11所将于2009年底之前动工。中国在利比里亚、布隆迪、乌干达等国家建立10个疟疾防治中心，21位中国疟疾专家正在这些中心工作。2007年中国为33个疟疾病严重的非洲国家提供防治药品，到2009年还将为有关非洲国家继续提供防治药品。

中国向埃塞俄比亚、津巴布韦、塞舌尔、突尼斯以及毛里求斯派遣113名青年志愿者，他们在那里教中文、教体育，提供计算机培训，传授传统中医治疗技术。2008年还派遣50位志愿者。2007年初胡锦涛主席访问非洲期间，邀请500名非洲青年在三年内访问中国。第一批来自10个非洲国家的100名青年已于2007年11月成功访问中国。第二批来自41个非洲国家的200名青年即将访问中国。

中国增加政府奖学金名额，2007年增加700名，2008年又增加700名，2009年在此基础上又增加600名。按照计划名额总数将达到4000名。中国设立15所孔子学院或孔子讲堂，以帮助东道国学习中文。

中非文化交流出现良好的势头。中国重申同5个非洲国家的政府间双边文化协定年度计划的执行。2007年有9个中国艺术团访问17个非洲国家，有1个非洲艺术团访问中国。中国启动非洲文化访问者计划，邀请11个国家文化官员访问中国。“非洲文化聚焦2008”活动在中国深圳成功举行。

在北京峰会上中国新增9个非洲国家为“中国公民出境旅游目的地”，2007年已达到27个非洲国家。中国正在与相关的国家磋商签署执行计划并与他们共同发展中国旅游事业。2007年有234400位中国公民把非洲国家作为他们海外旅游的第一站，每年递增36.15%。中非人员之间的交流随着5次新的直接商务航班开通而变得更加便利。

中国将继续与非洲国家密切合作，落实北京峰会的成果，增进中非战略伙伴关系，以有益于双方的人民。温家宝总理在联合国千年发展目标高级别会议上宣布一系列倡议，以帮助发展中国家实现千年发展目标。倡议包括加强同发展中国家在农业、食品安全、教育和卫生领域的合作，免除最不发达国家2008年底对华到期未还的无息贷款，给予有关最不发达国家95%的产品零关税待遇，这将有益于大多数非洲国家。中国为非洲国家培训1500名校长和教师；为对非洲国家援建的30所医院配备适当数量的医生和医疗设备，同时为有关受援国培训医生、护士和管理人员1000名。

中非合作论坛第六届高官会于2008年18～19日在埃及首都开罗召开。中国和48个论坛非洲成员国及部分区域组织代表出席会议。

会议听取了中非合作论坛中方后续行动委员会秘书长许镜湖女士关于2006年11月在北京召开的中非合作论坛北京峰会与第三届部长级会议后续行动落实情况及论坛下一阶段工作设想的报告，并就此进行了讨论。

与会代表一致认为，《中非合作论坛北京峰会宣言》和《中非合作论坛——北京行动计划（2007至2009年）》落实情况令人满意，双方在政治、经贸、社会发展、人文领域、人员交流和论坛机制建设等方面合作成果丰硕。

非洲国家代表对中方为落实北京峰会后续行动特别是对非务实合作8项政策措施所做的不懈努力和有效工作表示赞赏和感谢。

中国代表团对非洲国家与中方密切配合、认真落实北京峰会各项成果给予积极评价。

与会代表一致同意，为全面落实中非合作论坛北京峰会后续行动，深化中非新型战略伙伴关系，中非双方将重点做好以下工作：继续增进中非政治互信，充分发挥中非合作论坛对中非关系发展的政治引领和推动作用；以中国对非务实合作8项举措为重点，全面落实中非在论坛框架下经济社会发展领域的各项合作；确立中非未来重点合作领域，加大对改善非洲民生的关注；加强中非在各领域和机构的合作，不断丰富论坛内涵；进一步加强中非合作论坛机制建设。

会议就“中非农业合作与粮食安全”和“基础设施建设”两个专题进行了讨论，同意继续加强双方在农业和基础设施领域的合作，以应对粮食安全和经济社会发展的挑战。

会议一致同意论坛中方后续行动委员会秘书处与非洲驻华使团共同提出的中非合作论坛第四届部长级会议初步方案，决定于2009年第四季度在埃及沙姆沙伊赫举行中非合作论坛第四届部长级会议及此前的第七届高官会。

总之，中非关系与中国对非洲政策已经开始生效。

华人移民非洲与中国对非政策：中非合作的意义*

李安山

20世纪中国和非洲都遭受过创伤，都经历过领土被侵犯，见证过社会变革，致力过民族和国家建设。随着时间的推移，自中华人民共和国成立以来中非关系经过三个重要时期。在正常发展时期（1950～1978年）中国的非洲战略主要集中在通过破坏由西方而后是由苏联的强制封锁而赢得非洲联盟，在此时期中国对非洲的援助主要是支持反殖民运动和反霸权的斗争。

在中国过渡时期（1978～1995年），中国的非洲策略主要有两个特点：调整适合于中国改革开放的对非策略，以及在争取非洲国家方面胜过台湾当局。在始于1995年的中国腾飞时期，中国对非政策随新战略决策而逐步完成重要转变：从强调意识形态到为各个领域交往提供经济支持，争取互利互惠而不是主要提供财政援助。如今中国对非政策重点强调新型战略伙伴关系，在政治上相互信任，经济上互惠互利，文化上互相学习，这些都通过标准机制加以实现①。

中国由于改革开放而得以迅速发展，从而有能力加强了与非洲的合作关系。《中国对非洲政策文件》表明21世纪中国对非政策逐渐成熟，华侨移民与中国发展战略以及外交政策密切相关。本文论述三个内容，华侨华人移民非洲的历史概览，非洲华人新移民及其特点，以及中国对非洲华侨华人的政策。

---

* 本文为最初提交2009年1月在台北举行的“新世纪，新移民”国际会议论文。

① 李安山：《中国与非洲：政策与挑战》，《中国证券》第3卷第3期（2007年汇总），第69～93页。

华侨华人移民非洲的历史概览

中国与非洲之间的联系有着漫长的历史[①]，华侨移民到非洲也有着漫长的历史[②]。华侨华人移民非洲经历了数次高潮。第一次高潮是在清末时期，主要有三个原因：其一，清朝末期，特别是在19世纪期间，生存环境日渐恶劣，农民被迫离家出走，到国外寻找出路。欧洲在非洲的殖民地需要劳力修建基础设施，特别是铁路与公路的建设；南非发现金矿，经过英布战争后对劳动力的需求颇大，移民非洲成为华人讨生活的途径之一。因此，当时在法属殖民地刚果、德属殖民地坦噶尼喀、葡属殖民地莫桑比克以及法属马达加斯加等地都有过华工，或修路，或开矿。其二，1700～1910年大约142万名华人契约劳工在非洲做工[③]。除了在海外做工，一些反清志士或遭清政府追捕不得不背井离乡，到海外游说动员。比如，孙中山的好朋友、革命先驱者之一杨衢云1897年到南非组织了兴中会[④]。其三，中英签订条约，为南非金矿提供契约华工，共约64000人到南非金矿工作，其中少数留下来，也有一些国人随劳工辗转抵达南非谋生[⑤]。

到了二战结束，早期移民非洲的华人已经定居，开始帮助他们刚来的亲属共同打理生意。还要提及的是，在新政府成立之前一些华人移居国外是因为害怕中国共产党，另一些华人到国外是为了寻找战后发展的机会。然而，由于非洲大部分国家实行殖民统治，只有少数华人移民非洲大陆，大多数移民毛里求斯和马达加斯加岛。

---

① 沈福伟：《中国与非洲：中非关系二千年》，中华书局，1990；艾周昌编注《中非关系史文选，1500～1918》，华东大学出版社，1989。

② Al-Idrisi, Opus Geographicum, Neapoli-Romai, Instituto Universitario Orientale di Napoli, 1970, 7, 62. 引自 Louise Levathes, *When China Ruled the Seas,The Treasure Fleet of the Dragon Throne*,1405 - 1433 , New York: Oxford University Press, 1996, pp. 200 - 201; Li Anshan, *A History of Chinese Overseas in Africa* , Beijing: Chinese Overseas Publishing House, 2000, pp. 82 - 125。

③ 李安山：《非洲华侨华人史》，表2.6，第124页。

④ 李安山：《非洲华侨华人史》，第217～227页。

⑤ 见宋希《清末时期华人劳工对南非德兰士瓦金矿的贡献》，皇冠出版社，1974；彼得·理查德森：《华人矿工在德兰士瓦》，麦克米兰，1982；关于华人契约劳工的各种数字统计见李安山《非洲华侨华人史》，第108～116页。

华侨华人移民非洲的第二次浪潮是20世纪60～70年代。这一次的主要移民来自中国台湾、香港等地。这批移民与以往移民不同，他们不仅仅是劳工。例如，台湾留学生掌握现代技术，一些留学国外特别是欧美的农业、机械等专业的学生毕业后来到非洲创业。有的是台湾农耕队在非洲完成任务后留下来定居此地。这些来自经济发展迅速的台湾地区移民，多有在外国生活的经验，也有从事各种职业的技能。他们投资的行业颇为广泛，如杂货业、百货零售批发业、进出口贸易、制衣业、农业及水果种植等。在工业方面，各种新型工业及加工制造业兴起。这些工厂包括面粉、纺织、成衣、花边、皮革、塑胶化工等行业。最重要的是，这些都是台湾移民自带机器、技术和资金开拓出来的新产业。

有一篇用中文写的文章描述了华人20世纪60年代在马达加斯加的经历：

> 一来到马达加斯加，就像是回国了一样，你感觉不到是在非洲。在街上你会看到各式各样的中国商铺……在这种商铺买东西，令人感到温暖，感到兴奋。华侨大多是做生意，比如做进出口生意，卖日用百货，开照相馆或烟酒工厂。这些生意说明华侨华人在马达加斯加有着雄厚的经济基础。他们在经济上有如此雄厚实力的主要原因在于勤俭耐劳，做生意不怕吃苦①。

这一移民潮一直持续到20世纪80年代。1977年，联合国安理会通过418号决议，正式对南非实施制裁。由于制裁主要集中在石油和武器禁运方面，南非经济所受影响并不大。从70年代末以后，特别是80年代中期南非政府开始镇压解放运动，引起新一轮国际反种族隔离抗议浪潮，南非经济在新的制裁下受到严重影响②，这为来自中国台湾、大陆、香港或东南亚的移居南非的华人提供了新的机遇，他们开始了自己的创业。

---

① Zheng Xiangheng, "The Overseas Chinese in Madagascar," *Overseas Affairs Monthly* (Taibei), June 16, 1967, Issue 166. As for the Taiwanese in Africa, see also Wang Shengwang, "Gather – together of Chinese in Ghana," *Overseas Affairs Monthly* (Taibei), March 16, 1969, Issue 199; Tang Xiyiong, "Taiwanese in Lesotho: A Case Study of Taiwanese in Africa, 1970 – 1980" (unpublished paper).

② Xia Jisheng, ed., *A Study of Racial Relations in South Africa*, Shanghai: East China Normal University Press, 1996, pp. 200 – 205.

中国的改革政策为非洲华侨华人提供了一个新的机会。中国对华侨政策容许国内侨眷到国外继承家业。一些侨眷到非洲国家（特别是南非、毛里求斯和马达加斯加）继承祖辈或父辈的产业。

20 世纪 90 年代中期，有更多的华人移民非洲。随着中国对“两种资源、两个市场”这一战略决策的实施，中国企业开始大向非洲投资。与此同时，许多非洲国家也适时放宽移民政策，鼓励中国人移民非洲。同时，有的移民欧洲的华人发现欧洲难以立足定居，便开始再移民至非洲大陆各国。例如，青田人把欧洲作为移民地目标的首选，可是自 90 年代以来，他们发现在欧洲很难定居，便又开始涌入非洲。1995 年非洲有 231 个青田人，到 1996 年这个数字达到 1231，增长了 4 倍多。此外，移民非洲的国家数也从 6 个增到 9 个①。华侨华人与家乡一直保持联系，华人或回国探亲访友，或回乡寻根扫墓，或积极捐资捐物投身于家乡的慈善事业。

非洲华人新移民及其特点

在中国，在改革开放以后移居海外的被称为“新移民”。新移民占非洲华人华侨的大多数。在《非洲华人华侨史》中曾有预测，21 世纪非洲华人华侨人数将会迅速增长。

关于非洲华人人数增加的原因有以下四个方面：第一，为保持中国经济持续增长，需要新市场，这也可以加速并增加中国企业投资，增加非洲移民。第二，尽管非洲与西方交往历史较长，但非洲的发展仍处于边缘状态。由于中国发展的成功，非洲要学中国的经验。此外，非洲大陆有着丰富的自然资源，这对于双方都是有益的。第三，非洲华人华侨能够建立坚实的基础，鼓励新移民的到来。第四，非洲国家移民政策与西方国家不同的是，更具有灵活性，更有利于华人移民。“因此华人移民非洲人口将会有巨大的增长。”②

---

① Zhang Xieming, “A Study of Qingtianese Abroad: Past and Present,” *Overseas Chinese Historical Research* (Beijing), 1998, issue 3. Qingtian is a County of Zhejiang Province in East China and It Has a Long Tradition of International Migration.

② Li Anshan, *A History of Chinese Overseas in Africa*, pp. 513 – 514.

对非洲华侨华人人数的估计多种多样①。目前对非洲的华侨华人尚无确切的统计。法语杂志《非洲青年》估计为 50 万人，《德语周刊》估计为 75 万人，而有的学者则估计为近 80 万人。

根据每个非洲国家的统计数据，非洲华侨华人人口的巨大增长是毫无疑问的。例如，尼日利亚华侨华人人口从 1996 年的 5100 人增加到 2006 年的 6 万人②。在加纳，从 1990 年的 700 人增加到 4000 人。在赞比亚，10 年内从 3000 人增至 3 万人③。近年来南非中国社会增长迅速，据估计已有人口 25 万④。如果将第一批华人与目前正在奋斗的新移民一起计算，笔者估计非洲的华侨华人有 50 万人。

非洲华人新移民的特点如下。

与旧移民大多来自沿海地区不同，非洲华人新移民来自各地。他们的专业和职业范围很广，有学生、企业家、商人、农民、工人、旅行家等。他们很快就能适应各行各业，如批发、零售和餐馆。

正如在祖国的身份多种多样，非洲华侨华人移民目的地亦多种多样。他们中有的选择到非洲永久定居并加入国籍，而有的则是保留移民。有的原籍是中国台湾、香港地区和东南亚，而大多数是来自中国大陆。

与主要来自沿海地区如广东和福建的旧移民相比，非洲华人新移民来自中国各地，如浙江、江苏、江西、四川、上海、北京以及东北地区。

新移民中有的是直接到非洲来投资的，有的是希望到非洲来看看，结果被这一块富饶的大陆所吸引而定居下来的，有的是在获甲博士学位后（特别是在南非）定居的；还有的是希望以非洲为跳板移民其他国家的。

他们中有的是在 20 世纪 80 ~ 90 年代以投资或继承父业方式来到非洲的。这些人中有南非侨领陈阡蕙、王建旭、李新铸、胡介国等。这些侨领或企业巨子都是经商比较成功的人士。以中国台湾移民陈阡蕙为例。1981 年，她抱着到新世界抓住新机遇的梦想来到南非，从公司的英文秘书做起，经过几年

---

① 笔者估计 1996 年海外华侨为 136000 人，参见 Li Anshan, *A History of Chinese Overseas in Africa*, Figure VI (5), pp. 568 – 569。

② 统计数字源自 Nigerian Consul in Hong Kong at "China – Africa Links Workshop" held in Hong Kong, November 11 – 12, 2006。

③ Princeton Lyman, "China's Involvement in Africa: A View from the US," *South African Journal of International Affairs*, 13: 1 (Summer/Autumn, 2006), p. 132.

④ "Chinese Are New Immigrants in South Africa," *Asian Week*, February 4, 2008.

的努力拼搏，今天拥有了自己的房地产、农产品和进出口等7家公司。她认识到，许多华人来南非做生意并定居下来，这有利于中非关系的发展，她要做时代的弄潮儿。

1994年，陈阡蕙加入了南非主要政党之一的新国民党。她敏感地认识到，华人对南非的经济贡献很大，却游离于主流社会之外。没有人从政，也就无人站出来维护华人群体的利益。为此，她决心成为南非华人的一名代言人。经过艰苦的努力，她先是当上一名普通党员，后来逐步证实了自己并为其他人所接受。她说："我做每件事都尽最大的努力，如果我做得不好，人们不是说陈阡蕙做得不好，而是说中国人没能力。"作为商人，陈阡蕙热情地向中国投资者介绍南非的各种政策法规；作为华人社会杰出的一员，她为中南关系积极的发展作出了自己的努力。

1995年，她曾率领一个南非歌舞团前往青岛参加啤酒节，随行的还有三名南非国会议员，取得了良好的交流效果。她当选为约翰内斯堡市议员，提倡华人在中国农历新年保留燃放爆竹的传统习俗，因此她成功地将中国文化某些方式纳入当地习俗中。2004年，陈阡蕙被选为全国省级事务委员会议员，成为进入南非国会的首位华人①。

像陈阡蕙一样，来自中国大陆的何烈辉也在非洲社会有自己的一席之地。何烈辉毕业于上海海事大学的法律专业，他的父亲是改革开放后移居博茨瓦纳的第一批私营企业家。1998年，何烈辉只身来到博茨瓦纳做生意，看到了这块土地上的无限商机，在父亲的指导下，何烈辉开始了非洲的商业生涯。博茨瓦纳的签证没办下来，他便改道加纳。

何烈辉留意到的一个事实就是，同为非洲国家的博茨瓦纳和加纳，经济发展水平截然不同。博茨瓦纳的人均GDP达5000美元左右，而加纳人均GDP只有100多美元。然而，他留在加纳创办了达之路公司，成功后又转战尼日利亚，并被授予当地"酋长"的头衔。

他在非洲的成功推动他鼓励华人在非洲投资。2008年3月何烈辉自己出

---

① Li Anshan, ed., *Social History of Chinese Overseas in Africa: Selected Documents* (1800 – 2005), Hong Kong: Hong Kong Press for Social Sciences Ltd., 2006, pp. 355 – 356, 368 – 371; "Participating Actively in Politics, Serving the Chinese Community: A Chinese Overseas Parliamentarian in the Political Stage of South Africa," 17: 27: 40, October 31, 2006, Xinhuanet; http://www.whoswhosa.co.za/Pages/profilefull.aspx?IndID=4077.

资在上海举办了一个中非经贸论坛，论坛题名为“达之路中非国际论坛”，吸引了许多非洲国家的代表团，会后，何烈辉还带领非洲国家代表团前往上海参观18届华交会。

2002年何烈辉成立了达之路国际公司，何烈辉的目标是今后20年内闯进世界500强企业。同时他还在计划争取公司上市，在五年内将家族企业转变为上市企业，从而为非洲的发展作贡献①。

像陈阡蕙、何烈辉这样幸运的华人不多。更多的则是那些仍在不断拼搏的创业者。我在博茨瓦纳的一个商场碰到一位从江西来的年轻人。他在博茨瓦纳开餐馆已经有四年了，最后将自己的妻子接来，生意做得相当不错，可道路是漫长的。在博茨瓦纳有不少中国餐馆，至少有10家，竞争激烈。

在博茨瓦纳开中国餐馆不容易。例如新月餐馆，是以陕西风味为特色的，中国菜做得不错，如豆腐、蒸冷面、手擀面条。刘龙和杨洪庆是来自陕西的青年，他们一起在餐馆当厨师。他们的薪水每月6000~7000普拉（1美元等于8普拉）。餐馆老板乔良是当地的中国名人，除了生意以外，他还协助组织中国社团。参与社团活动——无论是个人的中国社团还是广义的非洲社会——对于许多海外华人来说通常是成功的关键。

海外华人瞄准并抓住商机有各种各样的途径。有的是来直接做生意的，有的是采取更加迂回的路径，还有完成中国援建项目后留下来的华人，有的在与援建工作相关的地方发现了商机。例如，中国援非医疗队员完成派遣任务后，也有的在当地留下来，坦桑尼亚、赞比亚、博茨瓦纳等国都存在着这种医疗队员留下来自己建中医诊所的现象。还有的是随着建筑工程队到非洲后对非洲产生了感情，也看到了商机，决定留下来②。

决定定居非洲的华侨华人并非一帆风顺。尽管他们大多数是守法的，只是有的对当地法律颇为模糊，有的人懂法，只是不能约束自己，在货物质量上以次充好，还有的违规偷税，在当地引起了民众的反感。廉价的中国货物和大量的华侨华人商贩对当地的纺织业和贸易特别是零售业构成了一定威胁，

---

① http：//www.jrj.com，March 8，2008，*Liberation Daily*（Shanghai）.

② Elisabeth Xu，“Chinese Medicine in East Africa and Its Effectiveness，” *IIAS Newsletter*，No. 45（Autumn 2007），p. 22；Elisabeth Hsu，“Medicine as Business：Chinese Medicine in Tanzania，” Chris Alden，Daniel Large and Richardo Soares de Oliveira，eds.，*China Returns to Africa：A Rising Power and a Continent Embrace*，London：Hurst & Company，2008，pp. 221 – 235.

引发了一些矛盾和冲突。在塞内加尔的首都达喀尔，2005 年曾经发生过反对和支持中国商人和中国货的两场完全对立的游行示威。这种现象是既荒谬又合理的①。

中国对非洲华侨华人的政策

尽管中国对非策略在各个时期的侧重点不同，但其一致性是明显的。目前，中国对非策略有四个主要部分。第一，中国把非洲国家看做重要的同盟国，而其他大国基本上忽视非洲国家。第二，中国把非洲大陆看成一个整体，这和基于国与国战略的其他外交模式不同。第三，无论国家大小和强弱，中国都把非洲国家当做平等的战略伙伴。第四，中国寻求与非洲互惠互利，实现双赢的合作战略。总之，中国对非洲政策的核心就是与非洲建立战略伙伴关系，一方面实现中国的战略目标，另一方面促进非洲的发展。

中国对非战略对从前由西方大国掌控的国际秩序产生巨大的影响，西方大国的势力正在减弱。例如，2006 中非峰会展示了中国的政治实力。中国的经济实力通过成为非洲的第二大贸易伙伴以及 2008 年贸易额达 1000 亿美元以上而展示出来。此外，在中国的支持下，非洲国家像苏丹和津巴布韦对西方大国的警告置若罔闻，尼日利亚依然十分热切盼望同中国的合作。

由于中国进入市场，法国公司不再垄断法语非洲。有趣的是，美国对非洲的掌控似乎失去了根基。2008 年《金融时报》的一篇文章中，塞内加尔总统韦德号召呼吁，只要涉及非洲事务，西方就要向中国学习。

务实的中国对非洲政策

最近调查表明，中国对华侨政策是中国发展战略的重要组成部分。中国的“两种资源、两种市场”战略对促进在非洲的投资明显具有重要意义。中国政府对促进对非投资的作用也是重要因素。随着中非关系的深入，保护华侨华人已成为中国驻非洲大使馆和领事馆的重要任务之一。

---

① The correspondences between the author and D. Z. Osborn, an American scholar, and the author also had the chance to discuss the manifestations with Adama Gaye, a Togolese journalist at an international conference “China in Africa: Geopolitical and Geoeconomic Considerations”, May 31 to June 2, 2007, at the Kennedy School of Government, Harvard University.

了解中国对非洲政策的发展情况是重要的，不仅要了解它的过去，还要了解它的未来。首先，“文化大革命”之后，中国改变了对国际政治形势以及经济与外交关系的看法。中国认识到国际关系的主题不再是“战争与革命”，而是“和平与发展”。因此“经济服务外交”的思想转变为“外交服务经济”。根据后者的战略重点，中国政府开始鼓励华侨后代到海外继承家产。

一批中国企业家响应号召来到非洲。胡介国是一位在上海受过教育的年轻人，他是在“文化大革命”期间（1966～1976年）上的大学。1976年他被鼓励移民尼日利亚。胡介国第一次来到尼日利亚，他的父亲是早年来到这里的华侨。后来他去加拿大学酒店管理，随之他又学习饭店管理、工程、林学和机械。到20世纪90年代中期他回到尼日利亚，在拉各斯投资800万美元建成金门大酒店。酒店成为标志性建筑，装修豪华，厨艺精湛。自开业以来招待了来自中国和其他国家的许多高级官员和社会名流。许多尼日利亚高级官员还选它举办宴会和聚会。胡介国在尼日利亚享有很高的声望，2001年被授予当地的酋长头衔。他还为华人协会和公司提供帮助，使中国土木工程建筑公司在主要铁路建设项目中标。当中国石油公司第一次进入尼日利亚市场的时候，胡介国帮助向尼日利亚石油部长引荐。中国驻尼日利亚使馆人员遭到绑架，他引领警察成功地完成现场营救。他还承担了中国驻尼日利亚使馆的翻修工作，用掉了他相当一笔资金。

由于他的生意好，积极从事非洲和华人社团工作，他成为非洲著名华人企业家之一，担任许多职位，如国际贸易促进会中国委员会理事，尼中友好协会第一副主席，中尼产业与贸易联合会名誉主席，以及尼日利亚总统特别顾问①。

各种类型的华人企业在非洲发展良好。中国建筑公司在安哥拉、赞比亚、莫桑比克、尼日利亚、坦桑尼亚以及塞舌尔共和国尤为成功。

有批评说雇用华工的中国公司实际上大多数是雇用当地劳工②。一些中国建筑工人受雇于特定的条件下。雇用华人劳工的原因如下。第一，由于工期时间的紧迫，中国工人更能吃苦耐劳，比当地劳工法规定的期限提前完工。

---

① Li Anshan, ed., *Social History of Chinese Overseas in Africa: Selected Documents* (1800－2005), pp. 470－474.

② 中国在非洲建筑和基础设施方面的利益和行为，由斯泰伦博斯CCS提供的国家发展部报告，http://www.dfid.gov.uk/Documents/publications/chinese－investment－africa－full.pdf。

第二，讲同一种语言并拥有同一种文化和习俗。第三，中国工人比当地工人技术更熟练，建筑经验更丰富。这些因素使得华人公司更倾向于雇用华人工人。

中国政府对鼓励华人向非洲投资的作用

中央政府一些部门在引导华人公司投资非洲上起到重要的作用，例如为鼓励中国企业投资提供信息。为了鼓励华人公司在非洲开办工厂，中国各部委特别是商务部在网站公布信息，指明非洲市场所需产品。

从网站上可以看到科摩罗对外国投资具有十分优惠的政策。除了对进口和猪肉制品以及酒精制品某些限制之外，科摩罗法律对外国公司和个体的经贸活动没有限制。2007 年 8 月 31 日科摩罗国会通过新投资法，以促进在农业、渔业、牧畜饲养、鱼类饲养、家禽场、旅游、信息技术等方面的投资，并将在未来 5 到 10 年内免税。科摩罗政府还鼓励购买土地。政府还通过提供咨询和其他服务来帮助外国公司进行投资。

中国驻科摩罗大使馆经济商务参赞处及时注意到这一信息，很快就建议中国公司利用科摩罗政府所提供的优惠政策[①]。

中国大使馆还对监控环境起到至关重要的作用，向政府反馈信息是有益处的。比如，出了一次中国劣质牛奶产品事故之后，中国大使馆和领事馆催促中国当局加强牛奶制品出口管理，说明补救措施，以便让海外国家了解情况。

中国驻科特迪瓦大使馆还监控东道国对中国商务活动认识的信息。科特迪瓦媒体对外国企业在国内的商务活动较为宽容，但还是到处都有负面的报道，主要是报道商务纠纷。2008 年出现两次关于中国产品的负面报道。一次是关于中国鞋制品，一次是关于中国奶制品。2008 年 3 月，科特迪瓦鞋制品商会举行了中国廉价鞋反倾销的罢工，由当地媒体报道并造成了负面影响。经过中国大使馆与科特迪瓦产业和商务联合会交流协商之后，问题得以顺利解决。科特迪瓦迫于压力公开纠正了先前的错误报道。在 9 月和 10 月，由于中国三鹿奶粉事发，科特迪瓦畜牧业与水资源部查封了部分中国进口奶粉并

---

① 见《科摩罗政府鼓励外国公司和个人从事经济贸易活动》，http：//fec. mofcom. gov. cn/aarticle/duzpb/cf/ap/200812/20081205955276. html。

把样品送到欧盟检验。检验的结果有利于中国，迫使科特迪瓦就此事件作出客观的报道①。

中国政府正在逐步加强对非洲华人公司社会责任的管理。2008 年中国商务部及其他相关部委召开加强在非洲的中国国有企业共同社会责任的会议。会议明确指出，投资非洲的中国公司从长远利益来看必须负起责任来。结果 67 位与会者公开发表加强在非共同社会责任的声明②。

今天，保护在非华侨华人成为中国外交的主要任务之一。随着在非华侨华人口不断增多，一些针对华人社会的暴力行为在某些非洲国家如南非、马达加斯加、尼日利亚、苏丹等国时有发生。针对南非华侨华人屡次发生命案的现实，中国政府于 2004 年 9 月派出前外交部领事司司长罗田广访问约翰内斯堡，与南非外交部和警方专门磋商旅居南非的中国公民及华人的安全问题。中国政府随后与南非政府签订了一系列警务合作协议，以加强与南非警方的联系和沟通，并决定于 2005 年向中国驻南非大使馆派驻警务联络官员③。

结　论

首先非洲对中国是非常重要的。华侨华人在非洲的历史说明他们的移民对中国内政和发展起到积极的作用。自从改革开放以来，华人移民非洲的新趋向及其发展是对中国的非洲政策的积极响应。最后，在非华侨华人问题将会在中国外交上变得更加重要，在中国经济的增长、政治影响以及文化扩展方面成为越来越重要的因素。

---

① On October 22, 2008, *Le Journal International* of Cote d' Ivoire published the whole text of the public response of the business service of Chinese Embassy to the reports of the media of Cote d' Ivoire on the issue of Sanlu milk powder. http://fec.mofcom.gov.cn/aarticle/duzpb/cf/ap/200812/20081205955239.html。

② "Proposal by 67 Enterprises to Build Sense of Responsibility and Create Harmonious Win - win Economic Relations between China and Africa," http://xyf.mofcom.gov.cn/aarticle/ghlt/cksm/200709/20070905111119.html。

③ "Chinese Police Official Dispatched to Protect the Chinese Overseas in South Africa," Li Anshan, ed., *Social History of Chinese Overseas in Africa: Selected Documents* (1800 - 2005), pp. 478 - 481.

作者简介

李安山，多伦多大学历史学博士，北京大学非洲研究中心主任，北京大学国际关系学院教授、非亚研究所所长。

著作有《非洲华侨华人史》（北京，2000年），《非洲华侨华人社会史资料选辑》（香港，2006年）等。文章以英文和中文形式发表在学术期刊上。其学术兴趣主要包括中非关系、非洲历史、殖民主义、比较民族主义和华侨华人研究。曾被邀请参加中非合作论坛北京部长级会议（2000年）、中非教育部长论坛（2005年）以及中非合作论坛北京峰会。目前为国务院侨务办公室顾问。

中国人看非洲

贺文萍

一般来说，当人们谈论非洲时，进入普通中国人的脑海里的第一印象是五种大型动物，而随之进入脑海的则是美丽的自然风景，炙热的天气和像纳尔逊·曼德拉那样的名人。

如果，你问一个普通世界公民想到中国时进入脑海的第一印象是什么，他可能回答是功夫、中餐、长城和像毛泽东那样的赫赫有名的人物。

当然，中国的非洲文化研究者看待非洲时，会看到更多的东西。我们看待非洲的视角是非洲的政治发展、经济表现、中国在非洲的安全和国际关系的重点等。

贺文萍博士，中国社会科学院、西亚非洲研究所非洲研究室主任

非洲政治发展视角

尽管在某些地区偶有冲突，造成紧张局面，但我们看到非洲的政治局势正在总体上趋向和平与稳定。在非洲 53 个国家中，最近的几十年来陷入冲突和混乱的国家不到 10 个。最有影响力的非洲国家，如南非、尼日利亚、埃及、肯尼亚和加纳，在保持政治稳定和经济方面表现相对较好；而这些国家为整个非洲大陆的整体稳定起到了支柱的作用。

当然，我们都知道肯尼亚曾经历选举后的冲突，而南非则在2008年的一段时间里罹患了恐外症。在冲突发生的时段，我恰巧身处那几个国家。但是，我坚信这些国家能够成功渡过危机，恢复秩序。的确，我们很高兴看到肯尼亚联合政府运转正常，南非也选出了新的总统。正如我们所看到的，“热点”地区的冲突基本平息了。

另一个显著的标志是2005年初苏丹南北达成了全面和平协议。这一协议结束了苏丹长达21年之久的内战（南方苏丹人民解放运动和北方苏丹政府之间的战争）。还有一个显著的标志是在2006年7月刚果民主共和国的国内选举，这是刚果获得独立46年以来第一次举行选举。2005年利比亚选举产生非洲第一位女总统也是一个很好的标志。

虽然非洲很多地方都传来好消息，但是非洲的一些地区依然偶有冲突发生。索马里和苏丹发生的冲突较为严重，而在刚果民主共和国东部地区发生的冲突，乍得和苏丹之间的冲突，以及埃塞俄比亚和厄立特里亚之间的冲突依然在继续发展。

中国理解动荡将会存在，某些地区将会发生冲突。非洲人民在根深蒂固的种族，宗教和地区矛盾中驾驭着他们的未来，而困难和挫折则是在所难免的。

局外人所看到的积极面是，多党政治体制已经在非洲很多国家基本扎根。非洲从20世纪90年代初期开始发生重要政治变革，主要表现为一党制向多党制的转变和军事统治向经多党选举的平民政府的转变。同时，一些国家也正在寻求适当的政治体制。

在苏联解体后，非洲为了应对西方施加的压力接受了“多党民主制”，而其中的另一个原因是现有体制行不通。这一点表现在持续的经济危机和人们对更多民主权利的渴求上。虽然民主十年来给非洲的政治、经济和社会带来重大影响，但是对于民主的好处并非所有人都认识一致。有关民主是否适合于非洲人民，存在两派观点。那些支持民主的人士认为，现在的民主化热潮是“非洲的第二次解放”，其影响和历史意义甚至比20世纪中期非洲国家的独立运动还要深远。然而，那些对此持怀疑态度的人士认为，非洲的民主是“奢侈品”，而考虑到非洲现有的政治、经济和社会发展水平，这个奢侈品在非洲是“超前消费”。

在我看来，即使非洲民主的重点常常放在错误的价值观上，例如过分强调消费主义，尽管西方国家把民主作为援助的条件强加给了非洲，但这也不能说明民主是一种不适用于非洲的政治体制。

然而，实行民主向来存在一个问题，即民主的成功需要先决条件：第一，国家统一；第二，政体结构稳固，运转正常；第三，应实现政治平等。问题是大多数非洲国家跳过第一、二个阶段，直接到达第三个阶段，强调政治平等，结果民主就挣扎在缺乏充分制度支持的困境中。然而，非洲却没有回头路可走。

全球化和世界政治的相互依存迫使非洲留在民主的道路上。

我们希望帮助非洲建立并维护民主机制所投入的全部资源迟早会结出硕果。同时，非洲联盟的“非洲国家相互审查机制”将十分有希望为非洲的建设打造出一个更加坚实的制度基础。

非洲经济发展视角

中国和西方国家看待非洲的视角截然不同。简单来说，中国认为非洲是一片充满机遇的土地，而西方国家则认为非洲已经病入膏肓。

虽然面临着诸多困难和挑战，但是很多非洲国家经济的持续改善和自20世纪90年代以来经济稳步复苏和增长十分令人鼓舞。整个非洲大陆的经济年增长率达到5%～6%，以及非洲有史以来投资和资本流动首次超过外援，使我们有很多理由保持乐观。

中国认为非洲正在崛起，原因如下：（1）非洲整体局势趋向和平与稳定；（2）对非洲资源的需求，特别是中国的需求越来越大；（3）许多非洲国家在过去几十年实施的经济结构调整和改革取得了喜人的成绩。

然而，世界金融危机和一系列其他因素将在短期内给非洲未来的发展笼上一层乌云。最为令人担忧的是非洲沉重的债务负担：20多个国家的外债超过他们的国民生产总值；部分非洲国家必须用半数以上的年收益偿还债务和支付利息。另外，非洲人口增长过快也是令人担心的。非洲3%的人口增长率远远超过了世界1.7%的平均增长率。

此外，非洲每况愈下的生态环境也是一个令人担忧的问题。非洲是世界上环境遭受破坏最为严重的大陆，大约1/5的土地已经沙漠化。现在，撒哈拉沙漠正在以每年6公里的速度向南推进，吞噬了大量牧场和耕地，对人民的生活造成了严重威胁。气候变化和全球变暖使这一问题变得更加严峻。

人才外流也是一个问题，它造成了国内人才和技术资源的严重匮乏。除了以上提到的问题，非洲国家还面临着很多其他问题，例如收入不足、经济产品结构单一和人民受教育程度不足等，以及不利的国际经济秩序，主要表现为很多发达市场的高额农业补贴和贸易保护主义。

安全和国际关系视角

通过非洲联盟，我们看到了非洲国家有能力团结一致，自我复兴，相互合作；我们也目睹了非洲国家有能力在国际论坛上发出一致的声音，这些因素对非洲安全和寻求与非洲合作的外部势力来讲是十分有利的。

非洲人民越来越意识到他们必须依靠自身的力量解决内部冲突，而外部力量有时仅仅会使问题复杂化，就像 1993 年美国介入索马里内战一样。非洲联盟和“非洲安理会”的成立和加强，激发了对现有机制合理性的信心，该机制可用于调解非洲冲突以及恢复遭受军事政变国家的合法当局。

除了非洲联盟发挥了重要作用外，次区域组织，例如西部非洲的西非国家经济共同体，南部非洲的南非发展共同体，以及东部非洲的政府间发展组织也在各自的区域内发挥了调解冲突的重要作用。

作为一名中国的非洲文化研究者，我认为在最近几十年中，非洲区域一体化已经取得了突飞猛进的发展。在为数众多的区域和次区域政治、经济和文化合作组织中，南非发展共同体、西非国家经济共同体以及拥有 23 个成员国的东南非共同市场为推动区域一体化发挥了特别重要的作用。建立“非洲合众国”不再是一个离谱的想法，它已经在非盟峰会上成为一个重要性日增的议题。根据中国的观点，这一趋势将是受人欢迎的，而这就是中非论坛十分重视与非洲跨国组织和次区域组织开展合作的原因。

中国与非洲的合作也是使非洲获得更多积极关注和提升非洲国际地位的又一因素。比如印度举行了印—非峰会，而很多国家也用更加友善的眼光看待非洲。

最为积极的标志之一，可能是中国本身也正在用新的眼光看待非洲，越来越将非洲当做一个大陆，而不是一个国家。过去，中国的外交人士、官员和学者都倾向于将非洲作为一个“整体”来看待。

此外，中国过去一旦与某一国家建立了官方关系，似乎这样的双边关系就进了“保险箱”，永远贴上了“友谊”的封条。然而今日，随着非洲发生的变革，随着中非关系的成熟，人们越来越认识到每个非洲国家都有所不同，必须对所有关系进行持续性呵护。“一项协议并不仅仅是一项协议”，协议关系必须得到呵护和照顾，否则就可能会变质。

正如在美国那样，在非洲有不同的利益集团，有持不同见解的不同政党，有新兴和日益强大的公民社会团体、非政府组织、工会组织、妇女和青年运动等。如想在非洲取得成功，并想更全面地了解非洲，那么倾听非洲大陆人民的心声，而不仅仅是非洲领导人的声音，就越发必要了。

作为一个中国的非洲文化研究者，这就是我本人的想法和观点。

作者简介

贺文萍博士，中国社会科学院西亚非洲研究所非洲研究室主任、教授，专门研究非洲与中国及重要西方大国的关系，以及非洲民主转型。2004 年起任中国社会科学院教授和高级研究员。中国亚非学会秘书长、中国非洲问题研究会常务理事、中国亚非交流协会理事。

1989 年开始在中国社会科学院从事教学科研工作，当过助教，1996 年为副教授；1993 ~ 1994 年，在美国耶鲁大学做访问学者；1997 年 5 ~ 7 月，在伦敦大学做访问学者；2008 年 8 ~ 11 月在瑞典北非学院做访问学者。先后获得北京大学国际关系学院法学学士、法学硕士和法学博士学位。除在中国社会科学院从事研究和指导研究生外，她还担任中央电视台和中央广播电台定期评论员，探讨非洲事务。她还在各种非洲人力资源培训班定期主讲中非关系。最近贺文萍博士还担任南非斯泰伦博斯大学中国研究中心副研究员、2009 年世界经济论坛非洲未来全球议程理事会成员。

贺博士著述甚丰，近期出版的有：《非洲国家民主化进程研究》（北京，2005）以及英文文章 “The Balancing Act of China’s Africa Policy” (*China Security* , Vol. 3 , No. 3 , Summer 2007) , and “China’s Perspective on Contemporary China-Africa Relations in Chris Alden” , Dan Large & Ricardo Soares de Oliveira (eds.) , *China Returns to Africa*: *A Superpower and a Continent Embrace* , London: C. Hurst, July 2008。

绿色金融·绿色产业·绿色经济

高志凯

高志凯，中国与全球研究中心主任

在庆祝中华人民共和国成立60周年之际，回顾过去60年，特别是在邓小平开创的改革开放30年以来的巨大成就，令人振奋。

在过去的30年中，中国的工业发展取得了世人瞩目的辉煌成就。如今中国已经成为世界上最大的出口国，按照汇兑率为第三大经济体，根据世界银行和国家货币基金组织购买力平价预算，仅次于美国，跻身第二大经济体。

今天在美国经济中工业生产仅占不足20%，而在中国则约占50%。这说明中国工业生产已经超过美国。

实际上，中国经济仍在迅速发展，而美国经济只是在增长，而且还要治疗伤痛，除去主要的人为或自然灾害因素，中国经济在20年间也就是在我们的有生之年会超过美国。

中国主要是利用传统的增长方式，即高强度的劳动和高密集的资金来创造经济奇迹的。这种增长方式是不可持续的，中国在能源效率上近些年有长足之进步，但仍远远落后于日本这样的高效能源国家。另一方面，尽管人均排放量偏低，但中国还是世界上排放量最大的国家，其绝对排放量超过美国过去20年的总和，这一点令人担忧。

当然，许多政府官员和学者急于想解释：中国消耗的大部分能源将被转换成大量商品，出口到世界各地，因此不能算作是中国的责任。然而毋庸置疑的是，中国和美国作为世界上两个排放量最大的国家，对保护能源和减少排放以及发展绿色经济具有不可推卸的责任，同时也对其他国家起到领导作用。面对全球变暖的威胁，不需要用人为的障碍或国家的围墙来掩饰，指手画脚解决不了问题，反而会使政治环境和自然环境更加恶化。

在20世纪80年代，我有幸担任邓小平的翻译，我想：如果这位智者今天还健在并跟我们讲话，他会说起绿色产业和绿色经济吗？

（1）邓小平常说：“发展是硬道理。”今天我想他会说：“绿色发展是硬道理。”

（2）邓小平常说：“解放生产力是发展的关键。”今天我想他会说：“解放生产力是绿色发展的关键。”

（3）邓小平常说：“不管黑猫白猫，抓住老鼠就是好猫。”今天我想他会说：“不管黑猫白猫，能发展绿色产业和绿色经济就是好猫。”

（4）当今世界还没有从“不绿色的发展”还是“不发展的绿色”的辩论中解脱出来，好像没有一条中间的或更好的道路可走。

当面对类似的姓社姓资的争论的时候，邓小平作出伟大的创新，选择“中国特色社会主义”道路。今天我想他会说：“具有绿色特色的发展才是正确的。”

至于说全球变暖的危险，我认为许多政治家、许多民众和许多国家已经从“无知”变成“有知”。如今的挑战就是从“有知”变成“有为”，从“为少”变成“为多”。人类已是时不我待。

为了发展绿色产业和绿色经济，我们有许多事情要做，无论是个人还是集团，无论是国家还是全球，全都责无旁贷。

首先要谈的是绿色金融。我认为在向绿色产业过渡的“知”和“为”之间缺少一个环节——“绿色金融”。绿色产业都需要成本，许多绿色产业模式都是未经验证的或非常规的。传统的金融资源很难与绿色产业合作，或者说绿色产业无法构成商业魅力，无论说得多么动听，即便一切皆有可能，离开“绿色金融”的绿色产业也是举步维艰。

绿色金融可以涵盖所有关于促进和发展绿色产业和绿色经济的金融服务机构，包括政府财政政策扶持，银行机构、保险、抵押、投资资本、私人股权、资本市场、清洁发展机制交易，即奥巴马总统说的“排污权交易”，绿色金融是向绿色产业过渡中的重要润滑剂。

实际上，绿色产业需要绿色金融，而绿色金融在向绿色产业转化过程中未能得到重视。离开绿色金融许多绿色产业的重要理念不过是一纸空文。

因此，我呼吁联合国工业发展组织、联合国环境规划署、亚太经社理事会以及其他相关的国际组织、非政府机构、各种金融机构以及世界各国政府，在全球范围内支持成立“国际绿色金融协会”，目的在于促进在全球范围内包括非洲支持绿色产业和绿色经济的绿色金融的发展。

这种国际协会的成员和支持者包括银行家、金融家、担保公司、保险公司、投资资本公司、私人股权公司、清洁发展机制交易商、各种非政府组织、政府相关部门政策制定者、相关国际组织以及绿色金融接受者，也就是涉及构建并促进绿色产业和绿色经济的所有参与者。

在国家范围内，我们需要来自世界各国的国家绿色金融协会的鼓励。例如，我呼吁中国成立“中国绿色金融协会”，该协会可以通过自上而下或自下而上的方式来开展工作。

我相信全球范围和国家范围的绿色金融协会的成立，是对向资源效率和低碳产业转变，也是对绿色产业和绿色经济的贡献。非洲就是这种平衡中的一部分。

我还要强调，一切个人和组织都要通过入会、赞助、创办等方式支持绿色金融协会的活动，通过个人和集体的方式支持并促进绿色协会发展，以支持绿色产业和绿色经济。

可以想见，国际绿色金融协会和各个国家绿色金融协会一定会交换意见，共享经验，吸取教训，制定标准、方针和规范，提供培训，传播信息，出版报纸、手册、指南和年鉴，发展绿色金融，进而发展绿色产业和绿色经济。

作者简介

高志凯，中国与全球研究中心主任，北京股权投资基金协会常务理事兼国际委员会主席。

与在中国的利益攸关者交谈

沙伦·T. 弗里曼

2009年3月，我和同事彼得·格博前往中国与中国政府官员、民间社会和私有企业代表开展一系列的座谈。在我们脑海里浮现出一个对非洲高度重视的社会和一个与私有企业密切合作的政府，大力促进中国在非洲的投资和与非洲的贸易。显而易见，从很多层面上来讲，非洲对中国人十分重要。

在政府的最高层、在外交部和商务部、在全中国各地，每一个人都在同一部非洲话剧里扮演角色，这体现在中国的非洲政策之中。这像是19世纪美国的淘金热，每个人都知道非洲的山里有黄金，每个人都想标杆划界。

我们还考察了北京的市场，看到很多非洲商人和妇女在那里经营，他们显然也以中国看非洲的方式看待中国。对他们来说，中国的“山里也有黄金”，他们也在标杆划界。我们虽然不能去广州，但我们知道那里有一个“小非洲”，“小非洲”里有上万尼日利亚人在市场上从事经营活动。

在《纽约客》2月份发表的题为《希望之邦》一文中，埃文·奥斯诺斯描写了一个非洲商人阶层在中国的崛起。爱玛对这篇文章作了特别有趣的评述，她说：“……中国人（在非洲）……在尼日利亚一直都有‘华人街’，他们有七个‘华人街’……那是我的梦想。我们想在中国那种街。”有些非洲人，特别是尼日利亚人，显然正在使那种梦想变成现实。

非洲人在中国做生意的方式受到过批评吗？答案是肯定的，正如中国人在非洲做生意的方式受到批评一样。当你与中国人谈这样的问题的时候，有一种感想会给你留下一种深刻的印象，那就是他们认为出现问题是正常现象，并不会使他们从生意场上退出。他们的态度在于“这也会过去的”。也许由于中国历史悠久，他们对时间有不同的观念。对他们来说，路上会遇到的小坑小洼很正常，是会得到及时修复的。

这就是有关对中国在非洲的角色的态度。路上有一些坎坷不平，但会得到及时的修复。这是共有和私有企业界人士都持有的一种观点。在生活的大多方面，当然也包括生意场上，中国人遇到困难的时候，他们会鼓起勇气，掸掉身上的灰尘，重新开始。这并非不像中国当今走向复兴之路的经历。前进的道路上有很多坎坷，但是人们振奋精神，奋勇前进。

与中国人谈话给人留下的总体印象是：他们对非洲或非洲人并不感到担心，只不过是做生意而已，做生意总会遇到很多起伏。像肤色差别和文化差别的问题只不过是暂时要克服的障碍，“会得到及时解决的”。虽然很多西方人，甚至非洲人，都对在非洲的中国人数以及中国的社会形势而感到十分担忧，如同一位高级官员对我们所言：“地方化并非只有一种出路。”可以预期，中国人与非洲人将会通婚，这根本不会受到阻碍，一种混合的和谐社会将会“及时”地展现在世人面前。

论实用主义

中国人对非洲或非洲人并不反感。他们在自己的国家经历过很多坎坷不平，也许比他们在国外经历的要多得多。这种经历使他们坚强起来，心中怀着明确的目标：这只不过是做生意而已，动手干吧！借用美国西部拓荒者从经验中创造出的语汇“派克斯山创造辉煌”，同样对很多中国人来说，现在是“非洲创造辉煌”的时候。

很多人谈到中国在处理与非洲关系方面采用“实用的方法”，但“实用”这个字眼已成为陈词滥调，我们并没有真正理解其含义。对中国人来说，其内涵非常丰富，是千百年来经验的结晶，是在取得惊天动地的辉煌成就过程中对历经无数艰难险阻的深刻体验，是从“文化大革命”的浩劫中幸存下来后而总结出来的一种方法。今天黑暗已经过去，曙光正在到来，“实用主义”就是讲要趁热打铁，所以，每当中非关系有问题要解决，双方也就一定会加以解决。

还有一个因素有助于说明中国人的适应能力及其对发展非洲关系的奉献精神：“勤奋工作”。勤奋工作对中国人意味着什么？勤奋和安逸的概念在中国人的心中与其他人不同。中国人经历过令人难以想象的艰难险阻。中国人去非洲，每天可以上两个班，随后在窝棚里打个盹儿，这不算苦。他们日出而作、日落而息，这不算苦。中国人把忍受艰难困苦的能力变成一种财富和一种鲜明的文化特征。

当我们问及刘贵今大使以前在南非当中国大使的体验以及针对中国没有向南非人传授服装制造技能的批评的时候，他解释说："生产服装绝没有灵丹妙药，中国人在服装产业获得成功的原因在于我们能够'吃苦耐劳'。我们的吃苦耐劳和奉献精神不是可以转让的东西。"

论处理问题方式的差别

在中国听到的很多事情反映着他们的思想与西方的观点不同。例如，刘大使在谈到达尔富尔问题时，就提出对苏丹实行禁运是不是处理那里的时局的正确方法的问题。"这将会伤害民众。帮助苏丹摆脱贫困不是更好的办法吗？贫困是他们最严重的问题的根源。"我们的态度是实施积极的影响，而不是施加消极的压力。我们不想发出最后通牒说："'你们不这样，我们就会如何如何。'在寻求解决方案的过程中，我们要自问，与合作伙伴进行友好磋商，以求问题得到解决。我们想发出和谐的信号，尊重苏丹的主权。我们认为美国的行动过于匆忙。"

关于人权问题，刘大使提出另一个问题：你用什么方式能改善人权？我们认为："帮助人们脱贫，你就会为促进人权发展作出最大的贡献。"

中国社会科学院高级官员在谈论如何解决非洲问题时，我们从中体察出一种不同的世界观。他们自己往往会退一步来反思问题。他们认为："有些问题从两方面来看是属于文化方面的，因此'很难解决'。双边关系出现问题很多是由语言和文化障碍造成的。"他们解释道，"随着中国的发展，其人民也会发展，这一点必须引起重视。到目前为止，很多中国人还没找到与非洲当地人适当配合的方法，但随着时间的推移，他们会找到的。"

中国社科院的一个考察小组曾被派往赞比亚调查污染问题，他们宣称与中国的采矿作业有直接关系，这表明中国非常重视与非洲的关系。他们说到了采矿工地，就会看到冒出来的滚滚黄色烟雾，可原来却是从相邻的印度的采矿作业现场发出来的，而不是从中国的采矿作业现场发出来的。印度作业使用落后的设备，中国的作业使用较新的设备，要干净得多。考察小组认为中国作业受到批评而印度作业没受到批评的原因并不是媒体炒作起来的，印度人与非洲的关系源远流长，更容易被接受。他们讲英语，能与当地人进行更好的联系。

“左邻右舍来了新伙计”，中国人被“挑剔”，这种感受在各种不同的交谈中都能体会得到。来自政府官员、非政府组织和学术机构的代表都表达出一种意见认为，中国在非洲正在做的很多好事很少引起媒体的关注。

我随后有机会与一个正在国外旅行的赞比亚环境部的官员会晤。这位官员不愿透露姓名，我问他中国公司和印度公司在铜矿采矿现场造成的污染程度实际上是否有差别。他回答说：“我们环境部没有仪器来验证这个问题。”

关于对中非关系的自豪感

尽管中国人在对非洲关系方面受到批评，但中国人对自己在非洲取得的成就感到自豪，特别是他们对与非洲人民的友谊感到自豪。

刘大使提到世界银行的一份报告，感到非常满意和骄傲，报告认为中国在资金和建设方面援助非洲发展基础设施具有重大的意义。

一份题为《建设桥梁：中国对撒哈拉以南非洲基础设施建设投资越来越多》（福斯特、巴特菲尔德、陈与普夏克，2009 年）的报告指出：

> 中国命名 2006 年为“非洲年”，这一年中国承诺对撒哈拉以南非洲基础设施投资增加 4 倍，达到 70 多亿美元。2007 年中国承诺再投入 45 亿美元。这样的资金对满足非洲基础设施投资需求起到重大作用。中国要对从某些方面来讲非洲落后最严重的电力部门投资 53 亿美元，包括 33 亿美元的项目，这些项目竣工后会使非洲地区水力发电容量增加 30%。中国在非洲的作用越来越重要，这已引起许多争议。

论扩大对非关系

虽然中国因对基础设施建设和萃取产业发展作出的贡献而最为著称，但中国在非洲的活动要更加广泛得多，涉及很多产业和行动计划。“非洲投资网”总部在北京，已有十年的经营历史，这家公司对私有企业是如何参与促进在非洲投资及其企业发展提出了看法。其创始人唐威廉在商务部工作十年后创办公司。公司在非洲经营范围覆盖40个国家。公司所提供的主要服务之一是审核对非交易，审核工作需要去非洲收集信息，与非洲商人会晤，与中国驻非洲大使馆进行磋商。实际上，我们能够看到正在寻找中国合作伙伴的非洲人的书面问卷材料。

项目一旦审核完毕，我们就陪同一个中国企业家代表团去非洲国家进一步探寻机会。总之，唐先生认为非洲有很多商机，他在非洲“很牛”。他注意到过去进军海外的公司大多来自中国沿海地区，这些公司敢于冒险，一般在非洲都有家庭关系，这种关系有能力帮助新来的企业。非洲投资网力求为想在海外发展的中国企业搭建平台，为非沿海公司填补信息和其他服务的空白。

虽然很多外来人认为中国企业容易走出去在海外创业，但实际并非如此，特别是对在国外没有关系的来自非沿海的企业来说。例如，我们在北京遇见一对夫妇，他们用终生的储蓄与一个在埃塞俄比亚的非洲人合作，结果却受到这个埃塞俄比亚人的欺骗。人们经常认为中国人总占上风，但情况并非总是如此。

没有家庭关系单枪匹马在非洲闯天下一般要遭到失败。关系对于指导新来的人该做什么和不该做什么起着非常关键的作用。没有这样的关系，就会犯很多错误，致使很多企业失败。填补这种信息空白的一种出路在于与当地公司创办合资企业，但很多中国人不敢干，因为他们讲不好英语，不敢信任没有“担保”的人。因此，他们在准备不足的情况下就开始上马，又不懂他们刚来到的国家的法律法规体制，犯错误是不可避免的。非洲投资网的建立旨在查出那些无力独立经营的人。

我们还会见了中国国家贸易委员会的高级代表，这是政府的贸易促进组织。非洲投资网是与小型私人企业打交道的一个私营实体，而中国贸易促进委员会则是致力于国有企业的发展。这个委员会成立于1952年5月，是由代表中国主要经济贸易部门的企业和组织构成的，是促进中国外贸的最重要和最庞大的机构。其作用在于促进中国与全世界其他国家和地区的经济贸易关系的发展。这个机构1988年采用一个别名：中国国际商会，与中国国际贸易促进委员会的名称同时使用，其促进贸易的途径在于提供信息和劝告，解决诸如商标之类问题的法律纠纷，在国内外举办展览会，接待外国代表团，为企业牵线搭桥，开展关于外国的调研工作；也非常重视非洲问题的研究，通过诸如西非国家经济共同体这样的亚地区组织已与5个非洲亚地区签订战略协议。中国国际商会还资助一些代表团赴非洲访问，到访的国家分别为尼日利亚、加纳、科特迪瓦和布基纳法索。据负责非洲事务的高级官员透露，中国国际商会已经做好准备，对促进贸易投资关系的一系列广泛的活动进行考察，包括促进非洲产品在中国的营销。

总而言之，给人的感觉还是中国致力于与非洲的关系的发展，将其列入重点考虑的事务。

关于双方经商的问题

在中国的交流中强调在全球经商的复杂性。例如，我们会见了科泰医药有限责任公司的代表，这是一家公开上市的公司，成立于1994年，总部设在重庆，专门生产以青蒿素为基础的药物，治疗某种类型属下的多重耐药性疟疾。所生产的化合物是从蒿属植物提成出来的，需要一定的条件。这种药物源于中医使用的药草，虽然通常要做化学处理并与其他药物进行合成。

但是，世界卫生组织明确反对把这种药物作为单一疗法来使用。科泰医药有限责任公司认为，这里牵涉对西药偏爱的政治。科泰医药有限责任公司在非洲开展业务，必须与其他公司一起进行这场斗争，它所面临的问题之一在于非洲国家缺乏控制伪劣中药的机构，这有损于中药的整体声誉，即使在合法有效的情况下也是如此。随着中国人进入非洲，非洲人也进入中国。卢旺达就是非洲的一个样板，正在大举进军中国市场。在深圳的卢旺达投资与出口贸易促进署中国办事处就可以说明卢旺达致力于在中国推销其产品的水平。这家办事处隶属于商业部，致力于促进投资机会和双边贸易，鼓励两个国家之间的技术交流与合作。

阿尔伯特·路加巴担任办事处代表。他是北京大学的年轻毕业生，中文写作和口语都非常流利。他于2002年毕业，在中国的一家私营公司工作两年，随后开始担任卢旺达贸易办事处代表。据估计在中国的卢旺达人有100人，他是其中之一，这些人当中有75个是学生，在中国经营的三四家卢旺达公司干活。路加巴正在为建立卢旺达产品在中国的信誉而努力奋斗，他认为由于星巴克促销卢旺达咖啡而使这项工作变得稍微容易一点儿。他还加倍努力提高诸如艺术产品和手工艺产品这样的卢旺达产品的声誉，在中国培养消费者对这种产品的意识。

就卢旺达寻求与中国的贸易公司而言，路加巴认为："你必须了解中国，懂得中文，才能有效地在中国经商。"他注意到在中国合同非常复杂，执行合同非常困难。脚踏实地做事很重要，因为这样你就可以真正地了解人和事务，还能与地方官员建立关系，这在调研过程中是有帮助的。

卢旺达政府重视与中国的关系，正在不同的领域里加深这种关系。路加巴提到中国正在基加利建设一个经济特区，这将吸引中国企业去卢旺达落户，帮助卢旺达提高制造业水平。路加巴认为，建立关系的过程中没有捷径可走，必须从一砖一瓦做起。这意味着非洲国家必须在中国设立办事处，办事处要由专家组听从其安排，帮助其公司发展。与此同时，办事处要培养与在其所属国家的中国人的关系。

在深圳我们还访问了在同一群楼里的埃及贸易代表处，这一群楼就是为这类办事处而建的。埃及代表说出了路加巴的观点。脚踏实地干事不可替代，可以直接促进商务交易。埃及贸易处正在进行一系列活动来促进中埃关系的发展。例如，中国上海和埃及亚历山大城之间最近签订了姊妹城市协议。埃及派 8 个代表团访问中国，中国派 10 个代表团访问埃及，在 2007 年签署了价值 1.6 亿美元的协定。埃及政府致力于大理石、纺织品和石油化学产品对中国的出口，也鼓励中国人到埃及投资，特别是对工业区的投资。埃中关系的重要问题在于文化障碍，但埃及代表相信这种障碍会被及时消除。

关于中非政策的运作问题

除了上述提到的活动以外，我们还会见了中非商务委员会的代表，这个委员会得到联合国开发计划署的支持，促进中非之间的商业联系。我们还会见了前任和现任外交官，民间社会代表，私有企业人士以及其他人士，从中感受到中国确实有一种非洲战略，这种战略不仅仅写在纸上，而是在各个方面都得到贯彻实施。

我们还会见了中国国家海洋石油总公司的高级代表。这家公司成立于 1982 年，是中国最大的国有石油公司之一，也是最大的海洋石油天然气开采商，接受授权与外国合作伙伴在中国沿海海岸开采石油和天然气。公司总部设在北京，共有员工 51000 人，注册资本 949 亿元人民币。其代表向我们介绍了公司在非洲的经营情况，解释说他们正在非洲学习经营方法。他们相信向前发展的关键不仅在于与非洲领导人磋商，而且还要与村长和当地居民磋商，因为文化事关重大，向当地群众通报当前形势也非常重要。中国海洋石油天然气总公司高层重申公司对贯彻公司社会责任行动计划的承诺，这种行动计划是由在基层的人员制定的，有助于改善他们的生计。

访问期间我们得到了中国海外友谊协会的支持和帮助，这是中国另一家致力于与非洲建立往来的重要组织。他们与非洲人共同执行很多行动计划，如接待代表团，通过中国青年联盟会向非洲派遣青年志愿者，从事开发项目。他们的重点是在非洲社会地方层面上开展人员交流活动。就此而言，他们在开展与非洲国家建立姊妹城市的计划，其中包括配对工作，促进市场和市长之间的交流活动，互相学习不同领域的经验，如野生动物保护、下水道系统管理，以及促进妇女和青年之间的交流。

总而言之，通过访问使我们看到中国对发展中非关系有兴趣、有战略。中非战略不仅仅是一个概念，而是国有和私有机构进军的号令，大家都步调一致地前行。

中非关系中的信任问题

马文·科尔

“性格决定命运。”

——赫拉克利特

信任从外表来看足矣，但建立信任和得到信任不是一件容易的事，是我一生的工作，是到目前为止我在事业和生活上获得成功的原因。鄙人认为信任是在新兴市场经商获得成功的最重要的原因。这对于我熟悉的两个地区——亚撒哈拉非洲和中国尤其适合。

我 27 年前出生在牙买加，从 10 岁起开始生活在底特律。我的父母和朋友使我懂得了底特律的政治，这对我后来在中国以及随后在非洲的商业文化的险滩暗礁上航行大有裨益。科尔曼·扬当过 21 年底特律市市长，他创造出一个干事情的关键在于“得到担保”的环境。我在底特律长大，对处事中的教训有最深刻体验。你必须“认识人”，你必须有决策人和把门人给你“担保”。

马文·科尔，企业家

我的父母都是企业家，因此经常随父母出差。我在底特律的经理和我与家人在世界各地周游的经历使我很早就认识到信任与诚实的重要性。我强调在商业环境中的信任问题，因为很多人认识不到发展中国家的制度不健全的弱点。当从法律的角度执行合同靠不住的时候，就必须回过头来在合同各方之间建立信任。

也许信任在世界上没有任何地方比在中国更加重要。我曾在美国收摊不干，前往中国为一家精品店咨询和贸易组织管理业务，对此有切身的体验。

我有幸加入越来越多的专业人士和刚走出校门的毕业生队伍，致力于在新兴市场寻求机会。我在中国山西度过两年时光，对我思想的形成产生重大影响。我的工商管理硕士班的其他同学对去北京和上海感兴趣，而我却选择去中国的最不发达的地区之一，换言之，我决定去体验乡土气息。

在佛罗里达农业机械大学的教育经历的一个重要部分在于学会一门外语。我选修中文，教我中文的是来参加一个交流项目的中国本地老师。这使我在学习中文基础知识的同时还吸收了文化方面的微妙差别。我的目标是把这种知识转化成产品。我对中国的兴趣热切而真诚，明白这一点之后，我就去找一个曾在中国担任西方石油公司（Occidental Petroleum）高级经理的教授，说服他为我在地处中国西北陕西省的一家公司担任首席执行官“做担保”。

山西是中国的产煤大省，在严重依赖煤产品以及以煤为基础产品的产业当中处于领先地位，其中包括焦炭与钢铁生产、电力、重机械和煤层沼气等产业。山西国有企业主要为中国国防工业制造产品，商用产品也在不断增加，但不属于其核心产品的一部分。

太原是山西省省会，有450万人口，按国际标准是一个大城市，但与拥有3500万居民的中国最大城市重庆相比却是一个小城市。太原这个较小的城市外国人少，成为我职业生涯的一个完美的起点。

陕西省地处中国内地深处。在我所工作的公司里，我是唯一的外国人，我是省会城市所有的大约500位外国专家之一。

我从我接受的工商管理硕士教育中汲取营养，从在泰国和日本学习人类学期间所掌握的技能中获取力量，我能够适应地域文化，学会如何得到共产党书记和责任感非常强的地方企业家的信任。如果没有我为之工作的公司的首席执行官为我“担保”，这是不可能的事。他对我热情的支持使我能利用他个人的关系和我个人的技能，以此来开辟重大的新收入渠道，在这个被认为是中国的西弗吉尼亚地区创建新企业公司。

在这座相对封闭的城市里，我受聘于有广泛联系的党员和成功的企业家，能够充分利用我的关系和信赖建立一批重要客户，他们代表运输产品、采矿设备和服务行业领域的一些重要的企业家。

经过 18 个月的工作之后，我离开了太原，因为太原是世界上污染程度最严重的城市之一，严重的空气污染使我健康状况下降。我在那里工作既令人振奋，又十分有意义，我不禁为不得不离开而感到十分遗憾。我终于体会到山西人是我的朋友，是几个家庭的“养弟”。尽管身为异国的一位异客，但我处处都有受欢迎的感觉，与新交的朋友一起参加日常生活活动，成为他们家庭的一个成员。我应邀参加生日聚会、葬礼、婚礼、开学活动以及成人仪式活动，从文化方面来讲，这对我来说是一次丰富而有意义的经历。我已成为我所在的团体组织的一部分，我可以大言不惭地说：我差不多变成一个山西人了。

常有人问我在中国这样的一个地区作为唯一的美国黑人有啥感觉，我回答说一旦越过你初始的另外一面，看到你为人们所接受所尊重且你也尊重他们的文化之时，隔阂便会消失。我的“属性”在一定程度上是我的客户和雇主赋予的，他们不遗余力声言我是一位朋友，是一位可以信赖的人，能够理解和践行商业和日常生活的真谛，同时又是一个真正值得信赖的人。做一个值得信赖的人，得到权威人士的认可，这种价值在中国的意义如同在底特律或牙买加一样。

正如信任在经商中十分重要一样，文化也是一样。

中国人和非洲人在文化上存在严重的误解。例如，普通中国人并非总是用信赖或尊重的眼光来看待在中国的非洲人，特别是非洲的经济移民，反过来很多非洲人也以同样的眼光看待非洲大陆上的中国人。双方都忽视了对方的文化和历史基础，常常认为对方的行动和信念稀奇古怪。在这种情况下，他们就不能认识到每个行动背后都是有道理的，而且在很多情况下是有充分道理的。

了解这些道理是变化过程中的第一步。只有充分认识到需要变化的因素和原因，才能构建出支持变化的令人信服的道理。

作为工作在陌生环境里的外国人，必须消除一些隔阂；一种严重的隔阂在于不能理解或不能充分认识地方自豪感的问题。地方自豪感根源何在？要做什么调整才能使其不受挫伤？当从富有国家来到发展中国家工作的时候，人们有时在语言或行动上不想暴露自己对地方习俗的消极看法。但要花工夫去认识地方风俗，只有走过漫长的路才能学会对他人的尊重。

习俗的发展是符合逻辑的。例如，我发现在任何餐馆要想弄一杯冰水都非常难，在山西几乎找不到色拉。

尽管起初感到不便，感到非常古怪，但我认识到只要是处于沸点的液体，就可以确保没有令人担心的细菌，在发达国家饮用水是有不良记录的。如果生吃蔬菜，用污水肥田就会给公共卫生带来灾难。因此，肉类和蔬菜总是煮得十分熟。

这虽然是一件小事，但对我有很大的启发，我认识到每一种文化活动的背后都有一种合乎逻辑的基础，我所有的优越感都随之消失殆尽。在潜意识中的优越感消失后，我就能开展更真诚的交往，与经济和政治生活中的各阶层人士建立信任关系，今天我成为一名独当一面的新兴市场顾问，我还能从这种关系中受益良多。

这对于在中国工作过的我和在非洲工作过的中国人来说都不是普通的一课。与非洲人交往的中国人，有时候也会通过语言或行动对自己的与欧洲/非洲经历相左的文化表现出同样的优越感。中国企业要获取非洲大陆的资源，但派出与外国或外国文化交往不多的代表，去与对其经济客人表现出来轻蔑态度的越来越失去耐心的人们打交道。

由于缺乏专业管理层和雇员，无论在什么情况下都应该努力工作，服从老板的工作文化，想领导非洲工人的中国经理遇到巨大困难，导致双方互相讽刺谩骂。

每天上班的非洲工人是自由的代理人，在工作范围内不受隐性协定的限制，也不懂得给中国经理思想动力的隐性交易。很多中国经理都是在国有或军事化管理的企业里成长起来的，这种企业提供几乎所有的生活必需品（住房、食品、服装和工资），以换取他们的绝对忠诚和服从。这两种现实——新式非洲工人和旧式中国经理发生直接冲突。但所幸的是，成功的中国侨民已经形成一个新的企业家阶层，他们根据非洲的洲情而不是照搬中国的模式，提供越来越多的成功合资经营企业的样板。

非洲是一个具有丰富资源和迅速崛起的大陆，受过国际熏陶的中产阶级已经摆脱很多商人至今还无意中保留的陈规陋习。一切想在非洲或与非洲人工作的人首先都必须先理解非洲人民。有了理解就会超越忍耐的限度：接受和适应非洲当地的现实。对行为进行适当的、合乎规范的调整和改变，双方相互交往就会变得更加真诚，更加有意义，也就会有更多的商业机会。得不到信任和“担保”的外国商人将失去这样的机会。

我力图把我的意见表达得简洁和通俗，这是我发自内心地对我与之工作过的人民和文化的真挚的情感和尊重。我认为没有谁会令人信服地声称自己对世界人口最多的国家及其56个民族和迅速的经济变化（中国）了如指掌，或对世界幅员第二辽阔的、资源最丰富的、种族种类最多的、经济前景最美好的大陆（非洲）无所不知。

我可以肯定地认为，花时间建立关系、学习当地语言、理解当地文化以及以异国客人的尊敬眼光看事物就会取得竞争优势，这就是我的经验之谈。我最深刻的体会在于一个人要能得到信任不负时机，首先自己必须是一个值得信任的人。

当我们在非洲观察中国的时候，我们就像看一场由很多动作组成的复杂的舞蹈。在演出的过程中，可能会出现几个不和谐的舞步。我是非洲后裔，深深地热爱和理解伟大的中国文化和历史，我认为中国对非洲大陆的投资在起着十分积极的作用。

作者简介

马文·科尔是国际战略公司（Strategos Global，一家以新兴时装市场为投资管理和咨询为中心的公司）的创始人和主要顾问。作为管理咨询师兼顾问，他领导的作业涉及代表主要私有股份公司进行的合并后的划一整合、过程改员和资产剥离。他为在中国和北美地区公司内表现不佳的单位的重组提供咨询，为西部和北部非洲地区的公司制定发展战略。他曾从事过商品贸易，为货币对冲基金会担任过顾问，从而掌握了宏观经济变量综合技术，使套汇模型价值得到提高。

科尔先生还为中国北方工业地区的大型私有和国有企业担任过顾问，从事跨文化谈判工作，取得成功，这些企业包括奇瑞汽车、东莞东软、太原重工、榆次水电以及其他公司。

马文在山西财经大学、太原师范学院、宇佳外贸学校以及上海水产大学担任过客座教师，主讲国际贸易与全球商务。

他以优异的成绩毕业于佛罗里达农工业机械大学，获得金融业务工商管理硕士学位以及西南亚人类学课程结业证书。他未婚，目前住在华盛顿哥伦比亚特区，电子信箱：mcole@ strategosglobal. com。

全方位观察与学习

德瓦德里克·L. 麦克尼尔

我是一个幸运儿。我能回答关于非裔美国人在国际事务中的地位问题，这部分是由于我有幸获得联合黑人学院基金会国际公共政策研究所的奖学金。这项著名的为期五年的奖学金项目旨在增加少数民族国际事务专业大学生的数量。

奖学金是在拉尔夫·邦奇的胜利的鼓舞下创立的，他是一位外交家和政治科学家，在种族隔离政策统治美国时期世界舞台上的一位关键人物。他是一个黑人，出生在奴隶制废除38年之后，随后在二战期间担任战略服务处资深社会分析家。在20世纪40年代他成功地领导联合国调节以色列和巴勒斯坦之间的和平行动。从1928年到1950年他担任霍华德大学政治科学系主任，1950年他获得诺贝尔和平奖，成为非裔美国人首次获得这项殊荣的人物。

50多年前，拉尔夫·邦奇就认识到，几乎在世界的每一个地区，冲突、极度贫困和疾病对我们人类提出挑战，需要全球作出反应。这在当时是正确的，在今天依然正确。达尔富尔种族灭绝、全球饥荒和艾滋病病毒/艾滋病肆虐属于需要我们人类作出反应的最迫切的问题。

我决定沿着拉尔夫·邦奇帮助指引的道路前进。当我走向世界的时候，我注视着东方。早先莫尔豪斯学院我的一位老师就看出来我对亚洲有强烈的兴趣，他鼓励我聚焦中国，他预见到中国要崛起。我是在一个在德国的美国空军基地长大的，我很早就对国际事务感兴趣就受此影响。

一当我开始从全球的角度进行思考，我就对亚洲的事件如痴如醉，因为我叔叔曾在越南服役，在那里失去了生命。作为国际公共政策研究所奖学金的获得者，我有机会在伦敦大学东方非洲学院和中国南京大学学习中国政治、文化和语言。后来我在国会研究服务部当分析师，以前还担任过布鲁金斯学会约翰·L. 桑顿中国中心国际项目助理主任，在此期间我有机会应用我所学到的有关中国方面的知识，使自己有关方面的认识更加丰富。

虽然在过去多年我一直关注着中国，但作为非裔美国人，我也注视着非洲。实际上很多非洲人的日常生活非常艰难，博茨瓦纳等国家人民的预期寿命不到40岁，肯尼亚勉强超过40岁，这是一个不容回避的悲惨事实。

看到中国在崛起，我们就不禁想到且希望非洲的崛起。

现在有很多注意力都聚焦在中国和非洲，但是我却听到对有关话题的陈述非常狭隘，是在非洲的中国问题，这不禁使我畏缩不前；这个问题绝不仅仅涉及中国在非洲的活动，而且涉及中国在世界的作用，涉及非洲对世界的意义。我还知道没有诸如一个非洲和一个中国这样的事情，两者都是由很多价值观、亚文化、经济和演员组成的，对此加以简单的概括是很难的。

也许建立起非洲看东西方和中国看非洲这样的一个讨论框架更有好处。双方各自都想看到什么？

当非洲看东方的时候，看到的不仅仅是中国，而且还看到印度、日本，更重要的是看到对西方的一种取代性的选择。在东方人的眼睛里，非洲是一个合作伙伴和资源提供者。相反，当非洲看西方的时候，虽然看到很多好的方面，但也看到多年来西方对自己指手画脚，盛气凌人。

例如，假定你拥有一家像梅西（Macy's）一样的大百货店，有个买主过来告诉你应该如何摆设、如何定价、经销什么货物、如何聘用和解雇员工，人们不禁就会问谁是店主。

根据这种推理，中国作为买方来到非洲提出一项协定，并没有控制卖方的行为。中国所需之全部就是中国所需之全部，没有任何别的东西，抑或至少看来是如此。

当中国看非洲的时候会看到什么？中国看到一个其所需资源的可靠来源、一个其商品和服务的市场以及一个在需要时会得到其政治支持的可靠合作伙伴。

中国与非洲合作的中心信条之一是互相尊重、互不干涉内部事务的原则。互不干涉“协定”的重要性无论怎样强调都不为过。只要中国的利益不受到威胁，就要坚持协定就不会终止。但在有些情况下，中国的利益超出协定范围，涉及台湾的问题，如果一个非洲国家承认台湾，就是对协定的破坏。中国也在推销某种东西，这就是可以取代西方模式的一种选择。中国模式与西方模式只有部分相似之处，但大部分与之形成强烈反差。中国模式，所谓的“北京共识”，代表中国政策制定者的思想，是建立在他们对世界发展中国家关系的态度的基础之上的。

“北京共识”的本质在于中国、印度和其他国家不顾“华盛顿共识”却获得成功，而听从美国劝告或接受世界银行或国际货币基金组织培训的国家却有很多基本目标未能实现，诸如人口脱贫。全面采用西方私有化和自由贸易的经济理想模式，完全按照西式民主制度来仿建自己的政治制度，让市场主宰一切，“北京共识”对此持怀疑态度，尽管中国在过去 1/4 世纪的发展过程中采用了其许多重点政策。“北京共识”认为，各国融入全球体系可以不放弃自己的生活方式，不损害自己的独立主权。各国可以选择西方模式中的最有用的部分，利用外国的投资和技术而又不使自己西化。

问题在于中国的模式可行吗？要对模式进行收缩吗？

人们必须注意到中国是一个巨型规模经济的扮演者，而非洲则不是。中国的成功在很大程度上要归功于来自台湾和香港的海外华侨的早期投资，他们在中国实行开放政策之初就开始在中国大陆投资。

海外非裔侨民拥有同样的资金实力和市场准入渠道吗？他们能够且愿意在非洲投资促使非洲拥有 21 世纪吗？从西方的模式可以认识到其中的竞争是良性的竞争。人们还可以看到中国对资源和非洲民心的竞争已经使很多国家用另一种眼光来看待非洲，进一步与非洲加强往来，这是一件好事。毫无疑问，中国重商主义模式的很多方面也是很不错的。

但是，当重商主义的模式冲击西方安全利益的时候也会出现问题。例如，当中国在苏丹和津巴布韦达成的交易可以使独裁体制兴旺起来的时候，问题就变得十分鲜明。

从全球化的最充分的意义和影响来看，全球化具有超越双边协定的义务。结果这样的义务就像一副担子压在中国的肩上，也许中国感到十分不快，在某地某时达成的协定会对社会产生影响。

“付出越多，则期望越多。”此时对中国的期望在于做一个“负责任的利益攸关者”，正如世界银行总裁罗伯特·佐利克所明确提出的，如果罗尔夫·邦奇健在的话也会鼓励的。这并不妨碍具体的国家加强自己的安全和经济的利益，也不妨碍他们追求摆脱恐怖和贫困以及维护领土完整的自由。其中的意义在于改善人权已成为谈判交易的一部分。

中国提出的反驳论点在于保持中国稳定就是对全球稳定作出的重大贡献。但中国认为非洲一直没有推动人权议程，这种看法更具有说服力，只是西方一直在推动人权议程。中国人问道：聚集在街道上的非洲人在为人权议程而呐喊吗？有任何罢工、骚乱和起义的人们需要人权议程吗？

重要的在于非洲联盟对这些问题持何立场。谁在为获得什么而对谁施加压力呢？非洲民间社会对这些问题又持何立场呢？在全球社会拥有既得利益的中国作为世界舞台扮演者的责任起止于何处呢？

这些也是非洲人必须用更加坚定的信息提出来的问题。除了向东方和西方看之外，非洲人还必须朝内看，想到他们的解放者为之奋斗的目标。面向印度解放斗争中涌现出的榜样及其知识分子在解放斗争中所作出的贡献，他们也会受到深刻的启发。印度人去西方求学不仅仅是为了有吃有喝，他们还用所学到的知识帮助印度战胜英国殖民主义者。今天非洲知识分子心中的激情在哪里？人才流失是一个问题，但是文化流失也是一个问题。非洲人朝东看，不应该不把目光注视着海外华侨在帮助中国建设方面所发挥的作用，从他们的经验中学到宝贵的东西。

非洲人朝东看，也要停下脚步把目光注视着中东，看看迪拜、科威特和沙特阿拉伯所取得的成就，相同之处在于他们认识到他们的宝贵石油不会维持一千辈，他们认识到石油基本上是一种有限资源，消费后就不会再生。中东有了这种深刻的意识，要提出和回答的问题就在于领导人应该用石油收益为人民提供什么。假如石油用尽后，还会有基础设施建设、大众普及教育以及需要为国家每个成员积累的利益，这就是中东领导人作出和坚守的一个承诺。

相比之下，看看加蓬和尼日利亚我们会发现什么？如果你愿意或敢于把迪拜与尼日利亚或加蓬比，你会发现什么？

原来问题就在于非洲人长期以来都想坐在司机的座位上，好在如今这个毛病在一定程度上已经暴露出来。但从时间的长河来看，这只不过是在稍纵即逝的瞬间抓拍到的一张快照；此时此刻，太阳正处于制高点，但肯定在缓慢地下落。非洲人怎样才能趁热打铁呢？

在协议即将签署之际，非洲人在谈判中要达到什么目的呢？例如，看看中东，你就会知道石油输出国组织成员在石油产业中的所作所为。他们主张既然他们的宝贵石油是从地下萃取出来的，他们至少要利用所得收益培养石油工程师，使他们加入萃取者的行列。

从更广长远的角度来看，有一种承诺至少要确保未来四代人依靠今天的石油消耗来接受教育。关键的思想在于时刻确保石油输出组织成员国尽可能使交易发挥出最大效益。

非洲联盟也面临着千载难逢的扮演重要角色的机会，为交易条款出谋划策，例如，不仅有钻石开采交易条款，而且还有获取非洲大陆各种有限资源的条款。也要号召非洲及其海外侨区的优秀分子进行重大战略思考，把他们对全球最佳样板的认知应用到实际中去。

如果要交出宝贵资源，那么反过来其中最为宝贵的资源——人民——必须得到适当的报偿。在中东国家这是一个令人称颂的观点，是值得我们学习的。可以认为，最大的报偿在于对国民的教育。用新思维和旧模式来确定非洲谈判应该追求的目标，会给他们今天的社会和未来四代人带来最大的收益是什么？如何把海外侨民引入这个进程来加快知识和技能获取的步伐呢？中国在这个进程中能发挥什么作用呢？

有一个样板值得作更深入的研究，这就是非洲经济特区在提供物质、技术和安全保障支持方面所能发挥的作用，这种支持对吸引海外侨民和其他投资都是不可或缺的。中国人在建设公路的同时，还能说服他们建设一个新区吗？在这个新区里中国人与非洲人及其海外侨民开展合作，创建知识转让和企业之间联络的孵化器。例如，非洲国家也许可利用中非投资基金会的投资基金，提高新区的生产能力，为海外侨民提供资源回来从事短期项目，促进知识转让；也许还能促进非洲人、中国人和海外非裔侨民之间的三向协定的达成。

源自石油和其他资源收入而形成的通向社会的利益流要实现最佳化，现在必须对全球有关的最佳做法进行研究。在寻找样板的过程中，非洲人和非洲联盟不仅要朝东西方看，而且还在自己的社会内和全球非洲海外侨区内寻找，让人们的非凡聪明才智充分发挥出来，要通过世界看社会来发现竞赛规则以及最符合人民利益的交易条款。

非洲人现在在驾驶台上，他们必须确保他们穿行的道路已铺设完好，他们的终点与人民相一致。

作者简介

德瓦德里克·L. 麦克尼尔曾担任布鲁金斯协会约翰·L. 桑顿中国中心国际项目助理主任。他2005年7月入职布鲁金斯协会，协助制订中国行动计划项目，这项计划2006年10月得到提升，成为名副其实的政策中心。他还是中国中心所有国际项目和会议的主要联系人和项目经理，其中包括在北京、重庆和上海的项目和年度会议。2006年在杰弗里·巴德大使和中国法律顾问的指导下，他负责领导布鲁金斯—清华公共政策中心的创建工作。在2005年加入布鲁金斯协会之前，麦克尼尔先生在洛杉矶担任台北经济文化办事处信息部助理主任，在106届美国国会第二期分会期间担任国会研究服务部外事分析师。麦克尼尔先生曾担任过中国扬州大学外事办公室顾问。他在佐治亚亚特兰大莫尔豪斯学院获得国际学学士学位。他还在伦敦大学东非学院和中国南京大学学习过中国政治、文化和语言。

飞龙、狮子与蜘蛛

克雷尔·纳尔逊

克雷尔·纳尔逊博士，工程师、社会企业家、表演艺术家

我生长在牙买加金斯顿，我家隔壁住着一个牙买加籍的中国家庭。实际上这家人中非血统成分不尽相同。我记得我对他们并不感到疏远，而是很随便。我们在一块儿吃芒果，一块儿住在邻近一座楼房较高的楼层里，向下俯瞰周围是用芙蓉木做框架搭起来的铁丝篱笆。又一次我和表姐表妹没有等待到分芒果就走了，但那是另外一个关于吃东西的故事。

海湾景区是我成长所在的小区，与牙买加很多其他社区没有什么不同。我们在普通的中国佬人开的街角商店买小吃和杂物。"秦先生或秦小姐"，人们总是这样称呼他们，他们总是让他的孩子中的一个在商店里上班。在牙买加，中国人属于商业阶层，几乎拥有全部的街角商店和面包房，自助洗衣店、杂货店和唱片店。当第一家超市落户海湾景区的时候，可想而知，主人是一位名叫约翰·R. 翁先生的中国人，对此人们都习以为常了。

实际上，像我一样的牙买加人都立志成为一个专业工作者而不是企业家。我们的父母离开甘蔗田只有两代人的时间，我们认为进入中产阶层要靠找到一份工作，为政府效劳。因此，大学学位是我的成功之路。

我选择去美国读大学，我属于幸运者的行列，因为我有选择的余地。

我获得西印度群岛大学的全额奖学金，但我决定去美国读大学，因为我想成为一个企业工程师。我相信，如果在这个学科领域获得学位，我就会成为牙买加第一位工业与计划部女部长。我认为企业工程是敲门砖，因为牙买加当时没有企业工程，在整个牙买加女工程师可谓凤毛麟角。

可是“计划再好也会经常出意外”。1979 年我从纽约州立大学布法罗分校获得学士学位（我是毕业班里唯一的一位女黑人），1981 年在普渡大学获得企业工程硕士学位。我已经做好充分准备继续攻读哲学博士学位，可是牙买加爆发骚乱。我不得不放弃学业找工作，这样我就可以把母亲接过来。1981 年我入职美洲开发银行，成为一名初级业务员。与此同时，我母亲在美国也干得不错，在学校教七年书之后返回牙买加。她离开后，我在乔治·华盛顿大学获得博士学位，自从那时以来一直在美洲开发银行任职。

当然，在银行 28 年的经历使我能认真观察发展中世界正在发生的变化。我的视野越开阔，就越能看到国际开发援助工作并非一切都尽如人意。我认为开发援助“产业”没能认识到一个社会的文化是其发展经历中的一个关键因素。我的工作重点所在的拉丁美洲对种族歧视的现实采取鸵鸟政策。在拉丁美洲黑人根本就没有话语权，他们得不到重视。

经过更加仔细的调查，我终于认识到即使在黑人为政治精英的加勒比海地区，在这种奴隶制后时代经济中的产业领袖仍然是大庄园主控制的政府官员的后裔：叙利亚、黎巴嫩、印度和中国商人，他们来美洲加勒比海地区寻求自由、平等和商机。与此同时，加勒比海人民似乎离经济解放的目标越来越远，特别是在当今的全球化时代。加勒比海地区盆地行动计划和所兜售的服装自动生产线“保险金”的破产就是典型的事例。我们原以为服装自动生产线将会是牙买加的出路……可是我们的投资商很快就发现牙买加劳力难以驾驭，于是就引进中国劳工填补岗位空缺。

龙来了！在我对家乡的多次访问期间，我开始注意到牙买加来的中国人越来越多。我对这些直接从中国来的“新”人并不如我隔壁邻居一样熟悉。他们基本不讲英语，不愿对外人说心里话。他们的战略看来是拿牙买加当跳板进一步向加拿大移民。店主人换了一茬又一茬也不举办开张仪式。我听说牙买加人，确切地说是加勒比海人，对涌进来的中国人越来越感到不安，醒目的报刊标题上写着：“中国人在牙买加……在圭亚那……在伯利兹城建设 XYZ”抑或“中国政府要建世界杯板球馆”，等等。此外，我们还看到在牙买加、格林纳达、多米尼加工作的中国人，我们没有看到很多牙买加人和他们一块儿工作。这是怎么回事呢？我心里在想。我们的领导人在为确保牙买加人不受忽视做些什么呢？

我决定去中国亲眼看看那里发生的情况。我特别想看看来自加勒比海地区的人正在中国做什么，面对面地注视“龙”。如果中国真的要拥有 21 世纪，我不禁要问：我们身为加勒比海、非洲和海外侨区的人们该如何向中国学习，从与中国的合作中获得收益呢？我开始认为中国是龙，非洲是狮子，加勒比海是蜘蛛，就后者而言，我认为我们作为狮子不是可以与龙一起巧妙地编织出一张未来之网吗？我们在牙买家和加纳不可以向中国出售些什么东西吗？在绿色技术领域里我们不可以共同开展合作吗？难道我们不可以以某种方式使加勒比海和非洲学生正在中国学到的知识发挥作用吗？

在中国期间，我与非洲和加勒比海大使和学生共度很多时光。我很快就意识到中国是一个非常复杂的社会。要想成功必须得有关系。我认为，如果一位大使通过历练学到关于中国的知识，那么这种知识必须得以充分利用。圭亚那与中国建交时间很长，其代办中文讲得几乎像当地人一样流利，令人羡慕。他在中国读书，不久就加入圭亚那对外服务部。在十分宽阔的大使馆里，我看到正在为加勒比海狂欢节准备场地，这至少为展示加勒比海的商品和服务提供一个机会。牙买加大使开始主持瑞格舞晚会，想要宣布牙买加是中国旅游的目的地。

埃塞俄比亚航空公司每天都有飞往中国的航班，每班都乘客满员。埃塞俄比亚人去中国做贸易，我们有机会见到他们，他们在中国市场上讨价还价，和他们在国内完全一样。埃塞俄比亚驻华大使带领我们观看中国正在亚的斯亚贝巴建设的非洲联盟总部的沙盘，看后令人赞叹不已！这不仅仅是一座功能大厦，也非常壮丽辉煌。我个人认为这是对意向的声明。“中国人长期地、永久地待在非洲和加勒比海，但他们并不是在玩儿。”

加勒比海中国协会会员是由专家、企业家和学生组成的不同人士，我们和他们一边座谈一边喝咖啡。他们非常勤奋，业绩突出，正在筹划有助于展示加勒比海文化填补加勒比海信息空白的活动。那是在尤塞恩·博尔特参加 2008 年北京奥运会牙买加人创造奥运田径辉煌的前夕。中国人热衷于体育运动，我们了解这一点，因为在北京阿萨法·鲍威尔比牙买加民族英雄鲍勃·马利还出名。

从中国回来，我心中的问题比答案还多，但我清楚地认识到中国就是未来，中国正在改变我们发展潜力的轨迹和我们的集体福利。

我还认识到我们作为非裔侨民如果以只争朝夕的精神，就可以开辟前进的道路。如果我们能确保外交岗位得到重视，如果我们在中国读书的学生的作用能发挥出来，如果我们能更有效地与中国开展合作，那么我们就会步入正轨，确保我们不会被边缘化。我们还要发挥我们在美国和加拿大与中国研究生结下的关系和友谊的作用，为进入网络打开渠道。

我们在做这样的事情吗？我们有战略吗？对于确保我们不被排斥在这部发展著作篇章之外我们是认真的吗？为了在我们独立的道路上取得更大的胜利，我们必须把企业发展看做一种高尚的事业和职业。我们还应该向中国模式学习。

以前我们受到了愚弄，误以为独立是一种政治现实，成功的公民是君主的仆人。我们现在必须汲取这些教训，开始重新学习。作为海外非裔侨民，我们还必须利用我们的侨民身份对我们工作所在的机构提出质疑，在中国人、非洲和加勒比海之间搭建桥梁，结成对给各方都带来利益的战略联盟。

我们的领导还必须英明决断，懂得如何从由中国在非洲和加勒比海的存在而造成的紧张局势中获取利益。要呼吁我们的领导注意培养他们人格中的情感和精神魅力，这样他们才会真正地成为领导。新一天的黎明正在开始，我们不想在太阳下落的过程中去打瞌睡。

不管我们喜欢与否，变化总在发生。在中国期间，我着手拍录像为我们的访问制作一部纪录片，题目是《拼音与方言》，这是对我在旅途中遇到的动人场面的部分记录。例如，在中国期间，我见到一位牙买加籍中国人，不过有一半中国血统。他告诉我中国人总想猜出他的身份。他们用中文问他他是怎么回事，头发为什么看上去这么怪，他回答说这是因为他是牙买加人，可很多人还不知道牙买加在哪儿。在天安门广场，我们的黑皮肤和卷头发使我们成为明星。中国研究生为我们当向导，我们感到询问的脉搏在为潜在的人际关系开辟道路。龙正在奋进，狮子和蜘蛛也同样要奋进，现在开始还来得及。

作者简介

克雷尔·纳尔逊，博士，加勒比海问题研究所创始人和所长。在她的领导下，1993年创建的非营利组织智囊团已成为在华盛顿哥伦比亚特区主要的加勒比海地区美国宣传团体，成功地把加勒比海美国议事日程展现在国家政策的舞台上。她还是美国2010年人口普查美籍加勒比海人口统计委员会主席。由于她在美籍加勒比海团体中的领导作用，她受到国会议员查尔斯·兰热尔的国会议事录嘉奖。纳尔逊博士积极活跃在国际开发产业领域20多年，对技术援助项目的开发和管理积累下丰富的经验，涉及很多不同的领域，如国有产业现代化、私有产业开发以及贸易与经济开发。纳尔逊博士被命名为著名的联合国世界反种族歧视大会贝拉焦协商会会员。贝拉焦协商会是由国际人权（Global Rights）组织发起组织的，把40多位领袖聚集在一起，为联合国世界反种族歧视大会取得成就制定目标。由于对经济正义和公平发展的事业的领导，她成为《班德之旅》一书中记叙的25位领袖人物之一，秘鲁非裔社会团体授予她黑人运动英雄称号。

纳尔逊博士是一位获奖作家和表演艺术家，她的戏剧《外来居民》（*Resident Alien*）在牙买加连续上演三个月，在巴巴多斯岛上演一个月，好评如潮。她的文献电视片《血流成河》（*Rivers of Blood*）在华盛顿哥伦比亚特区原创剧院新戏节上获得最佳导演奖；她的音乐喜剧《唐宁街十号》在牙买加戏剧节上获得银奖。她导演过民间戏剧，在史密斯森协会（联合国博物馆）、肯尼迪中心和世界银行大礼堂等地上演过。她担任过胡僻·戈尔德伯格导演的电影《克莱拉之心》（*Clara's Heart*）的技术顾问。

她是一位才华横溢的女子，由于是牙买加第一位获得工程学博士学位的女子而获得盛誉。她是她的毕业班中唯一一位非裔女子。她在纽约州立大学布法罗分校获得企业工程硕士学位和硕士学位，在乔治·华盛顿大学获得工程管理学博士学位，在几个工程荣誉学会担任会员。

紧紧抓住双赢的机遇

肯尼斯·尼里（倪凯文）

肯尼斯·尼里（倪凯文）

“我十五次穿越大西洋，一次穿越太平洋，可谓见过世面——但从来都没有像中国这样辽阔壮丽的奇迹。”这句引语是W. E. B. 杜波依斯的话，表达他对中国的敬畏之情，也完全可以用来表达我的思想——中国是一个迷人的国度。

杜波依斯1936年在他的从苏联到日本之行的途中第一次访问中国。他在自传中写道：“欧洲以100为单位来计算年，中国以1000为单位来计算年。”显然中国有很多值得学习的东西。

驱使我2003年决定去中国的动力在于一种体验中国神奇力量的需求、强烈的愿望和始终不渝的精神。

这使我在国会大厦的同事感到非常意外，去中国前我在国会工作过六年，我不顾一切地前往中国，并不去中国的任何其他地方，只是去上海。毫无疑问，上海是世界最令人震撼、最动人心弦的城市之一。

当我考虑去中国的时候，我就在回想到那时为止我一生中的经历，我认识到我实现了我所知道的应该如何做梦的梦想。因此，就觉得应该有更多的梦想。在华盛顿哥伦比亚特区生活的六年中，我担任美国国会立法顾问和立法委员会主任，我随之需要认真地构思出更多的梦想，想要超越自己去亲身了解另一种文化中的人们，他们讲另一种语言，吃不同的饭菜，用不同的观点看世界。

当我第一次告诉我的朋友和同事要去上海的时候，每个人都用怀疑的目光对我说我疯了；看来这对他们来说太离谱了。但在我家中我并不是第一个访问中国的人。我姑妈内奥米和她的丈夫 1972 年作为尼克松总统代表团成员参加过那次具有历史意义的北京之旅。也许是我的直系亲属的这种经历使我鼓起勇气，敢于做去中国生活和工作的梦想，随之又把这种梦想变成现实。

2003 年我不顾一切反对，来到中国上海。起初我受聘于一家基地在美国的公司，担任国会事务顾问，与此同时还担任马里兰中国中心国会事务顾问（马里兰州在中国大陆的贸易办事处）。

我为一家大服装公司首席执行官当顾问，随后又在西蒙斯与西蒙斯国际法律事务所（一家基地在英国的法律事务所）任职，这使我开阔了对中国的眼界。我帮助创办弗莱德、弗朗克、哈里斯、施莱弗和雅各布森合伙有限责任公司在中国的第一家办事处（一家基地在华尔街的国际律师事务所），担任公司市场营销与通信部主任。在我的经历中，我还有幸担任复旦大学外国专家，在法学院教授一门公共演讲课程。

虽然上海的经历处处令人兴奋，但一切都不容易。提到上海的生活和工作，适者生存的概念不禁浮现在我的脑海。虽然在中国的经历旨在给我一个改变职业生涯和开阔视野的平台，使我有机会观察发展的历程，但对我来说还远不止于这些。当你想在国会山这样的地方工作的时候，很多事情都是理论性的，你只有投身到现实发展的火热过程中去才能真正理解政策对人们的影响。

在中国我了解一种新文化，也认识到像我一样的黑人可以由于长处而受到尊重。重要的在于我懂得了一个道理：我们作为人不管出身和肤色如何，都有很多共同之处。

但也有差别，认识差别也同样重要。例如，在商业领域里，我们在美国经商的方式与中国人的经商方式有很大差别。中国人认为整个生意“舞蹈”的价值并不仅仅在结尾，每一件事情都始终有意义：有开头、中间和结尾，中国人认为没有可逃脱的环节。“舞蹈”的开头涉及互相寒暄的方式、喝茶及其所需时间的方式以及相互之间询问的方式；在中间可以对交际的细节进行讨论；最后可以在我可能会增加的嘹亮的奏乐声中结束。

在上海度过四年半之后，由于受到我们第一位非议美国总统所带来的诱惑和希望的吸引，我返回国会山。虽然起初我没打算回国会山，但我还是突然回去了，参与家乡具有深远影响的活动。

在中国的经历给我带来许多意想不到的好处，中国已成为美国的一个重要的合作伙伴和全球舞台的扮演者，此时掌握中国知识有很大的用处。我去中国是为了改变我的人生，而且还不仅仅如此。今天我感到非常骄傲和自豪，因为我可以向国会黑人委员会委员介绍我为之工作的老板和有关中国的情况。我还率领一个国会黑人委员会代表团去中国，向他们解释我所了解的中国文化，起到重要的作用。

这是代表团首次访问中国，使很多成员感到意外的一件事是中国有很多黑人，他们对中国十分了解。我遇到的很多黑人是学生，其中很多毕业后留下来做生意。从全世界的黑人与中国的历史的和正在增长的关系来看，我认为必须高度重视和积极推动非裔美国人与中国的关系。

在今天和可以预见的未来里，中国在世界舞台上扮演着重要的角色。因此，重要的在于非裔美国人、非裔侨民和在非洲的非洲人要制定出与中国交往的战略。我认为制定这种战略的起点在于了解中国。要亲身了解中国，要从许多在中国生活过的和仍在中国生活的非洲人那里了解中国。我衷心希望非洲领导人正在充分发挥一直住在中国的许多外交人员的作用，我衷心地希望他们还正在向在中国了解中国文化的非洲企业主和学生学习。

从中国过去十年的强劲的、巨大的增长来讲，我也希望非洲社会各个阶层的非洲人要利用中国人在他们家园经营的机会，向他们学习，这是非常重要的。我认为中非双方有相同的一面，也有互补的一面。就后者而言，中国需要非洲的资源，非洲需要中国的制造业和企业开发技术。这是一种双赢的局面。

我认为，中国和非裔美国人之间的关系也存在一个“赢”的机会。与在中国、美国和非洲的中国人建立商业关系的前景无限广阔，我认为应该带着强烈的紧迫感推进这种关系的建立。

当前作为国会山上的一位非裔美国人，我能体会到我掌握的一点儿中国知识具有多么大的价值。2007 年回到国会山，我感到我在中国取得的经验的用途甚至超出了我以往任何时候的预期。我一生的经验所获得的回报在于一种专业技能，实践证明这种专业技能为国会山和华盛顿哥伦比亚特区所追寻和需要的。

我常说中国四年的经历并不能使一个人成为专家，但在中国获得的知识和经验以及不断增长的能力使我获得某一种洞察力——只有通过生活、工作以及在中国各地旅游才能获得的一种认识能力。毫无疑问，这种洞察力有助于我在职业生涯和工作领域里作出比较明智的决策，我个人的生活也变得丰富多彩，我对其他国家的文化和人民的认识能力也有很大提高。

关于中国，杜波依斯曾非常动人地写道："自从67年前我的首次欧洲之行以来，我在这个地球上做过广泛的游历。除了南美和印度之外，我看过文明世界的大多地区及其很多落后地区。我反复访问过许多大国，但我从来没有见过像1959年的中国让我感到痴迷和动情的国家。"这位著名的非裔美国学者的表述完美地捕捉住了我的看法——中国的确是一个令人如痴如醉的国度。

作者简介

肯尼斯·尼里，国会议员安德雷·卡森的副总参谋长和顾问。曾担任国会女议员芭芭拉·李（加州代表）的资深拨款顾问。芭芭拉·李是拨款委员会委员，还担任第111届国会黑人委员会主席。

尼里是得克萨斯人，为几位国会议员担任过立法顾问和立法主任。2003年，他前往中国上海为一家基地在美国的公司担任国会事务顾问，同时还担任马里兰中国中心（马里兰州在大陆中国设立的贸易办事处）国会事务顾问。尼尔先生曾供职于西蒙斯与西蒙斯国际法律事务所（一家基地在英国的法律事务所），随后帮助创办弗莱德、弗朗克、哈里斯、施莱弗和雅各布森合伙有限责任公司（一家基地在华尔街的国际律师事务所）在中国的第一家办事处，担任公司市场营销与通信部主任。

尼里先生在得克萨斯南方大学获得政治科学学士，副修演讲交流专业，在得克萨斯休斯敦瑟古德·马歇尔法学院获得法学博士学位。在法学院头一年过后，他在得克萨斯休斯敦为美国地方法官卡尔文·伯特利当办事员。在法学院第二年过后，他在白宫东西翼立法事务办公室实习。

中国的全球重点与中国能源政策的背景

爱德华·弗里德曼

爱德华·弗里德曼，麦迪逊威斯康星大学政治科学系（中国对外政策）教授

2007 年世界物价飞快上涨，一时间媒体聚焦于中国为从非洲换取石油而进行的大规模投资，这是可想而知的，但造成了误导。这种观点转移了对中国与非洲长期合作的注意力，这种合作是以中国共产党政权重点考虑的政治承诺为基础的，对此我要在下面加以说明。这种使人误导的 2007 石油观还无视自从 20 世纪 90 年代中期以来非洲很多地区经济强劲增长的势头，掩盖了中非双方在 21 世纪一直从非洲财富增长中受益的方式。

然而，中华人民共和国的统治集团在新千年伊始就把注意力放在进口能源的需求上，以推动中国的飞速发展，13 亿人口的大国的年均国民生产总值增长 10%。北京敏锐地意识到中东不稳定的潜在因素，因此向缅甸、哈萨克斯坦等许多国家寻求能源进口来源。

看来非洲特别适于满足中国的能源需求，因为非洲资深能源消耗低，其未探明的资源非常丰富。因此，中国一向对在非洲开发石油感兴趣。但这意味着假使情况不是这样，中国现在也对非洲有长期的承诺。

但是，中国并非如分析家所宣称的那样专门向诸如苏丹这样的最专制的政权寻求石油。实际上中国领导人并不像欧洲领导人那样把世界分成集权体制和民主体制。中国领导人认为中国的崛起是一个改变世界的独一无二的事件，反映着中国独具的特色，包括中国人心中对孔子文化的理想观念，想象中可以哺育出优秀的人民，他们工作勤奋、尊敬权威、善于合作、重视教育、勤俭节约以及有远大目光。实际上，在整个历史中，所有经济兴起的国家开始都把它们的成功归于其独特的文化，因此就把注意力从通常的经济利益转移开来。

中国公司不管与谁合作都在非洲和其他地区达成石油协定，其中当然包括想逃避西方对其强加制裁和制约的非洲国家政府。中国打破这样的限制，使欧洲人非常恼火，欧洲和非洲的评论家形容中国在非洲的活动——在环境、经济和政治上——使一个种族从中国与非洲独裁统治者的交易中走向深渊，这些统治者靠人民的血汗养肥自己，因此允许非洲以新殖民主义方式得到开发。

本打算对这种批评观点作进一步的反驳，并不是因为其中绝对没有道理，而是忽视了一个全局性的观念，这就是中国公司在获取能源的同时，有完全令人信服的数据表明中国的政策、投资和采购为非洲增长作出了重大的贡献，即便非洲人有无数理由批评中国人的行为——冷漠无情、缺乏文化观念、制造污染、雇用中国工人而不雇用非洲人等。从发展的角度来讲，关键的问题在于中国为非洲的增长作出了巨大的贡献，如世界银行的统计数据所肯定的一样。中国带着数以几十亿计的美元进入非洲投资和采购，迫使其他人——欧洲人、日本人、印度人、马来西亚人等与中国竞争，他们要给非洲人更好的交换条件。

关于中国突然对非洲能源感兴趣的传统的、使人误导的智慧会转移对中国真正的能源政策的注意力。20 世纪 70 年代当石油输出国组织两次大幅提高石油价格的时候，邓小平就为中国可以自力更生而感到庆幸。实际上中国当时出口石油。北京领导人甚至想象中国会成为亚洲自己所在地区的沙特阿拉伯。到 1980 年，中国已经同意接受日本的直接经济援助，中国在随后的 25 年中用石油来加以偿付。中国在整个 21 世纪初期一直恪守合同的规定。那笔交易对中国来说是否划算现在看来是值得怀疑的。

显然，中国领导人对未来有非常深刻的洞察力。世界市场的不确定性会出乎每个人的意料。北京集团未能想象到中国持续高速发展对能源需求的影响。1993 年中国大型石油公司——名义上的国有企业向中国的政治领导人通报中国的需求已超出中国的产量，中国大型公司需要国家支持走向世界寻找能源，但中国政治领导人却半信半疑。他们以为公司在谎报军情，向政府骗取好处。

供给和需求之间的差别在随后的几年中加大之后，政府才确信中国真的需要走向海外，为正在增长的经济进口更多的能源。这是一个令人震惊的战略思考。

这些事态导致另一个关键问题。中国并不是一个各方利益相容的政体，其体制如同所有其他体制一样充满类似的利益冲突。公司并非完全是国家的工具。实际上公司可以利用上层关系为自己的利益服务，而不是倒过来。中国统治集团可以而且已经体会到这种不服从国家利益的冲突。2008 年北京举办夏季奥运会，这种冲突造成的紧张局势可以鲜明地感受出来。人权活动家对达尔富尔发生的惨无人道的暴行感到震惊，但无法阻止中国对苏丹政策的执行。他们企图使北京蒙受耻辱，改变中国对苏丹的政策，称北京奥运会为“种族灭绝奥运会”。

除了对政策做少许改变以转移批判家对中国的注意力之外，中华人民共和国更加认真地调查中国石油公司的活动，结果发现中国在苏丹的公司开采的大量石油有很多都运往日本而不是中国，因为这样公司可以赚更多的钱。总之，中国公司在海外开采的石油运回中国的还不到 1/3。中国似乎受到不公正的对待。人权活动家因中国的石油政策而将其形容为魔鬼，而大部分石油却没有到达中国。

更仔细的调查表明，石油公司的行为从经济角度来讲是合理的。如果他们在非洲大西洋西海岸和近海处开采石油，他们就不会把石油拖到远离亚洲东海岸的太平洋区赚钱。把石油卖给一个大西洋国家赚大钱，这从经济层面来看更为合理。2008 年，中国公司在海外开采的石油运回中国的部分降到 10% 。无视经济规律对中国能源销售来说是一种自我创伤。

显然，能源是中国非洲政策的根本所在。1971 年非洲人感到欢天喜地，他们在联合国安全理事会的投票帮助中国获得以前为台湾当局所占据的永久席位。西方国家经常对中国的人权问题说三道四，中国领导人懂得他们几乎可以依靠非洲所有的 53 个国家来反对经济合作与发展组织成员国家的这一要求。这对中国共产党政权具有重大意义，中国共产党政权非常重视自己作为全球道德支柱的国际形象。

非洲与中国结盟的倾向看来有点儿离奇，因为在毛泽东时代，毛泽东支持任何反对苏联的残余集团以此来帮助非洲国家。但是非洲人从经历中体会到，与欧洲殖民主义和美国购买非洲奴隶相比，中国的双手是干净的。在15世纪20年代到1945年期间，中国没有参与对非洲的掠夺。非洲人当然会认为中国在反对新殖民主义或支持南南关系方面，不管现实的情况多么复杂，都会站在非洲一边。

中国政府非常重视对非洲的支持。中国领导人经常访问非洲，其频率远远大于世界其他大国领导人。中国给非洲学生提供奖学金，帮助在非洲建立中文学习项目，对非洲实行债务免除，提供优惠贷款以及进行大量投资。中国还建立一个与非洲进行谈判的单独机制。作为回报，中国共产党政权要求非洲国家不与台湾当局建立外交关系，要求它们在人权组织和其他国际组织里投票时支持中国，维护中国在世界的道德支柱形象，以及世界政治中心地位。非洲支持中国恢复在联合国的合法席位，这对于中国来说非常重要，因为国家正统地位的前提就在于恢复在全球的大国地位。

要取得在全球的中心地位，中国希望非洲与自己保持一致，认定欧洲的受限条件是一种粗暴的干涉，旧的国际经济秩序以及经济合作与发展组织对无竞争力的农民的补贴都给非洲带来伤害。中国要非洲支持其以中国为中心的世界经济方案，认定这个方案对新兴市场经济的作用比经济合作与发展组织的民主国家建立和主导的国际组织要好。中国希望非洲认定中国作为合作伙伴优于美国和欧洲，还希望非洲赞同自己的观点，认为联合国制裁非洲最残暴的专制者是对联合国制度的非法操纵。

津巴布韦的枭雄罗伯特·穆加贝形容中国帮助非洲人从帝国主义的枷锁中解放出来，这使中国感到高兴。中国统治集团希望人们认为中国在使国际关系民主化，实际上中国是想结束西方国家对以前殖民地国家的主宰，为其开辟一个新的纪元。没有理由怀疑中国领导人的诚意，他们的想象中认为自己在引领这场极不寻常的全球转变。中国政府在非洲进行大量的投入，就是要进一步推进一种道德高尚的、以中国为中心的世界秩序的梦想。

简而言之，分析家认为中国能源需求是中国对非外事政策的核心，这种观点虽然并不完全错误，却会引起误导，不能真正地认清中国这个世界大国。非洲工会、非政府组织以及民主党派关于中国对环境、人权和民主制度建设的消极影响的描写可能是准确的。中国石油公司会继续为自己的利益在北京拉关系。对非洲和中国的政府更为重要的问题在于中国愿意在非洲投多少资以及中国的努力会如何继续帮助非洲发展得更快。这应该是一条双向街道：非洲反过来帮助中国树立起作为全球道德支柱的形象，旨在为发展中国家提供优于一种欧美主导的政治经济的选择。欧美主导的政治经济抑制非洲、中国和后殖民独立国家。

作者简介

爱德华·弗里德曼，威斯康星大学（麦迪逊）政治科学系霍金斯讲座教授。他在哈佛大学获得政治科学哲学博士学位；在哈佛大学东亚学系获得硕士学位；在布兰德斯大学以优异成绩获得学士学位，是联谊会成员。

自 1967 年以来一直在威斯康星大学政治科学系任教，专门研究中国对外政策。他在哈佛大学、纽约大学、纽约州立大学帕切斯分校和布鲁克林分校任过职；还曾供职于美国众议员外交事务委员会（1981 ~ 1983 年），国防部（合同雇员，1993 ~ 1994 年），国际司法正义纲领政治稳定行动小组（2003 ~ 今）。弗里德曼在他的整个生涯中对中国和亚洲问题著书立说，贡献颇丰，发表过很多见地深刻、影响广泛的论著和同行评审期刊论文。例如，自从 2003 年以来，他发表很多著作，其中包括：

《执政党权力的政治过渡——要学会输得起》（2008 年）、《地区合作及其在东北亚的敌人》（2006 年）、《亚洲巨人：中国与印度之比较》（2005 年）以及《中国的崛起、台湾的尴尬与国际和平》（2005 年）。

第六章

中国公司的视角

中国政府惯例概要与中国对非洲的援助

沙伦·T. 弗里曼

中国经济决策机构[①]

本节对中国经济决策机构作以概要说明。2006 年在世贸组织首次中国政策审议论坛会结束时，世贸组织政策审议机构主席代表成员国感谢“中国在经济改革方面所采取的重大举措”“赞扬中国持续的贸易自由化政策”[②]。但与此同时主席先生还对中国政策决策和贸易政策执行的透明度问题表示关切，他注意到，“虽然政府对经济的直接干预已经减少，但中国政府机构继续采用间接‘措施’对某些领域的投资加以‘指导’”[③]。

① 本章是根据美国国际贸易委员会的一份报告（2007）所作的总结，这份报告的题目为《中国：影响经济决策的政府惯例与政策精选说明》，华盛顿哥伦比亚特区：作者出版社。

② 世界贸易组织：《主席的结束语》。

③ 世界贸易组织：《主席的结束语》。

中央政府[①]

中国有两部大法——国家宪法和中国共产党党章[②]。中国共产党领导人也是中央政府机构的领导人，如全国人大和国务院[③]。

历史的传统以及中国共产党在政府中的领导作用往往在阐释中国法律及其贯彻执行问题上引起许多歧义。尽管报道认为对正规法律越来越重视，但是原始资料表明在中国受具体法律影响的当事人往往要求对有关法律——而不是具体法律的书面条款重新作出解释[④]。在某一具体问题上政府可能会有积极的政策，实行多年后才将政策制定成法律。此外，法律一旦颁布，其实际意义往往是由国务院或中央部委在随后的多个月份中发布的规定所决定。

这些政策也可以进一步为省和地方的规章制度所修正[⑤]。例如中国的《反垄断法》，是在经过 13 年的争论之后于 2007 年 8 月通过的[⑥]。这项法律通过之后，基本问题至今依然悬而未决，诸如这项法律是否主要在于防止外国控制中国公司抑或是否在于用来反对国有大型企业的垄断权力[⑦]。

国务院掌握大量的立法和调解权力，不仅有建议立法的权力，而且可以根据全国人民代表大会或其常务委员会授权制定的行政规章制度采取直接行动。在经济领域里，这种调节权力涉及金融、税务、海关、银行和外贸，可以通过各种不同的文件来执行，诸如“通知” “计量制”以及“暂时计量制”。此外，国务院立法事务委员会可以解释法律法规，与全国人大常务委员会共同解决地方法律与国务院规定之间的冲突问题[⑧]。

自从 20 世纪 70 年代末经济改革以来，中国政府对公司和产业的行为产生

---

① 本文旨在说明构成经济决策基础的中国管理模式的某些特征，而不是对中国管理模式作一个全面的介绍。有关对中国主要制度的简要描述，参见经济学人情报组《中国的反面轮廓》，第 15 ~ 18 页。有一部用中国观点撰写的英文论著，参见杨的《中国政府》。

② 本报告中每处所提到的中国章程都系指中国国家宪法。

③ 全国人大常务委员会是中国最高立法机构，国务院领导中国政府，大体相当于议会制中的内阁。经济学人情报组：《中国的反面轮廓》，第 8 页。

④ 委员会成员 2007 年 9 月 2 日在北京对政府官员所作的采访。

⑤ 委员会成员 2007 年 8 月 30 日和 9 月 2 日在北京采访了政府官员。

⑥ 本报告第三章的“物价协调”部分中讨论了中国的《反垄断法》。

⑦ 新华社：《中国人质疑反垄断法对国有企业的作用》和《立法委员：中国的反垄断法不会影响外国投资》；美国国际贸易委员会会员 2007 年 8 月 30 日在北京采访了政府官员；美国国际贸易委员会 2007 年 8 月 31 日在北京采访了企业界代表。

⑧ 杨：《全球经济中的中国》，第 182 页；委员会成员 2007 年 9 月 2 日采访政府官员。

了影响，尽管其方式方法发生了多次根本性的变化，但这种影响依然在继续。在此期间中国经历了五次政府改革，即 1982 ~ 1983 年、1988 年、1993 年、1998 年和 2003 年①。其中每一次改革都对政府责任的主要路线进行重新调整和划分，减少国务院部委和其他机构的数量，从 1982 年的 100 个到 2003 年的 28 个。掀起每次改革浪潮的另一个目的在于重新划分政府和国有企业之间的界限。结果在涉及生产活动方面，国有企业不再是政府部委的一部分，而更接近于独立自主的企业。

省级和地方政府

中国行政的主要级别从中央政府往下依次包括省、地区、县和镇②。33 个省级单位（中国台湾除外）包括直接归中央政府管辖的 4 个直辖市③，5 个自治区，还有香港和澳门特别行政区。

中国的宪法和法律没有规定中央和省之间的责任界限④。下级和上级之间的职权和控制权存在着多重的关系。例如，一个县级政府部门要依靠县政府拨款和人事任免，要接受相应的省级政府部门的业务领导。与此同时，部门的共产党员要遵守党的纪律，重要人事提拔和降职的决定由党委作出。具有竞争特点的权力路线网意味着省和地方部门经常能够推行相当独立的政策，同时又坚持认为他们在与中央政府的指示保持一致⑤。关于这些具有竞争特点

① 经济合作与发展组织：《全球经济中的中国》，第 15 页。更多的信息见附录中的“历史回顾”。

② 到 2005 年结束时，每级政府的数目如下：省级 33 个，地区级 333 个，县级 2862 个，镇级 41636 个。中华人民共和国国家统计局：《中国统计年鉴》。

③ 北京、重庆、上海、天津。

④ 上下组织之间在职权和支配权方面有着多重的关系。例如，一个县政府部门要靠县政府拨款，服从其人事任免，在业务上服从相应的省政府部门领导。与此同时，部门的共产党员要服从党的领导。经济合作与发展组织：《全球经济中的中国》，第 32 页；董：《中国中央和地方的关系》。

⑤ 中国政府官员 2007 年 8 月 30 日在北京接受了委员会成员的采访。中国共产党的强势作用与省级和地方政府官员的相对独立性之间存在着明显的紧张关系，这表明中国共产党在不同的和潜伏着矛盾的优先工程的相对重要性方面与政府之间可能会有分歧。这种分歧往往通过最熟悉情况的官员来解决。腐败也会使中央政府的优先工程与地方政府的行动背道而驰。裴：《腐败威胁着中国的未来》。

的权限对省级官员的决策的作用人们有不同的看法[①]。

影响省和地方政府运作的其他因素包括1994年的分税改革[②]，增加了中央政府的税收份额（有省和地方政府缴纳的）[③]，把各种不同的税务分成中央政府税收，省和地方政府税收以及中央、地方共享的税收。这包括中央、地方共享的税务，来自主要的税收，诸如增值税、自然资源税、可兑现的证券交易税[④]。从1990年末开始在国企大规模减员，给许多地区的经济发展带来了挑战。许多国企过去而且将继续靠省和地方政府而不是中央政府运转。与此同时，社会福利改革把教育、医疗、退休的许多责任以及相似的职责从国企分离出去，交给省和地方政府，同时中央政府开始拿走税收的大头[⑤]。

根据上面所谈的情况，我们就可以看到中国决策的过程，下面我们看一看中国对非洲的外援是如何决定的，其信息源自美国国际贸易委员会2009年2月的一份报告，标题为《中国在非洲、拉丁美洲和东南亚的外援活动》[⑥]。

美国国际贸易委员会的报告是以纽约大学罗伯特·F. 瓦格纳公共服务研究生学院2007~2008年所作的研究为依据的。瓦格纳学院的研究虽然不全面，但表明中华人民共和国的外援和有关活动增多。这项研究基本上以对中国在国外的经济活动的新闻报道为依据，从中可知在非洲、拉丁美洲和东南亚，中国的外援和政府经济项目从2002年不足10亿美元增加到2006年的275亿美元，2007年则为250亿美元。

---

① 有一种观点认为，省和地方官员把重点放在经济增长上，牺牲其他发展目标，追求最大的增长率。这在本报告第四章的“基础设施建设”一节中有进一步讨论。对省级官员的提升和免职的可能性所作的研究表明：国民生产总值增长率是一个重要的因素。对国民生产总值增长的追求是以牺牲其他社会优先工程为代价的，如环境保护，或对农村资产权的尊重。另一种观点认为，对省和地方官员的评价是以一种综合计分为依据的，看他们同时实现中央政府多重目标的业绩。产业代表2007年8月31日在北京接受了委员会成员的采访；李和周：《政职变动与经济绩效》，1743－62；学者2007年9月6日在北京接受了委员会成员的采访。

② 要了解详情，请参见本报告第三章“税收”一节。

③ 参见本报告第三章“税收”一节。

④ 董：《中国中央与地方的关系》。

⑤ 要了解详情，请参见本报告第四章“关于职工培训与再培训”一节。

⑥ 美国国际贸易关系委员会：《中国在非洲、拉丁美洲和东南亚的外援活动》，华盛顿哥伦比亚区：作者出版社，2009。

地区重点

非洲

在过去几年中，中国对非洲的援助迅速增长。在20世纪70年代和80年代，中国提供的援助形式有基础设施项目、公共工程、技术和公共卫生援助，以及在华学习的奖学金。其动机主要出于外交考虑：加强“不结盟”国家之间的友谊，为获得外交承认与台湾当局展开竞争。在48个撒哈拉沙漠以南非洲国家中只有4个（布基纳法索、圣多美和普林西比、冈比亚、斯威士兰）依然与台湾当局保持着正式关系。据报道，2007年中国给马拉维主要经济领域提供的援助和投资达到60亿美元。2008年1月马拉维与中华人民共和国建立了外交关系。但在2008年，中国给马拉维提供的援助仅有2.87亿美元①。虽然传统类型的援助依然是中国在该地区的主要援助，但其中有许多现在是对更加宏大的开发项目的补充，直接服务于中国的经济利益②。

根据某些更加保守的确定和估计，中国对这个大陆每年的援助大体为14亿~27亿美元，还有高达80亿~90亿美元的特惠贷款③。世界银行和中国政府2006年给非洲提供的范围更广的援助为“基础设施融资”（70亿美元）和“经济合作”（50亿美元）④。据报道，2007年中国开发银行设立一个总额为50亿美元的中国非洲开发基金会，为基础设施、工业和农业项目融资⑤。

纽约大学瓦格纳学院研究小组根据报道发现，中国在2002~2007年对非洲的援助项目和国家主办的投资项目每年达到几十亿美元（平均为66亿美

① 皮利兰尼·瑟慕－班达：《非政府组织关注马拉维最好的新朋友》，国际新闻社，2008年5月26日，http://allafrica.com/；马布托·班达：《马拉维领导人说中国援助2.87亿美元》，路透社，2008年4月4日。

② 进一步讨论中国在非洲的影响，参见国会研究中心2008年4月发表的《中国外交政策及在南美、亚洲和非洲的软实力：为外交关系委员会、美国参议院研究备案》，由尼古拉斯·库克撰写。

③ 德波拉·巴拉迪加：《中国的非洲援助》，美国的德国马歇尔基金会，2008年4月；彭妮·戴维斯：《中国与非洲贫困的终结》，2007年8月；中国进出口银行。

④ 尼克·塔特索尔：《中国公司在尼日利亚石油中心修建公路金额达10亿美元》，路透社，2008年7月13日；中国国家统计局。

⑤ 汤姆·米勒：《美国投资50亿美元袭击非洲》，2009年1月8日《南非早报》。

元）。这些援助包括融资（特惠贷款）、资助、取消借贷和经济投资。但是如前所述，这些数额可能包含夸张的成分或代表估算出的值域过宽。

下面是来自经合组织国家的数据，代表对非洲开发援助水平。这并不意味着要把这些数据直接与中国对该地区援助的估计数据相比较，因为这些估计数据是以对援助的所作的不同界定为依据的。据依据，美国对撒哈拉沙漠以南非洲地区的援助2008 年总额为 52 亿美元，2007 年为 47 亿美元①，该地区是美国对外援助的第二大接受者，仅次于中东，是美国开发援助的最大接受者。美国、英国和法国给予非洲的官方开发援助位居榜首，2006 年的援助分别为 58 亿美元、54 亿美元和 51 亿美元②。

中国对非洲的直接投资每年大约在 5 亿美元到 10 亿美元这个范围内。从历史来看，欧洲（英国、法国和德国）、日本和美国是该大陆接受外来投资的主要来源。有些研究表明，印度在非洲的累计投资（2004 年 18 亿美元）比中国（2005 年 13 亿美元）多，是基础设施建设融资的一个主要来源③。据估算，2005 年中国对外投资流向非洲的总量为 3. 92 亿美元，为中国对外投资总量的 3%④。还有的研究表明，中国累计对外投资为 260 亿美元，2006 年在非洲的年度投资超过 50 亿美元。较高的估算数目包括 2000 年到 2006 年期间中国在非洲的年度直接投资接近 10 亿美元⑤。据报道，美国 2006 年在非洲的投资反而达到 15 亿美元，当年非洲在全球接受的外国直接投资的总额为 360 亿美元⑥。据报道，经合组织国家承诺 2006 年对亚撒哈拉非洲官方开发援助用于基础设施项目的数额为 50 亿美元⑦。

---

① 国会预算关于国外业务的论证，2008 财政年度。

② 经济合作与发展组织：《经合组织与非洲》，2008 年 3 月。

③ 《美非贸易概况》，美国商业部，国际贸易管理（2008）；哈里 · G. 布罗德曼：《中国和印度走向非洲》，《自由共和》，2008 年 3 月 16 日。

④ 列昂纳德 · G. 程、马子惠：《中国的外国直接投资：过去与未来》，2007 年 7 月；王建业：《中国在非洲影响增长的驱动力》，国际货币基金组织工作报告，2007 年 10 月；莫罗 · 德 · 洛伦佐：《中国与非洲：新的争夺?》，美国企业学会，2007 年 4 月 6 日。

⑤ 王建业：《中国在非洲影响增长的驱动力》，国际货币基金组织工作报告，2007 年 10 月。

⑥ 汉尼 · 比萨达、王阳、约翰 · 威利：《中国在非洲经济日益增长》，《政策摘要》2008 年第 6 期，国际管理改革中心；海岸无线电台 RL34620：《比较全球影响：中国与美国外交、外援、贸易以及对发展中国家的投资》，同上，狄克 · 南托撰写部分（所引数据不包括埃及）。

⑦ 世界银行：《建桥：中国作为撒哈拉沙漠以南非洲地区基础设施金融家的影响在扩大》，第 5 期（2008 年）；中国国家统计局。

中国作为贸易伙伴已经产生了越来越大的影响。作为其综合方式的一部分，伴随中国对该地区展开的外交活动有援助、投资和贸易。中国是非洲的第三大贸易伙伴，排在欧盟和美国之后①。据报道，中非贸易额2008年达到66亿美元，而同年美国和非洲的贸易额为1420亿美元②。

中国援助非洲的动力主要在于确保其不断增长的经济能够获取石油和矿物质这一目标的实现。据报道，非洲石油占中国在该地区贸易量的80%，大约占其石油进口量的1/3③。据报道，中国在非洲大陆的基础设施建设融资近70%集中在安哥拉、尼日利亚、埃塞尔比亚和苏丹，这些国家都有油田④。安哥拉、刚果和苏丹有大油田，用石油换取了中国大量的援助和贷款。据报道，苏丹60%的原油运往中国⑤。但是欧洲和美国依然是非洲石油的最大购买商（分别占非洲石油出口的33%和36%）⑥。据估计，中国占非洲石油市场的份额为10%～16%，虽然报道说中国在非洲大陆矿物质市场发挥的作用较大⑦（见表1）。

中国对非洲援助主要是特惠贷款和出口信贷，通过商务部和中国进出口银行提供给非洲，据报道在2001年到2005年期间每年度增长35%，主要为非洲35个国家的基础设施建设和其他公共工程（主要是水电和交通）提供资金⑧（见表2）。纽约大学瓦格纳研究小组列出一个清单，内容是公开报道的2002～2007年中国对非洲的援助项目和相关的投资项目，总价值为330亿美

---

① 王建业、阿卜杜拉耶·比奥－特查内：《非中关系日益增强》，金融与发展，国家货币基金组织，http：//www. imf. org/external/pubs/ft/fandd/2008/03/wang. htm。

② 世界贸易地图集。

③ 世界银行：《建桥：中国作为撒哈拉沙漠以南非洲地区基础设施金融家的影响在扩大》，第5期（2008年）；《非洲占中国石油进口百分之三十：官方》，2006年10月19日《人民日报》，http：//english. peopledaily. com. cn。

④ 世界银行：《建桥：中国作为撒哈拉沙漠以南非洲地区基础设施金融家的影响在扩大》，第5期（2008年）。

⑤ 斯蒂芬妮·汉森：《中国、非洲与石油》，国际关系记者招待会政务会，2008年6月6日。

⑥ 何宗：《对“中国威胁非洲论”的回应》，2007年11月9日《中国日报》。

⑦ 世界银行：《建桥：中国作为撒哈拉沙漠以南非洲地区基础设施金融家的影响在扩大》，第5期（2008年）。

⑧ 世界银行：《建桥：中国作为撒哈拉沙漠以南非洲地区基础设施金融家的影响在扩大》，第5期（2008年）；布罗迪加：《中国对非洲的援助》；世界银行：《新闻稿：新金融家在缩减非洲基础设施赤字》，2008年7月10日。

元①。从金额来看，54%与基础设施建设和其他公共工程有关，28.5%与自然资源的开采或生产有关，25%与人道主义活动、技术援助和军事援助有关（有15%未明确指出）。在很多情况下，特别是当受援国的信誉差的情况下，贷款用实物来还付（石油或其他商品）。中国进出口银行2007年报道说非洲未偿还的贷款总额为80亿~90亿美元②。瓦格纳学院的研究表明，中国在非洲地区进行的开发和人道主义援助的样板包括学校和医院建设，医务培训与医疗设备，农业技术援助，食品援助和救灾援助。

表1　重点报道非洲几个国家的援助与投资项目，2002~2007

国家	对中国主要出口	保证援助，贷款，备用信贷与投资	资金主要类型（根据报道）	资金项目主要类型（根据报道）
安哥拉[abc]	石油	74亿美元	贷款，无息贷款	基础设施（铁路） 备用信贷
刚果（DRC）[abc]	石油，矿物	50亿美元	贷款	基础设施，矿山
苏丹	石油	42亿美元	投资，贷款，赠与	炼油，基础设施 水力发电站，人文
加蓬[d]	石油，矿物	30亿美元	投资，赠与	铁矿开采，基础设施 港口设施，水力发电站
莫桑比克	木材，矿石	24亿美元	取消债务，优惠贷款	大坝建设，基础设施，国家运动场
赤道几内亚[be]	石油	20亿美元	优惠贷款，备用信贷	无特别项目
埃塞俄比亚	石油开采权	20亿美元	（包括2008年1.5亿美元援助）贷款，赠与，投资	基础设施，电讯，公共建筑
尼日利亚	石油	16亿美元	取消债务，投资，赠与	海上石油开发，基础设施（铁路），医疗培训

注：a. 中国的主要非洲贸易伙伴；b. 石油贷款支付；c. 中国的主要非洲石油提供商；d. 矿物贷款支付。

资料来源：纽约大学瓦格纳学院：《解读中国外援：中国对非洲、东南亚与拉丁美洲的发展外援》，2008年4月25日。

① 这种合计包括某种援助的双倍计算，即援助为重复工程或跨度几年的工程。数据不是以援助的准确说明为基础，不能提供准确的援助总额。

② 戴维斯：《中国与非洲贫困的终结》。

表 2　在非洲由中华人民共和国融资与援助的重点经济项目

金　额	投资（年）	项目类型	国家
50 亿美元	贷款（2007）	交通基础设施	刚果
40 亿美元	投资（2007）	石油产品	苏丹
30 亿美元	投资（2006）	港口，铁路，水力发电站，采矿（铁）	加蓬
25 亿美元	贷款（备用信贷）（2007）	无特别项目	安哥拉
23 亿美元	贷款（2006）	水力发电站	莫桑比克
20 亿美元	贷款（备用信贷）（2006）	无特别项目	赤道几内亚
20 亿美元	贷款（备用信贷）（2004）	无特别项目	安哥拉

资料来源：纽约大学瓦格纳学院：《解读中国外援：中国对非洲、东南亚与拉丁美洲的发展外援》，2008 年 4 月 25 日。

中国公司与公司的社会责任

沙伦·T. 弗里曼

专栏 6.1　特别报道：中国奇袭非洲

北京由于资源短缺而挺进撒哈拉沙漠以南地区，让地球接受考验。

亚撒哈拉沙漠以南非洲地区有 49 个国家，幅员辽阔，占地球陆地面积的 1/5。但其整个经济产值还不如美国的佛罗里达州。这里 3 亿人口每天人均消费不到 1 美元。在目前的情况下，那里是世界最大的墓场，与 20 世纪 60 年代相比，每日死亡的 5 岁以下儿童有了成倍的增长；那里是一个无底的深渊，自从第二次世界大战以来，西方投入的金额达到 5000 亿美元（为马歇尔计划的 4 倍多），但是贫困问题却丝毫没有得到缓解；那里在世界贸易中所占的市场份额每时每刻都在减少，也许被抛在全球化滚滚潮流的后面；那里是一个无所不缺的地区——现金、贸易、投资和基础设施，也毫无战略眼光，完全由最高出价者来摆布……

《崛起的公司》，理查德·贝哈尔，2008 年 6 月 1 日

以上这段话道出了中国公司的社会责任具有重要意义的原因。在公司的社会责任（CRS）中“公司的”一般指公司的责任，但是这个概念不一定只限于公司。关键在于负责的行动，始于所有的行动组。因此在非洲，中国使公司社会责任的典范超越了公司的范畴，而是进入了国家的范畴。罗伯特·佐利克（Robert Zoellick）曾担任美国副国务卿，他在 2005 年末对国家委员会所作的演讲中首次使用了“负责的股东”这样的字眼，“国家的公司社会责任”就是他所提示的意义。这种提示说明，就中国的成功、规模和正在提

升的影响而言，其责任是与其地位相媲美的。

除了帮助维持世界秩序和国际体系外，还有理由认为中国由于在非洲有特殊的地位，因而就在非洲有特殊的责任。中国公司在非洲做交易，因此公司的社会责任就适于国家和非国家的行动者。

中国公司在非洲的社会责任

来自非洲社会基层——金字塔底部的压力就是促使中国扩大和加速其公司社会责任活动的压力。

天赐良机，中国进入非洲大陆之时，正值非洲的公司、个人和机关无力无备与中国的私有企业相竞争。

尽管非洲国家一般都有法律法规要求外国投资者必须在他们的国家进行可观的投资，但是很多中国的个体小企业实际上并没有遵守这些规定。中国驻非洲各个大使馆负责人都声言反对这种不良行为，但并非总能加以控制。

这就像从山上流下来的水，中国的小贸易商和零售商就像找到了自己的流淌路线的水一样，想要加以改变就像企图让水向山上流一样困难。

中国私有小企业的这种未经许可的、令人讨厌的行为正在对非洲社会产生消极的影响，迫使一些资金不足、资源匮乏的非洲小企业倒闭，关键在于使得许多非洲妇女失业。

非洲的“开放政策”无意打开后门放“狼”进来，但这确实是非洲大陆已经出现的情况。

与此同时，从不平等竞争的角度来看，“商场一切皆公平”的观念在非洲并不可行。对于在竞争中输给中国企业的非洲人来说，那里没有安全的体系，没有就业机会，也没有其他切实可行的办法来确保他们的收入。在中国竞争者进入之前，很多非洲公司都如覆巢之卵，岌岌可危，现在要给他们的脖子套上枷锁。很多那里人不能获得正规资金购买商品，就从朋友、亲戚甚至“贷款鲨鱼”那里借钱来维持他们的经营。如果钱损失掉了，整个村子都受损，孩子们就没饭吃。

除了一些中国个体企业在非洲产生负面影响外，有关中国在非洲的开发、开采、采矿项目对环境带来的影响也十分令人担心。这也是需要公司社会责任干预的一个领域。有些引起轰动的文章令人心服口服，要求中国采取更加负责的行动，如2009年6月出版的系列文集《崛起的公司》中的特写报道。专栏6.2是该系列文集中一篇文章的节选。

专栏6.2　中国在吸吮莫桑比克的木材资源

中国对树木的嗜好

没有什么产业像木材黑市那样浑浊。根据世界银行的估算，中国从其最大来源国——俄罗斯进口的木材有40%是非法采伐的。2005年国际绿色和平组织调查人员记录了由巴布亚新几内亚向中国出口的木材交易，结果发现其中有90%是非法的。随着中国伐木员向莫桑比克和其他撒哈拉沙漠以南非洲国家森林更深入的推进，大多木材产品也都有可能会受到污染，包括你坐的椅子或你脚下的地板。“大多进口到中国的木材实际上是偷的。”斯密森学会的威廉·劳伦斯说。他是世界最著名的热带生物学家。在过去一年中，美国国际贸易委员会一直在跟踪中国的伐木行动。

木材对莫桑比克经济的未来至关重要，该国的森林覆盖率达到70%，莫桑比克是中国在东非的主要木材来源国，这种木材的大部分运离莫桑比克时都是未加工的原料木材，严重地降低了世界最贫穷的经济国家之一的价值，增加了正在成为世界最富有的国家之一的价值。最好的硬木材品种正在毁灭而没有再植，专家认为树林的商业价值在短短的几年之内就会丧失。莫桑比克甚至一家连能加工胶合板的企业都没有，而中国的木材产品工业却突飞猛进地发展，满足地方和西方的需求。2006年美国国际开发署所资助的一项研究报告认为，来自莫桑比克的木材出口是一种具有剥削性质的“淘金潮”。每一个警察要看守125000英亩森林，地方的执法行动只不过是一个幻想曲。凯瑟琳·安·麦肯兹认为“一个木材黑手党”已经崛起，她是一位非常知名的林业专家，在莫桑比克花费数月时间艰难跋涉，研究有关的问题……

《崛起的公司》，理查德·贝哈尔，2008年6月1日

中非公司的责任

公司社会责任的概念对中国并不陌生。下面看看中国国家海洋石油公司谈其自身的公司社会责任问题的例子。

> 作为一个有强烈公司责任感的能源公司，我们认为我们的主要社会责任是为社会提供清洁的、可靠的、稳定的能源，用安全、高效、环保的方式开发自然资源，以满足对能源的合理需求。作为一家中国公司，我们一直坚定地与国际巨型能源公司站在一起，为解决全球能源问题作贡献，特别是密切关注国家的能源需求。作为中国海洋石油有限公司，我们认为实现我们公司的社会责任（CSR）目标，不仅需要从上到高级管理层下到个体员工的认可、信念和思想，而且还认为要把这个理念融入我们的管理体系和组织文化之中。
>
> 我们看到强调公司社会责任是世界大趋势，我们积极探索社会责任与我们的商业开发战略之间的相互一致的目标。我们努力奋斗，不断提高公司管理经营水平，探索新途径，肩负起社会责任，促进公司和社会的发展。因此，我们把主要的精力放在使公司社会责任与我们的管理体系进一步融合的落脚点上，放在让员工更多地参与我们的公司社会责任倡议活动的落实工作上来。在承担社会责任方面，我们采取了具体的行动，把公司的经济、环境和社会责任与发展的需求相结合。公司社会责任倡议活动在公司的商业目标和发展模式中都有体现。

问题在于从公司社会责任的角度来看，中国公司在非洲正在干什么。

> ……辜负社会对公司社会责任领域的期望，会破坏企业的经营许可权或公众可接受性。股东被认为是被企业影响和/或能够影响企业的群体，而不必持有公司的普通股份。他们的行动影响公司的品牌和声誉、财务状况甚至经营许可权。

中国作为东道主举办中非论坛北京峰会，是一项伟大的举措，包括美国在内的许多国家都可以从这项战略中学到许多东西，但是如同所有的人际关系一样，事物是发展变化的，现在中国应该扩大与领导人和非洲项目相关方人士的对话。公司社会责任的原则为这样的对话指明了道路，从中可以看出：

> ……与项目相关方交流，了解他们的观点，是十分重要的……要明确主要问题，企业可以与项目相关方开展对话，这可以通过不同渠道来进行，例如，社区专题小组、普查、企业关系、对消费者的调查、民意测验、就具体问题举办学习班并与项目相关方展开对话、会见外部专家……

有效交流是公司社会责任方程中的一个重要项式，但这似乎是中国政府在非洲还没有掌握的一个技能。关于中国在非洲的活动有很多误传，强调需要中国更有效地管理信息流。在非洲流传的谣言包括诸如这样的“热点”问题：在具体的非洲国家中有多少中国人？在具体的非洲国家中，中方投资的范围有多大？令人关切的是，中国要把所有现有的农业土地都买下来吗？

中国和非洲面对相似的问题：两者都处于通过公家与私人合作（PPP）以及民间社会组织来确定与选民交流的有效程度的初始阶段。公司社会责任、公家与私人合作、民间社会是紧密相连的。中国和非洲在这些战线上正在取得进步。

中国公司社会责任简述

今天在中国经营的所有公司，不管是国外的还是国内的，都必须执行公司社会责任战略。

供应链效应对于促进中国承担公司社会责任一直是特别重要的推动力。出现一系列令人尴尬的供应链问题之后，跨国公司正在中国监督和打击无赖的供应链行为。在中国的供应链问题已成为头版新闻。例如美国百特国际有限公司（Baxter International Inc.）不得不召回肝磷脂血液稀释产品，因为美国国家食品药物管理局（FDA）确认该产品含有一种污染物。肝磷脂中的活跃成分来自猪肠，是在中国的一家供应商生产的。美国国家食品药物管理局由于供应商的名称引起了混乱，一开始没有检查中国的设备。

供应链还出现过其他问题。两个中国国民和两家美国进口商几年前由于阴谋进口宠物食品中使用的产品而受到控告，因为发现这种产品受到了污染，致使猫和狗生病，结果1000多种宠物食品被召回。美国玩具制造商——美国美泰公司（Mattel）由于油漆里含有铅而不得不召回150万件在中国生产的玩具，此外还召回过含有小块磁铁的数以百万计的玩具，因为磁铁可能会松掉被孩子吞食进去。

对供应链问题的高度重视只是较大的公司社会责任范畴的一部分。严格把守“三重底线”（人、地球、利润）的重要性也越来越得到认可，这涉及扩大的价值和准则谱系，用来衡量组织和社会的成功：经济、生态和社会。

中国在国内外面临着很多风险。从严守“三重底线”的角度来看，中国的所为和所不为不仅给中国，而且给世界带来了严重的后果。

自从1978年以来中国的经济增长过快，这又引起了环境恶化的不良后果，反过来又使经济受到打击。例如，根据联合国开发计划署的估算，中国生态系统所遭受的损害大约要使其国民生产总值减少9%。从经济、卫生和社会政治方面来看，污染的代价是沉重的。中国的媒体报道过这种经济损失，指出由于缺乏水工厂不能运转工业产量的损失高达360亿美元；酸雨恶化引起的健康问题造成的损失为130亿美元；沙漠地区蔓延带来的损失为60亿美元。此外，还有为公共卫生所付出的代价，包括空气污染造成的死亡，饮用水不干净引起的疾病，环境恶化不适合人类居住而引起的被迫迁徙和社会动荡。

中国认识到了增强公司社会责任感、严格把守“三重底线”符合其自身利益，因此在其“十一五”计划中确定了一系列政策目标和重点工程，旨在加强对土地、空气和水力资源的管理，保护环境。重视环保是会得到回报的。中国的风能容量在过去的三年中每年翻一番，据预测到2009年底会成为世界之最，其新的汽车排放标准比澳大利亚、加拿大和美国还要严格。

控制气候变化也已成为中国的一个重要目标。专栏6.3是中国国家主席胡锦涛2009年9月在联合国大会上就有关主题所发表的演讲摘要。

专栏6.3　胡锦涛关于气候变化的演讲

全球气候变化深刻影响着人类生存和发展，是各国共同面临的重大挑战。当前，我们在共同应对气候变化方面应该坚持以下几点。第一，履行各自责任是核心。共同但有区别的责任原则凝聚了国际社会共识。坚持这一原则，对确保国际社会应对气候变化努力在正确轨道上前行至关重要。第二，实现互利共赢是目标。支持发展中国家应对气候变化，既是发达国家应尽的责任，也符合发达国家长远利益。

我们应该树立帮助别人就是帮助自己的观念，努力实现发达国家和发展中国家双赢，实现各国利益和全人类利益共赢。

第三，促进共同发展是基础。应对气候变化，涉及全球共同利益，更关乎广大发展中国家发展利益和人民福祉。

在应对气候变化过程中，必须充分考虑发展中国家的发展阶段和基本需求。国际社会应该重视发展中国家特别是小岛屿国家、最不发达国家、内陆国家、非洲国家的困难处境，倾听发展中国家的声音，尊重发展中国家的诉求，把应对气候变化和促进发展中国家发展、提高发展中国家发展内在动力和可持续发展能力紧密结合起来。

第四，确保资金技术是关键。发达国家应该担起责任，向发展中国家提供新的、额外的、充足的、可预期的资金支持。这是对人类未来的共同投资。气候友好技术应该更好服务于全人类的共同利益。

中国从对本国人民和世界人民负责任的高度，充分认识到应对气候变化的重要性和紧迫性，已经并将继续坚定不移地为应对气候变化作出切实努力。中国已经制定和实施了《应对气候变化国家方案》，明确提出2005年到2010年降低单位国内生产总值能耗和主要污染物排放、提高森林覆盖率和可再生能源比重等有约束力的国家指标。

今后，中国将进一步把应对气候变化纳入经济社会发展规划，并继续采取强有力的措施。一是加强节能、提高能效工作，争取到2020年单位国内生产总值二氧化碳排放比2005年有显著下降。二是大力发展可再生能源和核能，争取到2020年非化石能源占一次能源消费比重达到15%左右。三是大力增加森林碳汇，争取到2020年森林面积比2005年增加4000万公顷，森林蓄积量比2005年增加13亿立方米。四是大力发展绿色经济，积极发展低碳经济和循环经济，研发和推广气候友好技术。中国愿同各国携手努力，共同为子孙后代创造更加美好的未来！

联邦新闻社，2009年9月22日

中国在一段时间内承担起更多的责任。在一篇题目为《3C——民间社会、公司社会责任与中国》的报道中，作者尼克·杨（《中国商业评论》，2002年）指出，中国道路增强了公司社会责任的国际化，更加自觉履行其原则。他写道："世界被分为三种行为范畴：政府（也可称为国家），商业（市场），以及公民行为和所谓的公民社会集体行为。"中国在这三种行为中都有所进步。

政府行为逐步弱化，而"社会主义市场"的自主性依然很强……国有企业继续在西部贫困省份占主导地位，政府似乎是要向服务商而不是直接供给商与社会服务方面重组企业。

从民间社会来看，在过去20多年的时间里，在建立慈善组织方面取得了最大的进展。

在过去多年中许多官方基金会都旗帜鲜明，既在组织上与政府相脱离又在行动上与政府保持一致；政府本身也在逐渐减少在财政上的资助，通常是提供工资和办公场所，这是早期的一个标志。一些独立的组织也在立法路面的细缝之间成长起来，学术界也建立了许多非政府组织，这些组织在叙述机构的庇护下成长。作为民间社会的重点出现了具体的目标，如保护自然环境、维护妇女权利和外来工权利等。

国内的公司责任，从限制污染活动来看，也在增加，因为中国越来越重视环境问题。

在过去，中国政府采取了典型的实用主义态度："等问题出现后在制定规章制度。"但今天中国已经开启了一个新时代，气候计划在指引着航程。随着能源需求的增长、矿物燃料消费的增长、在过去30年中地下水的使用成倍增长、北京交通每天1000辆汽车的增长并加入已经拥有的1150万辆之中，中国正在面对现实，没有回头路可走。中国提出的解决方案不仅有希望运用于中国，也有希望运用于中国在非洲和其他地区的海洋项目。

在非洲的公司社会责任

在论述中国在非洲的公司责任之前，有必要看看非洲对自身的责任感。责任必须由各个方面来承担，涉及社会的方方面面。非洲公民肩负起了使其领导人坚持良治标准的责任吗？非洲领导人有过良治的举动吗？在海外受过教育的非洲人返回祖国建设家园了吗？外国公司要对实现公司社会责任目标负责吗？

非洲领导人对他们的小企业负责任吗？这是一个关键问题。他们创造了能使企业兴旺发达的环境吗？

问题在于外来人对非洲人的关心不会胜于非洲人对自己的关心。从公司社会责任的角度来看，没有人能使外来人对一个国家的国民的责任感超过他们的政府对他们的责任感。

当非洲公司的主人得不到利率合理的贷款时，当他们得不到土地和技术援助时，他们的领导人在工作中实际上就表现出对他们不"负责任"的态度。

非洲小企业所处的局面是与中国公司开展一场不幸的直面竞争。

非洲公司无力与中国竞争，这不是中国的过错，却是中国的问题，因为中国要在非洲发展需要一个"和谐"有利的环境。中国不会有一个这样的环境，如果大多数非洲小企业倒闭，哪怕是由于正常竞争的原因而倒闭。

中国与非洲的每一个国家都进行过单独的谈判。现在面临的任务是为每一国家制定和贯彻具体的公司社会责任战略。这样的战略要通过与非洲领导人和非洲民间社会磋商成为最佳方法。中国本身就是最佳方法的最佳源泉之一：中国对外开放时，需要很多外国人走进来。

非洲人越来越认识到降低贫困和可持续发展单靠政府行动是不能实现的。非洲领导人和政策制定者开始重视公司社会责任的潜在贡献。一系列核心发展问题已经成为公司社会责任日程的中心问题，其中包括劳工标准、人权、教育、卫生、童工、扶贫、冲突和环境影响。

还需要提高公司社会责任的首创精神，解决国家和民间机构能力有限的问题，创造承担企业责任的动力，培育以社会为导向的公司，鼓励和加强与地方企业建立联系。政府、企业、民间社会、捐赠者之间要在全国范围内开展对话，这方面的工作还需进一步加强，使公司社会责任日程体现出当地的特色，建立互信互谅机制，明确公司社会责任对发展能作出贡献的潜力和限度。

要取得更大的成就取决于有效利用公私合作关系和民间社会组织。公司社会责任基本上是社会的一部分对社会的另一部分的关系和责任，有利于在全社会开展对话的机制至关重要。

自从独立以来，各种不同的发展模式都在撒哈拉沙漠以南非洲地区尝试过，所取得的成功非常有限。在差不多30年中，双边资金调拨是一个司空见惯的现象。随着冷战的结束，捐赠者开始对他们的援助附加一定的条件，如政治自由化等，同时国际货币基金组织和世界银行在结构性调整计划的框架内强制实行严格的经济改革。在此期间，非政府组织成为发展援助的选择工具。在40年经历过几种发展模式后的今天，非洲依然面临着看来十分艰难的问题，从摇摇欲坠的基础设施到横行肆虐的艾滋病病毒/艾滋病传播。公私合作关系涉及许多不同的政策领域，这种关系已按照许多不同的方式建立起来，目前正在整个非洲大陆传播，呈现一种新的发展模式。

基于非洲社区和人力开发的迫切需求以及中国私企在非洲的一些活动造成的负面影响，从公司社会责任的角度，中国能有何作为来消除负面影响成为一股积极的力量？

环境对于公司社会责任的首创精神是一个成熟的领域。有些中国活动正在对环境产生不利影响。与此同时，非洲国家正在艰难地应对气候变化产生的影响。气候变化也对经济发展带来严重后果。干旱和洪涝是过去十年天气变化模式的主要特征，此外还有极冷的天气。例如，由于气候变化和缺乏可选择的能源，赞比亚正在经历一场采伐森林的运动。

环境专家提出有些负面影响可以通过增加对太阳能的利用和减少温室排放等措施来减缓。中国在开发其他能源，包括风能和太阳能，问题在于它能否让非洲分享和运用其技术成为另一股积极的力量。

提高能力是中国面临的公司社会责任介入的迫切问题。简而言之，小企业主、妇女和青年需要提高能力，在这方面有谁会比中国人更强呢？中国人是企业开发的行家里手，掌握着与非洲经济相关的许多领域的知识。

活跃在非洲几十年的西方公司的上乘运作模式也不计其数，使人不禁想起星巴克、嘉吉、可口可乐、雀巢咖啡、石油公司等许多公司。有何作为和如何作为只能通过与民众磋商来确定，不仅是城市的民众，还有农村的民众。问题在于要知道民众需要什么和通过肩负起公司社会责任的态度来满足他们需求的方法。

公司社会责任的方法

在一个具体的国家里肩负起公司责任的正确态度取决于许多因素，但是有一件事情是明确的：非洲领导人和相关人士的责任在于向他们的合作伙伴说明他们的需求，要求他们的合作伙伴满足这种需求。

中国迅速崛起部分原因在于中国是一个“学习型的社会”，中国的领导人提出问题、回答问题，随之又将所学到的知识加以应用和改造。我们有理由认为现在应该开始提出并回答关于如何在非洲开展有意义的公司社会责任首创精神活动的恰当问题。

对行为负责。公司社会责任就是对所采取的行动和引起的反应负责。在这两种情况下，中国作为相关方和开发合伙方，都有机会通过承担起在非洲的公司社会责任的方式来展示领导艺术。对行动的责任感需要公司社会责任作出反应的一个关键领域是环境。大型采矿公司感到压力越来越大，他们必须对他们的经营在社区产生的社会和经济影响负责。大公司越来越认识到小社区干扰它们经营的力量，如在赞比亚发生的情况就是一个典型的例证。以网络为基础的群体代表地方利益，通过电信技术可以相当容易地把民众动员起来，这种力量一度只为国际大组织所拥有。

要把社区关系当做商务计划过程的一个关键因素，因此要投入相应的时间和金钱，这是应对这类局面的关键所在。这种契约会减少商务运作的风险。社区带来的风险对一个公司或一种具体经营会是对立的，处理这种风险不同方式都尝试过。有三种常见的方法：（1）发挥明确的、积极的领导/控制作用；（2）愿意花钱来提高地方水平；（3）在经营场所与地方建立良好的关系。虽然不同的方式会产生不同的结果，但这三种情况都可以清楚地表明公司越来越认识到他们的利益与他们经营所在的社区的利益之间是相互依存的。

当与社区的关系处理不妥时，公司就会遇到麻烦，如星巴克在埃塞俄比亚、百事可乐在印度、巧克力公司在科特迪瓦、几家医药公司在南非——原因在于他们忽视了为供应链中所有的参与者创造更大价值的需求，他们掏空了当地的自然资源。

雀巢咖啡和可口可乐遭遇了态度强硬的抗议活动和司法诉讼，要求他们分别关闭在美国和印度的瓶装水厂，据认为原因在于他们有不当的社会和环境举止。无法应对资源消耗当然也会带来严重的经营后果，诸如供给中断，关键的原材料成本增加和严重缺乏。再举一个例子，可口可乐现在认识到发展中国家有许多社区淡水供给严重短缺，淡水对公司取得长期的经营成功至关重要。他们制定了提高工厂水利用效能的目标，制定了社区规划，帮助服务不周的社区实现平等使用清洁饮用水的目标，他们在这种社区里从事经营，在那里保护水资源短缺地区的分水线，帮助动员国际社会来解决水资源短缺和洁净水的问题。

对反应的责任。问题是如何应对无意识的后果。非洲小企业无力与中国私有企业竞争，这是越来越多的中国私有企业在非洲经营所带来的主要的意外后果之一。非洲小企业没有竞争力，这是缺乏资金、信息、网络、技术援助和教育的一个后果，但是这些空白中国能够帮助填补起来。中国拥有丰富的知识和资源，通过利用就可以帮助解决这些不足。例如从资金方面来看，中国非洲发展基金会已经建立。基金会通过拨款的方式，可以给重要社区的有发展潜力的妇女拥有的小企业提供贷款和补贴，这样的机会会有吗？

同样，就信息、网络、技术援助和教育而言，通过公司社会责任方式来填补这些空白的最佳实践样板有哪些？

对于这类问题没有现成的答案。找到正确的公司社会责任方式是一个在基层确立合适的合作伙伴关系的过程，在这个过程中，中国的参与会作出独特的贡献，提供创造性的解决方案，关键在于需要吸引整个中国团体——国有和个体参与者，他们在异国工作是为了发挥出他们熟练的专业技能。尽管还有待努力来寻找最佳方式、来探索如何充分利用中国丰富的知识和资源，但是中国在非洲有机会在公司社会责任领域里展现领导才华，与非洲一起分享其在许多领域里学到的知识，这是不言而喻的。

还有与非洲外资企业和非美大学合作的机会，他们在清洁技术、可代替能源、农业以及其他符合发展前景的领域拥有知识和经验。

非洲采用的公司社会责任方式所取得的成功的、有影响的先例不胜枚举，对其中的一些加以回顾会有助于确定有效地提高水平和商业开发的方式。有一个研究公司社会责任的典范工程叫做太阳能基金会，给妇女提供帮助，为食品安全作贡献。

专栏6.4　太阳能基金会

太阳电能基金会2007年在西非贝宁北部卡拉雷区的两个村庄建造了三个太阳能滴灌系统。太阳市场花园（SMG）把光电泵水技术与滴灌结合起来，给庄稼浇水和施肥。这三个系统是一个项目的一期工程，给卡拉雷区的两个村庄的所有的44个家庭供电。在两个“特惠”村庄建立了1.5万平方米系统，此前这两个村庄就有地方妇女合作社（两个地表水泵水系统和一个地下水泵水系统）。每一组有30~35名妇女耕种她们自己的120平方米左右的农田，其余农田由集体耕种，以资助集体购物和花销。每个太阳花园每月提供1.9吨农产品，其他农产品并没有被取而代之。有18%的农产品供家庭消费，其余的在市场上销售，创造收益。在雨季所有村庄的食用蔬菜差不多每天都增加了一份（每人150克）；从对比来看，工程受益者每日获得相当于3~5份（每人500~700克），这种变化大多发生在旱季。工程受益者的生活标准比非受益者每天增加了0.69美元。有了收入就大大地促进了消费，人们购买主食、豆类产品（食用种子和能结这类种子的植物，如豆类蔬菜）、旱季的蛋白质产品和雨季的食用油产品。据估计，太阳市场花园的投资回收期为2.3年。与泵水量类似的油泵相比，每个太阳市场花园每年避免排放至少为0.86吨二氧化碳。

详情见：www. self. org

从中国目前在解决其社会和环境问题的速度和规模与其作为世界大国不断增长的自豪感来看，中国目前解决社会和环境问题的速度和规模令人赞叹，她为自己成为世界大国而越来越感到自豪。由此可知，中国有能力在国内外开创她自己的公司社会责任品牌。

第七章

案例研究

中国及时进入埃塞俄比亚

彼得· H. 吉贝里

中国在埃塞俄比亚的持久性

彼得· H. 吉贝里，华盛顿全美小营业额出口商协会副主席

埃塞俄比亚是一个非石油生产国，是中国在非洲最优先考虑的国家之一。对埃塞俄比亚来说，中国已经成为其“可供选择的开发伙伴”，双方领导人都为这样的关系而感到十分高兴。

正如梅莱斯总理所说：“中国不仅在贸易、投资、基础设施建设和自然资源开发方面是非洲的重要伙伴，中国经济改革和发展过程中积累的经验也可以成为非洲国家发展的样板。”①

从中国的观点来看，虽然埃塞俄比亚没有

① 中国经济网，http://en.ce.cn/subject/reform/reformln/200812/22/t20081222_17742511.shtml。

石油和其他矿物资源，却有其他宝贵的资产。埃塞俄比亚是非洲联盟（AU）主席国，联合国非洲经济委员会主席国，这两个组织在非洲地理政治中都发挥着重要的作用。中国承诺花费 1.5 亿美元在亚的斯亚贝巴建设非洲联盟总部，这说明中国对非洲联盟作为非洲集体话语权的重视。

埃塞俄比亚也是继尼日利亚之后非洲人口最多的国家，在撒哈拉以南非洲拥有第二大的军队。因此，埃塞俄比亚在非洲维和行动中发挥着重要的作用，已把联合国旗下的维和部队派往利比亚、卢旺达和苏丹。

与埃塞俄比亚交往除了有政治和外交收获以外，实际上在埃塞俄比亚还有重要的经济机遇。今天埃塞俄比亚摆脱了内战、边界冲突和经济政策的误导，开始走上了脱贫的经济政策改革之路。由于长期受到忽视，埃塞俄比亚的社会基础设施和物资基础设施处于一片混乱，需要大规模投资来建设公路、水力发电站、学校、电讯和其他基础设施。埃塞俄比亚的需要就是中国的机遇。

值得强调的是，中国绝不仅仅是开发援助的提供者，也是长期的战略开发伙伴。

自从 20 世纪 90 年代中期以来，两国的外交和经济关系不断加强，两国的国家和政府首脑以及高级政府官员的互访频率不断增加，这说明双边关系的重要性。

伴随不断增长的外交关系而来的是不断增长的经济往来。今天中国是埃塞俄比亚一个重要的出口市场，埃塞俄比亚每天都有飞往中国的航班。中国对埃塞俄比亚的出口也有了大量的增长，中国在埃塞俄比亚大多经济领域的投资都在增长。

在整个埃塞俄比亚都能感到中国的存在，从数目不断增长的中国餐馆到建筑和电信领域不断增加的项目。由中国公司建设的有目共睹的项目有亚的斯亚贝巴环路，亚的斯亚贝巴格特拉交通枢纽（该市的头一条高架公路），还有延绵数千公里的公路网等，这使得“中国与公路建设者”成为街谈巷议的话题。

中国与埃塞俄比亚的经济往来一帆风顺，但也有对中国的批评，特别是埃塞俄比亚的企业界人士。有关对中国的担心涉及中国公司渗透进了为当地人保留的行业，中国是否会把技术转让给埃塞俄比亚，等等。这类担心还包括埃塞俄比亚政府是否采取了足够的措施来阻止中国供应商的倾销活动，来控制中国在埃塞俄比亚生产的不合格产品。两国间的复杂关系存在很多问题。下面我们来看看其中的一些关键问题。

埃塞俄比亚的经济：正确的路标

在30多年各种不同的残暴体制统治下，埃塞俄比亚经历了内战、边界冲突、频繁的干旱和饥荒。这些因素与误导的经济政策一起导致德哥体制垮台，经济处于混乱状态。按任何标准衡量，埃塞俄比亚都是世界上最贫穷的国家之一，这是可想而知的。埃塞俄比亚的国内人均生产总值不足330美元，跻身世界最低的行列①，即使按照非洲国家的标准，其社会基础设施和物质基础设施也很落后，生产基础低下，更不用谈国际标准了。

埃塞俄比亚尽管发电潜能巨大，但目前每年发电量大约为850兆瓦，只能为33%的人口供电。2007～2008年电信的渗透率（不包括手机的电话密度，即每100个居民中的电话用户）为1.15，而非洲是3；埃塞俄比亚的公路基础设施为36.8公里/1000公里，低于非洲的平均60公里/1000公里②。因此，不难看出外国投资流入量小，2006年的净值为3.64亿美元③。

为了解决这种问题，政府一直在公路、电信、电力、水供给和扩大农业服务等方面进行重点投资。例如在公路建设方面，国家的公路网从1977年的26550公里增加到2007年的42429公里④。埃塞俄比亚还为改善和扩大航空运输进行了大量的投资。2003年初，埃塞俄比亚投资1.35亿美元来扩建波尔国际机场，使波尔国际机场的旅客容量从每年50万人提升到六七百万人。同样，埃塞俄比亚还正在为8座用于发电的水坝投资，其发电容量可以使埃塞俄比亚成为一个真正的电力出口国。

教育领域的发展也是一个重要的目标。政府扩大了一些技术和职业培训机构，大大增加了培训规模。

埃塞俄比亚宏伟的开发日程得到了来自援助国和多边金融机构提供的大

---

① 根据世界银行2008年GDP与人口估计。

② 世界银行，2009年公路发展阶段第四期工程（应用第四），报告编号：46737-ET。

③ 世界发展2009年年度报告。

④ 埃塞俄比亚交通局：《十年交通发展规划》，世界银行（2005年），竣工报告，埃塞俄比亚联邦民主共和国公路开发支持项目的信贷，报告编号：34485。

量资源的支持。埃塞俄比亚现在是世界银行特惠借贷项目的最大受益国之一，得到该项目27.5亿美元的贷款①。在过去五年中，埃塞俄比亚的经济一直以双位数增长，这表明公共投资促使经济连续发展，每年增长超过11%（见表1）。

表1　埃塞俄比亚经济增长的主要成分

单位：%

主要经济成分 \ 年份	2004	2005	2006	2007	2008
农业	17.0	13.5	10.9	9.4	7.5
制造业	6.6	12.8	10.6	8.3	7.1
电力与水资源	6.6	7.9	8.8	13.6	15.9
建筑	19.5	7.5	10.5	10.9	11.3
房地产	4.5	7.4	14.5	15.2	17.3
教育	11.5	12.6	8.6	21.2	16.4
卫生	15.9	16.9	9.8	8.6	20.9
按固定市场价格GDP的增长	13.6	11.8	10.8	11.1	11.3

资料来源：http://www.mofaed.org/GDP% 20Data/GDP _ 2000/2000% 20EFY% 20GDP% 20UPDATE% 20DATA04.htm。

世界银行2008年国家援助战略报告认为，埃塞俄比亚可能正在进入经济更加快速发展的一个新时期，同时也经历着所谓的“提供服务的起飞”时期。如果起飞可以证明不仅仅是一个短期的不正常现象，埃塞俄比亚脱离世界最贫穷国家行列会比以前预期的还要早②。

中国和埃塞俄比亚共同发展经济

埃塞俄比亚与中国的贸易和投资近年来有了大量的增长。例如，在2007年和2008年，中国在亚洲成为埃塞俄比亚产品的第三大市场，排在沙特阿拉

① 世界银行国家大纲，见 http://web.worldbank.org。

② 世界银行：《国际开发协会埃塞俄比亚国家援助战略》，2008年4月2日。报告编号：43051 – ET。

伯和日本之后。埃塞俄比亚对中国的主要出口包括皮革、皮革制品和油菜子，占其出口总数的14%还多，而埃塞俄比亚对美国的出口还不到8%。

埃塞俄比亚进口产品大约有15%来自中国，来自美国的还不到6%。从中国的进口产品包括服装和纺织产品、金属、电信设备、电力材料和机器①。

埃塞俄比亚投资署（EIA）现有的数据表明，从2004年到2008年，发放给中国投资者的投资营业执照超过826件，几乎占整个外国投资的7%。中国项目的数量和流入埃塞俄比亚的资金数量年年增长，即使在全球经济不景气的情况下也是如此（见表2）。中国投资者把资金主要投在制造业上，占全部资金的77%，全部项目总数的60%流入这个领域之中。

说来也有趣，中国投资的重点是制造产业，这与其他外国投资形成了鲜明的对照，后者投资重复在房地产业、建筑设备和机器租赁领域。

表2　埃塞俄比亚的侨民与外国投资（2004～2008）

财政年度	中国投资		非裔侨民投资		总计外国投资		中国份额（%）	非裔侨民份额（%）
	项目数（个）	金额（百万比尔）	项目数（个）	金额（百万比尔）	项目数（个）	金额（百万比尔）		
2004	32	547	200	1391	347	7205	7.6	19.3
2005	63	391	181	712	622	15405	2.5	4.6
2006	118	1824	279	1855	753	19980	9.1	9.3
2007	235	3321	376	7114	1150	46949	7.1	15.2
2008	378	6197	159	948	1651	92249	6.7	1.0
合计	826	12280	1195	12020	4523	181788	6.8	6.6

资料来源：埃塞俄比亚投资机构资料汇编。

在制造业领域里，中国投资者的企业规模有大有小，小的只有一两个雇员。除了制造业外中国在房地产和建筑业的投资也在增加，雇用数以千计的当地员工（见表3）。其中有些公司的规模大，诸如中国新世纪房地产开发公司，这是一家与埃塞俄比亚投资者共同开办的合资公司，为一家上市公司，共有3000多名雇员。

有15家以上的大型建筑公司参加水坝、公路和桥梁建设，总共雇用数以

① 埃塞俄比亚国家银行2007～2008年度报告。

千计的当地员工。

表3　中国在埃塞俄比亚的投资

经济成分	投资许可证			项目执行（操作）		
	项目数（个）	金额（百万比尔）	固定雇员（人）	项目数（个）	固定雇员（人）	金额（百万比尔）
制造业	654	16971	49752	128	7228	1541
建筑	91	2569	6950	26	3721	851
房地产与租用	112	1137	5800	46	4363	323
饭店旅馆	124	968	3299	18	255	29
农业	46	357	3326	3	129	12
批发、零售与修理	3	55	62	2	60	52
卫生	21	40	215	5	21	4.9
运输、储藏与通信	10	15.5	311	3	171	3.3
其他	14	211.5	372	—	—	—
合计	1075	22324	70087	231	15948	2816.2

资料来源：埃塞俄比亚投资机构。

中国给小企业数量大小不等的投资正在埃塞俄比亚整个经济体中运行。在2008年底前接收到投资经营许可证的826个投资项目中，有230多个已经运营，项目执行率为26%。这一比例远远高于其他外国投资项目所占的，或者大约为12%。总之，从投资流入稳定性、项目执行率、领域集中程度等方面来看，中国的投资看来比其他国家的投资要可靠得多，影响也大得多。

与此同时，中国公司继续在经济中取得进展。他们最近宣布要在埃塞俄比亚投资50亿人民币建设一个私人工业区，共涉及80个项目。有20多家中国公司已经对这个工业区投资感兴趣，项目包括纺织品和服装，鞋子、皮革和皮革制品，食品，电力材料，钢铁制造等①。

中埃两国之间贸易投资的增长也促进了两国文化交流的增长。虽然官方的数据不详，但据估计居住在埃塞俄比亚的中国人有5000~10000人。在过去五年中，中国人在亚的斯亚贝巴开办的餐馆至少已增加到40家，还有数以千

① 《中国公司为工业地带做好准备》，2008年4月17日10：31《非洲新闻》。

计的埃塞俄比亚人去中国旅行，其中包括商人。现在埃塞俄比亚航空公司几乎每天都有飞往北京、香港和广州的航班。

中国公路建设大军

埃塞俄比亚政府制定了十年交通产业发展纲要（1997～2007），包括投资、产业改革、机构重组。结果，国家公路网从1997年的26550公里增加到2007年的42429公里，增加了约60%，共投入29亿美元。2008年埃塞俄比亚出台了交通产业发展纲要第三阶段计划（RSDP Ⅲ），总共投资39亿美元，在2008～2010年实施。埃塞俄比亚交通发展计划的主要资金来源包括世界银行、欧洲委员会、非洲开发银行、世界石油输出组织基金会、非洲阿拉伯经济开发银行以及其他双边和多边资源，但主要来自埃塞俄比亚政府[①]。

对中国来说，埃塞俄比亚大规模重建规划已经为中国公司提供了许多机会。因此，在过去十年中，仅参加公路建设的中国建筑公司至少有15家。1999年到2008年之间埃塞俄比亚的公路建设项目共完成5700公里，其中有60%是中国建筑公司完成的[②]。

在埃塞俄比亚的中国主要建筑公司之一中国道路桥梁公司（CRBC），是一家大型国有外贸经济合作企业，主要从事道路、桥梁、隧道、码头以及其他基础设施建设。中国道路桥梁公司在亚的斯亚贝巴建设了第一条环形公路，称之为环路，这使该公司在飞速发展的埃塞俄比亚建筑产业站稳了脚跟。其中大公司还有中国水利公司，该公司还参与了水电大坝的建设。

中国公司为什么会在埃塞俄比亚建筑产业中赢得这么多的合同呢？回答很简单，那就是他们在众多竞争者中胜出。大多公路项目的资金来自世界银行、非洲开发银行、欧洲投资银行以及其他金融机构。中国公司必须通过招标取胜。他们靠竞争取胜，不指望获得优惠待遇。虽然中国资助了一些公路项目，但从规模来看，中国对埃塞俄比亚交通产业发展纲要的整体贡献而言是微不足道的。

从与埃塞俄比亚财政和经济开发部官员的讨论和随后对国外援助的分析来看，中国对埃塞俄比亚的整体外援占流入埃塞俄比亚的整体资源的比例非常小（见表4，中国援助分类归入他方援助之中）。如表4所示，2004～2005

---

① 埃塞俄比亚交通局：《埃塞俄比亚十年交通产业发展纲要2008（草案）》。

② 埃塞俄比亚交通局。

年和 2006～2007 年对埃塞俄比亚援助和贷款的主要来源是世界银行和非洲开发银行。这并不意味着中国没有给埃塞俄比亚提供援助，只是完全无法了解整个情况，因为无法从官方开发援助渠道查到。管理外国债务的官员声称，中国不通过正式渠道提供援助。中国的援助与具体的项目挂钩，协议往往是在双方领导人访问期间达成的。

据有关官员透露，中国援助的项目往往是能最大限度展示中国、为中国建立积极的公共关系的项目，如亚的斯亚贝巴环路和格特拉交通枢纽，两者都是中国资助的。

表 4　埃塞俄比亚财政年度国际金融机构贷款/资助

（2004/2007）以百万美元计（承诺）

项目资金提供者	2006/2007	2005/2006	2004/2005	状态
1. 世界银行				
1.1 财政部门能力建设	15			
1.2 基本服务保护		215		
1.3 供水系统与卫生设施			100	生效
1.4 公共部门能力建设			100	生效
1.5 信息与辅助开发通信技术			25	生效
1.6 专科教育			40	生效
1.7 第二期公路发展计划（已批准）	87.3		160.9	生效
1.8 生产安全网	175		70	生效
1.9 私营部门能力建设			24	生效
1.10 农村能力建设	54			
1.11 农村电力扩展	133.4			
1.12 第二期扶贫信贷			130	全部支付
合计	464.7	215	649.9	
2. 非洲发展银行	335.07	63.4	136.76	
3. 信托基金				14.35
4. 其他	21.3	79.09	70.20	
合计	821.1	357.5	871.03	

注：因四舍五入原因。合计略有出入。

资料来源：财政与经济发展部，2007 年。

埃塞俄比亚认为埃塞俄比亚的主要目标是以最快的速度和最低的成本建设公路、水电大坝和电讯设施。要实现这一目标，埃塞俄比亚发现中国是一个可靠的伙伴。

下文说明了公众对中国建设项目的认识。

专栏 7.1 中国建筑公司如何赢得客户的心

坐落在亚的斯亚贝巴市区的中埃友谊大道是该市的主要干道之一。在当地的居民看来，这条崭新的大道取代了埃塞俄比亚随处可见的狭窄的、尘土飞扬的那种乡村之路，已经深刻地改变了当地居民的生活。厄米阿斯·特克阿马利安是亚的斯亚贝巴的一名出租司机，他说："我在亚的斯和埃塞俄比亚见过许多承包人。我知道建筑一条道路要多长时间。但是这条中埃友谊大道只用了两个月时间，看上去非常亮丽。我知道这条路过去非常危险，但现在非常安全，非常壮观。"

由中国道路与桥梁公司建筑的这条大道，得到了中国政府的资助，于2003年12月17日正式竣工。这个项目至少应该需要一年半的时间，但结果只用了两个月的时间，创造了埃塞俄比亚城市道路建筑史上的一个奇迹。项目总经理程前说他为他的员工所作出的努力而感到十分骄傲。

"我告诉埃塞俄比亚交通总干事我们打算在12月17日完工，当时他误以为我们指的是一年后的日期。他意识到目标日期后说那是不可能的。"不可思议的使命？并非不可思议。工程按期完成，竣工检查表明这是一个完成得完美无瑕的工程。程前还记得当地媒体到处都在报道这一激动人心的事件。

"一位当地居民在当地一家报纸上以整版篇幅发表了题为《幸运的消息》的一篇报道，鼓励埃塞俄比亚人民向中国建筑工人学习，他说他为中国人民的勤奋精神而深受感动，中国以平等的精神与他们国家合作。"

首都的市民对大道的建筑过程现在依然记忆犹新。这家中国公司也已经在埃塞俄比亚家喻户晓。三年时间过去了，中国大型建筑公司，如上海建筑集团和中国国家水力资源与水电工程公司，在高质量的基础设施建设方面给埃塞俄比亚提供了很多帮助，当前，中国建筑公司修建的道路和桥梁在整个埃塞俄比亚越来越普遍。

埃塞俄比亚交通局公关部部长萨姆森·万蒂姆（Samson Wondimu）告诉中国国际广播电台国际在线的记者说："在过去八年时间里，我们国家大多国际工程招标项目都给了中国。”他补充道，“与中国公司签订了2500多公里道路的建筑合同，隶属于埃塞俄比亚政府的进行中的五年道路发展规划项目，需要雇用数以万计的当地居民”。

“‘中国人’就是工作。他们是勤劳的工作者。他们不仅建造桥梁和楼房，而且还建造我们的心智。他们使我们努力工作。在都市、小镇甚至在沙漠，无论任何地方，你都可以看到中国人的身影。他们为埃塞俄比亚的发展而工作。”

埃塞俄比亚在寻找杰出的水电建设的伙伴

尽管埃塞俄比亚拥有丰富的水电资源，但是其水电装机容量只有850兆瓦，据估计其水电潜能为45000兆瓦。埃塞俄比亚需要开发能源供给来取得可持续的经济增长和发展。埃塞俄比亚政府制订了雄心勃勃的资源开发计划，目前正在建设一些水电大坝，其中包括吉尔格尔·基波2号（Gilgel Gibe Ⅱ）、特克泽（Tekeze）、贝雷斯（Beles）和分卡·阿莫提－内西（Fincha Amerti Neshe）。埃塞俄比亚电力公司是一家国有发电输电公司，计划在未来五年把国家电网覆盖面积从33%提高到50%，估计总共投资120亿美元。

埃塞俄比亚在过去几十年中由于缺乏国际金融机构的资金援助，无力开发其潜在资源。有些人认为国际金融机构对埃塞俄比亚电力工程项目特别是蓝色尼罗/阿贝省地的电力工程项目的筹款踟蹰不前，因为埃及有能力给有关金融机构施压，要求他们不对这种项目提供资金。

但是埃塞俄比亚已在中国找到了一个杰出的、实用的金融开发合作伙伴。结果埃塞俄比亚可以在特克泽河上建造特克泽水电站，这条河是尼罗河的一条主要支流，得到了中国出口进口银行的贷款。这个项目建设正在由中国国家水力资源与水电工程公司承担，整个投资为3.5亿美元。中国葛洲坝水利水电工程集团有限公司目前正在内西河上建造总装机容量为100兆瓦的阿莫提－内西水电站。中国还对资助未来的项目表现出兴趣。

2009年7月埃塞俄比亚与中国签订协议，中国水利公司在奥莫河上建造总装机容量为2150兆瓦的水电站——基波4号（Gibe IV）水电站和哈勒利（Halele Werabesa）水电站，总投资为26.7亿美元。在对北京的一次访问中，埃塞俄比亚财政与经济开发部部长苏非安·阿梅德（Sufian Ahmed）把一个需要财政援助的埃塞俄比亚项目清单交给了中国政府。中国方面正在考虑利用买方优惠信贷和特惠信贷来资助这些项目。若能如愿以偿，中国将通过买房优惠信贷和特惠信贷为项目提供 85% 的资金①。

埃塞俄比亚为不能连续获得世界银行以及其他国际和地区金融机构的信贷支持而感到失望，因此用来开发水电资源的中国优惠买方信贷和特惠信贷的价值无论怎样估计都不为过。看来中国已经成为埃塞俄比亚几十年来一直在寻找的开发其水电资源的合作伙伴。

在电信产业中的一家中国公司

中国电信公司（ZIE）1996 年首次进入埃塞俄比亚市场，2000 年正式开业，当时正值埃塞俄比亚与厄立特里亚发生边界冲突。

虽然中国电信公司能够为埃塞俄比亚电信公司建设小项目，但是在十年之后的 2000 年取得了重大突破，埃塞俄比亚政府在中非合作论坛上宣布了中国电信公司和埃塞俄比亚电信公司之间的一个合作项目，涉及一项双边之间的为期三年的独家供货框架协议和卖方财务资助。此项目用于设备和工程建设的资金达到 1.9 亿美元。

这是一个庞大的项目，于 2007 年 4 月启动，分成 20 多个子项目，分三期完成。值得注意的是，埃塞俄比亚政府由于对 2005 年选举的处理而受到西方的严厉批评。结果世界银行中断了对埃塞俄比亚的借贷项目，此时正是在北京举办的首届中非论坛一周年之际。

2008 年中国电信公司与埃塞俄比亚电信公司签订了另一项协议，中方在五年内为埃方提供价值 1500 万元的无线移动电话网络设备。这将使埃塞俄比亚的无线电话网络的覆盖率提高到 90%②。之后中国电信公司又获得一项铺设纤维光缆的项目，即所谓的次世代网络（NGN），这将开发出一揽子新服务功能：宽带互联网和有线电话、全球移动系统、宽带码分多址连接方式（WCD-MA）、码分多址连接方式和固定式次世代网络（Fixed NGN）。

中国电信公司通过发展长期的关系，为客户提供资助，乐意在边远地区工作，能按时完成承诺，在埃塞俄比亚电信发展中起着关键的作用。

---

① 新闻，2009 年 7 月 17 日。来源：http：//www. bizchina - update. com/content/view/2436/2/，See also http：//www. norway. org. et/etiopia/hydropowerpartners. htm。

② http：//www. chinatechnews. com/2008/10/28/7840 - zte - wins - usd400 - million - contract - in - ethiopia/.

中国电信公司埃塞俄比亚项目经理张彦盟先生说明了中国公司是如何能够发挥关键作用的。

专栏 7.2　中国电信公司在埃塞俄比亚电信产业中获得市场的战略(2008)

开辟塔尔：请给我们介绍有关中国电信公司及其正在为提高埃塞俄比亚电信服务水平所发挥的作用。

张先生：中国电信是一家主要的全球电信供应商和制造商，拥有广泛的设备，包括无线终端机和服务市场。我们 1999 年在埃塞俄比亚开办了代表办事处。埃塞俄比亚的第一个全球移动通信系统项目为 200k 工程，是中国电信公司承接完成的。2005 年我们和埃塞俄比亚电信公司共同承担一个项目，是在农村地区建设码分多址无线网络系统，同年我们又完成了座机线接取网络项目。2006 年中国电信公司在埃塞俄比亚迎来了最伟大的事件，我们与埃塞俄比亚电信公司签订了一项框架协定，一个涉及为买方提供资本的项目。2007 年 4 月还签订了千年工程项目。这个协定要求在三个月内完成项目，包括扩大移动网络容量，再增加 100 万客户，特别是在亚的斯亚贝巴。项目如期竣工，梅莱斯·泽布维总理对按时竣工予以表扬，他说："这个项目完成速度之快，是埃塞俄比亚历史上没有的先例。"

2007 年 9 月我们又签订了两个新增项目的协定，旨在把全国连成一片，包括全球移动系统、电话路线、网际协议网络和全国接线员中心。这个项目正在实施中，将在 2009 年第一个季度竣工，随后还有其他工期。我们积极从事的另一个项目就是为 1000 个埃塞俄比亚人提供培训，我们已经为埃塞俄比亚电信公司培训学员捐赠了培训设备……

资料来源：http：//www. capitalethiopia. com/archive/2008/august/week5/interview. htm。

中国电信公司与阿姆哈拉复兴开发组织（TIRET）签订了一项 5000 万比尔协定，即将开始在埃塞俄比亚组装移动电话。根据这项协议，阿姆哈拉复兴开发组织与佳诺拉技术公司（Janora Technology）将在 14 个月内在安哈拉州（Amhara）巴海尔白日城（Bahir Day City）兴修一座组装厂。中国电信公司将为建厂提供必要的机器和投入。这座新的组装厂每日可以生产 3000 ~ 4500 部手机。

中国是房屋建设者

长年的忽视和投资不足使埃塞俄比亚的住房问题严重突出。调查表明，2000年亚的斯亚贝巴累计建造住房233000套，2010年需要建造相同数量的住房①。2007年埃塞俄比亚工程与城市发展部（MWUDE）提出在亚的斯亚贝巴和其他城市建造40万套住房的计划，总共投资200亿比尔。有10000多家小建筑公司参与政府五年计划中的分布在900个城镇的建筑项目。埃塞俄比亚工程与城市发展部与中地集团（CGC）埃塞俄比亚海外建筑工程有限公司签署了一项协议，为合同商和运输商从中国进口2000台卡车。该部还为住宅开发项目购买了200台碎石机和装货机②。

中国公司直接参与公共住宅建设，间接地为政府住宅项目提供建筑材料。中国公司无论大小都已成为沙石、水泥管、水泥土空心砖、瓦和玻璃板的供应商。下面是这个产业里的中国公司的几个榜样。

埃塞俄比亚汉盛国际玻璃有限公司。这家公司2009年投入运营，为埃塞俄比亚工程与城市开发部的住宅项目生产玻璃板，是一家中国政府持有股份的私营企业。中国有4家公司持有该公司的股份，其中有一家是中地海外建设集团（CGC Overseas Construction），是一家“独立”运营的公路建设公司。这家玻璃公司初期投资为1600万美元，年生产量为40000吨。

公司在埃塞俄比亚的经营管理理念混杂不一，高级管理人士通过观察作过以下的评论：

- 埃塞俄比亚工人的纪律和动力与中国工人相比很差。在中国生活费用高，男人必须努力工作，埃塞俄比亚人喜欢过安逸的生活。
- 埃塞俄比亚政府持十分支持的态度，每当我们需要干预的时候，政府都会作出反应。
- 与当地员工交流构成一种挑战。经理有时通过翻译与员工交流，这是一件令人沮丧的事情。结果经理发现很难与员工沟通。

---

① 罗斯玛丽·库兰：《为亚的斯亚贝巴所有收入群体提供中心城市住房》，亚的斯亚贝巴大学，城市区域规划系。

② 非洲新闻，2007年10月29日，2008年1月11日（星期五）。

• 目前有 200 名当地员工和 50 名中国员工，但是根据计划中国员工的数量要减少，因为要培训更多的当地员工来取代他们。

中国巨龙建筑材料有限公司。这家公司始建于 2008 年，生产建筑材料，直接供给执行住房建设项目的埃塞俄比亚政府住房管理署。当前该公司生产沙砾、水泥管道和空心砖。公司全负荷运转能生产 120 吨沙砾，可雇用 80 多人。到目前为止，公司投入 2200 万比尔，从中国进口机械。

在埃塞俄比亚有很多地方公司生产建筑材料，因此中国公司与地方之间存在竞争。另外，还有一些中国地方供应商，因此中国公司之间也存在竞争。

公司经理对经营环境持积极观点，说明埃塞俄比亚政府的支持特别有帮助。

但当地的条件尚有待改进。语言的挑战最令人沮丧。公司为当地员工提供培训，但文化特别是交流问题，依然成为障碍，因为很多当地人不讲英语，甚至连阿姆哈拉语（埃塞俄比亚官方语言）都不讲。

中国公司对埃塞俄比亚公司的影响

中国供应商/投资商在取代埃塞俄比亚小公司

亚的斯亚贝巴商业街有些人士认为中国小投资商和贸易商正在取代埃塞俄比亚的小企业。

他们提出投资准则，外国投资商投资的最小限度是 10 万美元，低于此数额的项目留给国内投资商。对中国企业的批评认为，其中有许多也是小企业，他们利用各种不同的战略和埃塞俄比亚投资准则中的漏洞来回避最小投资规模的要求。

据内部知情者透露，漏洞是这样产生的：中国商人作为投资者来到埃塞俄比亚，向埃塞俄比亚投资署（EIA）申请投资营业执照。为了满足最小投资规模的要求，中国投资者往往夸大他们的投资数额。

埃塞俄比亚方面的机构没有能力对这样的问题进行监督。埃塞俄比亚投资署没有建立一种机制来确认投资者所宣称的投资规模。结果，外国投资商，不管是中国的还是外国的，都可以根据所提供的信息轻易地获取投资营业执照。根据被采访的人士透露，中国“投资者”一旦申请到投资营业执照，就可以获取临时居住证，这就可以使“投资者”进口中国产品在埃塞俄比亚国内市场销售。

埃塞俄比亚投资署的官员承认的确有漏洞可钻，他们意识到对中国人和其他外国人钻空子的投诉也越来越多。目前埃塞俄比亚投资署已向政府递交一项提议，要求堵住投资准则中的漏洞，以便确保投资署为合法的投资人服务，他们遵守法律，为埃塞俄比亚引进所需的资本和技术。

反对中国供应商的不公平竞争

太阳牌焊条公司总经理司塞·恩代尔是埃塞俄比亚受过教育的年青一代企业家，他从事药物进口和批发贸易工作。2005 年恩代尔建立了一家生产焊条的小公司，在该类公司中，埃塞俄比亚是第一家这类公司。他的公司太阳牌开始联合使用权益资本和银行贷款。

恩代尔 2006 年开始生产，把他的焊条以比进口低的价格推向国内市场。他很快就与由中国公司提供货源的进口商展开了直接的竞争。中国公司担心正在发生的与太阳牌焊条公司的竞争，就派代表去太阳牌焊条公司核查情况。中国公司随之以潜在的购买者的身份接近恩代尔，问他是否能够给他们提供大量产品。虽然他认为这样大的订单不同寻常，但他还是表示愿意为他们供货。但是在这个过程中，他发现中国人想套取他的生产技术和过程。当他拒绝向他们提供制作详情时，“购买者”没有走完购买程序。恩代尔很快发现中国供应商把价格降低了 30%，把他的产品推出了市场。

恩代尔开展调查确定中国供应商何以能够把价格降得这么低，因为他知道标准焊条不可能以这样的低价格生产出来。

他的员工通过检查产品质量发现用来生产一个单元焊条所使用的合金钢丝减少了 30～35 厘米，这可以使中国竞争者减少 16.7% 的原材料消耗，但产生了产品不达标的问题——焊条的长度减少了。焊工最后不得不购买更多焊条来补偿损失的长度。

恩代尔还发现中国人的另一个节省成本的技术，这需要涂漆材料。结果发现中国竞争者增加 16.67% 的涂漆厚度，降低了产品质量，以此补偿焊条长度，维持每单位焊条的质量。结果焊工不得不使用强电流，这又增加了耗电量。

调查结果表明，中国人为他们的埃塞俄比亚代理商提供不达标产品，目的是要把太阳品牌的产品挤出市场。

掌握了有关中国人的不公平竞争的确凿证据之后，恩代尔向埃塞俄比亚标准局进行投诉，提供了中国产品质量低劣的证据。他呼吁政府予以干预，禁止这样的产品进入埃塞俄比亚市场。令他感到大失所望的是埃塞俄比亚标准局没有为这样的产品制定标准。

恩代尔随后花两年时间为防止劣质产品进口而展开斗争。他首先呼吁贸易与工业部进行政府干预。这种呼吁未引起任何行动之后，他把诉讼案直接提交给了国会，要求政府采取行动为他的公司生产的产品制定标准。埃塞俄比亚标准局用两年时间最终制定出埃塞俄比亚焊条标准。尽管这一裁决来得太迟，没能拯救恩代尔的公司，也没能保住70位员工的工作，但是其他埃塞俄比亚公司以及民众会从恩代尔的倡导中获益，提高了埃塞俄比亚机关办公能力。

中国厂家不公平竞争的牺牲品（K. K. 毛毯厂）

K. K. 毛毯厂前任经理梯拉罕·泽噶叶认为K. K. 毛毯厂是在埃塞俄比亚的中国公司不公平经营行为的牺牲品。根据这位人士的分析，中国纺织和服装产品的价格与当地相比价格太低，很多当地生产商一直面临着与从中国进口的产品的激烈竞争。更为糟糕的是，中国公司作为投资商进入当地市场，随后把成品作为原材料来进口，从中捞取好处，因为有关条款规定用于新投资的资本商品和原材料商品享受低/零关税。

K. K. 毛毯厂是一家地方私有企业，为当地市场生产毛毯。该厂进口毛毯线，制成毛毯以每床60~70比尔的价格在当地市场销售。2002年，一家中国毛毯制作公司以外国投资商的身份进入当地市场，该公司获得投资商的营业执照，为当地市场和出口在埃塞俄比亚制作服装。这家中国公司在马泽雷尔斯租赁了一家国有服装厂，开始进口“半成品”产品。公司获得投资营业执照就可以进口半成品毛毯以作为对制造厂的投入，从而又会享受国家绿色领域投资的免税待遇。结果公司能够以45比尔的价格出售毛毯，低于K. K. 毛毯厂价格40%。

据泽噶叶讲，中国公司实际上进口的是完全成品毛毯，而且是用低质原材料生产的。他认为公司使用了对消费者健康有害的、洗后不耐用的人造材料。这种不公平竞争对K. K. 毛毯厂带来的后果是裁减员工并失去大量地方市场份额。

泽噶叶进一步认为，埃塞俄比亚政府与中国政府签订过一份运前检验合同，以确保从中国进口的产品的质量和标准名副其实。结果从中国进口的价值超过2000美元的产品都要经过运前检验。中国政府为这五种产品作运前检验。

但是，来自商业界的投诉认为中国部分海关官员存在腐败现象，并不在乎他们检验的产品的质量和标准是否合乎要求。

当问到中国在埃塞俄比亚的参与行动是否作出了积极贡献时，泽噶叶回答说，中国人参与很多建筑活动，但是他们对知识和技术的转让少之又少。他还对中国公司给当地技术工种带来的竞争表示关切，如司机、漆工和砖瓦工。

中国供应商并非是把低劣产品带进埃塞俄比亚市场的唯一受指责的对象，如在专栏7.3中所讨论的一样，埃塞俄比亚进口商也是问题的一部分。

专栏7.3　埃塞俄比亚标准局认为质量打了折扣

埃塞俄比亚质量与标准局（QSAE）总干事梅塞·葛麻认为，有些贸易商以低价购买货架生命期结束的产品后再换标签。

梅塞在记者招待会上说："有些进口商和批发商为了赚昧良心钱拿人民的性命当赌注，我们要检验进口产品的质量以确保符合要求。"他接着说道，"我们不可能检查全国每家商店的商品过期时间和质量标准。"

消费者通常对从中国和印度进口的产品质量进行投诉。这两个国家的商会代表认为问题在于埃塞俄比亚的进口商总想进口便宜的低质产品。

埃塞俄比亚政府与中国政府已达成协议，对运往埃塞俄比亚的中国商品进行运前检验。"这些进口商为了回避协议的规定，先把从中国进口的产品送往迪拜，再从迪拜进口到这里。在这种情况下，他们又争辩说从迪拜进口的产品不许预先检验。"

一个中国代表团曾来这里讨论有关问题。埃塞俄比亚质量与标准局的官员向中国代表团说明了埃塞俄比亚进口商回避运前协议的方式。该局已经准备一份文件来对协议进行修改。文件声明在中国生产的任何产品都要由中国标准机构鉴定，不管是从中国直接进口的还是从其他国家进口的。

埃塞俄比亚质量与标准局收到了德国国际鉴定机构医药商品管理局

（TGA）颁发的国际标准化组织9001号国内鉴定证书。埃塞俄比亚公司为了得到国际标准化组织的证书，不惜花重金旅行去求见负责检验的国际稽核员。国际标准化组织的证书对准入外国市场是至关重要的。产品质量需要得到国际公认机构的认可。国际标准化组织曾为3家企业颁发了系统鉴定资质证书，还有12家递交了申请类似证书的文件。

2009年8月29日记者报道

与中国公司的战略伙伴关系取得了成功

贝纳斯有限公司由埃塞俄比亚人拥有和管理，从事医疗设备和消费品进出口业务。这家公司虽然为埃塞俄比亚人所拥有，但成立于中国的广州，在埃塞俄比亚有一个分公司。

贝纳斯是一家全球公司，埃塞俄比亚市场只占其市场份额的一小部分。其拥有者之一阿雷马耶胡认为，在埃塞俄比亚办公司为传统文化所主导，限制了在埃塞俄比亚的公司的发展步伐。

贝纳斯有限公司的商务战略之一在于与中国公司建立战略伙伴关系。阿雷马耶胡根据自己与中国公司做生意的经验，作出以下的观察评论。

- 见到中国公司的真正拥有者并非总是一件容易的事，因为在中国市场中有不少中间人。因此，当你想要与中国公司签订合约时，你可能还不知道你在跟谁谈判。在这个链条上的每一个人都千方百计想得到最大一份佣金，因此谈判过程会变得扑朔迷离。此外中国体制中存在着腐败现象。
- 只要人们悉心运作，依然可以找到值得信赖的中国公司和企业。
- 与中国出口到非洲产品相关的质量和标准问题在一定程度上要归罪于进口商本人。根据非洲进口商的经验来看，很多中国公司认为非洲市场销售的是低端产品。因此，当你对中国公司表达你的商业兴趣之时，他们问你的第一个问题就是你的市场定位，因为他们生产一系列质量和标准不同的产品。对非洲市场来说，他们提供价格十分低廉的非常低质产品。他们当然能够根据需求以适宜的价格提供质量较高的产品，如果购买商愿意按给定的价格支付。非洲进口商往往不能辨别质量差异，乐于选购低端产品。
- 为了生意兴隆进口质量和标准对路的产品，非洲进口商必须掌握十分复杂的谈判艺术，能够签订具有约束力的合同。只要埃塞俄比亚进口商瞄准的是低端产品，中国进口商就将为他们提供低质产品。

• 要解决质量和标准问题，阿雷马耶胡强调埃塞俄比亚海关当局必须扩大和监督其通常从中国进口的产品的价格数据库。

银科马德建筑有限公司公平竞争的案例

银科马德建筑有限公司是埃塞俄比亚全国十大承包商之一，从事公路建设以及公共和商业楼所建设。

虽然很多中国建筑公司在埃塞俄比亚营业，但银科马德建筑有限公司的一位高级经理哈森认为他们对当地承包商市场份额的影响既有积极的一面，又有消极的一面。虽然中国建筑公司宣称占有整个公路建设份额的35%，而当地公司只占有35%，但是当地公司不一定就与中国承包商之间存在直接的竞争。

然而，中国建筑公司比当地公司具有一定的竞争优势，因为他们对建筑材料支付方式的要求具有优越性。中国建筑公司相对当地承包商的优势还在于他们从中国直接引进具有熟练技术和一定技术的人才。在这种情况下，中国向埃塞俄比亚的技能和技术转让就受到限制。汉森通过自己的经历注意到，他从来都没有见过为中国公司工作的埃塞俄比亚技术人员。汉森对在建筑业的中国员工的看法包括以下内容。

• 他没听说过有任何一家与当地公司合作经营中国公司。由于没有这样的合资公司，技术转让的机会就受到限制。

• 中国经理作为竞争者工作勤奋，训练有素，但是由于对当地文化缺乏了解，他们并非总能调动当地工人的积极性。然而，中国人在加强工作纪律性、调动当地工人积极性方面正在取得进步。

• 总而言之，汉森认为中国参与埃塞俄比亚建筑产业的发展建设对于埃塞俄比亚长期发展作出了积极的贡献。与此同时，他还强调发展国家战略的重要性，以确保技术和技能向埃塞俄比亚的转移。

结　论

在过去十年中，中国与埃塞俄比亚的经济关系有了巨大的增长，呈现一种互利的经济关系。

在公路、水电站、电信网络和其他社会基础设施建设方面，中国公司承揽的项目是埃塞俄比亚政府最优先考虑的项目，在这个过程中，中国公司正在扩大他们在埃塞俄比亚的市场份额。中国公司有能力以较低的成本按时完成公共工程项目，受到了埃塞俄比亚领导人的充分肯定。中国公司还因有能力带来买方资本而受到赞许，这对埃塞俄比亚是至关重要的。

中国公司因为是外国直接投资的一个主要来源而受到欢迎。中国中小型企业还为埃塞俄比亚国内市场生产和提供价格合理的商品作出了贡献。与此同时，许多埃塞俄比亚企业在中国做生意，正在获取中国的技术。

但是中埃关系也历经过风风雨雨。埃塞俄比亚地方企业表示特别担心的问题在于很难与中国公司竞争。有些埃塞俄比亚消费者因为从中国进口的商品质量低而进行投诉。

及时解决出现的问题符合双方政府的利益。因此，有一个中国代表团访问埃塞俄比亚，调查与中国出口到埃塞俄比亚的商品的质量和标准的相关问题。许多这样的问题的发生是由于没有坚持中埃双方签订的运前检验协定。因此，埃塞俄比亚官员提出一项对主要协议加以改正的修订案，要求在中国制造的产品由中国标准当局做检验，由此来确定是直接从中国进口的还是间接从他国进口的。

中埃双方关系中存在的问题无疑将会得到解决，因为埃塞俄比亚政府认为，中国不仅是信贷的提供者和外国投资的来源，而且还代表一种发展模式。埃塞俄比亚政府总理梅莱斯·泽纳维对英国曼彻斯特大学布鲁克斯世界贫穷研究所非洲工作组发表的一次演讲中指出：“埃塞俄比亚已经开启一项改革计划，这项计划不是以新自由模式为基础，而是以建立起来的一个发展国家的模式为基础。”①

中国认为，埃塞俄比亚是一个乐于学习中国发展模式的合作伙伴。作为中国政府非洲事务的特别代表，刘贵今大使指出：埃塞俄比亚给我留下了美好的印象，因为她的人民渴望学习。

① 埃塞俄比亚政府总理梅莱斯·泽纳维对英国曼彻斯特大学布鲁克斯世界贫穷研究所非洲工作组发表的演讲，2006 年 8 月 3 ~ 4 日，见 http://www.ethioembassy.org.uk/Archive/Prime%20Minister%20Meles%20Africa%20Task%20Force%20speech.htm。

作者简介

彼得·H. 吉贝里，华盛顿全美小营业额出口商协会副主席。自1998年以来，一直在该协会及附属公司工作，工作范围很广，如帮助小型的、移民的、妇女领导的公司，加强与非洲的贸易与投资合作，参与国际组织全球物资技术供应工作。他熟练掌握全球贸易与投资的机制与操作，十分熟悉美国与非洲小营业额团体的情况。他曾经担任过埃塞俄比亚政府经济学家、埃塞俄比亚计划与经济发展部宏观经济政策分析与贸易及旅游室主任。吉贝里先生积极从事美国与埃塞俄比亚工商业界的工作，获得英国兰开斯特大学国际贸易与金融学硕士学位、埃塞俄比亚亚的斯亚贝巴大学经济学学士学位。著有《在美国称心如意：与成功的埃裔美国企业家对话》（2004年），该书讲述了侨居海外的埃塞俄比亚人的经验。

中国、埃塞俄比亚与制鞋业

理查德 · D. 西格尔

我目前担任芬特拉克公司高级顾问，这家公司是美国国际开发署（USAID）的一个承包商，2007年以来就通过合同承包来帮助发展埃塞俄比亚的制鞋业。

理查德 · D. 西格尔

从埃塞俄比亚的皮革质量来看，世界最大制鞋公司正在开始敲响这个国家的大门，这难免让人有些费解，但是埃塞俄比亚已经引起了全方位的关注。

今天我们要查看世界最大制鞋公司发出的测试订单和潜在的数以百万美元计的商业订单，这些公司开始把生产从中国转入埃塞俄比亚。最近我们收到第一份鞋制品订单，把埃塞俄比亚的鞋制品运往美国，这将是从埃塞俄比亚运往美国的第一批鞋。世界银行与美国国际开发署合作资助这个项目。埃塞俄比亚认为这是其最好的出口项目之一，要把这个项目作为消费产品出口的样板。

从中国到埃塞俄比亚的推拉因素

中国的发展正在将其制鞋产业推向埃塞俄比亚，埃塞俄比亚的优势又在把购买商拉向自己。

制鞋对于从贫困中崛起的国家来说是一种理想的产业，但对于收入迅速提高的中国这样的国家来说就不那么理想了。实际上，像中国制造业一样的正在迅速发展的经济正在转向较高价格产品，这样可以提供条件较好的、薪酬较高的就业机会。同样在美国的历史上，制鞋业处在东北地区，但随着该地区收入的增加，制鞋业转向南方；但是由于汽车生产带来的机遇，南方的收入提高了，制鞋业从美国转向巴西。

同样，中国台湾以前曾是制鞋业的中心，但是由于收入的提高、汇率的变化以及成本的提高就把制鞋业推向中国大陆。今天中国政府又迫使制鞋商从沿海地区转向北方和西部。这样可以达到三个目的：由于环境的原因，把制革这种低端产业从南方和沿海地区移走；给远比沿海附近的居民落后的农村人口提供机会；解放劳动力，让人们在南方沿海地区从事新技术生产。沿海地区取消了给制鞋业30%价格优惠的劳工和税收激励政策，完成了从低端制造业向技术型产业发展的重大转移。在过去两年中，数以千计的中国制鞋生产厂家停止了生产；工厂主赚到钱后不想在数百英里之外重建工厂。这就是推动力所在。

有些因素正在把制鞋业拉向埃塞俄比亚。首先，由于制鞋业价格是一个敏感问题，埃塞俄比亚工资低是一个重要因素。据估计，埃塞俄比亚的劳动力成本只是中国的20%～30%。其次，由于意大利的影响，埃塞俄比亚已有多年的制鞋经验。其中的一些工厂已有半个多世纪的历史，所有设备都是从意大利和德国进口的，比中国大鞋厂的设备还要好。

埃塞俄比亚除了劳动力成本具有优势外，制鞋原材料的优势则更加明显，这是使其成为一个有吸引力的选择因素。埃塞俄比亚皮革成本比中国便宜30%，因为中国从美国进口皮革，而埃塞俄比亚自产皮革。

埃塞俄比亚可以生产出世界上最优质的羊皮。意大利在过去几十年中都是用这种皮革制造最优质的鞋制品和服装。埃塞俄比亚的无绒毛羊不适合在世界别的地区生长，这也是一个独有的优势。由于海拔高度和牧草中水分含量的原因，只有在埃塞俄比亚这种独特的绵羊才能茁壮成长。这种高级皮革不能源于任何别的地方，这就是埃塞俄比亚所具有的十分独特的战略优势。

埃塞俄比亚的第三个优势是《非洲发展机遇法令》（AGOA），根据这项法令，非洲的许多产品可以免税出口到美国而且不受数额限制。这样成本一般要节省8%～10%，利用《非洲发展机遇法令》可以节省37%之多。

埃塞俄比亚政府还制订出了非常宏大的出口发展计划，对于制鞋产业来说尤为如此。从历史来看，埃塞俄比亚的兽皮、毛皮和皮革（HSL）是加工成半成品后出口的，人称“腌制的湿青”。进口国把这种进口产品加工成“面包皮”和成品皮革就创造了附加值。先期加工阶段和后期加工阶段之间存在着巨大的差别。为了增加就业机会和建立更多的企业，埃塞俄比亚政府减少对后期加工产品的税收以资鼓励，先期加工产品曾是埃塞俄比亚传统皮革出口产品的主流。这是一种微妙的平衡手段。政府一方面力图鼓励附加值加工，另一方面又不想完全干涉制鞋业。

为了进一步鼓励兽皮、毛皮和皮革业的出口，埃塞俄比亚政府允许免税进口过去为加工类出口产品。兽皮、毛皮和皮革业被列入最优先发展地位，是继咖啡之后第二大出口产品集团，因此，国内的外国劳工成本在6个月内都由埃塞俄比亚政府承担。这四种优势构成了“拉动因素”。

中埃制鞋合资公司的双赢战略

目前埃塞俄比亚每年生产2000万张兽皮和毛皮，年出口创汇为1亿美元。埃塞俄比亚要打造自己的羊皮品牌，使其成为优质皮革。

埃塞俄比亚尽管拥有丰富的皮革资源，但是目前每年出口的鞋产品还不到1000万美元。虽然欧洲掠夺式的购买行径是出口量小的部分原因，但是有些内在因素也不容忽视。大约有35家工厂如果以前得到帮助的话，产品就可以一直出口的。[illegible]正在给这些厂家提供帮助，计划把6家工厂建成集团，从为出口做好最充分准备的厂家开始，但是仍然需要极度的干预和升级技术帮助，用9～12个月的时间把工厂转换成独立经营的企业。随之第二个由6个厂家组成的集团将会投入运营，还有类似的计划项目。这个方案从最保守的估计来看，用不到五年时间出口额可达到2000万美元。

鞋制品具有极高的附加值，因为出口价值的90%来自产地的原材料和劳动力。鞋制品出口还推动许多产业发展，从畜牧产业、屠宰产业、皮革贸易到制革产业。相反，埃塞俄比亚迅速发展的园艺技术要靠其出口创汇的85%来进口，如温室和化肥。

制鞋业也是一个族群产业，例如，制造鞋外底和鞋眼铸型的企业，在这个链条中提供各种不同鞋部件的企业。当前许多鞋部件都来自中国，但是随着埃塞俄比亚产量的提高，地方族群产业将会在全国各地兴起。这种族群产业会为中埃两国企业合作提供良好的机遇。

中国给埃塞俄比亚带来制造、出口和国际商务技术，而东道主国家给中国带来当地的原材料和劳工优势。我认为这是双方互利合作取得双赢的基础。加速这样合作的一种原动力就是拥有 50 亿美元的中非发展基金会。中国一家生产商宣布利用这种基金在埃塞俄比亚投资 3400 万美元用于建设一家制革厂和购买制鞋设备。

作者简介

理查德 · D. 西格尔创建了一家拥有 40 个零售鞋店的连锁店，成为纽约、马萨诸塞和俄亥俄州的主要的独立鞋制品零售商。由于有这种经历，他目前担任埃塞俄比亚制鞋业高级顾问，负责产业结构重组和对美国出口事务。这一任职是世界银行和美国国际开发署的决定。他还是非洲开发基金会（ADF）和美国国际开发署的顾问，负责撒哈拉以南非洲 20 个国家的事务，帮助客户向 Macy's，Target 和 Hallmark 出口，获得成功。他设计开发出一种佩斯软件系统，用于库存和人力资源管理，已在美国 25 个地区的零售公司安装使用，这些公司的销售额从 200 万美元增长到 20 多亿美元。西格尔的专长是零售、制造和批发，此外他还擅长兼并和合并、公司启动、公司结构调整与重组、战略计划、财务开发与运作、资本筹措、人力资源、后勤、租赁、营销以及技术系统。他毕业于锡拉库扎大学，获得哲学学士学位。

纳米比亚：最后独立的国家
——纳米比亚案例："大卫与歌利亚"

沙伦·T. 弗里曼

我2009年8月初有幸访问纳米比亚。起初我没有计划去纳米比亚，但是一到纳米比亚，我就听到很多人谈论中国的角色和影响，看到报纸上发表很多有关题材的文章，我就不失时机地向有关人士发表讲话，听取他们对形势的看法。

本文旨在简略地浏览而不是深入地探讨有关中国在纳米比亚的作用和影响的观点。虽然只是一张快照，却出现了一幅景象异常的画面。

纳米比亚的国情是独一无二的：它1990年摆脱殖民统治，是非洲最后一个获得独立的国家，是唯独一个受两个不同的殖民国统治的国家。纳米比亚作为一个独立的国家，其运筹和发展才20多年时间，今天就已经登上了与世界上最强大的国家之一——中国进行一对一谈判的宝座，令人刮目相看。要理解这种巨大的挑战，我们必须了解纳米比亚的历史。

纳米比亚简介

下面是对纳米比亚各种不同的显著事件的叙述，但是重点放在对于理解纳米比亚历史特别重要的几个问题上及其纳中关系的问题上，特别是强调纳米比亚的种族关系及其广袤的地域和稀少的人口；特别值得关注的是西南非洲人民组织（SWAPO）在纳米比亚解放运动中所发挥的作用以及中国在支持这场解放运动中所发挥的作用。就是由于这些事实，纳米比亚人民忠实于西南非洲人民组织，西南非洲人民组织感谢中国对纳米比亚解放运动的支持。

殖民统治。简而言之，1878 年英国兼并了瓦尔维斯湾，1883 年德国贸易商阿道夫·路德利茨与当地一位酋长谈判之后宣布拥有湾区的其余地区。翌年，英国认定内地到东经 20 度为德国的势力范围，殖民主义德国从 1094 年到 1098 年的实力得到了加强，但在 1915 年占领南非后却一败涂地。

根据《国际联盟公约》第 22 章的条款，1920 年 12 月 17 日南非接管了西南非，这使南非完全拥有领地的行政权和司法权。1946 年国际联盟解体，新成立的联合国接替了其前身对领地的监督权。南非拒不接受联合国要将其领地纳入托管协定。在 20 世纪 60 年代，欧洲大国赋予殖民地国独立权，托管非洲领地，要求南非托管纳米比亚的压力增加；1966 年联合国代表大会撤销了南非的托管权力。

解放。1966 年也是西南非人民组织开始武装斗争解放纳米比亚之年。1975 年安哥拉独立后，西南非人民组织在努乔马的领导下，在南方建立了基地，从那时起就组织斗争，直到 1990 年最终获得了独立。

中国人民的角色。中国在纳米尼亚解放斗争期间和之后都支持纳米比亚，而英国和美国则拒绝支持，因此被纳米比亚领导人认为是纳米比亚的一个“经过考验的真实可靠的”朋友。2007 年 2 月中国国家主席胡锦涛率领一个由 130 名成员组成的代表团第一次访问纳米比亚，他说，“访问纳米比亚是他的美好梦想”，他希望他的访问会加强友谊和合作的纽带。他会见了纳米比亚总统以及前任总统努乔马。

当时贸易与工业部部长伊曼纽尔·恩噶齐泽库（Immanuel Ngatjizeko）表态完全支持中国，他注意到国内外媒体的消极报道的目的只是为了在中国和非洲引起怀疑和不信任，但从实质上来看，有记录表明中国一向站在纳米比亚一边，在需要的时候给予支持，不附加任何条件。

两国间设立了一个经济合作与贸易联合委员会，从此双边贸易有了戏剧性的增长，双边在经济、贸易、司法、教育、卫生等其他领域的合作接踵而至。

中国为纳米比亚提供经济援助，建设的项目包括两个低价住宅区、学校、诊所、钻井、灌溉、一个水产研究中心、一个儿童中心、地方委员会大楼和新国会大厦。中国还派遣科学教员和医疗队，据了解中国还将帮助把现在的军事学校扩建成一所名副其实的国防学院，建设一个青年培训中心以及其他项目。

表 1　自 1990 年以来中国对纳米比亚的捐赠和贷款

捐赠 1	3000 万元
捐赠 2	5000 万元
无息贷款	3000 万元
优惠贷款	10 亿元
贷款限额（2007 年 2 月签署但还没实行）	100 万纳米比亚元折合（1 亿美元）

资料来源：纳米比亚人，2009 年 2 月 10 日。

种族隔离制度的影响。不了解种族隔离制度的影响以及将其消除的意义就不能完全了解纳米比亚。实质上纳米比亚是在中国及其他盟友的帮助下于 1990 年获得独立，最终摆脱了种族隔离制度残酷的枷锁。种族隔离制度对纳米比亚人民生活的各个方面都有着深刻的影响，这种制度所造成的严重伤害无论怎样说都不为过。

简而言之，2002 年《国际刑事法院罗马规约》对种族隔离罪的定义为不人道的行径，具有与其他反人类罪相同的性质，“是在一种制度化的政体统治下犯下的，在这种政体中，一个种族群体在制度上压迫统治任何其他种族群体，其目的是为了维持这种政体”。该规约罗列出诸如暗杀、奴役、剥夺人身自由、强制搬迁、集体迫害等种族隔离罪。

对于种族隔离罪的受害者来说，种族隔离的遗产就是断裂的连锁之一。环顾四周，人们寻求所做的一切事务中，由于在信息、知识、关系、经验、所有权以及可想象的每一个方面存在关系断裂的情况，因此所遇到的就是障碍，这显然会对本土的地位和商业发展产生消极影响。

有了上面对历史背景的介绍，我们下面再来浏览一下纳米比亚的经济状况，以为我们了解相关方面的观点做进一步的准备。

经济。纳米比亚经济严重依赖几个关键领域里的主要商品出口创汇，其中包括矿产（钻石和铀）、牲畜、鱼类、葡萄和轻工制造产品。纳米比亚经济与南非经济融为一体，纳米比亚进口的大部分产品都来自南非，纳米比亚许多出口产品进入南非市场或者在南非转运。除南非外，欧盟（主要是英国）是纳米比亚的主要出口市场。纳米比亚的出口产品主要包括砖石和其他矿石、鱼类产品、牛肉和其他肉类产品、葡萄以及其他轻工制造产品。

纳米比亚寻求贸易关系多元化，从严重依赖南非商品和服务的关系中摆脱出来。该国拥有交通基础设施，是许多地区和国际组织成员国，为实现这种多元化创造了有利的条件。

从国内情况来看，国有企业在纳米比亚许多关键的经济领域经营，把私有企业排挤出去。政府在以下产业中拥有股份（经常为100%）：电信（固定和移动电话、信息服务）、能源、水利、交通（航空、铁路和公路）、邮政、渔产和旅游。

采矿与能源。采矿所创的产值在2007年约占国民生产总值的12.4%，其中钻石开采约占6%。纳米比亚钻石开采约为两百万克拉，占出口创汇的大部分。其他矿产资源有铀、锌、铅、黄金、氟石以及盐。纳米比亚也是天然宝石的产地，诸如花岗岩和大理石。半宝石开采规模较小。与其他许多国家情况一样，纳米比亚的萃取产业，特别是钻石产业，由于全球经济的发展，经历了一个严重萧条阶段。铀开采是一种萃取产业，预期今后会继续增长。

在独立前，纳米比亚的广大地区包括沿海地区由于可以开采石油而租赁出去。1974年在奥兰治河附近的库杜发现天然气，据认为天然气储备量为1.3万亿立方米。库杜气田开发由土楼石油公司（Tullow Oil Plc.）领衔，拥有库杜气田70%的份额；伊藤忠商事株式会社（Itochu Corporation）拥有20%，纳米比亚政府通过国有石油公司纳米考尔（NAMCOR）拥有其余10%。南非地区面临电力短缺的形势，政府声明承诺开发库杜气田，但是电力供给在中短期依然是一个挑战。

农业。除渔业外，纳米比亚农业在过去五年中大约占国民生产总值的6%，纳米比亚人口约有70%靠农业生产维持生计，大多从事食品和服装原料生产活动。动物产品、家畜和作物出口大约占纳米比亚出口总数的5%。政府鼓励地方生产农产品。水果、蔬菜以及其他作物零售商27.5%的货物从当地农民那里购买。

在白人占主导地位的商业界，农业生产主要是从事家畜牧场饲养。养牛在中部和北部地区占主导地位，而绵羊和山羊饲养则集中在较干旱的南方地区。基本农产品的生产在纳米比亚人口稠密的北方的“国有土地”上，在那里随处可见漫游的牛群，主要作物是小米、高粱、玉米和花生。鲜葡萄主要在纳米比亚南方干燥的奥兰治河一带种植，且日益成为越来越重要的商业作物，在经营季节也雇用大量的劳工。

政府的土地改革政策出于两部关键的法律：《1995年农业（商业）土地改革法令6号》和《2002年国有土地改革法令5号》。政府对土地改革依然采取一种“愿买愿卖”的立场，根据纳米比亚宪法提供适当的补偿。政府在解决关键的土地山脉管理问题过程中，要考虑水的使用及其是否缺乏的问题。

捕鱼业。纳米比亚海岸附近洁净寒冷的南大西洋水域，属于世界上最丰富的捕鱼资源场所之一，每年可持续捕鱼150万吨。商业捕鱼和鱼类加工从就业、出口创汇以及对国民生产总值的贡献率来看，是纳米比亚经济的支柱产业之一。纳米比亚政府积极推行附加值政策，旨在增加沿海地区鱼类产品加工，推行保守的资源管理政策，开展一场积极的渔业发展运动。纳米比亚沿海水域里品种丰富的鱼类有沙丁鱼、凤尾鱼、鳕鱼和竹荚鱼。但也有数量较小但价值很高的鱼类品种，如鳎科鱼、墨鱼、深海螃蟹、大鳌虾和金枪鱼等。

制造业。2007年，纳米比亚制造业（包括肉类和鱼类加工）产值大约占国民生产总值的15.7%。从历史来看，纳米比亚制造产业受到抑制，因为国内市场小、对进口商品依赖性大、地方资本供给有限、人口居住分散、技术型人才缺乏、工资较高以及还要对与南非开展的竞争予以补贴。

基础设施。瓦尔维斯湾有一个发达的深水港，纳米比亚政府计划将其建成通往南非地区的一个重要商业门户，但是政府承认纳米比亚2300多公里的铁路设施的许多部分急需修复。铁路设施升级是纳米比亚政府扩建瓦尔维斯湾港口计划中考虑的一个关键因素。纳米比亚还拥有现代民航设施以及一个广阔的、得到良好护理的陆上交通网。两条大动脉的扩建工程在继续，一条是卡普里维地区公路（Trans-Caprivi Highway），另一条是跨喀拉哈里地区公路（Trans-Kalahari Highway），这两条公路建成后会使这两个地区通往瓦尔维斯湾的交通更为便利。

旅游。旅游是纳米比亚经济迅速发展的产业，是提高就业水平的重要因素，是继采矿和渔业之后的第三大创汇来源。虽然纳米比亚的国际游客大多来自局部地区，但是来自其他地区的国际游客正在增长，因为纳米比亚具有一系列独特的优越性：稳定的政治、多元的文化和秀丽的风光。

劳动力。虽然大多纳米比亚人都以这样或那样的形式活跃在经济领域里，但是这种活动大多是在非正式领域里，主要是自给性农业。在正规的经济领域里，官方估计劳动力中失业率为30%到40%。许多力图在正规领域里找工作的纳米比亚人由于缺乏必要的技能或培训而受到限制。政府正在积极推进教育改革以解决这类问题。

有两个主要的代表工人利益的工会联合会：纳米比亚全国工人联合会和纳米比亚全国工会代表大会，前者附属于现在的执政党西南非洲人民团体，后者附属于任何执政党。2008 年 11 月有一部新劳工法生效。新法禁止雇主使用雇工（第三方雇用的临时工或合同工），但这部法律受到质疑后暂停执行。

以上简要地介绍了一个新独立的小国家的情况，这个国家正处于经济增长和多元化的初始阶段，面临重重阻力，包括种族隔离制度遗留下来的具有毁灭性的隐患。纳米比亚经济主要依靠南非，由于有望在这种经济多元化过程中发挥关键性作用，中国成为受欢迎的国度。与此同时，由于经济和社会生活各个方面的断裂，新兴的小企业处于十分不利的地位。记住了这些要点才能够理解下面相关方面的立场。

有关方面对中国在纳米比亚的角色和影响的看法

在纳米比亚如同在任何其他社会一样，也有许多相关方，如个体公民、企业主、政府代表、民间社会成员、驻纳米比亚的外国实体等。他们的看法自然会不约而同，这取决于他们的社会地位和他们感到自己是否是中国在纳米比亚活动的直接受益人。查看一下他们当中部分人士在社会中所采取的态度，我们眼前就会浮现出下面这张快照中所拍摄的景象。

中小企业家（SME）

本文所采访的中小企业业主隶属许多不同产业，他们在各自的产业中的排名在 20 位左右，要根据具体情况来看他们的观点，就必须注意到中国在纳米比亚参与到一些建设项目中，这会给他们的观点打上消极的烙印。

第一，在首都温得和克到处可见高楼拔地而起，有人认为中国公司在所有的建筑项目招标中，会依靠不公平手段胜出。

第二，有一些丑闻认为[①]：中国私企人员显然进行了共谋活动，他们拉拢中国政府高层人士和纳米比亚政府高级官员。

---

① 目前分别纳米比亚和欧盟官员依其申述，对违法行为展开调查，包括贿赂与不公平交易，获取 0.553 亿美元合同，向纳米比亚政府销售扫描设备。

第三，中国企业在越来越多的产业里和经济金字塔底层的行业中与当地的纳米比亚人的竞争开始变得越来越激烈，涉及小型贸易和零售业；根据国土法，中国企业的活动处于被禁行列之中。

第四，目前正在出现一种似曾相识的情形，一个种族统治黑色和有色人种的现象再次凸显，但是这一次，中国成了居统治地位的群体。

第五，纳米比亚赢得来之不易的独立才20多年时间，如果在西南非人民组织政党领袖的领导下确实正在发生腐败，那么就会令人感到特别失望，这些领袖通过这样的行径实际上“无异在出卖他们自己的人民”。

浏览一下报上的文章、杂志的报道抑或只在市里兜上一圈，看看正在建设的许多楼房，特别是政府的高档建筑，你就会知道中国的影响在不断增长。到一家“华人街”看看，那里的商店中国货琳琅满目，在那里黑人地位似乎被降格，他们充当着保安或助手的角色，所有这些都更进一步加深了当地“穷人”对中国人的反感。

实际上“贫穷”本身是一个不会引起好感的条件，不仅仅是不会对中国人引起好感，但是一般说来贫穷还会引起一些问题，诸如当地人究竟为什么筹措不到资金；为什么不能获得更多的技术援助；从一般来看，政府为什么不能给予更多的援助等。这里一个问题会引发另一个问题。为什么差不多20年过后纳米比亚的收入分配在非洲大陆是最不平等的呢？今天纳米比亚已有20多万技术工人和一个小规模的训练有素的专业和管理阶层，即使在这种情况下，为什么大多人口还依赖自给性农业和畜牧业呢？

简单说来，小企业并没有兴旺起来，在短期内涌进一个外来企业竞争者群体，开始迅速不断地挤兑批发商、零售商，挤兑整个纳米比亚建筑产业，在所采访的中小企业家看来，这就出现了某些问题。

中小企业家认为下面的因素有助于说明中国企业为什么比当地企业具有无可比拟的优越性：（1）中国公司在很多层面采用欺骗手段；他们在建筑项目招标中开价低于标书执行价格，对进口商品实行补贴，给自己的雇员和纳米比亚雇员开低工资。（2）中国公司与政府官员串通一气，后者会在交易中吃回扣，允许中国公司提高政府进口商品价格以弥补政府官员所要的回扣；中国公司的建筑工程质量低。（3）各级政府官员别有用心地“真诚”欢迎中国公司来到自己的国家，他们不会检举中国公司违反劳动法和纳米比亚其他法律。（4）软性贷款并非真正具有“软性”，因为资产的基本价值被扭曲。

(5) 纳米比亚政府与中国公司进行交易都是在秘密中进行，外人对其一无所知。

沙伦·T. 弗里曼博士在纳米比亚一家中国商店

使问题更加恶化的现实在于中国人更加勤奋。纳米比亚公司老板认识到中国人工作观念强，他们具有非凡的牺牲精神，这一点是纳米比亚人所无法比拟的，纳米比亚人也不想改变他们的价值观，从日出干到日落。

我们所访谈的中小企业家普遍认为，把公平和不公平的优势结合起来，就会导致纳米比亚地方小企业主边缘化。纳米比亚一般的中小企业主不知道如何提高自己的竞争力；在任何方面与中国公司竞争都没有希望：中国公司拥有较雄厚的资金、较好的网络、较好的商品渠道、较好的信息渠道、来自自己政府和纳米比亚政府的较强大的支持，实际看上去确实如此。

历史表明，亦如在反对种族隔离制度的斗争中的事例一样，当一个民族感到自己完全失去希望的时候，进行抵抗就会一无所失。如同物理定律所表明："你可以控制作用力，但是无法控制反作用力。"

劳工的观点

2009 年 8 月 7 日我有幸采访到了纳米比亚劳工资源研究所（LaRRI）高级研究员赫伯特·乔迟（Herbert Jauch），就在当天非洲劳资网发表一篇文章，题为《中国在非洲的投资：劳工的观点》[①]。这篇文章从劳工的角度提供了有关纳米比亚国情的丰富信息。文章把第一手信息和流传的信息融为一体，把前面提到的中小企业家的看法与本书中的信息加以比较，得到以下信息。

中国公司会接收纳米比亚建筑产业吗？纳米比亚建筑联盟在 2008 年所作出的一项估算表明，纳米比亚大建筑项目有 60% ~70% 都给了中国公司，其中包括几个重大的公共建筑合同。

中国建筑公司在纳米比亚建筑产业中经营遵守纳米比亚法律吗？受雇于中

① A. Y. 巴奥、H. 乔迟编《中国在非洲的投资：劳工的观点》，非洲劳资网，2009 年。

国公司的纳米比亚工人提出了许多关于自己遭受虐待的投诉，为了对此作出回应，纳米比亚建筑联盟展开调查，结果发现中国承包商事实上违反了大多劳动法。纳米比亚全国工人联合会2007年也对该问题开展调查，同样发现在建筑企业里经营的中国公司违反纳米比亚法律，使用从中国带来的廉价劳工。

具体说来，调查发现中国公司支付的工资为每小时2.77～3纳米比亚元，而所达成的协议中规定的最低工资为每小时8.44纳米比亚元；调查还发现中国公司不执行最低卫生和安全标准；存在无视工作时数、反对工会以及其他违法行为。

中国公司回避对雇员的责任所使用的手腕之一是雇用分承包人、个人以及没有注册的公司。他们宣称通过这些实体给工人支付工资，但是这样的“中间人”并不按中国公司规定的数额支付工资。中国公司还坚持认为语言问题是雇员产生许多误解的原因。

中国公司的劳工关系和工作条件差吗？对中国一家大建筑公司的投诉所举的事例有：不执行最低工资标准，不给工人提供安全服装，有时候所提供安全服装的费用要从他们的工资中扣除；工人被迫在不卫生的环境里睡眠，还有27个人像牛一样住在小棚子里；不给他们发工资单、福利或雇用证书。此外，还有其他投诉。

中国大使馆和纳米比亚政府官员在回应中提议：应该接受低工资，将其看做走向繁荣的一种手段。中国大使馆经济参赞明确表示：

> ……要对劳工保护作点贡献。劳工成本太高。纳米比亚没有产品。在中国如果你有1000纳米比亚元，你就是富人，但是在纳米比亚1000纳米比亚元是什么都买不到的。如果你现在在劳工成本上为未来子孙作出牺牲，纳米比亚就会发展。让人们现在接受低工资、吸引更多的外国投资、开始生产，这样未来子孙就会收获牺牲结出的果实……
>
> （巴奥与乔迟，2009：引自与刘康源的谈话，2008年4月3日）

中国公司在进行公平竞争吗？在贸易领域，中国贸易商确实能从中国购物，利用关系网来降低成本，“战胜”他们的纳米比亚竞争对手。在建筑产业中，中国公司也能战胜纳米比亚竞争对手，因为中国公司不能遵守《反歧视与劳工法》（Affirmative Action and Labor Act）中的各种规定，据报道，所涉金额高达工资成本的50%。也就是说，中国公司不遵守有关规定，就可以节省50%的成本，这使他们在合同承包招标中占据较强的价格优势。据说中国公司还从自己政府获得补贴，因此中国公司能以低廉的价格出售商品和提供服务，而没有接受自己政府补贴的纳米比亚公司则不能。

人们注意到，纳米比亚工会在调查结束时发现，很多纳米比亚公司也没能遵守劳动法，同样也支付低工资，也不能执行所有的劳工标准。

中国零售商店的数量在增加吗？“中国商店”已成为纳米比亚风景线上的一个永恒增长的特征，实际上在每个小镇和村庄都存在。虽然在纳米比亚贸易与工业部的数据库记录注册的这样商店只有500家，而且计划落户的更多，但是大多数在获得营业执照后并没有注册，与该部没有什么联系。这类商店销售的商品范围在扩大，其营业对创造就业机会没有什么作用。

中国公司在创造就业机会和转让技术吗？中国贸易商往往过着简朴的生活，他们就住在商店房顶上面的两三间房屋里。他们往往使用当地劳工干粗活，在其他情况下就依靠家人做工。缺乏信任往往被认为是雇用中国劳工而不雇用纳米比亚劳工的原因。在建筑产业里，人们发现中国公司雇用工人做技术含量低的工作，但是有相当大一部分工人是外国人，不仅仅是中国人，而且还有来到纳米比亚的移民工人，他们只要有份工作，不管挣工资多少都会接受。中国在制造产业投资现在还很小，已做的几笔投资是生产砖、纺织品、洗涤剂、床垫、打火机、自来水加工、柴油机安装等。中国公司计划合作开发纳米比亚采矿产业和石油天然气产业，这也涉及重大的基础设施建设。

中国投资对经济有积极作用吗？从积极方面来看，中国贸易商引进廉价产品，纳米比亚人能买得起：他们降低了建筑的整体成本；他们按时完成建筑项目，在施工过程中他们展示出勤劳的意义，勤劳是领先的必要条件；最后的一个要点在于他们以新的开发伙伴展现自己，不失为纳米比亚摆脱南非依赖的一种选择。

前面的叙述表明，要改善地方公司的状况需要做各个方面的工作。尽管压力在增大，但是纳米比亚人并不愿意高声抱怨，因为他们敬仰他们的国父努乔马，人们知道是他最先把中国人带到纳米比亚来的。每个人都希望纳米比亚政府不久就会采取大胆举措来帮助纳米比亚企业摆脱困境。与此同时，尽管有很多纳米比亚人失业，但是他们有非洲其他国家人民并非总会有的缓冲的余地：大多纳米比亚人在城市和乡村都有家而且/或者都有关系，这意味着当人们饥饿的时候，他们总能从乡村的家里弄到食品，正如赫伯特·乔迟所言。这对于北方人来说确实如此，他们属于当权派，代表了大多数人口的利益。人们把对政府的批评视为救命稻草，特别是来自当权派的批评。

千年挑战基金会（MCA）采购经理的观点

在探讨小企业家关于中国公司的建筑工程质量低的断言过程中，我向千年挑战基金会的代表作了咨询，他长年在纳米比亚的工程和建筑领域里工作，他的儿子也同样从事大建筑项目工程建设。据认为中国公司并不是靠建筑项目的“软性”咨询支撑投标，所有重大建筑项目都由纳米比亚工程咨询公司监督，这种公司必须签署同意开工的文件并且对工程质量做鉴定。

人们还进一步提到这样的咨询工程公司认为中国公司的工程质量是一流的，当有出现问题时，如在大项目中自然会经常出现的那样，中国公司与纳米比亚公司不同，愿意把有问题的整个部分全部推倒重来。考虑前面提到的情况，如果中国公司在建筑产业中的工程出了问题，如果这些问题又没有引起纳米比亚负责项目的工程咨询公司的注意，那么这就是一个双边问题。

在不久的将来会有一些千年挑战基金会资助的重大项目，中国公司会投标的。就千年挑战基金会的采购官员而言，没有理由阻止中国公司投标。如果中国公司能在任何投标中胜出，严格说来其所依赖的是优越的基础和所展示的资质。

但是普通纳米比亚人和小企业主质疑中国建筑质量也不无道理。“中国制造”标签并不与高质量产品相关联。来自中国的产品有不同的档次，最廉价的产品在纳米比亚市场上销售。因此，普通纳米比亚人所接触到的产品一般说来质量很低。此外，一起涉及中国公司与一个纳米比亚铁路工程项目的丑闻，引起了纳米比亚民众的严重关切，他们担心中国公司是否能兑现他们的承诺①。

① 根据内阁2009年7月1日提供的一项秘密备忘录，中国工业巨头（中国机械设备进出口总公司）援引纳米比亚工程与交通部的数据，奥西砍格—安丹瓦（Oshikango-Ondangw）铁路为62公里，其建设花费1630亿纳米比亚元，真是一个天文数字，几乎是仅在四年前的一个规模类似项目造价的10倍。中国给纳米比亚提供了一笔3亿纳米比亚元的贷款，要求纳米比亚政府放弃一切招标程序，把工程承包给中国机械设备进出口总公司，尽管该公司的报价比南非和德国建筑公司的报价高10倍还多。有谣传认为纳米比亚政府终止了中国进出口银行的贷款。

《洞察》杂志编辑

中国的所作所为值得纳米比亚的顶尖杂志之一——《洞察》的关注。在已知的所有出版物中，至少有一篇文章对中国在纳米比亚的角色和影响提出质疑。我和该杂志的编辑一起坐下来，倾听他有关中国在纳米比亚的存在的见闻，以获得一个整体的印象。

如他所见，中国人在纳米比亚无所不作，无所不能。甚至有报道说，他们在乡村建菜园，把菜卖给过路的游客。

人们的主要担心之一在于纳米比亚究竟为中国的援助付出多大代价。中国一方面提供“软性”贷款，另一方面又把他们的援助与从中国进口商品和引进工人挂钩。纳米比亚人民感到他们正在受着剥削，而纳米比亚政府认为中国人是纳米比亚的真正朋友。与此同时，中国的竞争正在引起纳米比亚产业倒闭，特别是地方的建筑产业。

这是一种矛盾现象：从多方面来看，中国的存在是一种福气，从其他方面来看又是一种灾难。从积极方面来看，中国人正在展现一种非洲人应该努力学习的工作作风。他们也希望建设纳米比亚基础设施项目，但是在建设过程中，他们却躲避法律法规，给纳米比亚新生的产业带来伤害。很多公民认为，纳米比亚政府与中国公司串通一气，以获取对重大选举的捐助和其他利益。

从纳米比亚的历史来看，特别重要的问题在于人们要相信中国人在纳米比亚不仅仅是在剥削他们，然而这是他们的印象，中国公司并没有表示对与地方企业界建立战略联盟有兴趣，他们做诸如铁路项目的亏心商务交易，把坏卡车和公共汽车卖给纳米比亚政府。

一个重大的担当领导的机遇正在与整个中国事务擦肩而过。纳米比亚政府应该制定确保纳米比亚人与中国人打交道获胜的战略。纳米比亚政府应该总结他们在解放斗争中的经验，更多地倾听普通公民的抱怨。“当要面对重大问题的时候，我们的解放经验告诉我们要与社会的各个阶层民众结合在一起。如何制定与中国共赢的战略的问题是一个纳米比亚社会所有成员都心之所系的重大问题。”

但是从实际情况来看，问题在于：谁在驾驶席上，我们去向何方？

大学的观点

对在纳米比亚的中国人常见的抱怨之一在于他们帮助当地人掌握技能，而不向他们传授知识。于是我就问纳米比亚理工大学校长：如果你们的大学与中国大学建立合作关系抑或如果中国通过你们大学来提供职业培训，那么谁会发起一种重要的、新企业家的首创精神呢？答案是否定的，中国也没有提出任何请求。这种意向的重要性已经通过纳米比亚理工大学以前和正在与其他国家的大学的合作凸显出来。

如果培养技能和传授技能的确是个重要的目标，那么加深与中国的合作把教育领域的交流放在首要地位正是大好时机，应该鼓励中国人提供专业培训以及其他重要的教育交流机会。然而，到目前为止还没有证据表明有这样的机会出现，在大学之间交流的层面上没有，在岗位培训的层面上也没有。

来自纳米比亚国家野生动物度假村的看法

纳米比亚国家野生动物度假村经理认为中国人在纳米比亚是一件好事。中国人正在对纳米尼亚社会转型产生影响，他们展现出提高成本效益的方式方法，展现出勤奋的价值。此外，中国的参与对于减少南非对纳米比亚经济的钳制也起着重要的作用。

中国与纳米比亚合作的风格也比西方的更受欢迎得多。中国人不是来做祈祷，不是来发号施令。他们采取一种协商的态度，他们的态度更加令人尊敬。

中国人没有要求我们改变行为，这已不可能通过立法来实现，我们可以伙伴的身份与他们一起坐下来努力探讨合乎国情的解决方案。恐吓不会起作用，美国奉行的战略，特别是在伊拉克、阿富汗和苏丹奉行的战略，根本就不起作用。

我们尊敬中国人，我们认为可以从他们那儿学到很多东西，但是我们并不生搬硬套他们的模式，要把他们的模式与我们的具体国情结合起来。我们对于听从美国的那一套感到厌倦，美国说一套，做另一套，正如他们对《京都议定书》所使用的伎俩一样：美国想宣称美国非常关心环境，但是美国又是地球上最大的污染者，是全球变暖的罪魁祸首。不错，中国与印度和俄罗斯以及许多其他西方国家一样，也对全球变暖负有不可推卸的责任，但是中国总被单独拿出来说事，这是不公平的。

我们认为可以与中国人一起坐下来解决我们自己关系中存在的问题。总而言之，非洲下一代领导人应向东方，而不是向西方寻找模式。

贸易与工业部的看法

“从政府层面来看，纳中关系是由官方条约、协议和其他正式议定书主导的。”人们普遍认为中国在纳米比亚市场上扮演两个不同的角色：一个角色是中国政府批准支持的，另一个是由私人扮演的。就后者而言，有过私企公司的不良行为的事例，其中有很多与彼此之间在文化方面的误解有关。但是所有各方，包括中国大使馆和纳米比亚私企的代表都应该努力寻找解决问题的方案。

自从独立以来，纳米比亚政府一直奉行自由市场经济原则，旨在促进商业发展，增加就业机会，把处于劣势地位的纳米比亚人带入经济发展的主流。带有自由色彩的《1990 年外国投资法案》规定：要摆脱国有化的禁锢，自由兑换货币以及拟定一种公平解决争端的程序。

“政府也正在为纳米比亚公司开拓一个广阔平台的各种不同选择进行评估，诸如提供经营场所，包括企业用地和零售空间。政府还在探索如何提高指导水平和促进技能提高以及如何给公司和贸易展览会提供更多资助。鼓励出口也是一个重要的目标，从这方面来讲，政府目前正在与国外投资咨询服务部（FIAS）共同努力来制定一项战略。”

中国商会的看法

中国商会主席 1997 年移民纳米比亚。他说他曾有机会来访，对目之所见感到喜悦，于是就留下来了。这个商会有 70 个会员，大多是零售公司。中国商会主席在零售行业中发挥着重要的作用。

他指出以纳米比亚为基地，安哥拉市场应该是一个新的、关键的服务对象。在交谈中出现三个重要的观点。当问到中国公司究竟是否与当地公司合作时，得到的答复是“我们一直有许许多多的合作”。

一般纳米比亚人走马观花所产生的印象是，中国人不与当地人合作，这是一个错误的主观臆断。问题在于他们与谁合作。

第二个发现在于当问到中国人如何解决问题时，所得到的答复是“我们找政府”。

最后在会见结束时，我给他一本我编著和出版的书，中国商会主席说：“嘿，我可以以低廉的价格为你印刷；让我给你报个价吧。”

我问他打算在纳米比亚待多久，他说：“生意在这里，生活也就在这里。”

美国驻纳米比亚大使的看法

美国驻纳米比亚大使丹尼滋·马休尔认为很多人未能认识到中国在非洲的出现并非新鲜事物：中国过去支持许多非洲国家的解放斗争，随后又支持新独立的国家，为他们提供技术援助，建设基础设施。

从中国自己的历史来看，中国人对时间的观念与我们西方人有所不同。

在美国，我们往往用3～5年这一时间水准来考虑发展项目，中国似乎以连续性水准来考虑发展问题。他们与非洲国家的关系历经了时间的检验，从很多方面来看今天正在得到回报。

在纳米比亚到处都可以看到中国的影响，从中文电视台和中国零售商到其在建筑产业中的主导地位。纳米比亚是一个新独立的国家，文化艺术馆和体育馆在许多国家是中国的象征，但在这里却看不见。然而，今天如同在其他非洲国家越来越普遍一样，中国建设的政府办公大楼和旅馆现在在这里习以为常。

随着越来越多的中国人参与纳米比亚经济建设，人们不禁要问这是否就是对全球市场的反射抑或是否有一项通过中国参与的宏伟战略来使纳米比亚经济多元化。当然，在公开场合也提到有关中国在纳米比亚经济中的角色和影响问题。当地企业对自己与中国竞争的能力非常担心，对欺诈和腐败的担心会给纳中经济关系带来的益处蒙上怀疑的阴影。有专家的指导、政府的支持和企业的积极性，当地的中小企业家与中国竞争的能力将会提高。中国鼓励其私营企业按照纳米比亚法律经营，这有助于搭建一个公平竞争的平台，与企业界建立友好关系。

从发展援助的角度来看，中国、美国、纳米比亚政府以及其他援助者之间的合作将是互惠互利的，会促进纳米比亚经济的发展和繁荣。中国的基础设施建设项目与美国的技术援助，诸如瓦尔维斯湾港口扩建工程，会创造出“三赢”的局面。中国对国际协议的支持提高了透明度，诸如萃取产业的透明度，也将会结出丰硕的果实。

与此同时，中国的常驻企业可以为经济和社会发展作出贡献，他们缴纳税赋，响应公司社会责任的倡议，在纳米比亚加快技术转让和人才培养的步伐。

就纳米比亚的领导人来说，我们鼓励他们利用所有真诚合作的伙伴的优越性来发展纳米比亚，不管他们是美国人、中国人还是其他国家人。一个强大的、民主的、繁荣的纳米比亚符合每个人的最高利益。

总而言之，纳米比亚政府必须确定自己与中国合作要获取的东西，必须向其国民清晰传达出这种远见和战略。历史表明，特别是中国的历史表明，重要的在于投资者要把重点放在价值增加和人力开发上，走在时代前列，推动经济向前发展。

加纳：非洲第一个独立的国家
——独立后的52年

沙伦·T.弗里曼

我2009年8月初访问了加纳，在此前的几周我访问了纳米比亚。我认识到我刚刚访问了非洲最后一个获得独立的国家，现在我在访问非洲第一个获得独立的国家。我抑制不住要谈加纳的情况，这是自然而然的。因为加纳提出的问题在于它已经独立几十年，其企业与中国企业竞争的能力和其他国家相比是否有很大不同。这是一个中心问题，因为中非关系面临的困难不在高层，而是在社会的低层和中层，个人和公司必须与中国对手竞争才能获得国内市场份额。人们会认为，作为非洲赢得独立的第一个国家，加纳的私有企业具有比其他非洲国家起步早的优势，比如几十年后才独立的纳米比亚。

加纳也有自己的优越性。它在非洲拥有最古老的、最牢固的企业传统，拥有非洲最大的开放市场，也具有一个众多的、扎根深入的海外旅加群体，以及许多在加纳居住的非裔美国人。人们只要看看库马斯市的市场，就会感受到生机勃勃的企业家精神。

重要之处在于加纳被选定为美国总统奥巴马撒哈拉以南非洲之行要访问的第一个国家，因为加纳在实行民主政治方面取得了巨大进步。

如上所述，本文旨在迅速浏览而不是深入研究有关对中国在加纳的角色和影响的观点。

加纳的背景

加纳有23.8万平方公里的土地面积，相当于美国伊利诺伊和印第安纳两州面积之和。其首都阿克拉大约有300万人口。其他城市有库马斯（人口100万）、特码（人口50万）、塞孔迪－塔克拉迪（人口37万）。

历史。在1675年之前，黄金海岸的历史主要是口头流传的历史，讲述西部苏丹（如今为毛利坦尼亚和马里的领土）古代王国移民的经历。黄金海岸1957年独立后更名为加纳，因为这可以表明当今的居民是从古代加纳王国迁徙到南方的移民的后裔。欧洲与黄金海岸第一次接触可上溯到1470年，当年有一群葡萄牙人登陆。1482年，葡萄牙人建立了埃埃尔米纳堡，使其成为一个永久的贸易基地。

1821年，英国政府控制了黄金海岸的英国贸易城堡。1844年，该地区范提（Fanti）部落首领们与英国人签订了一项协定，这项协定是使海岸地区变成殖民地的合法台阶。从1826年到1990年，发动一系列战役攻打阿善提部落，1902年稳固地控制住了阿善提地区，成功地使北方领土成为自己的保护领地。英属领地多哥兰最终构成国家的第四大领土，从前是一个德国的殖民地的一部分，1922年之后，英国作为国际联盟托管国从阿克拉管理该地区。1946年，英属领地多哥兰成为联合国托管领地，1957年黄金海岸获得独立后，联合国同意把该领地归为加纳的一部分。

1951年颁布了宪法，号召组成一个规模空前的立法机关，主要由直接或间接民选出来的委员组成。1954年4月29日通过了一部新宪法，成立了内阁政府，内阁政府由非裔部长组成，内阁成员都是从由直接选举产生的一个泛非立法机构中的成员挑选出来的。在随后的历次选举中都是科克米·恩克鲁玛总理领导的人民大会党（Convention People’s Party ，CPP）在新的立宪大会获得多数席位。1956年恩克鲁玛的黄金海岸政府发表白皮书，其中包括关于黄金海岸独立的提议。英国政府发表声明：对一个明确的独立日期表示同意，如果在大选后这样的举措能在黄金海岸立宪大会获得适度多数的支持。在1956年举行的选举中，人民大会党执掌政权，在立宪大会的104个席位中拥有71个席位。

加纳1957年3月6日宣布独立，同日英国宣布放弃对黄金海岸和阿善提殖民地、北方保护领地和英属多哥兰的统治。

独立后的政治。独立后，恩克鲁玛领导的人民大会党政府力图把加纳建设成一个现代的、半工业化的、一元的社会主义国家。政府强调政治和经济组织，努力通过劳工、青年、农民、合作社以及融入人民大会党的其他组织来稳定和提高生产力。然而，人民大会党的统治受到挑战，1966年2月24日，加纳军队和警察推翻了恩克鲁玛政权，恩克鲁玛和他的所有部长被免职，人民大会党和国民大会解体，宪法被终止。

后恩克鲁玛政治。策划 1966 年 2 月 24 日政变的领导人在全国解放委员会（National Liberation Council，NLC）的旗下成立了新政府，1969 年 10 月在一次议会选举后，加纳政府在第二共和的名义下恢复文人政府，科菲·A. 布希尔（Kofi A. Busia）领导的进步党议会赢得 140 个席位中的 105 个席位。

面对经济问题的不断加剧，布希尔政府 1971 年 12 月采取了使货币极度贬值的措施，政府无力控制随后出现的通胀压力，引发了民众进一步的不满，1972 年 1 月 13 日军人发动不流血政变执掌政权。

以 I. K. 阿昌庞为首的政变领导人组成了加纳国民救赎委员会（National Redemption Council）/最高军事委员会，但没有能力兑现其诺言，国民救赎委员会管理混乱，腐败成风，江河日下，对阿昌庞政府不满的情绪使他的权力逐渐受到削弱，最终在 1978 年 7 月遭到他的总参谋长弗雷德里克·阿酷夫（Frederick Akuffo）中将的逮捕，阿酷夫取代了阿昌庞成为国家元首和众所周知的最高军事委员会主席。

但是阿库夫并未能解决加纳的经济问题，也未能减少主要由高级军官造成的腐败成风的问题。1979 年 6 月 4 日，他的政府在一次武装政变中被推翻，这场政变是由一群尉官和军士——武装力量军事委员会（Armed Forces Revolutionary Council ，AFRC）——发动的，由杰利·约翰·罗林斯上尉担任主席。

随后发生的事件最终导致一部新宪法的诞生，这部宪法于 1993 年 1 月 7 日生效，建立了第四共和国。在那一天，杰利·约翰·罗林斯宣誓就任总统。此外，罗杰斯的全国民主大会党赢得议会 200 个席位中的 133 个席位，离修宪所需的 2/3 多数席位还差一个席位，尽管选举恢复两个议会席位受到了法律的挑战。

2000 年 12 月选举在加纳历史上翻开了对总统权力进行民主改革的崭新一页，新爱国党的约翰·A. 库福尔（John A. Kufuor）击败了全国民主大会党的约翰·阿塔·米尔斯（John Atta Mills），他是罗林斯的副手和亲手选定的接班人。库福尔是以赢得 56. 73% 的选票击败米尔斯的，而新爱国党赢得议会 200 个席位中的 100 个。由国内和国际监察员组成的一个庞大的观察团宣布选举是自由和公正的。在填补空缺席位的几次补选过后，新爱国党赢得议会多数席位，占总共 200 席位中的 103 个，而全国民主大会党占 89 个席位，独立派和小党派成员占 8 个席位。

加纳2008年12月7日举行了总统选举和议会选举。有8位候选人参加竞选，但是没有一个候选人获得50%以上的选票。2008年12月28日一场决赛在新爱国党候选人纳纳·阿库夫·阿杜和全国民主大会党候选人约翰·阿塔·米尔斯两人之间展开。这场决赛与头一轮竞选一样，两位候选人获得的选票非常接近，只相差两万张。1月2日最后一个选区投票结束后，约翰·阿塔·米尔斯和他的副手约翰·马哈马宣布获胜。新政府2009年1月7日宣誓就职。

简而言之，以上的叙述描绘出了导致经济断档的情景，新生的小企业相对来说处于一个极为不利的状况。要记住一些要点才能理解这里提供的相关方面的看法。

相关方面对在加纳的中国公司的角色和影响的看法

我在8月举办了与25位女性企业主专题研讨会和小组焦点会，她们都来自阿克拉和库马斯。她们中有些是微型企业主，有些是中小企业主；有些拥有制造厂，有些是贸易商，有些甚至直接与中国开展贸易，去中国购买商品在自己的零售店里销售。她们都面临着资金缺乏和全球商业网络不畅的挑战。

从集体来看，她们提出的与中国企业竞争有关的主要问题包括以下方面。

中国企业对市场的渗透

中国企业愿意在所有领域的每个层面上竞争。例如，今天人们要去加纳任何市场购买传统的加纳“肯特布”就必须弄清楚是买“纯正的”手工编织布还是买中国大规模生产印花的、价格低廉的水货布。对很多产品来说，这在整个加纳都是司空见惯的事：“你是买纯正的还是买水货的?”

这些企业家中有很多对中国出售质量不同商品的做法都了如指掌，许多还都在这个框架内与中国企业开展贸易活动。他们面临的问题在于他们有些人去中国洽谈有关购买质量明确的商品事宜，但是当货物到达时，其质量与合同内容并不总是符合，而且也不涉及合同执行机制这个问题。

下面强调的是关键性的问题。

- 加纳进口体制缺乏保护性质；
- 加纳女商人经常“盲目行动”，得不到可以保护她们的中国合作伙伴或加纳合作伙伴的后备保护。

一位阿克拉女企业主对这个问题认识深刻。她说她是一位意大利生产的浴室瓷器进口商。但是中国人使加纳市场上到处充斥着类似的浴室瓷器产品。她注意到加纳海关不会鉴别意大利瓷器和中国瓷器的差别，时常“鉴定”她的商品。但是，她知道他们没有真正的检验设备，是在“打肿脸充胖子”。因此关税征收有问题。

中国商品的质量

中国商品质量可能有问题，但是加纳缺乏调整和标准机制来解决这一问题。

有一位女商人对她所面临的困惑作了说明。她是一家法国电信公司的代表。该公司的竞争优势在于其产品，特别是手机，是在法国而不是在中国生产的。“人人都意识到了中国商品的质量问题，因此，在很多情况下，人们都情愿购买在别的国家生产的商品。”这位代表当前面临的问题在于她销售的商品当中越来越多是中国制造的，虽然上面贴着法国的商标。人们把手机倒过来后，上面写着“中国制造”，因此优势就打了折扣。她面临着较大的竞争问题，她所代表的法国公司的最大业务是在新建筑物里安装电信界面，但是大多新建筑物都由中国公司建筑，他们还指定在建筑物里使用他们自己的电信设备。

那位瓷器零售商进口的意大利产品比中国版本贵很多，她曾经考虑过单独成立一家公司，进口中国瓷器产品，但是由于担心自己的声誉就放弃了这一念头。享有“纯洁的”意大利产品供应商的美誉对她来说是至关重要的。她担心如果把生意混着做，就会影响她的声誉，她的长期客户就会对她宣称的货真价实的意大利产品提出质疑。

医药产品的可靠性也是一个大问题。加纳缺少商品检验机构，公众对中国产品是否货真价实表示担心。此外，许多中国产品说明书是用中文写的，人们不知道上面说的是啥，不知道怎样服药，对其质量没有把握。

信息通道

进入什么企业是加纳企业家首先面临的挑战之一。很多人往往会看到邻里经营什么自己就经营什么，结果市场就会饱和，那种特殊产品的供给就会过剩。不能实现企业多样化的原因之一就是缺乏有关他人业务经营范围的信息，不仅是在国内，而且是在全球范围。

在两次专题研讨班上都有来自反性别歧视部的代表参加。显然反性别歧视部并没有系统地收集、拥有或传播大量为女企业家所需要的信息。有些问题实际上得不到回答，如别处成功的企业有哪些，在加纳各地经营的企业有哪些种类，他们在多大程度上取得了成功。在某一领域有什么新进展，那个领域里的竞争环境如何，那个领域里的商品和服务贸易额是多少，在那个领域做生意的最佳方法是什么，这些都在未回答的问题之列。反性别歧视部究竟给中小企业家提供什么服务尚不清楚，这不仅是加纳的实际情况，也是整个非洲的情况。在很多情况下，虽然机构已建立起来，但是只是空壳，不具备为小企业解决问题的能力。

虽然这不是中国的过错，却是中国的问题。非洲女商人在经济生活中发挥着重要的作用，她们不能够与越来越多的中国企业对手竞争，因为不公平竞争总会导致不稳定和更迭。

零售阵线

中国人有资本，可以在像加纳这样的国家从事零售甚至批发业务。例如，在加纳城市里，中国建立了一种重要的批发贸易业务。相反，普通加纳公司缺乏这样的资本，因此与中国公司和其他公司相比处于劣势地位。这不是中国人造成的问题，而是中国人经商理应具有的一种优势。对加纳人的问题就是找不到合适的资本。

来自女子世界银行的一位代表对专题研讨班的学员发表演讲，她指出她们给妇女企业主贷款的利率为48%，真是高得惊人。因为她们必须以30%多的利率在市场上借贷，扣除日常开支，就得考虑非抵押贷款。在企业主看来，以这样的利息借贷，只有贷款经营利润超过资金成本才有意义。所提出的另一种解释认为："向这样的贷方借贷的妇女之所以这样做，是因为她们别无选择，结果就只能是拆东墙补西墙。"

建筑产业

专题研讨会的一些与会者拥有建筑公司，她们也感到来自中国人的竞争的压力，她们不能以适度的利率弄到资金，使得问题进一步恶化。

产业经营概况

世界银行《2009 年产业经营》是一个系列年度报告的第六本，对促进企业生产和抑制企业生产的经营管理进行了调研。这份报告提供了有关企业经营和知识产权保护的定量指标，与 181 个国家的经济相比较，结果加纳在 181 个国家中的总体排行是第 87 位。

虽然加纳的排行居中间位置，但是小企业所面临的现实不容乐观，特别是当把其他重要指标考虑进来的时候，诸如机关捍卫标准能力以及不仅在一个国家而是在两个国家之间实施合同的能力，还有其他方面的机关能力，后者直接关系到当地公司与外国公司竞争的能力。换句话说，你可以质疑表面上的“做生意”是否集中在明显的指标范围内，以表示像加纳这样的国家的真正的竞争环境，特别是面对中国公司的竞争环境。

劳工观点

劳工对中国在加纳的看法也是重要的。这种看法是从非洲劳工研究网上发表的一篇文章上收集来的，该文的题目是《中国在非洲的投资：劳工的观点》①，文中从一种劳工观点出发，提供了有关加纳国情的丰富资料。下面简要介绍一下文章中谈到的一些重要问题。

外交关系。加纳 1960 年与中国建立外交关系。当时加纳和中国都认为帝国主义是战争的根源，是民族解放和世界和平的敌人。恩克鲁玛政府 1966 年被推翻，结果加纳与中国中断六年外交关系。1972 年阿昌庞将军的政府与新中国恢复了外交关系，中国和加纳在联合国有关关键问题上互相支持，特别是在涉及非洲和中国人权问题上互相支持。

2000 年以来，两国间的外事互访不断增加，2006 年 6 月中国总理温家宝对加纳进行了正式访问，与约翰·库福尔进行了双边会谈。

经济关系。从 1961 年到 1989 年，加中贸易根据贸易和付款协定主要以以物换物的形式进行。2000 年以来，贸易有了大幅度增长，从 2000 年的 1.17 亿美元提高到 5.42 亿美元，增长了 363%。

据估计与此同时中国在加纳的人口从 2001 年的 500 人增加到 2004 年的

---

① A. Y. 巴奥、H. 约齐编《中国在非洲的投资：劳工的观点》，非洲劳工研究网，2009 年。

6000 人，虽然官方的数字很难得到。从经济合作增长的趋势来看，未来中国在加纳的人口增长趋势也有可能会继续。

贸易关系。加中之间的贸易也正在快速增长，加纳的贸易赤字从 2000 年的 6800 万美元增加到 2006 年的 4.56 亿美元。从产品来看，加纳在过去几年出口中国的产品主要是原材料，从零增长到占加纳这类出口产品的 1%。

但是从原材料类别看，中国 2006 年占的份额大约为 9%。

相反，加纳从中国进口的产品为制造类产品，其中占前十位的包括食品、饮料、烟草、原材料、矿物、石油和各种脂肪、化学产品、制造类商品和机械、交通和其他设备。从中国进口的制造类商品从 2000 年占加纳总数的 15% 近乎增加到 2006 年的 25%。从中国进口的产品正在取代加纳制造的产品，外国贸易商在竞争中正在战胜加纳贸易商，这一概念正在飞快地流行起来。

中国在加纳的投资。根据加纳投资促进委员会（GIPC）投资目标战略，中国是加纳为增加投资而瞄准的 10 个国家之一。现有的统计数据表明，从 1994 年 9 月到 2006 年 12 月，根据加纳投资促进委员会的记录有 2178 个项目的投资总额为 46 亿美元。仅在 2006 年记录在案的项目就有 238 个，总金额支出为 30 亿美元，据估计增加了 12 万个工作岗位。

根据加纳贸易促进委员会提供的信息，中国在加纳的投资（1994 ~ 2007 条）分类如下：

农业项目	9
建筑项目	17
出口贸易项目	7
普通贸易项目	81
联络项目项目	6
制造类项目	117
服务类项目	47
旅游项目	52
总计	336

在制造产业中的投资特别显著，如人们经常断言：中国在非洲并没进行有益的投资，而只是在榨取资源。中国在加纳的情况说明了一个不同的道理。从 1994 年到 2007 年，中国投资项目 1/3 以上（34.8%）进入制造产业，而进入贸易领域的却只有 24%。从金额来看，据估计注册项目的投资费 2/3 以上

进入制造产业。在过去五年中，中国在加纳注册的投资项目总数最多，但是从项目的金额来看英国在2008年第一个季度排名第一。中国项目数排在印度之后，屈居第二。

中国对加纳的发展援助。2000年中非合作论坛北京峰会过后，中国开始资助一系列基础设施建设项目，旨在帮助加纳消除其基础设施落后的局面。下面罗列的是其中的一些项目而不是全部。

- 布依水电站建设工程（2.92亿美元特许经营贷款，以及其他资助款项）；
- 阿克拉军营建设工程（3900万美元）；
- 加纳合作社开发工程（1800万美元）；
- 奥番柯－恩萨万（Ofanko-Nsawam）公路修复工程（2200万美元）；
- 国防部和外交部办公群楼建设工程；
- 中部地区阿欣努克兰市（Assin Nkran）三所师范学校建设工程；
- 塞孔迪－塔克拉迪（Secondi-Takoradi）两座新体育馆建设工程（3850万美元特许经营贷款以及其他资助款项）；
- 安全部门电信系统建设工程（3000万美元）；
- 债务减免两笔：6600万美元和2400万美元。

中国对加纳的技术援助。中国对加纳的援助很大一部分采取技术援助的形式。这涉及对不同工作领域的人员进行培训，为中国资助的项目提供技术支撑。中国政府还给加纳人提供奖学金，在中国学习和参加课程培训。2006年奖学金名额提高一倍，从20个增加到40个，从1960年到2000年共有104个奖学金名额。有300多个加纳人参加了中国人举办的课程培训。在基础设施建设中的技术合作包括建设一座稻米加工厂、阿费菲灌溉工程和粮仓、加纳职业与培训中心以及为棉纺厂和沼气厂提供设备。

关于中国的投资、就业与工作环境。从积极方面来看，中国正在加纳做很多好事，正在出现的一种模式表明加纳由于各种原因正在越来越依靠中国的经济和技术援助。第一，中国愿意资助对加纳发展远景关键的项目。第二，中国不附加什么条件。第三，中国资助和实施的基础设施项目成本低、效益好，按时竣工。例如，法国承包商建设布依水电站工程开价为12亿美元，中国正在用6.22亿美元建设这个工程。第四，中国在制造产业领域的投资正在为加纳国内制造产业作出贡献，也在为增加国民生产总值和提高就业率作出贡献。

然而双边关系也存在着问题。中国廉价的进口商品正在使许多当地小企业倒闭，加纳对中国的贸易赤字正在增长。与中国的贸易还对加纳人的就业产生了消极影响。

雇用当地员工的中国企业家实行的劳工惯例也有问题。对此有关的主要批评在于中国企业家不尊重和坚持劳工标准。而另一方面，中国企业家却抱怨“政策和安全环境越来越糟糕”。

工会左右不了中国雇主的行为。因此问题得不到遏制。例如，这方面的问题包括非法使用工时，开具的工资远远低于法律规定的最低标准，不提供病假、产假和年假，卫生和安全标准低，住宿条件差，抵制工会，如此等等，不一而足。

总而言之，加纳需要通过中国来弥补其在基础设施建设方面的差距，中国整体来看需要加纳来缩小其在资源方面的差距。解决现存问题从强大走向更强大符合双方的最高利益。

一言以蔽之，奥巴马总统 2009 年 7 月在对加纳的访问期间的演讲对此作了最精彩的概括：

> ……（指加纳的独立）……现在必须再一次赢得那样的辉煌，那样的辉煌必须得由有你们来赢得。我要特别地对你们年轻人来谈一谈。像在加纳这样的地方，你们占人口的 50% 以上。你们可以在社区服务，管理能源和教育，创造新财富，与世界建立新联系。你们能够战胜疾病，结束冲突，从基层开始改革，你们能够肩负起这一责任，这是毫无疑问的。因为此时此刻，历史正在滚滚向前。
>
> 但是你们只有肩负起对你们未来的责任才能完成这些重任，并非轻而易举就能做到的，需要时间和奋斗，会遇到艰难和险阻。但是我可以向你们保证做到这一点：美国将和你们在一起，做你们的伙伴，当你们的朋友。机遇不会从人和他处而来，机遇来自你们的决策，来自你们的所作所为，来自你们心中抱有的希望。
>
> 自由是你们的遗产。现在你们的责任就是在自由的基础上进行建设。如果你们参加建设，那么过几年我们再回过头来看看阿克拉这样的地方，我们就会说这是我们的承诺得到兑现的时刻，这是繁

荣得以实现的时刻，苦难已被征服，一个崭新的进步时代开始了。

这是我们再一次见证正义凯旋的时刻。

如同加纳的未来，的确是非洲的未来属于青年人一样，我已经请求一本书的作者之一与他人共同分享他对加纳的看法以及他对在加纳的中国和其他开发伙伴的看法。这本书于 2007 年出版，标题为《非洲青年的领导责任》，我也是其中的作者之一。

加纳研究生杰利·乔·E. K. 哈里斯（Jerry Joe E. K. Harrison）写的论文在本文之后。

加纳的可持续发展：中国因素

杰利·乔·E.K.哈里斯

引　言

加纳政府多次更迭，政策模式也随之改变，给国内企业带来了伤害。

浏览一下过去50年期间的宏观经济指标，我们就会看到每发生一次军事政变（1966，1972，1975~1976，1979，1980~1983），经济发展速度就放缓。尽管20世纪50年代和20世纪60年代初加纳国民生产总值相当高，但是加纳在1964年国民生产总值增长速度却开始放慢。在随后的20年间，国民生产总值的增长速度从低值的-14%到高值的9%。经济发展如此低迷严重影响了人们的生活方式以及他们兴办企业的能力。

杰利·乔·E.K.哈里斯，加纳研究生

企业精神在加纳至关重要。2000年人口和住房普查的数据表明，在经济中活跃人口有80%从事私有的、非正规的（没有雇员或雇员少的个体户）经济活动，有接近6%受聘于国有部门，还有8%在私有的正规部门供职。还值得注意的是，妇女往往在非正规领域里占主导地位，因此在国家经济活动中挑起了大梁。

加纳的正规经济严重依赖可可、木材和黄金的生产。近年来经济增长出现在工业和服务业领域，但也出现在非传统的农业领域。加纳长期发展目标是全面实现工业化，科学和技术占主导地位，为所有的人创造就业机会。

从贯彻民主政治角度来看，加纳已经有了一个完善的政府—客户对话的组织，其中包括在全国、地区和地方层次上的协商机制，以及在部门内协商的机制。民间社会在这种协商中起到了积极的作用，私有领域的参与有了增加。

中国因素

加纳的独立在世界政治史上引人注目。通过有组织的劳工来实现独立受到普遍的赞誉。中国和苏联支持恩克鲁玛的社会主义品牌，被称之为“恩克鲁玛主义”。在加纳获得共和国地位五天之后的 1960 年 7 月 5 日，科瓦梅·恩克鲁玛和毛泽东主席建立了加中外交关系。恩克鲁玛被政府推翻后，随后的政府立即与中国断交，直到 1972 年当时执政的军事领导人 I. K. 阿昌庞才恢复了与中国的外交关系。

中国在加纳的建设进入了新阶段，意义十分重大，其中包括特惠贷款、买方信贷、无息贷款、拨款以及技术援助，其中技术援助用来发展农业、基础设施、卫生、教育、安全、电信、能源以及其他领域。

加中两国第一个重大合作协议是 1983 年签署的，截止日期是 2004 年。根据这一协定，中国公司签署的工程建设项目的合同金额接近 4 亿美元，用于建设银行大楼、毛纺厂、学校楼舍以及供水系统。根据这个协定，中国还为加纳建设了一座多功能的国家大剧院并于 2006 年进行了翻修，其他项目还有阿费菲灌溉工程、职业培训中心、丹格梅东方地区医院（Dangme East District Hospital）、棉纺机器、沼气设备以及为挪渤湾农田灌溉工程（Nobewam Farmland Irrigation Project）提供的技术合作项目。按照 2000 年中非合作部长会议论坛的精神，中国在南南合作的框架内进一步加深了与加纳政府的友好合作。中国政府提供 390 万美元用于在加纳的军营和警营建设，这个项目于 2006 年 3 月竣工。

在中国政府的帮助下，几个公路项目有的已完工，有的正在施工过程中，其中最重要的包括 2800 万美元的资助项目，建设阿克拉—库马斯公路奥番柯—恩萨万路段，全长 17.4 公里，是连接加纳南方到北方的一条重要通道。

中国还在帮助加纳发展能源产业，这是至关重要的。能源对于一个国家发展的重要性无论怎样强调都不为过，因为加纳缺乏能源，对其工业化的进程有负面影响。实际上，2007 年持续的能源危机使工业增长从 2006 年的 9.5% 下降到 2007 年的 7.4%，在这个时期有些经济产业，特别是制造业，出现了负增长。中国政府对加纳的能源需求作出了反应，2007 年 8 月提供了 5.62 亿美元来建设布依水电站，该项目由中国水利公司开发，预期在 2012 年竣工，为现有的 2000 兆瓦再增加 400 兆瓦。

中国正在许多领域帮助加纳全方位发展，包括电信、信息技术、卫生等。

中国政府的一项特别干预是自从 2006 年以来为加纳捐赠抗疟疾药物，为抗击疟疾提供帮助。此外还计划在阿克拉市特希尔区建设一所拥有 100 张床位的医院和一个疟疾研究中心，为全球抗虐斗争作出贡献。

中国为加纳提供技术帮助的领域有教育、农业、林业、渔业和人力资源开发，人力资源开发对于促进发展具有非常大的潜力，具体落实在农业领域的技术转让方面。中国正在农业技术领域培养年轻的毕业生和渔业官员，为了帮助把这种知识转化成经济成果，阿克拉市的一个示范中心和阿善提市的一个孵化中心一起得到恢复。中国政府还提供一笔 9900 万美元的贷款为加纳捕鱼区建设登陆场。这样的项目有助于加纳在鱼类生产方面自力更生，增加鱼类出口的可能性。

在过去加纳依赖传统出口产品，如黄金、木材和可可，所以私有企业的发展能力受到了限制。正因为如此，加纳私有企业不生产许多可以出口中国的成品。虽然加纳对中国的非传统出口产品在一个时期内将会受到限制，但是在可预见的未来加纳还会向中国输出可可来偿还贷款，因为加纳对中国的债务正在增长。

除了上述提到的情况外，中国还是加纳主要的新外国直接投资伙伴之一，正在帮助加纳重建基础工业设施，这是恩克鲁玛在独立后的加纳接任始建的工程，这个基础由于忽视和管理不善而受到破坏。

其他开发伙伴

中国是一个重要的开发伙伴，但不是加纳唯一的重要开发伙伴。像许多其他非洲国家一样，独立后的加纳与从前的殖民国保持密切的关系。英国对加纳的支持一以贯之，令人难忘。英国政府已作出承诺，仅为加纳提供的扶贫援助就有 1.2 亿英镑（按当时汇率计算合 2.12 亿美元），英国是加纳最大的双边捐赠国，自从 2003 年以来给加纳的预算援助已经超过 9000 英镑，还正在为加纳的经济发展作出其他重要的贡献。

2003 年加纳到达了高债务贫穷国家的减免点，官方双边拖欠巴黎债权国俱乐部的债务有 8.215 亿美元被减免，使加纳的双边债务从 2003 年的 14 亿美元（占整个未清债务的 18.4%）减少到 2004 年的 4.35 亿美元（占整个未清债务的 7.4%）。2007 年加纳政府和欧盟达成一项协议，为加纳提供资源来解决主要的发展和预算问题。

2009 年 5 月启动了一笔 2200 亿欧元的信用额度来支持中小企业的发展，这是至关重要的。2003 年到 2009 年全额支付了一笔额度为 1000 亿欧元的款项，有 29 个小企业在农业加工、建筑、采矿、汽车服务产业以及与卫生相关的服务业等领域受益。

丹麦、日本、印度以及其他许多国家也以很多不同的形式提供了很多援助。尤其是印度近来在加纳特的人气指数特别高，因为印度正在建设总统官邸，命名为“黄金纪念宫”，印度还正在帮助加纳发展信息技术产业，从中发挥着关键的作用。

美国当然也是加纳和整个非洲的一个十分重要的伙伴。虽然美国过去以各种不同方式援助非洲国家，如通过和平使团和债务减免等方式，但是美国对非洲外交政策的主要变化是由前总统克林顿作出的，这种变化更加密切了非洲与美国的关系；前总统乔治·W. 布什也致力于援助非洲，他的政府制定了“非洲全球竞争首创方案”（Africa Global Competitiveness Initiative，AGCI），这是一个拨款两亿美元的五年计划项目，旨在扩大非洲与美国的出口贸易。“非洲发展机遇法案”（African Growth and Opportunity Act，AGOA）有效期已经延长至 2015 年，这也是一项重要的首创方案，旨在扩大非洲对美国的出口贸易。

2006 年 8 月，加纳成为“千年挑战合作”项目（Millennium Challenge Corporation，MCC）的首批受益国家之一，通过这个项目，加纳得到一项总额为 5.47 美元的双边官方发展援助，将用于农业、交通和农村发展建设。

以上提到的项目和资源与加纳自己的结合在一起，正在为这个国家开辟一个更加光明的未来。

前进的道路

加纳并不缺乏开发伙伴。实际上有证据显示，中国在非洲日益频繁的活动鼓励了像印度这样的国家加快在加纳的合作行动步伐。

前进的道路在于维持政治稳定，为私企发展多元化提供和资源，利用这一历史特殊时期的优势，从其他国家的经验中学会最佳方法，以便制定出把开发伙伴的援助发挥到极致的战略。

重要的还在于加纳及其开发伙伴必须认识到如果加纳的企业家特别是女企业家得不到重视，那么加纳就不可能保持稳定。

因此，开发伙伴提供的援助的一部分应该用于帮助女子和其他国内小企业家发展。在这方面中国负有特别的责任，因为中国公司正在竞争中战胜并且取代加纳的企业。与此同时，也不能忽视青年，他们是非洲的未来，我们也需要提高他们的能力。

加中政府要提出和回答的问题在于如何确保中国参与经济活动对加纳私企不会成为一个净损失。

在公路和电力项目的建设过程中，我们要确保加纳公司还在运营，在前进的道路上有所作为，他们的制造厂会继续通过电力供给来运转，否则年轻人就会失业。

作者简介

哈里斯是加纳中部地区考门达人，1981 年 12 月出生在一个大约有 500 人的小村庄。父亲是一位颇有地位的卫理公会牧师，他叫 S. E. K. 哈里森（S. E. K Harrison），母亲叫汉娜·哈里森（Hannah Harrison）。他在阿加马克科万亚科（Ajumako Kwanyako）上小学，随后在布隆阿哈福（Brong Ahafo）地区的阿克里蒂（Akrodie）完成初中教育。2001 年被加纳大学录取，2005 年获得理学学士学位。在加纳大学化学系担任一年助教之后，他于 2006 年开始攻读化学硕士学位。其专业方向是药物化学（药物发明、药物设计、合成方法）。他是一个对成功抱以极大热情的人，一个有坚强意志、充满活力的人，具有不甘落后的精神和勇气。

作为基督教徒，哈里斯坚信上帝赋予我的才华，坚决捍卫勤奋不可取代的理念。他相信只要勤奋地致力于手头的工作，任何目标都是可以实现的。

哈里斯对非洲大陆的发展、在非洲消除贫困和疾病、保护环境、加强民主政治满怀着深情。他要看到非洲和世界其他地区进入一个希望、和平、机遇均等的新黎明。他努力争取做一个领袖人物，在学生干部活动中，一直走在前面。通过密切交流，有几个人对他的生活产生了影响。他的父亲是一个具有无私和献身精神的伟人，给了他很多教诲；他的老师也教他学会很多东西，特别是伊万·阿迪－门萨和科瓦梅·恩克鲁玛教授。他喜欢阅读关于他所仰慕的世界英雄人物的书籍，如纳尔逊·曼德拉、科瓦梅·恩克鲁玛、小马丁·路德·金、约翰·韦斯利。他们也对哈里斯的生活产生了深刻的影响。他同样也渴望过着一种有意义的生活，取得伟大的成就。

中国在安哥拉外交政策的地位*

阿列克斯·维内斯

引　言

阿列克斯·维内斯

中国在安哥拉发挥着越来越大的作用，这也引起了争论和猜测。从安哥拉和中国方面来看，这种关系是务实的，具有战略意义。2006年6月在中国总理温家宝访问安哥拉之际，安哥拉总统吉奥瓦尼·多斯桑托斯直言不讳地说："中国需要天然资源，安哥拉需要发展。"①

2008年是两国建立双边关系的25周年纪念日②。现在随着战争的结束，战后快速重建已经成为安哥拉政府的优先选择。中国在帮助安哥拉复建过程中发挥着特别重要的作用。中国的金融和技术援助在能源、水利、卫生、教

* 本文参考了英迪拉·坎波斯和亚历克斯·瓦因斯的《安哥拉：实用伙伴关系》，战略与国际研究中心工作论文，2008年3月，以及作者刊登在亚洲经济数据库上的文章《非洲会议上的中国》，天主教大学，罗安达，2009年2月2日。

① 《安哥拉元首在沙特阿拉伯欧佩克峰会上的讲话》，安哥拉通讯社，2007年11月19日。

② 例如，国际发展部/中国研究中心：《中国在非洲建设与基础设施建设上的利益》，斯泰伦博斯大学，2006；中国研究中心：《中国的非洲约定：非洲个案研究初步》，斯泰伦博斯大学，2007；沙班·范德里奇：《中国在安哥拉——可持续的重建，计划竞选支持或全球利益政治?》，弗里德里希艾伯特基金会，2007；伊恩·泰勒：《中国与非洲：约定与妥协》，罗特里奇出版社，2007。

育、电信、渔业和公共工程等领域启动了100多个项目。在2006年中国总理温家宝访问安哥拉之际，安格拉总统吉奥瓦尼·多斯桑托斯声明双边关系是“互利的和务实的”伙伴关系，不附加“任何先决政治条件”①。

双边关系的发展特别引人注目。在20世纪90年代，双边贸易在1.5亿美元到7亿美元之间，2000年超过了18亿美元，到2005年底已经增长到96亿美元，在随后一年内增长迅速，到达120亿美元，使安哥拉成为中国在非洲的最大贸易伙伴（南非现在位居第二）。双边贸易主要是石油出口产品，而中国官方进口产品较少，主要是食品和消费品。安哥拉与中国的毛衣贸易2008年增长最快，据估计，双边贸易达到253亿美元，与2007年相比增加了79%，主要是由石油价格上涨拉动的。安哥拉是中国第二大原油来源国（在沙特阿拉伯之后），平均每日提供543533桶（一年共28.89亿吨），占中国对非贸易总量的1/5强。到2009年中国为安哥拉所提供的贷款达到134亿美元（抑或根据某些估算高达197亿美元）。

这种关系的影响在安哥拉显而易见，中国建筑工地遍布安哥拉全国。2005年葡萄牙人还是安哥拉的主要外国劳动力，但到2006年在安哥拉居住的有工作签证的中国人已接近1.5万人，超过了葡萄牙人数。根据中国官方统计，2007年中国社区人口有2.2万人，到2008年中国已接近5万人（根据安哥拉移民与外国居民服务局的统计数据，其中有4万人在官方双边关系项目中工作）②。2008年安哥拉航空运输公司（TAAG Airlines）和中国航空公司在两国之间开启固定航班。今天搭乘飞往安哥拉的航班的都是中国工人和商人，尽管全球经济不景气，但他们在2009年访问安哥拉的人数仍在继续增长。

政治和外交关系

中国参与安哥拉事务可上溯到反殖民斗争的早期岁月，当年中国支持安哥拉的三项主要解放运动：安哥拉解放人民运动（MPLA）、安哥拉彻底独立全国联盟（UNITA）和安哥拉民族解放阵线（FNLA）。当时正是“文化大革命”在中国风起云涌之时，两国关系以冷战政治为基调。

① 《与中国的防御合作建设》，《安哥拉学刊》2006年6月21日。

② 为了比较，根据中国驻罗安达大使馆报道，2008年有10400名安哥拉人申请签证访问中国。

中国起初拒绝承认安哥拉独立地位，北京和罗安达之间的正式外交关系直到1983年才建立，当时中国不再支持安哥拉彻底独立全国联盟叛乱分子，而承认居统治地位的安哥拉解放人民运动为执政党。第一项贸易协定于1983年签订，随后建立了一个经济贸易委员会。安哥拉与中国的关系在20世纪90年代逐步改善。20世纪90年代末安哥拉成为中国在非洲的第二大贸易伙伴（超过了南非），主要是由于防御合作的原因①。1998年10月，多斯桑托斯总统还访问了中国，寻求扩大双边关系。2008年他曾两度访问北京。

2002年安哥拉国内冲突结束后，中国与安哥拉的关系迅速从防御和安全基础转向经济基础②。2004年3月2日，安中关系进入一个崭新阶段，中国进出口银行向安哥拉承诺提供第一笔数额为20亿美元的石油担保贷款，资助在全国遭到毁坏的基础设施的重建工程。自从那时以来两国重要领导人经常互访，旨在进一步加强合作伙伴关系。

这类访问为双边关系正常化作出了贡献，从而双方签订了各种不同的政治、外交、经济、文化和社会协定。1993年以来，安哥拉在北京设有大使馆。2007年4月由于在香港投资的增加，安哥拉在香港开设了一家领事馆。2007年12月安哥拉还在澳门开设了一家领事馆。

金融和经济合作

安哥拉和中国之间的政治活动频繁，使得双边经济关系迅速向前发展。这种关系往往受到误解。中国进出口银行越来越多地利用这种交易结构，世界银行称之为“安哥拉模式”或“资源换基础设施”——用自然资源来偿还基础设施建设贷款。这种模式以自然资源作为交易的基础，有着长期的历史。从中国进出口银行的情况来看，这种交易所适用的国家不能提供适当的金融保障，于是就可以把自然资源开发和基础设施建设捆绑在一起。世界银行指出，这种贷款的平均利率为3.6%，宽限期为4年，12年到期。“安哥拉模式”独具的特征在于中国行动迅速，贷款量大。安哥拉认为，随着时间的推移，

① 20世纪90年代中期，商品低价格使安哥拉处于财政困境中，据说台湾当局试图劝说安哥拉通过派官员到罗安达访问几个月，提供重大奖励，以改变对台北的认识。

② 根据中国2007年9月向联合国常规部队注册提交的报告，2006年中国没有向安哥拉输送主要军事设备。

中国在刚果民主共和国的投资可能会比在安哥拉的投资更有意义。

中国对安哥拉的金融援助主要用于重大公共投资项目：安哥拉政府国家复兴工程所含的基础设施、电讯、农业产业等项目。中国建设银行和中国进出口银行 2002 年为基础设施建设提供第一笔贷款。中安金融关系在 2003 年后期有了增长，安哥拉财政部长和中国贸易部长正式签署了一项新的经济与商务合作的“框架协定”。2004 年 3 月 21 日，用于公共投资项目的第一笔额度为 20 亿美元的一揽子金融交易获得批准。这笔 12 年期贷款利率特别优惠，分两期执行，每一期为 10 亿美元①。

这笔贷款第二期资助 17 个合同协定，涉及 52 个项目，有些是上期未完成的项目。虽然教育是优先考虑的投入项目，但是二期也资助渔业和电信项目，到 2008 年底，这些项目中有很多在施工中。

2007 年 5 月，追加 5 亿美元的谈判与中国进出口银行展开，资助第一期没有纳入预算计划的项目，称之为“互补作用”。2007 年 9 月，安哥拉财政部长乔塞·佩德罗·德毛雷斯（José Pedro de Morais）和中国进出口银行行长李若谷在罗安达签署了另一项 20 亿美元的石油担保贷款。这笔新的信贷额度资助 2007 年 11 月安哥拉部长委员会批准的另外 100 个项目②。附加给中国出口产品的条件被放松，但是关于重建的当地认可规定变得更加严格，以确保当地有更多的参与机会。

安哥拉相关部委把优先考虑的项目申请书确定下来，提交给由财政部和中国外事商务部（Chinese Ministry for Foreign and Commercial Affairs, MOFCOM）共同组成的一个联合委员会（Grupo de Trabalho Conjunto）。由于刚从战争摆脱出来，安哥拉政府认为每个项目都应该优先考虑。因此，就所提出的项目，双方很少存在分歧。中国外事商务部过去提出过进一步开发的领域，从中可以感受到中国可以提供重要的技术，如电信和渔业，这两个领域没有纳入第一期工程。

每一个招标项目，中国政府都推荐三到四个公司。所有项目都由不受信贷额资助的第三方审查。有一个多领域技术组监督由中国进出口银行信贷额资助的项目的执行，确保项目又快又好地完工。政府部委负责管理这些公共

---

① 贷款条件为拆借利率外加 1.5 个百分点，宽限期为三年。

② 《进出口银行批准贷款协议》，《安哥拉学刊》2007 年 11 月 29 日。

项目，确保有足够员工（护士、教师等）得到培训。

贷款像现金账户一样使用。当收到财政部的指令后，中国进出口银行就把报销款直接打入承包商的账户。项目一结束就开始偿还贷款。如果一个项目没有施工，就不会偿还贷款。根据协定出售石油的收入要存入一个第三方托管账户，偿还债务利息的数额将从中准确地扣除出去。安哥拉政府可以随意支配差额。根据各种说法，至少有 134 亿美元达成了一致。

安哥拉政府承认，石油价格回落迫使他们缩减了 2009 年的 420 亿美元的基础设施建设计划的目标。2009 年 2 月 7 日，中国驻安哥拉大使张伯伦会见安格拉总统多斯桑托斯，随后他暗示中国要考虑对基础设施的进一步援助，这种援助不会受到世界危机的影响，“而会得到适当的实施和保护”。显然，自从 2008 年立法选举以来，安哥拉政府制定了新的优先发展项目。加快战后时期基础设施建设并非十分迫切，兑现安哥拉人民解放阵线选举提出的一些承诺在日程事务列表中比较靠前，如经济多元化，摆脱对石油的依赖；提供更好的卫生和教育服务。全球经济萧条也使人们减少了成本开支，把重点放在提高政府部门的效率上。

这些问题的重要性在 2009 年 3 月安中双边委员会第四次会议上显得更加突出，在这次会议上，中国和安哥拉官员承诺扩大金融合作，加强对一项投资保障计划的重视（和先期与美国的一项协定放在同样重要的位置上）。在会议上，中国提供了一项额度为 3415 万美元的“无偿贷款”（也就是资助）。中国显然在努力寻求更多的石油特许权，但同时也遭受很大的压力，因为要确保中国公司合同的条款更符合当地的意愿。中国政府官员认为很大的担保贷款是最有益的约定，可以提供最大的安全保障，他们经常表示他们安方的满意。但是安哥拉似乎还是想脱离“安哥拉模式”。

中国国际基金有限公司①

中国国际基金有限公司（China International Fund，Ltd.，CIF）是一家基地在香港的私有机构，2005 年提供 29 亿美元来援助安哥拉战后重建工作②。

---

① http：//www. chinainternationalfund. com.

② 到岸价格应该是基于香港的北亚（现为大元）国际开发有限公司的建设供给，总公司为中国安哥拉石油股份有限公司，经营安哥拉石油贸易。

这笔信贷由安哥拉国家复兴办公室（Gabinete de Reconstrucão Nacional，GRN）管理，这个组织专门对安格拉总统负责。

安哥拉国家复兴办公室成立于2005年，管理重大投资项目，确保国家大选前基础设施建设高速发展。在总统军事顾问赫尔德·威野埃拉·迪亚斯·考佩里帕（Helder Vieira Dias“Kopelipa”）将军的领导下，国家复兴办公室要为复员军人提供工作，以便给复兴工作带来新的动力。这个组织创立的构想在于政府部委在组织上和技术上直接流向国家复兴工程的大量资金。据总统身边的一位政府资深官员透露，国家复兴办公室的项目投资大约为100亿美元。中国国际基金有限公司为这种项目提供基金。这种基金是怎样划拨到项目中去的还不清楚。

国家复兴办公室的许多项目2007年处于停顿状态，引起媒体的大量猜测。据报道中国国际基金有限公司为项目竣工筹措基金遇到了一些困难，但是国家复兴办公室的一位技术人员承认：国家复兴办公室缺乏计划也是很多建筑项目不能启动的原因之一。“在严格的最后期限压力下，我们的项目开始上马，但没有考虑像我们这样的一个国家需要远景规划……我们忽视了一些关键成分，比如说，我们的港口实际上已经不能适应为这些项目而增加进口材料的需求。”① 中国建筑公司对中国国际基金有限公司不满，说该公司诱惑承包商参加安哥拉的项目，经常推迟对竣工项目的付款，而且把价格压得特别低②。

结果动用了中国进出口银行第二笔贷款的一部分，来使国家复兴办公室的重大项目继续施工，但是财政部也不得不通过发行国债筹款35亿美元，资助国内工程项目。这对安哥拉来说是一个新的起点，因为安哥拉的基金第一次用来资助中国公司，以确保这些项目竣工。

在中国国际基金有限公司贷款的背后有一个令人费解的问题，可以上溯到2004年3月的第一笔贷款。2007年这家公司的不透明性重新引起了媒体的关注。2007年3月一家中国公司——杭萧钢构股份有限公司在与安哥拉相关的交易中，被怀疑操纵股市价格受到中国证券管理委员会（CSRC）的调查③。

---

① 访谈，罗安达，2007年10月3日。

② 《中国在安哥拉的股票投资》，亚洲时报在线，2007年3月27日。

③ 《杭萧钢构确保与安哥拉签署44亿美元合同》，新华网，2007年3月27日。

2007 年 10 月 17 日，安哥拉财政部在罗安达发表声明，否认有人滥用中国基金的行为。财政部还发表了其所管理的信贷额度的详情[①]。这是一个受欢迎的举措，透明度还要继续加大，特别是就涉及国家复兴办公室而言，因为中国较大的基础设施项目都是由这个组织管理的。与财政部管理的项目不同，国家复兴办公室直接管理的资金有多少、项目拨款的数额有多少、到目前花掉多少都不清楚[②]。

双边贸易

中安双边贸易近年来显著增长。原油占安哥拉所有出口产品的 95%，也是中国从安哥拉进口的主要产品。在过去六年中，中国继美国之后是安哥拉的第二大石油进口国，占安哥拉全部石油出口量的 9.3% ~30%[③]。尽管美国在安哥拉石油进口方面领先，但是 2002 年以来，安哥拉对中国石油出口增长了 7 倍，而安哥拉对美国石油出口却仅增长了 3.5 倍[④]。从安哥拉进口的石油占中国石油进口总量的 18%，这个比例一直持续到全球经济萧条为止。

近年来中国对安哥拉的出口也有显著增长[⑤]。2004 年，中国成为安哥拉第四大贸易伙伴，出口贸易额为 1.94 亿美元，而此前一年还是第七大贸易伙伴。2006 年中国保持住了这一地位，尽管中国的出口产品增加了 4 倍，主要产品为钢筋、水泥和汽车[⑥]。2007 年中国超过巴西和葡萄牙成为第二大贸易伙伴，2008 年成为第一大贸易伙伴。

尽管在所分析的时期里的进出口额有了增长，但安哥拉对中国贸易一直有大量的盈余，因为中国石油进口在迅速增长。随着基础设施项目的增多，

① 《政府否认中国的信用滥用》，财政部通知，《安哥拉学刊》2007 年 10 月 18 日。

② 绿色工程项目放缓引起克佩里帕将军的未来的进一步猜疑，2007 年 12 月安哥拉私人报纸 *Folha* 8 发表传闻，克佩里帕将军与安哥拉部队情报机关主任何塞·玛利亚被安哥拉军事法庭拘留。2007 年 12 月 27 日，总统发表声明否认此事。

③ 数据由安哥拉国家银行提供（2007 年）。

④ 《安哥拉出口 299 亿美元石油》，《葡萄牙新闻》2007 年 8 月 8 日。

⑤ 所有进口数字由官方统计详细说明，这些数据无法统计中国产品经由其他国家如葡萄牙或南非到达安哥拉的数量，这意味着有关实际贸易平衡一定程度上的不确定性。

⑥ 《安哥拉行动》，《结构投资与葡萄牙对外贸易（AICEP）》2007 年 8 月第 35 期。

中国与欧洲对安哥拉出口之间竞争日益激烈，可以预期在未来几年，中国出口安哥拉产品的份额将大幅度提高，相当于从葡萄牙进口的产品。

外国直接投资

除了贸易外，中国近年显然加快了对安哥拉直接投资的步伐。虽然中国在安哥拉最主要的经营集中在石油开采上，但是中国对安哥拉非石油直接投资也有了戏剧性的增长。

从 2005 年到 2007 年，总投资为 7.36 亿美元的 50 个项目得到了安哥拉私人投资局（ANIP）的批准，由中国公司负责实施。2006 年到 2007 年期间申请安哥拉护照的中国商人数目增加了 30%①。

一些执行与中国信贷额度捆绑项目的中国公司在项目竣工后要在安哥拉落户。越来越多的参与工程建设反映了对基础设施建设的迫切需求。当地人的技能相当差，中国公司建造建筑物比对手速度快、价格低且质量较高。

萃取工业

中国对安哥拉的萃取工业表现出极大的兴趣。2004 年中国向安哥拉开放第一笔信贷额度之后，中国石油公司，即众所周知的中国石油集团，获得安哥拉石油工业的第一笔股份——英石油（BP）经营的 18 号油区的 50% 股份。安哥拉国家石油公司中石油国际合资公司（SSI）是一家拥有多数股权的合资公司，为中石油集团、安哥拉国家石油公司和香港北亚（现为大元）国际开发公司所拥有。虽然英石油以前的经营伙伴壳牌同意向印度国家石油天然气公司（ONGC）出售股份，但是头批参加安哥拉石油工业建设的中国公司的开价媒体报道为 7.25 亿美元，把印度国家石油天然气公司挤出圈外②。据报道，公司为开发开采 18 号油区又投入了 15 亿美元③。中国石油天然气集团公司（CNPC）和中国海洋石油总公司（CNOOC）2008 年末都

① 《成千上万中国人在安哥拉投资》，《安哥拉学刊》2007 年 11 月 17 日。

② 《中石化击败印度石油天然气委员会，获得安哥拉油区》，中国学会——阿尔伯塔大学，2006 年 7 月 14 日。

③ 《中国购买安哥拉的石油多于沙特》，《国际先驱论坛》2006 年 3 月 19 日。

表示对购买马拉松石油公司近海 32 号油区的股份有兴趣，将其作为资产销售项目的一部分。

并非一切都进展顺利①。例如，2007 年初关于洛比托石油冶炼厂——安哥拉石油公司炼油厂的谈判破裂，安哥拉国家石油公司宣布将对项目实行自主管理。

是一种特殊关系吗？

从安哥拉的角度来看，中国公司为具有战略意义的战后基础设施项目提供了西方捐赠者没有提供的资金。中国提供的资金优于商业贷款，利息较低，偿还期较长。安哥拉 2004 年获得的非中国信贷额度要求石油担保量大，没有优惠期，利率高。

中国的资助出现在安哥拉寻求不到特惠基金的时候。国际金融机构与安哥拉的关系曾多年不和。鉴于通货膨胀和不稳定性的反复发生，安哥拉无法与国际货币基金组织达成长期协议。在与国际货币基金组织没有框架协议的情况下，与世界银行的关系也只限于紧急和人道主义援助项目。2002 年战争结束后，世界银行以及许多西方捐赠者希望安哥拉就一个督察项目（SMP）开展谈判，在有资格接受金融援助三个月之前能取得良好的业绩。

表 1　中国在安哥拉的勘探与产品资产

单位：%

油区（s）	公司	年份	份额	合作伙伴
15（06）	SSI	2006	20	埃尼安哥拉勘探［OP］（35），安哥拉国家石油 P&P（15），合计（15），猎鹰石油（5），国家石油（5），巴西国家公司（5）
17（06）	SSI	2006	27.5	合计［OP］（30），安哥拉国家石油 P&P（30），猎鹰石油（5），ACR（5），Partex 石油天然气（2.5）

① 安哥拉国家石油公司总裁曼纽尔·维散特在安哥拉媒体上批评中国公司，宣称：“我们不能只为给中国生产产品来建设一个炼油厂。”这就意味着对长期合同封锁战略一定的抵制，中国也在别处运用这种战略。但是在罗安达的中国经济顾问常贺喜认为，中国谈判代表蓄意为有关炼油厂的谈判设置障碍，因为他们对这笔生意没有兴趣。中国研究中心：《中国的非洲约定：非洲个案研究初步》，斯泰伦博斯大学，2007。

续表

油区（s）	公司	年份	份额	合作伙伴
18（06）	SSI	2006	40	巴西国家公司［OP］（30），安哥拉国家石油 P&P（20），猎鹰公司石油（5），Grupo Gema（5）
3/05 和 3/05A	CSIH（2007 年为 SSI）	2005	25	安哥拉国家石油 lP&P［OP］（25），Ajoco（20），埃尼安哥拉勘探（12），SOMOIL（10），NAFTGAS（4），Ina－naftaplin（4）
18	SSI	2004	50	BP［OP］（50）

注：合作公司来源国：意大利（ENI）；安哥拉（Sonangol P&P，ACR，Grupo Gema，SOMOIL，Falcon Oil Holding Angola SA）；法国（总体）；克罗地（Ina－Naftaplin，NAFTGAS）；英国（BP）；挪威（STATOIL）；日本（Ajoco）；葡萄牙（Partex）。

资料来源：安哥拉国家石油公司（2008 年）。

实施一个督查项目会给安哥拉的经济政策带来信誉，为与捐赠者协商筹款复兴国家铺平道路。但是安哥拉政府不同意世界银行提出的限制性条件。经过多轮协商之后，他们宣布不再寻求与世界银行达成一项协定。这并非是头一回：与世界银行的协议谈判在高商品价格反复循环出现之前就发生过几次破裂。

对安哥拉政府来说，与中国的新合作给安哥拉带来了明显的好处，有利于安哥拉经济发展。经过 27 年的战乱之后，安哥拉出现一种以商品为基础的经济，急需新的合作伙伴和新的投资来源。中国提供一种崭新的模式，以信贷额度、经济和商业为基础，与以西方国家的附加限制条件的援助为基础的合作模式形成了对照①。

中国还给安哥拉提供廉价的技术转让机会。这比欧洲或美国所提供的更适合安哥拉，与欧美的技术差距更大，价格也更高②。中国驻罗安达大使透露，中国 2007 年给安哥拉学生提供 27 个奖学金名额，在中国攻读学士学位和硕士学位。中国政府还为安哥拉雇员和政府官员开设了许多短期课程，所涉领域包括卫生、教育、捕鱼、企业管理和行政管理。仅在 2007 年就有 100 多个安哥拉人去中国参加这些课程的学习。

① Tony Hodges, *Angola from Afro－Stalinism to Petro－diamond capitalism*, Oxford: James Currey, 2001.

② "Milhares de Empresarios Chineses Pretendem Investir No Pais," *Jornal de Angola*, November 21, 2007.

对减贫的作用

中国的投资对安哥拉的减贫作出了贡献，尽管具体数据难以估算。中国公司兴建和恢复的火力和水力发电基础设施项目使罗安达的用户新增添了60万。全国供水系统的恢复使数以万计的人口能饮用清洁水。

公路、桥梁和铁路网络的修复为曾被战争阻断的国家的各个地区带来交通便利，促进商业活动的开展。全国铁路系统的修复将会给进城的人带来益处，有利于整个南非地区的商品运输。还有医院、保健中心、学校和理工院校的恢复建设可以为很多社区提供教育和卫生服务，这种服务曾经中断过多年。中国政府还同意派18名医生到安哥拉。这批医生要在安哥拉待两年时间，提供医疗援助，并培训医生。尽管安哥拉政府努力培养有关领域的专业人员，但是依然面临着严峻的人力资源挑战。

环　境

中国用于基础设施重建的投资规模大，但是安哥拉的发展需求更大。2007年11月多斯桑托斯总统在亚太经合组织峰会上发表的演讲中申明："安哥拉重建需要200亿美元。"① 可想而知，安哥拉政府正在向其他商务伙伴寻求更多的信贷额度。像葡萄牙和巴西这样的传统伙伴依然全面地参与安哥拉的战后重建工作。

筹措资金的渠道需要多元化，与此同时也需要维持现存的对西方技术的依赖关系，这促使加纳政府加强了与巴黎俱乐部的关系。在2006年末和2007年初，安哥拉向巴黎俱乐部债权国还付了大部分本息，大约为25亿美元。2007年11月出现的18亿美元的过期利息问题也得到了解决，政府承诺到2010年止分三期偿还未偿还的部分。与巴黎俱乐部达成的协议为安哥拉与世界其他国家关系正常化扫清了道路。以下两个事例就可以证明这一点：2007年世界银行给安哥拉提供的贷款翻了一番，2007年11月末西班牙承诺为安哥拉重建提供6亿美元。其他捐赠国如加拿大、法国、意大利和德国也已经增加

① 多斯桑托斯，欧佩克峰会，利雅得，沙特阿拉伯王国，2007年11月17日。

了信贷额度。

安哥拉战后的行为反映出罗安达不死守教条，讲究实用主义。多斯桑托斯总统2008年新年向外交使团致辞中明确地阐述了这一观点，他强调安哥拉计划加强与其他国家的双边和商务关系：

> ……面对全球化，我们自然知道国际关系需要多元化，需要接受竞争的原则，在这个不断变化的世界里，竞争原则取代了区域势力范围的僵化观念，这是过去世界的特征。
>
> 中国在短期内给安哥拉提供了其他国家没有提供的东西。如基础设施建设，这对于处于大选前的安哥拉政府是至关重要的。现在两国关系更具有商务色彩，尽管全球经济不景气，罗安达多元化的努力正在遭受挫折。多斯桑托斯总统2008年异乎寻常地两次访华，旨在得到新的信贷额度，寻求中国的支持。

作者简介

阿列克斯·维内斯，英国地区与安全研究室主任，查塔姆研究所非洲计划室主任，荣获英帝国勋章。他的专长包括撒哈拉以南非洲特别是安哥拉的政策，非洲私人安全与政治风险，国际关系与非洲。

他近期著述很多，仅2009年就有《渴望非洲石油：亚洲国家石油公司在尼日利亚和安哥拉》（合著），查塔姆研究所，2009；《印度在非策略：展望印非论坛》，《南非国际事务年鉴2008/2009》，南非国际事务研究所，2009；《安哥拉：多斯桑托斯的30年》（与马科斯·威尔莫合著），《非洲政治经济评论》2009年第36卷第120期；《安哥拉与全球经济衰退》（与马科斯·威尔莫合著），《葡萄牙国际事务学刊》2009年春季；《超越子弹与投票：重建安哥拉全国同盟》（与贝里尼·奥卢特梅卡合著），M. 贝德尔与D. 乌科编辑；《冲突后重建军队：政治、暴力与过渡》，罗特里奇出版社，2009。

他在2008年以来积累了丰富的工作经验，他担任联合国科特迪瓦专家组组长，利比里亚专家小组成员，商务与人权高级研究员，人权观察等研究员，牛津大学和伦敦大学研究所研究员。

附：

查特姆研究所是世界国际问题分析重点机构之一，其政策研究所全体成员帮助个人和组织站在纷繁变化的世界发展的前沿。地处伦敦的查特姆研究所没有对任何国家的制度观点和忠诚，但是在探求适合于世界的政策制定。

查特姆研究所的非洲计划开发了影响非洲个别国家、整个非洲以及国际系统关系的独立政策研究。非洲计划研究帮助决策制定者认识非洲国家与其各种政治和经济形势的许多差别。在最优秀的非洲政策国际研究员的努力下，查特姆研究所提供可靠的独立的研究成果。通过集中力量和广泛接触，研究成果得以在全球范围内发表。非洲计划研究利用其声望和影响，可以左右政策的制定。要想更多了解查特姆研究所非洲计划的内容，请浏览 www. chathamhouse. org. uk/africa。

中安关系——一桩利益相关的婚姻

费尔南多·派瓦

我开头必须声明，我要以一个安哥拉本土人的身份，而不是以一位学者、经济学家或开发的从业者身份来撰写本文。我关心安哥拉，我观察影响安哥拉的事件，完全可以肯定：中国对安哥拉有影响。

费尔南多·派瓦，律师

安哥拉与中国的经历无疑是独一无二的，是有重大意义的。2004 年以来，两国间的经济交流日益频繁。实际上在过去五年中，这种关系从无足轻重到安哥拉成为中国最大的外来石油供应者，每天出口 5 亿桶石油，甚至超过了沙特阿拉伯。

中国对安哥拉出口的制造商品也有了巨大的增长，从 2005 年的 3.72 美元增加到 2006 年的 8.94 美元，占整个中国对非洲出口的很大份额。

中安关系并非短暂，而是始于 1960 年，但不久就陷入了困境，起初的交流就不顺利，在随后的 20 多年中遇到过一些挫折、分裂以及重新的交往；但双边关系现在得到了改善。

1983 中国承认安哥拉独立，双方真正的交往开始起步。这是一种利益相关的婚姻关系——安哥拉迫切需要找到一个为其重建投资而又没有条件限制的合作伙伴；中国迫切需要找到一种可靠的能源，为其发展提供安全保障。

这对幸福伴侣的未来前程如何还有待观察。在两国的民主化气势强劲的压力面前，他们会甘苦与共抑或他们能弥补裂痕吗？

对先期交往的回顾

安哥拉与中国人的第一次会晤发生在1960年4月在几内亚科纳克里举行的非亚人民团结组织第二次大会上。在大会上三名为安哥拉独立而战的年轻领导人分别与中国共产党党员相会，或者邀请他们访问中国。这三位年轻的领导人是莫利欧·品托·安德拉德（Mário Pinto de Andrade），后来成为安哥拉人民解放运动（MPLA）主席；维利亚托·达克鲁兹（Viriato da Cruz），后来成为该组织的秘书长；路西欧·拉拉（Lúcio Lara），后来成为该组织的书记。他们接受了邀请，于1960年晚期访问了中国，带回他们迫切需要的资助组织的基金。

在20世纪60年代，安哥拉像其他非洲国家一样为独立而进行斗争，在包括有新大国出现在世界舞台上的时代主流面前，他们必须掌握好国内新的政治局势。

在冷战开始的时代，新的大国是领导西方国家的美国和领导社会主义阵营的苏维埃社会主义共和国联盟。当中国疏远苏维埃政治之时，世界政治的极化变得更加复杂。

年轻的安哥拉自由战士所面临的问题在于哪一方会支持他们的独立斗争，美国一方还是苏联一方？

最终与美国结盟的小组是安哥拉民族解放阵线（FNLA），从利益上与共产主义结盟的小组是安哥拉人民解放运动（MPLA）。

值得注意的是，虽然安哥拉人民解放运动与苏联结成同盟，但是其主要目标是安哥拉独立，而不是意识形态本身。

以维利亚托·达克鲁兹和伊利迪欧·马赫多（Ilidio Machado）为首的安哥拉人民解放运动是由一个很小的知识分子群体组成的。在20世纪60年代初期，其成员被迫逃往葡萄牙，在葡萄牙他们与其他人结成伙伴，那些人主要是大学生。这个小组的著名人士包括阿格斯廷霍·内托（Agostinho Neto）、路西欧·拉拉和埃杜阿尔多·马西多·多斯桑托斯（Eduardo Macedo dos Santos）。

这个小组最终发现需要靠近安哥拉战区，但是他们真正返回安哥拉的时机还没有成熟。因此，他们分散在葡萄牙、法国和德国的成员首先进入了几内亚科纳克里。从几内亚他们又进入当时所谓的利奥波德维尔（Leopoldville），即现在的金沙萨。

在利奥波德维尔他们与另一个根基很深的小组会师获得了力量，这个小组就是安哥拉民族解放阵线。尽管其成员来自不同种族（有些来自安哥拉北方，有些来自刚果西方），但是他们能够兴旺发达起来。

当这个融合在一起的小团体获得了力量，安哥拉民族解放运动的创始人就发现自己在组织内已经失去了权力，他们是维利亚托·达克鲁兹、路西欧·拉拉、马西多·多斯桑托斯，他们三人来自不同的种族。他们最终为阿格斯廷霍·内托所取代。内托是一个安哥拉年轻人，在葡萄牙坐过牢，但是在葡萄牙共产党的帮助下，于1962年底逃出了西班牙。

在新领导的鼓励下，安哥拉人民解放运动更进一步与苏联结盟。但是当有件事发生时，情况就发生了彻底的改变。

维利亚托·达克鲁兹并不甘心束手就擒，他在安哥拉人民解放运动内部组织了一个派系，反对该组织的新领导人阿格斯廷霍·内托。最后维利亚托·达克鲁兹失势，流亡海外，先去了阿尔及利亚，后来又去了中国。他被他的安哥拉人民解放运动所遗弃，是一个使中国共产党感到棘手的政客，于1973年在耻辱中客死中国。

维利亚托·达克鲁兹死前曾企图东山再起，他与和美国站在一起的安哥拉民族解放战线结成同盟。这段短暂的交往造成了当时未曾料想到的多米诺骨牌效应。

安哥拉民族解放阵线外交部长约纳斯·萨维姆比先期脱离了组织，他谴责该组织创始人霍尔登·罗伯托（Holden Roberto）搞部落制，说他缺乏领导安哥拉独立的才华。萨维姆比随后在1966年创建了安哥拉民族独立联盟（UNITA）。

重返中国：启动政治约定

中国介入安哥拉局势，表示愿意帮助第一批安哥拉民族独立运动全国联盟（UNITA）自由战士，他们随后在中国南京军事学院接受培训。萨维姆比也在中国接受过培训，他培训的内容主要是战略和政治研究。在中国接受的培训使他和安哥拉民族独立运动全国联盟逐步认识当时的毛泽东思想。安哥拉民族独立运动全国联盟继续成为为安哥拉独立而战的主导力量。就此而言，实际上主要有三股为安哥拉独立而战的政治新势力：安哥拉民族解放阵线、安哥拉人民解放运动和安哥拉民族独立运动全国联盟。中国必须从中作出选择。游走安哥拉政治迷宫的难度无论怎样夸大都不为过。中国来一个“狡兔三窟”政策，给予各方一定的支持。但是中国最终却站在安哥拉民族解放战线一边：这回下错了赌注。

安哥拉内战1975年结束，结果中国发现自己站错了队。最后的胜利属于安哥拉人民解放运动，这个组织的领袖阿格斯廷霍·内托在与安哥拉民族解放阵线进行短期的生死决战之后，于1975年宣布国家独立。综上所述，可以看出在一种复杂的政治形势里选择立场是多么困难。中国的不干涉政策在一定程度上是汲取教训的结果。就安哥拉而言，中国卷入安哥拉国内政治却感到极其复杂。中国在这场游戏中没有获胜，现在试图按另一种方式取胜——在竞技游戏中取胜，把政治交给其他国家。

中国重返安哥拉：启动经济协定

中国2004年戴着一顶崭新的礼帽重返安哥拉。把政治抛入历史尘烟，新战线是经济利益的天地。在安哥拉民族独立运动全国联盟军事失败和安哥拉民族解放运动胜利之后，2002年2月搭建起来的平台标志着安哥拉内战的结束，双方签署了和平协定。

2003年10月中国政府感到一个崭新的时代已经到来，于是就创造一种新的外交方式来建立与安哥拉未来关系的基础。澳门接受葡萄牙管治，1999年12月20日，中国对其恢复行使主权，中国利用澳门创办了中国与葡萄牙语国家经济贸易合作论坛。2004年4月论坛在澳门设立了秘书处。此后，双方举行过一系列各方部长级会议。

结果安中贸易从110亿美元增加到2006年底的340亿美元。

利益相关的婚姻

2004年3月，中国和安哥拉开始认真对待开展良好合作的需求，双方最终携起手来。

2004 年 3 月 2 日，中国向安哥拉提供第一笔额度为 20 亿美元的贷款。安哥拉国家石油公司总裁、财务部长和总统顾问对中国进行了访问，与中国国家石油公司建立了两家合资公司，一家是石油天然气生产公司，另一家是石油与基础设施开发公司。

2005 年 10 月，安哥拉利用法国东方汇理银行（French Bank Calyon）筹措的一笔石油担保贷款创办了中国国际基金会。这个基金会设在香港，总资金为 29 亿美元，在国家复兴办公室的监督下用于安哥拉重建工程。国家复兴办公室总干事是小曼纽尔·威野埃拉·迪亚斯，人称考佩里帕，他是最有影响力的总统顾问之一。2006 年 3 月，提供了第二笔额度为 10 亿美元的信贷，2006 年 6 月双方签订了正式的合约，又提供了第三笔额度为 20 亿美元的信贷。这些贷款在两年期总数达到 78 亿美元。

2006 年 11 月中国举办第三届中非合作论坛，有 42 位非洲国家首脑出席会议，显然安格拉总统约赛·埃杜瓦尔多·多斯桑托斯（José Eduardo dos Santos）没有出席。对于这个政治事件官方没有作出解释，但是以前胡锦涛主席访问安哥拉期间，多斯桑托斯总统曾说："中国需要国家资源，安哥拉需要发展经济。"这是对利益相关婚姻的完美解释。

对历史作一点回顾有利于我们认识这种形势。2004 年 3 月，中石化国际石油勘探生产公司（SINOPEC）获得英国石油和安哥拉国家石油公司共同经营的价值为 15 亿美元的安哥拉近海 18 号油区的 50% 股权。安哥拉国家石油公司与中石化国际石油勘探生产公司建立了合作关系，中石化安哥拉国际有限公司获得 3/80 号海上油区的 25% 份额。2006 年 4 月，中石化安哥拉国际有限公司出价 7.5 亿美元出让由埃克森—美孚公司经营的 17 号油区的 27.5% 份额，意大利国际石油公司埃尼集团用同样价格成为经营者。

安哥拉国家石油公司参加深海油田开采招标的公司宣布：他们在获得开采权与向洛比托新炼油厂投资之间建立的挂钩关系已解除，该炼油厂日加工量 20 万桶原油。后来安哥拉国家石油公司声明：安哥拉国家石油公司与安哥拉国家石油公司中石油国际合资公司（SSI）将共同成立一个联合企业来建立一家价值 50 亿美元的炼油厂。几个月后安哥拉国家石油公司宣布有关协定没有达成，他们将单独建立炼油厂，因为未能与安哥拉国家石油公司中石油国际合资公司达成一致。

到现在为止，这是新婚夫妇之间的主要分歧，但是这种分歧可能会导致双方关系破裂。

2009 年 7 月 17 日，中国海洋石油有限公司宣布：与中国石油化工集团公司共同成立一家合资公司（50∶50），这家合资公司与安哥拉 32 号油区有限公司（附属于马拉松国际石油公司）签订了一项买卖协定，获取安哥拉近海《32 号油区生产共享合同与合营协定》中 20% 的开采利益。

安哥拉复兴建设

安哥拉内战一结束，各种国外非政府组织就发动一场针对国际石油公司的国际运动，强烈要求他们公布给东道国政府付款的数额。这场运动恰逢安哥拉内战结束，借此向安哥拉政府施压以公布其账目。据国际货币基金组织透露，1992 年内战再度爆发以来，有 40 多亿美元从安哥拉政府账目中消失。针对一位法国军火商和包括法国前总统费朗西斯·密特朗儿子在内的法国政府成员的腐败控告也在法国掀起。虽然这起被后人称为“安哥拉门事件”的案件并没有控告安哥拉官员，但是他们的信誉最终受到了损害。

“安哥拉门事件”后安哥拉政府竭力讨好西方国家为安哥拉重建创立一个圆桌会议，这一企图遭到失败是可想而知的，因为发生在安哥拉的腐败控诉是个巨大的丑闻。安哥拉企图通过谈判与国际货币基金组织达成一项协议的努力也遭到失败。

天赐良机，中国政府拯救其美丽而富有的“新娘”的条件已经形成。中国提供的贷款对安哥拉政府来说是久旱逢甘露，再及时不过了。经过漫长的、具有毁灭性的内战，实际上安哥拉的一切都需要重建，包括公路、桥梁、学校、铁路、码头、机场以及其他重要基础设施。

从另一种实用的角度来看，由于有了中国贷款的帮助，有中国公司作为其资助的合同的主要投标方，才开启了一项大规模的重建工程。根据当时流传的消息，70% 的合同都由中国公司来承包，有高达 8 万名中国工人获准来安哥拉执行项目。

推动重建工作不断前进的需求在一定程度上来讲是迫切的，认识到这一点也是非常重要的。赢得战争之后，安哥拉人民解放运动需要政治上的合法性，尽早举行选举，特别是 1992 年在联合国监督下的选举无果而终，因为安哥拉民族独立运动全国联盟声称他们舞弊。选举直到2008年底才举行，这给安哥拉人民解放运动以时间，让人们可以感受到安哥拉人民解放运动开启重建的氛围。由于重建的原因，安哥拉人民在投票站慷慨地把票投给了安哥拉人民解放运动。安哥拉人民解放运动获得82%的选票，彻底击败了对手。

今天安哥拉人民依然等待着关于举行总统选举的日期的决定。有中国的支持，对于一个并非由于有民主资质而为人所知的国家来说，本文标题所暗示的问题是有意义的：这是一桩利益相关的婚姻还是利益相悖的婚姻——从谁的角度来看呢？我们还是请读者来回答吧。

作者简介

费尔南多·派瓦（Fernando Paiva）先生1986年以安哥拉国家合作事务书记的身份开始他的职业生涯，在安哥拉罗安达与欧中经济共同体的专家一起为技术合作部提供咨询。1987年派瓦先生在安哥拉罗安达成为财政部的法律顾问，就有关财务和税务的法律问题提供咨询。他是国际货币基金组织和国际复兴开发银行（IBRD，即世界银行）及其附属组织安哥拉会员的法律顾问。1991年，派瓦先生成为财政部法律司司长。1995年1月，派瓦先生入职卡宾达海湾石油有限公司（Cabinda Gulf Oil Company，Ltd，Cabgoc），这是一家完全为雪佛龙（Chevron）所拥有的子公司。从1996年起，他开始担任雪佛龙税务部部长。

他担任过安哥拉罗安达阿格斯廷霍·内托大学法学院公共金融学讲师，位于安哥拉罗安达的工商银行法律委员会主席（Banco de Comercio e Industria，BCI）。2002年他成为政策、政府与公共事务总经理，负责卡宾达海湾石油有限公司的公司承包项目。2004年，他开始负责安哥拉伙伴合作倡议项目（API），这是一个5000万美元的公私合营项目，由雪佛龙和一些公共机构共同承担，这些机构包括美国国际开发署、联合国开发署（UNDP）、探索频道（Discovery Channel），涉及旨在帮助安哥拉重建的一些项目，重点放在农业、人才培养、小企业和小额金融项目（microfinance）上。

苏丹：中国最棘手的政治问题发展中的关系

阿凯克·科霍克

阿凯克·科霍克博士

苏丹和中国之间的关系源远流长，可上溯到20世纪60年代初，当时中国向苏丹提供人道主义援助，建设医疗诊所和派遣医疗队。中国虽然当时经济困难，但没有停止对苏丹的援助，其中还包括建设苏丹友谊大厦和国会大厦。这些项目的竣工当时中国并没有得到明显的物质利益。苏丹人民高度重视苏中两国人民的友谊关系。这种友谊历经过时间的考验。20世纪60年代以来就有中国人生活在苏丹。但是80年代初南方爆发战争时，很多人背井离乡逃往北方。南方战争迫使美国雪佛龙石油公司于1985年撤离苏丹，因为苏丹不再被认为是一个安全的工作地点。

1974年南方自治协定宣告南方分裂战争的结束，雪佛龙不久就获得石油特许权。该公司1978年在这个地区发现了石油；1983年南方爆发第二次国内战争时，雪佛龙正在开发一些油田。1984年2月，一支南方分裂主义反政府武装部队袭击雪佛龙设施，致使三名外国工人死亡。这导致雪佛龙中断了在南方的经营。又经历类似的事件之后，雪佛龙在1985年决定全部撤离，最终在1992年将开采权卖给整个苏丹租界。

雪佛龙撤出之后，北方政府必须寻找新伙伴帮助开发石油资源。由于与中国有着长期的关系，又由于中国是一个不会用人权问题来制裁苏丹的国家，因此选择中国开采石油是自然而然的。

从苏丹政府的角度来看，与中国的关系是全面的互利互惠关系。从政治上来看，两国在国际事务中互相支持，如果对中国有投反对票的，苏丹就会投支持票，反之亦然。从经济角度来看，苏丹对与中国的关系感到满意而且特别感谢中国建设的与石油开采相关的基础设施，这种设施在有些情况下使运输时间从几天减少到几小时。中国建设的基础设施有一部分是捐赠的，但是在未来将会计入谈判达成的一揽子协议以换取石油资源。

中国参加苏丹经济建设，给经济和社会发展带来了一系列好处。例如，苏丹专家给中国公司提供管理和工程服务，苏丹企业家也有机会向中国公司出售商品和服务。然而毋庸置疑，苏丹从中国进口很多东西用于生产加工，但是有种说法认为苏丹公司被排斥在一边，不能参与中国在苏丹萃取产业中的工程项目建设，便无法从中得到回报，这纯属无稽之谈。

我曾亲自访问了喀土穆一家炼油厂，亲眼看见每100个工人中足有80个是苏丹人。中国公司还聘用妇女参加一系列经营管理工作，为促进社会转变作出了贡献。这使生产得到提高，因为男人不想服从女人的指示抑或不想受女人训斥，因此就得非常卖力地干活，从开头就把活干好，以免遭受女监督员的训斥。现在第一等级的女监督员已经接受过培训，许多其他等级的女监督员也经过培训，能参加维修管理工作。苏丹政府把握的一条底线是如果觉得与中国达成的交易不划算，就重新进行谈判，但是从全方位来看双边关系是公平合理的，是互惠互利的。

但是与中国的关系也是发展变化的。虽然最初的关系是建立在中国不干涉苏丹内部事务的原则基础上的，但是中国受到越来越大的压力——国际社会要求中国利用其巨大的影响力鼓励苏丹政府解决达尔富尔问题，开创和平局面。

达尔富尔问题在于苏丹政府坚持认为自己不能控制达尔富尔的局势，因为达尔富尔民兵组织的行动不受政府的约束。

要理解这个问题，需要简单介绍一下达尔富尔西部地区的历史背景。这要从19世纪初说起。19世纪70年代达尔富尔被埃及占领，1916年成为苏丹的一个省。阿拉伯游牧民与本地皮毛贸易商和农民之间长期存在着种族矛盾，这种矛盾在20世纪80年代达到空前尖锐的地步，偶尔发生暴力事件。双方的冲突在2003年进一步加剧，农民中的暴乱分子开始奇袭政府设施，于是政府就创建一支贾贾威德民兵组织（Janjaweed Militia），打击达尔富尔当地暴乱分子。尽管2004年双方有过一次停火且随后国际维和部队也介入达尔富尔事务当中，但到2007年已有10万人死于非命，有200多万人被迫流离失所。

美国对苏丹政府实行制裁，谴责苏丹政府支持诸如类似“拯救达尔富尔阵线”的贾贾威德民兵组织的行为。苏丹政府里还有某些重要的民兵组织代表，这也是美国谴责苏丹政府特别重要的原因。

中国是一个负责任的合作伙伴，迫于国际社会的压力不得不介入这个问题并对此感到大失所望。中国本来非常明确地坚持达尔富尔问题完全属于内政问题的立场，但最终迫于国际社会的压力，只好支持国际社会的呼吁，鼓励和平解决达尔富尔问题，利用自己巨大的影响力来说服苏丹政府正确处理这一问题。

苏丹政府对中国在苏丹的作用是绝对肯定的，但是如果你在街上问达尔富尔市民，你就会得到不同的回答，因为在他们的眼里中国人没有施展其影响力来拯救更多达尔富尔人的生命。

解决达尔富尔问题并非易事，因为现在有许多局中人，有许多既得利益，在历史上有很多负面的东西。

从全球关注和援助的角度来看，达尔富尔问题有希望很快得到圆满解决，这能使苏丹不断地解决其最迫切的经济发展需求。

作者简介

阿凯克·科霍克（Akec Khoc），博士，苏丹驻联合国常务副代表。此前他曾担任苏丹外交部组织司副司长。他还曾在美国明尼阿波利斯担任过精神健康顾问，在法国巴黎两所大学医院担任过急救内科医生，先后供职两年。

从1991年到2003年，他担任苏丹人民解放运动（SPLM）驻法国、比利时、荷兰、卢森堡和瑞士代表，任苏丹救济与复兴协会主席。1979年以来，他行过医，从事内科、外科、妇产科、儿科医疗工作。科霍克在苏丹人民解放运动中担任过各种不同职务，包括难民营管理委员会委员、对外合作局副局长、尼罗河上游地区人道主义野外军事行动协调员。1984年以来曾担任卫生与人道主义事务部长助理。

中国在苏丹的利益及对苏丹的政策

理查德·里奇·威廉姆森

理查德·里奇·威廉姆森大使

苏丹幅员辽阔，人口多样，但有一部漫长的血泪史，一部充满动乱和创伤的历史。近年来中国在苏丹发挥着重要的作用，但是包括美国在内的许多国家认为中国并没有起到有益的或富有成果的作用。我自己与中国的外交往来可上溯到1/4多世纪前，我当时担任联合国驻维也纳总部大使。我到任不久，中国就发出想加入国际原子能机构（IAEA）的信号，这是受到美国热情欢迎的一个倡议。我在维也纳第 年大部分时间都用来开展与国际原子能机构、中国和其他会员国的谈判工作，意在中国能加入国际原子能机构，确保中国在其理事国委员会上能有一个永久的席位。我发现与我共事的中国官员聪明、谨慎、内行、坚定，不失时机地忠实履行维护中国利益的责任。我在随后的岁月里担任过各种不同的外交职务，但我起初的判断基本没有改变。

中国人对自己的利益观点鲜明，不遗余力地维护自己的利益。我敬佩他们的那种坚韧不拔的精神和高超的业务水平。但是当美国的政策与中国的自我利益观不吻合时，我有时候感到泄气。

我亲自参与苏丹事务始于2002年，当时我担任联合国特别政治事务大使，在安理会上代表美国就联合国维和使命与和平谈判的全方位问题展开工作，包括开展关于结束苏丹南北长期内战的和平谈判。这是一场非洲历史上时间最长的内战，大约有 200 万人失去了生命，400 多万人流离失所。当时杰克·丹佛尔斯（Jack Danforth）参议员是美国总统派往苏丹的特别使节，为促进双方谈判发挥了极大的作用。中国在安理会讨论苏丹问题期间基本上采取消极的态度。所幸很多国家都采取了一致的行动，2005 年签署了一项苏丹南北方全面和平协定，这个协定执行期为六年，最终要在 2011 年举行全民公决，允许苏丹南方方人民自己决定是继续留在苏丹还是获得独立。

2004 年我又离开纽约，前往日内瓦担任驻联合国人权委员会大使。此前，苏丹西部达尔富尔的一小撮叛乱分子奇袭过苏丹武装部队（SAF）的一个机场，捣毁了几架飞机，杀死了一些苏丹武装部队战士。苏丹政府不但没有严厉打击这群叛乱分子，反而“打开了地狱之门”。

乍得总统伊德里斯·代比曾对我说过，要捉住树上的鸟，就得把树砍倒。苏丹政府武装阿拉伯民兵组织一致性的突袭活动，打击着达尔富尔无辜的村民。

首先苏丹武装部队的飞机或武装直升机空袭村庄，子弹暴风雨般地向村民扫射，有时恣意投下一桶桶容量为 55 加仑的汽油燃烧罐。随后装载着苏丹武装部队士兵的敞篷卡车从村庄疾驰而过，一路进行疯狂的扫射，“马背和骆驼背上的魔鬼”接踵而至，毁坏庄稼，偷抢牲畜，把村庄烧成平地，往井里投毒，见男的就杀，随后又轮奸妇女，用炽热的刀子给她们打上烙印，让她们无法洗刷掉耻辱。这种野蛮的残暴行径被非政府组织、勇敢的记者、近期还有国际刑事法庭详细记录下来。在走访达尔富尔南北部各个国际开发署营房时，聆听过遭受这类袭击的无辜的达尔富尔人讲述那令人撕心裂肺的亲身经历。

布什总统是声讨和呼吁终止暴乱分子残暴行径的第一位世界领袖。当联合国人权委员会 2004 年春天举行会议之时，我根据指示介绍一项关于谴责这种暴行的议案，要求终止暴行，打开人道主义通道，派遣国际观察员；开展积极的协商和激烈的辩论。最后非洲和伊斯兰国家联合起来站在苏丹政府和支持苏丹的国家一边，利用其“不干涉”政策反对制裁践踏人权的罪犯，击败了我介绍的美国的强烈议案。真是令人蒙羞。结果通过了一个不痛不痒的议案，甚至对暴力行径都没有加以谴责。可以预期，在喀土穆的苏丹政府对联合国难民事务高级官员的失败作出解读，认为这意味着国际社会对发生在遥远国度的一场冲突漠不关心，知之甚少。暴行仍在继续。据当时的估计，有一两万达尔富尔人遭到屠杀。今天根据了解实情的估计，死亡人数超过 30

多万。

随后在2007年末，我被任命为总统驻苏丹特别使节，在达尔富尔处理有关《南北方全面和平协定》的执行问题以及正在发生的非人道的暴行问题。这是一项艰巨的任务。在有些地区工作无法取得进展，在另一些地区掠夺、屠杀等种种极端行径依然在继续。

苏丹是非洲面积最大的国家，与西欧差不多。南方是一片片巨大的沼泽地，是尼罗河的发源地，长年阴雨连绵，丛林密布。西部地区达尔富尔的面积相当于法国，是一片干燥的沙漠。东部是努巴山脉。

有近400万人居住在苏丹。据估计苏丹有600个种族，400多种语言。北方大多是阿拉伯穆斯林，西部主要是非穆斯林非洲人，南方居住着非洲人，他们大多是万物有灵论者，也有一些基督教徒。

中央地区在19世纪是土耳其帝国的殖民地，20世纪上半叶是大英帝国的一部分，自从1955年独立以来，中央地区排斥其他地区，以便控制这个地域辽阔的国家，压制文化冲突。

英国人离开后，把新独立的苏丹交给了阿拉伯穆斯林。喀土穆经常企图在整个国家实施严厉的伊斯兰教教法。由于经济贫困和政治边缘化，这引起了抵制、反抗和长期的流血冲突。

现任苏丹政府在1989年奥马尔·哈桑·艾哈迈德·巴希尔（Omar Hassan Ahmed Al Bashir）上校领导的一场军事政变中夺取政权。巴希尔的顾问哈桑·奥尔-图拉比是一位伊斯兰意识形态的拥护者，他在20世纪90年代已经失去了巴希尔的宠信，否则1989年政变的核心领导人依然会大权在握。他们延续历史上的惯例，排斥非阿拉伯穆斯林，只要自己的宝座能坐稳当。

但是在过去20年中，苏丹发生了戏剧性的变化。巴希尔执掌政权之时，苏丹每年的出口只有几亿美元。现在每年出口已增长到95亿美元，几乎全都靠石油出口。苏丹石油的最大买主是中国、印度尼西亚、印度、日本和韩国。据估计中国6%的石油进口来自苏丹，这是一个不小的数字①。

---

① 关于中国在非洲广泛影响的政策可参见西格·米克尔与米克尔·贝雷特《中国旅行：北京在非洲拓展寻踪》，纽约，国家图书社，2009；普林斯顿·N. 雷曼与帕特里卡·多夫编《超越人道主义：关于非洲及其重要性》，纽约，外交关系委员会，2007；桃乐茜-格蕾丝·格雷罗与费罗兹·曼吉：《中国在非洲及南部的新角色：新视角研究》，英国牛津，法哈姆图书公司。

中国过去和现在都十分关注苏丹的石油供给。苏丹大多探明的石油储备位于苏丹南方的木格拉德（Muglad）和梅鹿特（Melut）裂谷盆地。那里的石油通过两条管道——大尼罗河石油管道（Greater Nile Pipeline）和盆地原油管道（PetroDar pipeline）输送到炼油厂。前者从团结油田通向喀土穆，再通向红海苏丹码头；后者从梅鹿特盆地（Melut Basin）的帕罗格（Palogue）油田通向苏丹港。两条管道长度都超过1300公里。2006年中国国家石油公司对喀土穆炼油厂进行升级改造，将其生产能力提高一倍。中国还在苏丹港附近建立了大型石油储藏设备。

梅鹿特盆地石油日产量为50万桶。在梅鹿特盆地，帕罗格大油田可采储量估计为9亿桶高质轻原油。中国已获得在尼罗河西部上游地区两个产地的开采权。中国国家石油公司是大尼罗河石油经营公司（Greater Nile Petroleum Operating Company）的最大股东，该公司通过盆地原油经营公司（Petro Dar Operating Company）来主导苏丹石油生产。

很多分析家认为，中国“不干涉”其他国家内政的政策目的在于避开外国对自己内部事务的监督和干预，不管是涉及人权记录、西藏形势还是与台湾当局的关系。这种主张无疑是有道理的，但这种主张也为中国进入由于践踏国际公认准则而为美国、欧洲和其他国家所鄙视的国家的市场带来优势。由于存在恐怖袭击、践踏人权现象以及达尔富尔正在发生的人间悲剧，美国对苏丹实施了各种不同的经济制裁，而中国却在苏丹拥有一片开阔的天地，从经济方面获取石油保障的优势。

这种运作在一定程度上超越了摆脱美国和欧洲竞争者而完全寻求中国经济利益的底线，还意味着中国在政治上对苏丹政府的支持。在一定程度上来讲，这是中国给予的无偿援助。

在联合国安理会上，中国对安理会的提案有否决权，一贯制止或削弱安理会关于苏丹的议案，是苏丹政府可靠的、关键的外交保护伞。即使在当前发生的乍得与苏丹冲突的问题上，中国也坚定地站在喀土穆一边。中国与苏丹的重要军火供应商俄罗斯和在安全理事会担任轮值主席的非洲或阿拉伯非常任理事国保持着密切的联系。

中国还是喀土穆最主要的军火供应商。在达尔富尔有许多中国制造的武器。这为中国带来了经济利益，但是很多人认为，中国获得的最大利益在于喀土穆对其所欠的债务和依赖性①。

但是即使在安全理事会，中国乐于为喀土穆开展斡旋的力度也是有限的。例如，联合国一个调查组发现“严重践踏国际人权法的案例”之后，安全理事会于 2005 年 3 月讨论是否把达尔富尔的问题提交给海牙国际刑事法庭的问题。最后联合国安全理事会 1593 号决议还是被采纳，中国投了弃权票而不是否决票②。

国际刑事法庭检察长路易斯·莫雷诺·奥卡姆坡（Luis Moreno Ocampo）的调查最终导致 2008 年 7 月提交给国际刑事法庭预审庭一份起诉报告，要求逮捕奥马尔·巴希尔总统，指控他犯有十项战争罪，以及反对人类和种族灭绝罪。认识到中国和其他安全理事委员会同盟在这种情况下无法帮助巴希尔政权，喀土穆展开一场外交攻势，要求联合国安全理事会中断国际刑事法庭的司法权，阻止启动司法程序③。这很快就赢得非洲联盟、伊斯兰国家组织和不结盟运动国家的支持。

伊斯兰国家组织和不结盟运动国家联合起来。其鲜明的战略在于孤立出来反对中断国际刑事法庭司法权的美国，希望美国从投否决票改为投弃权票。起初英国和法国似乎摇摆不定，喀土穆的提议来势甚猛。但是在一次圆桌会议之后，授权给我说：如果安理会对中断国际刑事法庭司法权这样的决议投票表决，美国就投否决票。伦敦和巴黎坚定了立场，苏丹的策略遭到失败，这项决议从来都没有正式提交过。后来最资深的苏丹官员之一告诉我，喀土穆对中国在整个过程中只是做了敷衍性的说明来支持喀土穆而感到非常失望。中国拒不参加关于搁置一个 16 号条款决议案的安全理事会代表大会。因此，中国虽然一般说来在联合国安理会中能毫无保留地捍卫和帮助苏丹政府，但

① 见 BBC 报道《中国不顾联合国苏丹禁运令》，2008 年 7 月 13 日。又见《人权第一》，根据联合国安理会制定有关苏丹 1591 号决议（2005）撰写，2005 年 12 月 12 日。又见《中国向苏丹秘密销售多重发射火箭系统》，《苏丹论坛》2009 年 7 月 14 日。

② 值得注意的是，中国 1971 年自从加入联合国以来，很少使用否决权。中国只使用过两次否决权：一次是 1972 年 8 月 25 日关于孟加拉加入联合国 s/10771 号草案决议案，另一次是 1999 年 2 月 25 日关于在前南斯拉夫马其顿共和国布署联合国防御部队 s/1999/201 号草案决议案。但是中国经常在协商期间施加影响威胁使用否决票，包括关于批评、谴责、制裁苏丹的各种决议案。

③ 根据创建国际刑事法庭的《罗马规约》（Rome Statute）第 16 条款，联合国安全理事会有权中断国际刑事法庭长达一年时间的司法权，如果该委员会认为这样的中断对于国际和平和安全有必要的话，还可以继续中断。

是中国支持的力度是有限的，不是绝对的。中国还一向考虑需要平衡的其他因素。

从外交方面来看，虽然联合国/非洲联盟达尔富尔维和部队调停员在日内瓦举行了达尔富尔联络小组会议，但中国并没有参加。中国偶尔也加以干预，奉劝其采取克制态度，呼吁谅解喀土穆的观点，抵制任何会使喀土穆感到不快的鲁莽倡议。

在较小的场合里，在我与驻苏丹中国特使刘贵今一对一的磋商中，所进行的讨论往往使中方感到不快，中方采取较强硬的立场支持喀土穆，尽管所陈述的支持其立场的事实有时并非真实。

与此同时，中国对联合国非洲联盟达尔富尔任务团采取合作的态度，力图淡化中国是苏丹举足轻重的、坚定不移的捍卫者的观念。例如，中国给联合国非洲联盟达尔富尔任务团派遣200名工程师为维和部队的营房建设添砖加瓦。中国特使还经常宣布：他力劝苏丹政府拆除影响联合国非洲联盟达尔富尔任务团开展工作而设置的种种障碍，或减少为流离失所的、生活在水深火热之中的达尔富尔民众提供人道主义援助而设置的阻力。

在我看来，中国在苏丹走钢丝也不无道理。中国需要能源来推动经济增长。中国必须通过经济增长才能在内陆地区创造经济奇迹，内陆地区还有9亿多人口需要从中受益。从长远来看，这需要社会和谐，政治稳定。因此，确保可靠的石油来源是至关重要的，中国与苏丹的合作就确保了这种来源。

进而言之，中国对主权国家内部事务不干涉的总体态度不管出于什么原因，也都是为了反驳对喀土穆在达尔富尔和在其境内的任何其他地方的行为的谴责，反对这种谴责可能会带来的任何反对喀土穆的行动[①]。

但是中国现在想克制这种举止，成为一个举世公认的“大国”。虽然中国可能还没有完全赞同在国际社会中应该尊重国际准则和秩序，做一个负责任的成员的观念[②]，但是中国当然不想被大国孤立或成为一个被遗弃的分子。因

① 例如，在达尔富尔和平协定上签字的唯一反叛运动领袖是民尼·米纳维，2008年秋天喀土穆轰炸他在达尔富尔的营地，美国和其他大国对这一军事行动予以谴责，而中国却保持沉默。

② 2005年9月21日，美国副国务卿罗伯特·佐利克（Robert B. Zoellick）在美国国家中美关系委员会发表演讲，题目是《中国作为会员国所肩负的责任》，他认为中国在国际社会是一个负责任的“成员”。

此，中国力图在证明自己对喀土穆忠实的同时，在是否将安理会关于达尔富尔局势决议案提交给国际刑事法庭的问题上与其他国家谨慎地合作，这是象征性地支持和参加联合国非洲联盟达尔富尔任务团，抑或在对联合国安理会中断达尔富尔国际刑事法庭司法权决议案是否投弃权票的问题上也谨慎地与其他国家合作。

我认为中国优先考虑的问题非常明确——获得苏丹的石油。从中国自己必须正确对待人权、达尔富尔受害者、国际公正等问题的角度来看，中国就会迈不开步子，在可能的情况下只是说说，并没有真正的行动。这不是私交，而是公事，对中国来说是重要的公事。

展望未来，中国可能不得不进行调整。2008 年在苏丹科尔多凡南部石油丰富地区，石油工人遭到 3 次绑架。5 月有 4 个印度工人被绑架，10 月 18 日中国国家石油公司有 9 名雇员在迪福拉（Difra）附近遭绑架，迪福拉就在有争议的阿卜耶伊临时边界（Abyei Interim Borders）之内。绑架一发生，就会爆出特大新闻。中国驻喀土穆大使馆政治部主任于春华立即被派往绑架地点负责谈判事宜。绑匪是米色利亚人（Misseriya），他们是在内战期间与北方结盟的一个阿拉伯部落的成员。10 月 27 日，苏丹武装力量（SAF）的直升机发现有骆驼驮着人质。绑匪惊恐不安，他们命令人质排成一行，就在排列之际有一个绑匪从后面开枪，有 5 人丧生，另外 4 人最终得到释放。这起凶杀事件是在全世界范围扩大生意以来，中国在海外工作人员遭受最严厉的打击之一。

苏丹能源矿业部长阿尔·佐贝尔·阿哈默德·哈森与中国驻苏丹大使李成文前往医院看望幸存的工人，向他们敬献鲜花。哈森承诺说：“我们将采取一切必要的措施来保证在苏丹的中国石油工人的安全。”据报道，中国不仅要求加强石油设施的安全，而且还要求在南北方有争议的地区只能布署北方苏丹武装力量和南方苏丹人民解放军（SPLA）的联合部队。可想而知，中国认为不能仅仅依靠北方阿里来确保中国石油工人在苏丹的安全。

苏丹探明的石油储备还有很多在南苏丹或南北苏丹有争执的地区。随着 2011 年《全面和平协定》所规定和达成的独立公决的来临，中国所寻求的大量石油可能会在新独立的南苏丹。南苏丹的中央在朱巴，由苏丹人民解放运动领导，该组织现在发展为一个政党，与奥马尔·奥尔·巴希尔的合作关系非常紧张。

在与苏丹人民解放运动高级官员所作的关于《全面和平协定》的无数次

讨论中，我又一次问他们中国应该起什么作用。邓·阿洛尔心照不宣地笑着说："有一点你可以肯定，中国将站在胜利者一边。"他当时担任苏丹外交部部长，现在担任南苏丹政府总统事务部部长。

在我以总统特使身份去南苏丹首都朱巴的一次行程中，有人告诉我："那是中国建的朱巴新北京饭店。"我不禁笑了起来。这不是私事，而是公事。

作者简介

理查德·里奇·威廉姆森大使为温斯顿与斯特劳恩律师事务所的一位开业伙伴，美国驻联合国前任大使，2007 年 12 月被任命为驻苏丹特使。在布什执政初期，他曾担任联合国特别政治事务大使，联合国人权委员会大使。他还曾在罗纳尔德·里根和乔治·H. W. 布什政府担任资深外交政策官员。除了从事法律事务外，威廉姆森大使还是美国共和学会（International Republican Institute）理事会理事，德保尔大学国际人权中心顾问委员会委员，美国外交关系委员会委员。

苏丹人民经不起等待

希迪加·瓦什

希迪加·瓦什，苏丹教育家

我生命中的第一个 17 年是在苏丹第三大城市——苏丹港城度过的，回想起来可谓“美不胜收”。生活在港口城市的一个好处在于你可以看到熙来攘往的场景。小时候我们看见很多联合国部门来码头送货。世界粮食计划署（WFP）带来罐头食品，后来发给小学，我们在码头看见许多开发部门的办事处。20 世纪 70 年代初期在港区之外，我们意识到雪佛龙在苏丹东部勘探石油。

在路上，如在苏丹港路上，我们还看到中国的开发部门的员工，看到他们在我们国家许多地方帮助建设基础设施。例如，他们在喀土穆建起了友谊大会堂、议会大厦、宾馆、医院、职业培训中心以及在全国建设的其他大厦。

看来苏丹一向需要援助，某一实体总会来救助苏丹。尽管我们有政治问题，20 世纪 80 年代出现连年的沙漠化，有各种政变发生，最终还出现了一个军人政府，在过去执掌国家长达 20 年，但是从个人的层面来看，我们还能保持我们的人道和风俗，向世界任何其他人一样，对和平和繁荣具有同样的抱负和梦想。

通常父母在孩子的心田播下这种抱负和梦想的种子。我父亲在我的生活中扮演这种角色。他是我的导师和英雄，激励我梦想，激励我前进。他是一位高级政府雇员，是苏丹港城规划部部长。他事业有成，深受公众的尊敬。他的家在苏丹港城，那是今天我们依然拥有的家。尽管在我成长期间看到周围发生动乱，但我感到的是幸福。我上幼儿园时在一个天主教传教士办的班级里学习，虽然我们家信仰伊斯兰教。和很多小女孩一样，我是妈妈的厨房帮手，喜欢烘烤装饰糕点。

以前我父亲是苏丹当时最大一家报纸《大众舆论》的总编。也许由于在报纸行业工作，他总是鼓励我了解周围环境、热爱读书、立雄心壮志。由于父亲的影响，目睹中国人在苏丹的所作所为，我上中学的时候就写了一篇关于联合国把台湾当局席位交给中华人民共和国的作文。当时我并不知道中国后来会在苏丹和全世界发挥重要的作用。

我写完那篇关于中国的文章之后很长时间都没有动过笔，像许多苏丹女孩一样，我高中一毕业，包办婚姻就让我嫁给了一个亲戚。在 36 年婚姻的头六年里，我待在家里，时间一长就待腻了，我劝说丈夫让我上大学。后来我丈夫随军调到卡塔尔，我同意陪他一起去，但要求他允许我继续在卡塔尔念书。他安排我上大学，我从卡塔尔大学获得动物学学士学位。我一旦学习起来，就刹不住车。随后我在爱荷华州立大学获得硕士学位，1992 年又获得家庭消费学博士学位。

后来我在阿赫法德女子大学任教，这是我人生的一个转折点。就是通过这种经历，我才懂得妇女作为社会变革的动力是多么强大，是多么重要。今天苏丹达尔富尔危机的对象是妇女，明白这一点是多么令人心痛啊！

显然苏丹的问题由来已久，在我的一生中危机从来都没有停止的时候。当我 9 岁的时候，我目睹了苏丹人民反对军人政府的第一次起义。到我上中学的时候，发生了一场军事政变。在随后的 16 年间，军人一直当权，直到 1986 年再一次爆发人民反对政府的起义。虽然 1985 年革命爆发时我在卡塔尔，但三个月后我返回家乡，1986 年我平生第一次参加选举。这也是我一生中在苏丹经历的最后一次选举。民主政府执政只有三年时间就发生了一场军事政变，被取而代之，使目前的北方政府在过去的 20 年间处于统治地位。

我认为苏丹的主要问题就是领导无能。由于领导的无能我们发现自己身处窘境。我们不能把自己的问题归咎于别人；问题是我们自己酿成的，从我们自己所用的一切自然资源来看，从我们的农业和畜牧业发展的潜力来看，这真是一个莫大的讽刺。

南北战争始于我出生的1955年，从那时以来耗掉了国家无尽的资源。《全面和平协定》终于在2005年签署，我们认为我们看到了黎明前的曙光。然而又一场战争爆发了，这次是在达尔富尔西部。这场特殊的战争由于种种原因引起了全世界的关注：对待妇女极其残酷。中国作为一个新赛手，已经有了号召力。很多人想指责中国支持苏丹现政权，但是我认为中国是一个救星，当没有其他国家愿意时中国帮助我们开发了石油储备。

我要从人民及其需求的角度而不是从政治的角度来看这个问题。实际上，中国成功地开采了我们的石油储备，这符合我们的需要。如《全面和平协定》所声明，南北方共同分享石油收益。石油收益使许多开发项目的实施成为现实，如马拉维水电站，预计可以解决我们国家电力短缺的问题。不幸的是，石油价格下降对我们的石油收益产生负面的影响。但是，远比石油降价更加令人不安的问题在于，尽管我们有收益，尽管我们有丰富的自然资源，大多数苏丹人却仍然生活在贫困线以下。

苏丹人民由于国内战争和冲突连绵不断而蒙受了深重的苦难。据估计，今天仅从达尔富尔逃离的人口就有400多万，南方的人口也大约为400万。他们已成为邻国和海外的难民。

在苏丹境内流离失所的人们在喀土穆周围的收容所里过着苦难的生活，他们缺乏基本的生活必需品，如水、卫生设备和基本的服务。流离失所的孩子不能上学；女人只好在屋里做工以维持生计；家里男人本来就少，却又丢了工作，灰心丧气，酗酒度日。有些人住在大城市的郊区，他们的生活条件绝不比收容所里好，因为他们的住房非常简陋，建筑质量非常差，连最基本的生活设施都没有。

在这种条件下生活的人们心中自然会产生仇恨。当然，也一定要找个指责的对象，许多苏丹人，特别是没有受过教育的人（其中有1/3以上是男人，1/2以上是女人）相信他们听到的国家媒体的宣传。根据这样的媒体，他们相信西方国家是苏丹的主要敌人，因为他们要来推行新版本的殖民政策。他们相信西方帮助停止战争的干涉等于干涉苏丹国内事务。有时候他们听到由于宗教的原因，西方的行动不符合他们的最高利益，但是人们注意到，当论及中国时，就决不会提起宗教这个话题。相反，媒体把中国描写成苏丹的一个主要联盟国，其原因也昭然若揭。

自从童年以来我就看见中国人在苏丹的经历，这种经历证实了苏丹政府关于中国是我们的朋友的论断。我亲眼看见中国人温文尔雅，工作勤奋，从不干涉其他国家的内政，很少谈论政治。我认为中国是一个超级大国，即使在全球金融危机中依然推动自己的经济不断向前，令世人羡慕。中国参与苏丹经济建设无疑会给中国带来积极的回报；中国意识到了苏丹的经济资源对自己的重要性，愿意为开发这种资源投资。

总而言之，苏丹政府与中国合作是一件好事，这让我们的石油得到开发，这比集中精力解决眼前的政治问题更为迫切。是的，达尔富尔的危机必须结束，但这要取决于人民的意志，确保危机的结束。我不能因为这个问题指责中国，因为中国正在为开发我们国家的石油而提供援助，我不想看到中国从这种援助中撤出。必须有人帮助我们开发石油，中国在国际舞台上扮演着重要角色，顶着各种要求其撤回在苏丹投资的压力，仍然帮助我们开采石油。

所有国家要求苏丹结束危机也是一件好事，但是苏丹人民不想在关于结束危机的谈判过程中饿死。石油是我们拥有的资源，如果我们的人民要在危机过后继续生存，现在就必须开发石油。

除了开发石油之外，我还认为重要的在于中国要帮助我们培养妇女的才能。妇女的能力急需得到提高，她们当中有很多目不识丁。曾有一个中国妇女代表团访问苏丹妇女总工会，双方签署了意向备忘录，帮助培养苏丹妇女的才能。这是一个令人鼓舞的迹象，但是要走的路还很长，要克服的障碍还很多，包括语言和文化障碍。但是，我认识到中国可以对苏丹妇女进行培训，让她们在中国的一些开发项目中发挥更大的作用，也可以在许多其他领域对苏丹妇女进行培训。

我们的底线是苏丹能不断地从对华关系中获取巨大利益。我们有信心认为中国能够对苏丹政府施加影响，强烈要求苏丹政府把重点放在发展而不是冲突上。如果能做到这一点，那么中国和苏丹在开发我们国家各种丰富的资源方面就会取得巨大的成就。

西方公司、开发机构、非政府组织以及其他组织宣称关心非洲的发展，我愿借此机会向他们呼吁：请现在就帮助我们发展，不要等到所有政治问题解决以后再说。苏丹人民经不起等待！

第八章

从基础设施看非洲国家的发展

非洲的基础设施：要规章还是要道路？

沙伦·T. 弗里曼

基础设施建设不是非洲的一个发展问题，而是具有普遍性的发展问题。现在我们可以完全清楚地看到不发展基础设施建设非洲就不可能发展。所有的目光都投向中国的原因之一在于中国在非洲正在开发最重要的项目，而且成本低、工期短。但是出现了对中国的批评，因为有证据表明中国降低成本、缩短工期的方法是改变公路建设规章，回避劳工标准，运用创造性的筹款方式。

很多非洲国家领导人要权衡：要规章还是要道路？规章已经建立很长时间，但道路还没有。很多非洲国家要道路，而对一些规章视而不见。

尽管当地和国际社会经过长期艰苦的努力，但是撒哈拉以南非洲还是受到基础设施特别是缺乏资助的困扰，从很多指标来看，落在其他低收入国家之后。

资金缺乏给这个地区带来严重的经济和社会后果。基础设施落后降低了撒哈拉以南非洲地区企业家的生产力，使企业付出巨大代价，公共服务落后，耗损产量，造成额外开支。而且处于收入底层的60%人口（包括广大农村人口）基本享受不到现代基础设施服务，他们健康状况差，生活成本高，赚钱机会少，生活在苦难之中。

简而言之，人们广泛地认识到，基础设施缺乏成为制约撒哈拉以南非洲地区发展的关键因素之一，难以充分发挥其潜力为经济发展、国际贸易和减少贫困作贡献。据估计基础设施改善之后经济增长率实际上可以达到1%，比现在要高。

表 1　与其他低收入国家比较下的非洲基础设施密度

	撒哈拉以南非洲地区	其他发展中地区
修路密度	31	134
总体公路密度	137	211
干线密度	10	78
汽车密度	55	76
互联网密度	2	3
发电强度	37	326
电力覆盖范围	16	41
改进水资源	60	72
改进卫生环境	34	51

资料来源：耶佩斯，2008 年。

基础设施落后导致成本增加。非洲网络基础设施服务可能高出其他发展中国家的 2～3 倍，对于上网没有保障的家庭和企业来说甚至还要高。

表 2　非洲基础设施费用情况

	撒哈拉以南非洲地区	其他低收入地区
发电功率费（美元/千瓦时）	0. 02～0. 46	0. 05～0. 1
水费（美元/立方米）	0. 86～6. 56	0. 03～0. 6
公路运费（美元/吨・千米）	0. 04～0. 14	0. 01～0. 14
移动电话（美元/组・单）	2. 6～2. 10	9. 9
国际电话（美元/3 分钟美国通话）	0. 44～12. 5	2. 0
互联网拨号（美元/单）	6. 7～148. 0	11

资料来源：非洲基础设施国家特征（2009 年）。

以上的成本都要计入其他成本之中。例如，备用发电机运行发电每千瓦时要花费0.40美元左右，这个数目大得惊人，不但降低企业利润，而且限制非洲企业家在国际和地区市场上的竞争力。没有泵水设备的家庭往往要以高出公家几倍的价格从小摊贩或流动商贩那儿买水。

虽然地区结合往往对减少基础设施成本会起到关键作用，但是非洲大陆支离破碎的基础设施网络使较小国家处于孤立状态，无法掌握高效的较大规模的技术。跨越国界开展电力输送贸易，非洲每年可以节省20亿美元的能源费用，如果通过竞争方式铺设海底电缆，非洲可以减少一半的国际通信费用。

中国为撒哈拉以南非洲基础设施建设工程提供资金援助，在桥梁建设方面发挥着越来越大的作用（2008年）①，福斯特、巴特菲尔德、陈、普夏克等作者根据涵盖2001～2007年的一个数据库所作的估算认为，中国为非洲基础设施建设工程提供的资金援助从2001～2003年的不到10亿美元升至2004～2005年的大约每年15亿美元，2006年达到了至少70亿美元，根据中国官方的《非洲年鉴》2007年回落到45亿美元。批准的项目中大约有一半中方提供的资助不到5000万美元。中国进行大规模筹款有六七次，单个项目资助高达10亿美元，可见其资金之雄厚。总之，至少有35个撒哈拉以南非洲国家从中国资金援助中受益或在讨论贷款援助的机会。这几位作者提供了以下附加信息。

两个受益最大的产业是电力（水电）和交通（主要为铁路）。在电力产业，中国的活动集中在大型水电站的建设。到2007年底，中国提供了33亿美元建设10个大型水电工程，总装机容量大约达到6000兆瓦。竣工后，这些项目将使撒哈拉以南非洲总水力发电容量增加约30%。中国还参加了热力发电和电力输送项目，但规模要小得多。

中国参加了大规模的铁路复建项目，投资达到40亿美元。其中包括现存铁路干线中长达1350多公里的复建项目。这种复建项目完工后，整个非洲铁路干线将达到约50000公里。最大项目是在尼日利亚、加蓬和毛里塔尼亚竣工的。

在信息和通信技术（ICT）产业里，中国的参与主要采取向国有部门出售设备的形式，通过正常的商业合同或通过政府间的资金筹措，与国有电信部

① 世界银行：《建桥：中国为撒哈拉沙漠以南非洲基础设施提供资金援助的作用在增大》，作者出版社，2008。

门购买中国设备捆绑起来。重点放在国家主要的基础设施建设上。2001～2007年，中国电信公司总共提供价值接近30亿美元的信息和通信设备，主要在埃塞俄比亚、苏丹和加蓬。

在公路和水利方面，中国参与了很多项目的资金筹措工作，但所涉及的资金总额比其他三个产业小得多；对这两个产业的投资总共不超过7亿美元。

以上的叙述可以使我们大体看到中国对非洲基础设施建设所作的重大贡献。

从下面提供的信息可以看出非洲基础设施的状况，从中我们可以知道这种贡献的重要性所在。

这一信息是对美国国际贸易委员会（USITC）的一项报告的概括，这项报告的题目是《撒哈拉以南非洲：基础设施状况对出口竞争力的作用》①。这份报告是应美国贸易代表的请求而起草的，旨在研究基础设施状况对撒哈拉以南非洲重要产业的出口竞争力的影响。该委员会还研究了基础设施状况对七种主要产品的影响，从而认为当前的状况对撒哈拉以南非洲工业生产产品的贸易模式有重大影响。

概　述

基础设施条件差会增加生产成本，延长经济距离（商品运输的时间和成本），造成商业的不确定性，破坏撒哈拉以南非洲出口的竞争力。撒哈拉以南非洲这种不幸的现实是：大多公路护理不善，往往不铺柏油，大多货车都是老化的、燃烧效率低的交通工具，还经常超载，使公路遭到进一步的破坏。公路和卡车事故造成商品运输慢，给运输途中的商品造成损害（特别是易腐烂的商品），运输费用高于世界其他地区。

撒哈拉以南非洲的铁路干线十分有限，还没有卡车运输可靠，增加了对公路运输商品的依赖性。“软性”基础设施制约因素，如检查站设置过多，管理程序烦琐，过境检验效率低下等耽误的时间往往比路况差耽误的时间还长。这种延误增加经济距离，往往还降低产品质量，特别是易腐烂产品的质量，

① 美国国际贸易委员：《撒哈拉以南非洲：基础设施状况对出口竞争力的作用》，第三年度报告，作者出版社，2008。

导致退货率上升，生产成本增加，生产者收入降低。例如，卢旺达咖啡生产厂家要求平均出口日期为42天，其中不包括海运日期，因为存在到码头的距离远、路况差、海关造成延误等因素。相反，哥伦比亚的生产厂家出口只需要14天，也不包括海运时间。

以国际标准来看，撒哈拉以南非洲的港口效率低、容量小，结果造成港口费增加，海运货物成本提高，时间延误，所有这一切都对亚撒哈拉以南非洲出口竞争力带来负面影响。

由于容量不足，程序上的延误和低效往往会使问题复杂化。例如，加纳菠萝农场主有时根据货船到达的日期采摘菠萝，结果发现货船到达日期延误，以致缩短装箱寿命，降低所承诺的产品质量，提高退货率。

撒哈拉以南非洲的电力基础设施最不发达、最难使用、最不可靠，运行成本高，总体说来是世界价格最高的地区。相对全球竞争对手而言，在撒哈拉以南非洲许多工业中能源成本占生产成本的比例最高。电力的不可靠性增加了坚持按计划生产的不确定性。这种不确定性迫使很多公司依赖昂贵的现场柴油机发电，使整个生产成本提高。

陆地交通基础设施

许多撒哈拉以南非洲国家很小而且/或者被陆地包围，被陆地包围的国家人口占撒哈拉以南非洲总人口的40%。撒哈拉以南非洲农村人口有70%住在离全天候公路两公里以外，因此，自行车和步行对于满足村地区交通需求比机动车占的比例还大。有些撒哈拉以南非洲国家的地貌（如卢旺达的丘陵地区或多哥和贝宁的腐蚀性沿海地区）增加建筑和护养交通基础设施的费用。气候也成问题，主要道路被大雨淹没，旱季时间长，河道无法航行。

撒哈拉以南非洲的陆地交通不仅耗时多、费用高，而且行程距离和货物到达时的状况难以预测。公路有时被雨水淹没，火车经常不按时起程。此外，政治的不稳性增加了腐败和抢劫的可能性，海关官员会推迟或拒绝货物入关。例如，在加纳从帕加（位于与布基纳法索北部边界接壤处）开往特马（位于几内亚海湾）的货车通常需要2～4天，但是有10%～20%的货车会延误一周或更长时间，况且如果路上出故障，可能要用三天时间才能从位于加纳中南的库马西找到一个修理工。供应链不可靠迫使厂家对供应链重复投资，使大量库存货物受阻。

公　路

撒哈拉以南非洲的公路大约有200万公里，据估计2001年的重建费为1700亿美元。按照每1000平方公里的公路里程来计算，撒哈拉以南非洲的公路密度比世界任何发展地区都低，但那里的公路却是人口稠密的城区和盛产农作物的乡村之间主要的联系纽带，占亚撒哈拉货运和客运总量的80%多。

撒哈拉以南非洲的公路由于投资不足和延缓维修已经失去近乎1/3的价值，因此今天非洲的公路里程比30年前短。据估计20世纪70年代和80年代若投入120亿美元的预防性维修费用，就可以使道路价值少损失450亿美元。

不执行轴负载规定或执行不力是公路过度使用的因素：轴负荷与路面受损的关系并非线性关系，而是指数关系，货车超载会增加维修费用，缩短公路寿命预期。反过来看，路况不好也会损坏车辆，减少轮胎寿命和车辆使用率，降低汽车燃油效能4.7公里/加仑（此处指常年护养不善的公路）。最高驾驶时速低，因为遇到坑洼或不平坦的地段车辆需要减速。在法国货车行驶速度平均为69公里/小时，而在中非则为30公里/小时。

遇到基础设施非常差的路段，司机只好选择其他路线，这往往会延长行驶时间。例如，布隆迪到海岸的最短线路是通过邻邦坦桑尼亚，但是这条线路的基础设施很差，布隆迪到蒙巴萨岛的主要运输线路要穿越卢旺达、乌干达和肯尼亚，多走600公里。由于多哥的桥梁被洪水冲毁，多哥北方的许多货物必须经过布基纳法索首都瓦加杜古才能到达加纳特马，估计绕道行程为1750公里。

铁　路

撒哈拉以南非洲地区的铁路运输能力下降，因为基础设施恶化和运行普遍延误。20世纪80年代，北非的铁路干线为2万公里，但在2002年只有1万公里能使用。

例如，在赞比亚，铁路年度总货运量从1975年的600万吨下降到1998年的不足150万吨。斯威士兰铁路干线运行里程现在低于1964年初建时期。即使在南非这个铁路运输最发达的撒哈拉以南非洲国家，连接锰矿到伊丽莎白港口的铁路运输能力每年也只有350万吨，而每年的需求却接近420万吨。约翰内斯堡—德班铁路线由于经营效率低和堵塞，目前只使用其运输能力的25%。

虽然撒哈拉以南非洲的公路经常不能满足需求，但是铁路给货运带来更加严峻的挑战：在大多撒哈拉以南非洲国家，铁路市场占的份额在减少，公路占的市场份额在增加。例如，由于肯尼亚的窄轨铁路最高时速低、可靠性差，进出蒙巴萨的货物只有6%用铁路运输，比2006年下降20%。南非铁路2006年占货运市场9%的份额，年度为12亿美元，但在过去十年中下降了（但煤和铁出口干线除外），而公路运输却稳步上升。加纳铁路运输长期严重下降，其大多商品和全部集装箱现在都由卡车运输，由于镁和铝土矿重，只适合铁路运输，当前占加纳铁路运输量的83%。

联合运输中转

联合运输中转（货物从汽车转上火车，从火车转上轮船或其他联运模式）在撒哈拉以南非洲地区特别消耗时间，效率极为低下。在很多情况下，联合运输中转成为货物运输的主要瓶颈。

与非洲相比较，改进联合运输中转是用出口推动东南亚国家发展的一个重要因素。从20世纪80年代开始，这些国家把交通产业改造成多渠道供应链管理产业，发挥着集装箱化和生产国际化的优势。东南亚国家中转运输的改进与贸易流动量（特别是中转货物）增加相互关联，使全球生产网络更加统一，促进国内制造业发展。

软性基础设施：边界问题

在撒哈拉以南非洲的许多通道上，缩短运输时间的最大障碍在于边境的行政管理。据估计，行政边境管理手续延误的时间在东非占运输费用的20%，2001年在南非边境检查站延误的时间造成的损失为4800亿美元（大约占南非当年出口价值的0.1%）。

在边境管理的政府部门有海关总署、移民局、农业部和卫生部。在全球各地区当中，撒哈拉以南非洲出口手续数量最多，进口手续之多也居第二位。例如，在奇龙杜边境检查站（赞比亚和津巴布韦商业通道的主要门户），每一方都有 15 个政府部门重复审查入境手续，结果从北面进入赞比亚的入境时间需要 26 ~ 46 小时，从南边进入津巴布韦需要 6 ~ 17 小时。再如，一家莫桑比克公司进入津巴布韦必须支付公路使用费 25 美元/公里，入境签证费 30 美元，三个月期保险费 300 美元，一个月碳排放税 30 美元，担保费 120 美元/年。世界银行的《经商在线数据库》表明，撒哈拉以南非洲的平均进出口手续费比世界任何其他地区都高，大体是高收入国家的一倍。

使过境手续更加复杂化的一个因素在于中转国家想确保关税收入。多重中转检查系统引起各种不同的寻租行为，如海关官员或军队官员要求接受贿赂。信息不流畅也是过境费成倍增长的原因。海关组织也许未能向运输公司（其车辆到达边境没带新规定要求的文件而面临必要的处罚）或邻国传达有关过境手续的变化。

陆地交通基础设施条件对出口竞争力的影响

在撒哈拉以南非洲地区，运输费用占进出口商品价格的比例非常大，这使贸易潜力大大缩水。撒哈拉以南非洲的陆地交通设施质量差，设计以港口为导向，这也对区内贸易起到抑制作用。

撒哈拉以南非洲内部贸易量也是有限的，因为这个地区的许多国家生产类似商品（农产品和矿产品），对进口的需求往往是制造产品。撒哈拉以南非洲各国经济之间的互补性也是有限的，在这些国家的贸易结构没有变化的情况下，可能不会有要求改变基础设施的动力。

增加投资的努力会继续面临许多阻力。例如，国家要获得基础设施投资，就需要在国际资本市场上建立信誉，在即将到来的几个年度里，这对于撒哈拉以南非洲国家来说可能是困难的，从世界金融市场近来的发展来看尤为如此。肯尼亚近来不得不中断一些重大基础设施项目，因为肯尼亚政府不能通过 3 亿美元主权债务问题来筹款。外国投资商要求高利率酬金，因为当前的全球经济萧条会使人们产生风险意识。

除了传统的基础设施投资商以外，中国在撒哈拉以南非洲地区的基础设施升级项目中发挥着越来越大的作用。中国进出口银行正在对在这个地区 35

个以上国家的陆地交通项目提供贷款，尼日利亚、安哥拉、苏丹和埃塞俄比亚是最大的放贷对象。中国对这个地区的基础设施项目的投资从2001～2003年的每年10亿美元增加到2007年的45亿美元，其中大部分用于铁路投资。这笔贷款大部分是通过一项“安哥拉式”的约定作出的，撒哈拉以南非洲收益国给一家中国公司颁发一个开采自然资源的许可证，挑选一家中国基础设施建设承包商参加基础设施建设；中国进出口银行随后把许可证书当做对贷款的偿还来接受，贷款直接提供给承包商。中国提供的基础设施贷款通常不与管理和责任要求挂钩。

海上交通

虽然撒哈拉以南非洲与外国的国际贸易有90%以上是通过海上运输进行的，但很多港口狭小，不能处理大量的海上贸易。非洲有将近90座港口，包括海港和内陆湖港和河港。海港和内陆港之间的商品运输主要依赖公路和铁路干线。按照国际标准，大多撒哈拉以南非洲的港口规模小，甚至比其他发展中国家的港口规模还小。

在这个地区的海港当中，南非德班港从年吞吐量来看遥遥领先，处理集装箱货物的量几乎是南非第二大海港——开普敦港的三倍。虽然撒哈拉以南非洲港口大多数是国有企业，但为这个地区的港口服务的运输公司多是私有企业。

尽管撒哈拉以南非洲的海运市场比较小，但是有几个港口最近几年进行了改革，吸引着新的投资。从历史来看，这种港口由于基础设施落后、管理不善、缺乏资金来源而受到限制。因此，改革的重点是提高港口的经营效率。改革大体是通过公私合营实现的，个体户可以获得港口的经营权，但港口依然为国家所有。在很多情况下，私企也对港口基础设施和设备投资。莫桑比克最先采用这种模式，从1998年开始把所有的三个海港都交给私有终端公司管理。到2000年，这个地区有70%的港口都有一定形式的私企参与运营。

虽然个体户对撒哈拉以南非洲码头的管理以及对物质基础设施的投资对提高港口生产力起了一定的作用，但问题依然存在。由于海关手续烦琐，与陆地网络缺乏对接以及腐败成风，这个地区的航海作业不断遭受干扰。这个地区的港口面临的主要制约因素在于经营不善，吞吐量小，尚有待彻底解决。

因此，来往这个地区的运输费要比世界其他地区高出很多，从而削弱了其出口竞争力。

港口基础设施

撒哈拉以南非洲的十大码头的货运量几乎占来往这个地区的货运量的3/4。这个地区最大或最活跃的港口有西非科特迪瓦的阿比让和加纳城市特马，东非坦桑尼亚首都达累斯萨拉姆和肯尼亚蒙巴萨岛，南非德班市和莫桑比克首都马普托。2000年，这六个海港的货运量几乎共占该地区集装箱货运量的一半。它们也是送货到内陆终点站的转运站，有时候互相竞争。例如，最终运往内陆国家布基纳法索和马里的海运货物必须通过阿比让或特马港口转运，而运往斯威士兰或津巴布韦的货物要经过德班或马普托港口转运。

总体看来，撒哈拉以南非洲的码头是该地区主要货物转运港，具有相对现代的基础设施，包括可停靠集装箱货船的深水泊位，有适度数量的口岸或停泊处以满足货物的搬运，码头前沿有起重机给大船装卸货物。

然而，部分地由于历史的原因，撒哈拉以南非洲大多数码头的物质基础设施不能适应需求。该地区的许多码头经过发展可以适应某些品种原材料的运输，但是这个地区商品贸易量的增加使其适用范围扩大。例如，南非的理查兹海湾港始建于20世纪70年代，当时是为了运输南非开采的煤炭，但是到了20世纪90年代，来往南非的所有货物几乎有一半都要经过这个港口运输。同样，德班海港也从一个普通的货运港发展成一个重要的地区转运枢纽，这是完全必要的。为了适应货物运输量增长的需求，撒哈拉以南非洲的一些港口，如纳米比亚沃尔维斯湾港，已经更新了各自的总体规划，以跟上贸易模式发展变化的步伐。尽管有了这样的规划，但是撒哈拉以南非洲地区的港口设备设施的落后，从集装箱运输贸易来看仍是最大的制约因素。加之海关管理部门效率低下，有时腐败成风，对港口货运而言无异于雪上加霜。

软性基础设施：海关

海关的拖延和腐败依然严重影响码头业务经营。最常见的妨碍码头业务的海关问题包括多重入境检查手续、对经码头进出口货物放行的拖延，有时还有官员腐败现象。经蒙巴萨港口运输的货物必须经过三个不同政府部门——肯尼亚港务局、肯尼亚税务局和肯尼亚标准局的检验。在特马港，对进口货物放行的拖延会增加进口商的货物储存费，在极端情况下，进口商宁可放弃码头上的货物，也不愿意支付这种每日见长的储存费。此外，虽然特马主要通过引进自动化海关技术在抑制腐败方面取得了成功，但是进出口商依然会贿赂海关官员，以期货物检验顺利通关。

与进入当地市场的商品相比，运往内陆国家的商品一般要经过更多的检验手续，在准入港口遭受更长时间的拖延。例如，据报道，在坦桑尼亚达累斯萨拉姆海港，运往相邻国家布隆迪、卢旺达或乌干达的货物要接受额外 5 天时间的检验。同样，在 2005 年，运往乌干达的商品抵达肯尼亚蒙巴萨海港平均要花额外 13 天的检验时间，而进入当地市场的货物则不需要。撒哈拉以南非洲海港烦琐的海关检查的最终结果就是在该地区运输的商品成本增加。如果不对海关管理作相应的改进，而只对该地区港口的物质设施进行改进的努力也很可能事倍功半，不利于提高该地区国际贸易的竞争力。

码头基础设施条件对出口竞争力的影响

撒哈拉以南非洲港口基础设施建设时并不是为了支持该地区多样化的、不断增长的商品贸易的发展，因此现在基础设施的缺乏引起出入该地区的商品长时间延误，成本相应提高。例如，2004 年，德班海港停泊吨位不够导致货船等待时间高达 66 个小时。同样，在蒙巴萨海港，由于装卸轨道通过能力的限制导致等待运往内陆终点的 1 万多个集装箱挤压。还有，在特马海港，起重机的吊卸能力不足致使海港生产水平下降。从比较来看，特马港每只货船使用两台起重机装卸集装箱货物，而新加坡每一只货船使用 8 台起重机卸货。

撒哈拉以南非洲港口的基础设施问题致使在该地区海运货物成本高于其他国家。例如，据估计需要从撒哈拉以南非洲地区进货的制造商在非洲港口支付的集装箱处理费要比从欧洲进货的制造商多三倍以上。有报道认为，撒哈拉以南非洲一些国家进口一个标准容量的集装箱要比世界平均价格高两倍多。除了这些费用外，还有与入口港时间延误和送往内地终点站的运输相关的间接费用。纵观 2004 年，有估计认为撒哈拉以南非洲货运成本近乎为进口商品价格的 10%，而包括这个地区国家在内的所有发展中国家的平均比例不到 6%。对某些内陆国家来说，如马里和卢旺达，这个比例可高达 24%。

撒哈拉以南非洲地区运输成本高，对该地区在全球出口市场的竞争力产生负面影响。有一项研究认为，与贸易伙伴对非洲商品征收的关税相比，非洲运输成本是更大的贸易壁垒。例如，虽然来自撒哈拉以南非洲地区的服装在美国比来自柬埔寨和孟加拉国的类似产品享受更低的关税，但是来自撒哈拉以南非洲的服装运输费用高，结果在美国市场没有竞争力。因此，对该地区港口进行进一步的改革和投资，对于减少其海运成本从而提高出口竞争力是非常必要的。

电　力

2006 年撒哈拉以南非洲的人口有 26% 能用上电，南亚地区电气化普及率居倒数第二，大约为 50%。在农村地区，平均只有 8% 的人口能用上电。因此，年人均耗电量在整个撒哈拉以南非洲地区都很低。在某些国家，电价对消费者来说高不可攀，而不是缺乏电力供给。

几十年来各国政府对国有电力部门投资不足，管理混乱，使民众和企业不能正常用电。设备过时，维修不力，造成电力设备运营成本高，加之撒哈拉以南非洲各国政府的国库开支大得惊人，因而对于电费的高价格问题都予以回避。由于电力系统效率低下，撒哈拉以南非洲地区的耗电开支与收入的比例比任何其他地区都高，尽管该地区电力覆盖率在全世界最低，用电量最小。

在世界银行领导的多边借贷机构的推动下，撒哈拉以南非洲各国政府已经在电力领域进行调整和改革。改革促进了许多国有电力部门的财政状况好转。进而言之，改革开始采取鼓励机制，实现电力价格降到合理价位的目标，改善投资环境，特别是电力生产的投资环境。

电力基础设施

在撒哈拉以南非洲安装的发电基础设备在 2006 年总装机容量为 670 亿瓦。发电量各国差别很大。南非居首，大约为 430 亿瓦；其次是尼日利亚，接近 60 亿瓦。有 7 个遍布于非洲大陆的国家的发电量为 10 亿 ~30 亿瓦。有 12 个国家发电量最小，每个还不到1亿瓦。2005年以来，南非增加了26亿瓦，这个容量比大多其他撒哈拉以南非洲国家任何时期的发电量还要大。

除了国家之间的差别之外，撒哈拉以南非洲地区电力布局在城乡之间差别巨大。2005年城区电网覆盖58%的人口，但在农村只有8%。造成这种差别的部分原因在于贫穷和农村人口密度低。这个地区的发电装机容量在几十年中没有增加。在南非，尽管需求在增长，但是长期以来人们料想个体投资会扩大发电容量，但在十多年间却没有实现。终于在2004年，政府授权国有电力公司——埃斯科莫公司（Eskom）大规模扩大发电容量。然而，此时人们长期以来关于过多电力储备会下降的料想成了现实，预示着南非和某些从南非进口电力的相邻国家将会停电。

许多撒哈拉以南非洲国家的发电基础设备效率低下，代价高昂，其原因有以下几点。第一，东非和西非装机容量大约有1/3依靠柴油燃料来驱动电厂的发电机，这种电厂每生产千瓦时电力至少要比水电厂多花费0.2美元。第二，撒哈拉以南非洲国家大多都有装机容量低于200兆瓦的小发电系统，由于缺乏规模经济，每生产千瓦时电力要比大电力系统成本高。电力系统每生产千瓦时电力的成本在内陆国家比在沿海国家要高，其中一个原因在于进口设备和化石燃料的成本较高。第三，撒哈拉以南非洲地区的整个装机容量大约有1/3并非处于运行状态。例如，2001年在尼日利亚，79个装机发电单位只有19个在运行，在刚果民主共和国主要的发电设备涡轮机只有1/3能够运行。

运行不足的主要原因包括自然因素，对水力发电厂来说特别是旱灾（旱灾直接影响水力发电厂为了运转来维持相邻水坝水位的能力）；对有几十年历史的发电设备的超负荷使用；水和电定量配给以及停电经常影响肯尼亚和加纳，还有高度依赖水力发电的许多其他国家。可以预期，未来20年撒哈拉以南非洲电力需求每年会增长5%，而近年来对电力基础设施的投资增长率滞后于需求。政治冲突使撒哈拉以南非洲电力基础设备受到损坏，至少在2007年有9个国家是如此。在撒哈拉以南非洲各国政府的预算重点考虑项目的优先顺序中，恢复和维护至少在过去十年中处于底层位置。结果发动机耗损过度，燃料和润滑剂使用增加，生产每一单位电量的资金成本也增加。在南非，生产每一单位电量的资金成本近年来有所增加，因为必须有计划地对系统进行更加频繁的维护，以满足大量的需求。

以上虽然只是一个简要的概况，却可以表明基础设施制约因素会限制出口竞争力。下面我们还要简略概述这样的基础设施制约因素以及其他可能的环境制约因素怎样对撒哈拉以南非洲产生负面影响，使其不能对《非洲发展与机遇法令》（AGOA）市场准入倡议作出有效的回应。

下面提供的信息总结了美国国际贸易委员会的报告（2009 年），题目为《撒哈拉以南非洲的纺织与服装投入：竞争生产的潜力》①，介绍了该地区服装与纺织产业的概况，根据所制定的《非洲发展与机遇法令》，预计这种产业会获取最多的股息。

在过去五年中，大多撒哈拉以南非洲国家的纺织和服装产业非但没有发展，实际上还出现萎缩，特别是在纺织生产规模最大的几个国家——南非、毛里求斯和尼日利亚。有产业数据表明，与亚洲大供应商中国、印度、孟加拉国等相比，生产纺纱、布匹、成品服装在成本方面很难具有竞争力，特别是在 2004 年底美国和欧盟的配额淡出之后竞争更加激烈的情况下。有产业数据表明，部分地由于当前经济萧条的原因订单有所减少。

但从总体来看，撒哈拉以南非洲国家面临的最大挑战之一，不论对当前的还是未来潜在的纺织和服装生产投入来讲，都在于这类产品在该地区缺乏需求。总体来看，撒哈拉以南非洲国家缺乏服装生产基础，难以发展和维持质量一流的纱线和布匹生产以及其他投入。据认为，一个兴旺发达、相对稳定的服装制造产业对于纺织和服装投入产出都具有强大的竞争力。因为相对来说纺织和服装投入产出属于资本密集型产业，所以厂家需要有源源不断的需求才能有效地产出。

就基础设施的目前状况和发展而言，撒哈拉以南非洲国家也面临着严峻的挑战。基础设施的制约因素不仅提高了现有生产成本，而且还阻碍对资本密集型纺织产业的大规模新投资。这种基础设施制约因素包括电力供给昂贵且没有保障，清洁水供给不足，废水处理设备缺乏，无法完成纺织作业，还有公路、铁路、码头的基础设施十分落后。

还有一些其他因素制约着该地区纺织与服装投入——产出的竞争力。这样的因素包括成本高和资金不足，技术工人缺乏，地区和国外市场信息不流畅，许多现存的纺织厂的机器和设备老化。此外，虽然撒哈拉以南非洲地区

① 美国国际贸易委员会：《撒哈拉以南非洲的纺织与服装投入：竞争生产的潜力》，作者出版社，2009。

是产棉大户，但由于污染的原因有些棉花的质量有所下降。进而言之，虽然撒哈拉以南非洲国家主要以棉花为基础的纺织品和服装原料，其部分原因在于当地棉花供给充足，但是《非洲发展与机遇法案》的贸易优惠条件给人造纤维产品提供的免税额度非常高，美国进口关税对人造纤维产品比棉产品要高。

大多撒哈拉以南非洲国家的人造纤维纺织品和服装产业不发达，因而无法享受《非洲发展与机遇法案》规定的优惠条件。

竞争挑战

如下所述，某些竞争挑战几乎对所有撒哈拉以南非洲国家有影响。

• 对服装产业的需求不足。一个大规模的、有竞争力的服装产业可以满足市场对纺织与服装投入的稳定需求，这需要对资金投入的扶持，这种投入的回笼需要较长的时间。

• 缺乏对地区和国际市场机遇的了解。许多工业数据表明，在撒哈拉以南非洲和海外，市场和企业之间缺乏联系。工业消息灵通人士指出撒哈拉以南非洲往往缺乏有关现存生产的信息。这会抑制纺织和服装供应链之间合作的增长。此外，就美国市场而言，有些工业消息灵通人士还没有意识到什么产品符合《非洲发展与机遇法案》的优惠条件以及其产品怎样才能符合该法案规定的贸易利益。他们指出美国国际开发署促进了地区和国际市场机遇的创造，但还需要更多的帮助。

• 有价格竞争力的稳定的电力供给缺乏。在撒哈拉以南非洲很多国家的电费属于世界最高之列，在很多国家电力供给不稳定使电力生产的成本进一步增加。断电还降低效率以及纱线和布料生产的质量。

• 纯净水供给和废水处理设备缺乏。许多国家纯净水供应缺乏，而纯净水是纺织产品特别是加工和染色操作中所必需的。纯净水对染色效果至关重要。许多国家还缺乏治理因最后工序所生成的污水的能力。

• 交通基础设施落后。公路、铁路、港口状况不良以及专业人才缺乏等因素导致时间延误，增加进口原材料和出口终极产品的成本。撒哈拉以南非洲运输网络的缺乏也阻碍了区域内贸易。

• 具有竞争力利率的资金缺乏。可筹措到的资金成本高不仅影响对纱线和布料生产的新投资以及其他投资，而且也增加当前生产的成本。产业权威报道认为很难以有竞争力的利率获得贷款来购买设备和原材料以及开展自助贸易活动。当前的金融危机会使可利用资本进一步减少，使国际资本流入进一步减少，国际投资进一步减少，特别是对包括撒哈拉以南非洲国家在内的发展中国家。

• 普遍过时的机器和设备。大多纺线和/或织布的老纺织厂都使用过时的、低效的机器。这种机器制造的成品，特别是布织产品，一般说来达不到出口的质量要求。

• 受过训练/掌握技能的工人。有产业数据表明，在纺织和服装产业里受过训练的工人少，尤其是在制造业基础非常薄弱的国家里。与艾滋病病毒/艾滋病相关的健康问题导致工人缺勤率高、流动性大。

• 致使劳动力生产率下降。

• 棉花质量问题。虽然从纤维定长及其他物理特征来看人们认为撒哈拉以南非洲的棉花质量高，但有些在采摘和打包过程中受到聚丙烯纤维的污染。聚丙烯纤维对印染过程有负面影响。

• 因此也对成品布料的质量有影响。有些棉花质量还由于昆虫的黏附而打折扣，这会使纱线线条粗细不均，包括断头。污染和昆虫黏附使纺织产品生产的后续潜力受到限制。

• 有机棉鉴定费用高。有些撒哈拉以南非洲国家种植有机棉获得了成功，这种有机棉用于纱线和布料的后续生产，但是需要历经多年种植、生产和鉴定过程，必须付出高昂的代价。

如专栏 8.1 中所讨论的，以上的事态有助于说明《非洲发展与机遇法案》实施所带来的成果。

专栏 8.1　“美非贸易关系：为经济增长搭建平台”

美国贸易代表非洲办公室美国贸易代表助理弗劳利泽尔 · B. 里泽尔（Florizelle B. Liser）在众议院能源与商务委员会商务、贸易与消费者保护分委会和众议院外交事务委员会非洲与全球卫生分委会上的声明

2009 年 6 月 24 日

非洲在全球的贸易份额在下降

撒哈拉以南非洲当前在全球贸易的份额不到2%，而1980年则为6%。如果这个地区的份额再增加一个百分点，达到3%，那么每年的出口收入就额外增加700亿美元，这几乎是所有捐赠者当前对非洲年度援助的3倍。这说明贸易已经成为非洲经济增长的一个关键的平台，其意义重大。从这个大陆出口的产品主要为石油、矿产、可可、咖啡等商品。撒哈拉以南非洲缺乏制造产业，这种产业在世界其他地区已推动经济增长和减少贫困。

很多人认为农业是非洲的特色，但是即使在这个领域里的发展也呈下降之势。2005年，非洲从一个农产品净出口国变成农产品净进口国。非洲当前农产品在出口总量中所占的份额约为9%，而1980年则为16%多。在2006年十大出口产品中，只有一种是半加工产品，而其余的都是初级产品。我们认为出口产品要多样化，农产品要通过进一步加工变成高价值产品，解决好食品供给的普遍性和稳定性，有助于提高该地区的食品安全。把价值链植入高价值产品，还可以使农民利用正在出现的市场供应链的优势，这种供应链通过调整越来越适应非洲市场。许多经过加工的农产品给农民带来的收入远远高于主食产品。例如，水果产品带来的收入是谷物的10倍。这种新供应链的开发还有助于食品在非洲的流通，给农民生产的产品提供新市场。

美非贸易的扩大和多样化

《非洲发展与机遇法案》是一个重要的工具，它促进了美国与撒哈拉以南非洲贸易在数量和多样性方面的增长。这项法案鼓励其受惠国在区内贸易，这会促进亚撒哈拉非洲国家之间的经济合作与贸易。2008年美国与撒哈拉以南非洲的双边贸易（进口加出口）为1045亿美元，比2001年增加3倍多，恰是《非洲发展与机遇法案》执行整整一年之际。该法案以普遍优惠制所提供的市场准入为基础，为非洲出口产品提供市场准入，包括非传统的高附加值产品，帮助非洲公司变得更加具有竞争力，促进撒哈拉以南非洲经济增长，减少世界最贫地区之一的贫困。根据《非洲发展与机遇法案》2008年美国共进口价值为663亿美元的产品，比2001年多8倍多。虽然这种增长很大一部分归功于石油，但是非石油类进口产品增加3倍多，达到51亿美元。

根据《非洲发展与机遇法案》，一些产品领域在这一期间有了巨大的增长，包括汽车，食盐、动物和植物油，果酒、果汁、咖啡和茶叶萃取物，木薯、蔬菜、水果、坚果，鲜切花、篮子，某种鞋类、帽子、纺织品和服装。虽然纺织品和服装生产商面临着更大的竞争，自从2005年配额结束以来美国市场份额在减少，但是2008年纺织品和服装占所有《非洲发展与机遇法案》非石油贸易总量的22%。

《非洲发展与机遇法案》为非洲经济改革提供动力和支持，促进许多非洲国家形成一个良好的经商环境，以吸引投资。2008年美国对该地区出口为185亿美元，比2001年增加两倍多。

美国政府认识到，由于全球经济危机以及石油和商品价格下降，目前美非贸易正在大幅度减少。在2009年第一季度，根据《非洲发展与机遇法案》进口的商品比2008年同一期间减少50%（为65亿美元）。原材料商品如石油及其他矿产品下降幅度比附加值产品大得多。根据《非洲发展与机遇法案》，非石油产品在这期间下降22%，减至8.46亿美元。这显然是我们关心的问题。我们不知道这种趋势是否还会继续下去，但是我们认为如果没有《非洲发展与贸易法案》中的贸易优惠条件，降幅还会加大。

美国政府正在继续与所有非洲贸易相关方磋商，包括非洲政府官员、美国和非洲私有企业和民间社会的代表，寻找各种途径来增加双边贸易，恢复贸易在引领经济增长和发展中的角色。这就是为什么奥巴马总统和柯尔克大使对世界贸易组织多哈圆桌会议圆满结果作出承诺的原因。成功的多哈圆桌会议得出宏大而和谐的结论，要求开放新市场，为全球经济复苏和经济的长期发展而奋斗。非洲从新市场机遇中比其他发展中国家以及发达国家收获更多。

美国政府还在通过一系列与贸易相关的倡议支持非洲地区统一，目的是在区内把贸易和投资关系做大做强，包括加强与非洲联盟的关系，以及通过与东部和南部非洲共同市场（COMESA）、西非经济货币联盟（UEMOA）、东非共同体（EAC）、南部非洲关税同盟（SACU）等组织签订的关于贸易和投资的协定来实现。

每年一度的与亚撒哈拉非洲贸经论坛（也称之为AGOA论坛）在美国和该论坛受惠国资深官员之间、在私有企业和民间社会之间建立起一种高层次对话，有助于加强美国和撒哈拉以南非洲之间的经济关系。第八届亚撒哈拉贸经论坛将于2009年8月4~6日在肯尼亚举行，主题是“通过贸易和投资充分发挥撒哈拉以南非洲贸经论坛的作用”。论坛将一如既往，为探讨扩大美非贸易与投资关系面临的挑战提供一个重要的机会。

上文表明非洲还要克服很多挑战，不仅在物质基础设施方面，而且在金融基础设施和“软性”制约因素方面。虽然坚持良治原则无疑会消除许多“软性”制约因素，但是要把基础设施建设的急迫性摆在更加突出的位置上。

国际开发团体期待良治原则与基础设施的建设和利用相适应。

第九章

鸟　瞰

寻求适当时机的新力量

大卫·罗宾逊

大卫·罗宾逊，坦桑尼亚甜蜜统一咖啡农场主

凌晨5点，达累斯萨拉姆中央公共汽车总站拥挤不堪，总共大约有100辆车。有些车新，有些车旧，有些车显而易见已经再也不应该出现在路上了。公共汽车一辆接一辆地驶入足球场大小的汽车站，开始一天的旅程。这些车会沿着坦桑尼亚内部的道路网络向北、向西，以及向南行驶。坦桑尼亚的东边是印度洋，印度洋的那一边是伟大的中华民族，有着众多的人口。

在汽车站里，公共汽车的引擎“高速运转”着，开始缓慢迂回地朝一个出口开去。售票员沿路不停地吆喝，尽可能让汽车满到再也塞不下多余的一个人。

在这个长列汽车队中的新车中有两路非常出众。车上的司机如同95%的乘客一样都是坦桑尼亚黑人，但是在一旁的手上拿着汽车座位图和车票夹的却是中国人。在汽车整个金色的车身上用红色印着公司的名字——“新力量有限责任公司”。这个名字象征着坦桑尼亚经济和人民的一种新动力。中国以及中国人在这里确实影响广泛。

这个中国控股的坦桑尼亚有限责任公司注册于 2008 年，是一个拥有四辆公共汽车的企业，行驶路线通常由沿海城市达累斯萨拉姆向西南方向，途经 900 公里至坦桑尼亚和赞比亚边境。这些公共汽车中有一辆有 51 个座位，另一辆仅有 45 个座位，而欧洲生产的公共汽车则有 65 个座位。这两辆公共汽车都没有满员，因此还没有开动。由于汽车底盘超过了马路要求载重量，每辆汽车在沿途的过磅站至少会被罚款一次和延迟两次。

沿着公共汽车的路线，“新力量”会穿越坦桑尼亚/赞比亚铁路——1975 年，当时的坦桑尼亚总统朱利叶斯·尼雷尔由于美国和欧洲政府对贷款提出附加条件而将其拒之门外。但中国政府优惠的条款资助了铁路建设。铁路在经济上是否获得了成功一直令人质疑。同样，私企“新力量”公司的未来以及新时代的中国与坦桑尼亚关系也都还是个未知数。

在许多坦桑尼亚人的心里，有许多关于中国的问题。当你在达累斯萨拉姆看见一个巨大的仓库里堆着一捆捆小山一样的中国商品时，你会发现进口商是中国人，零售商是中国人，搬运货物的劳力也全都是中国人，这会令人禁不住思考起来。一位坦桑尼亚房东回想起把他三居室的房子租给一对中国夫妇的经历。房东一个月后回到自己的房子查看，结果却发现里面住着 30 个中国人。如果这类房屋的出租状况反映了达累斯萨拉姆中国人雇用的基本模式，那么坦桑尼亚房东就可能在给中国劳工、库存少于两万美元的店主、妓女以及有着可疑中学学历的职员提供栖身之处。

《坦桑尼亚国家移民法》规定，外国人除非具备本国人没有的备有文件证明的特殊技能，或者在坦桑尼亚有超过 25 万美元的生产投资，否则是不可以在坦桑尼亚工作的。因此，那些参与仓库经营的有关人员和住在三居室里的人们大多可能是非法移民。

在美国，移民官具有鉴定移民申请人资格真伪的资源，机构支持，以及专业经验。而在坦桑尼亚则并不是这样。根据官方消息，只有 100 位坦桑尼亚公民拥有中国血统。那么，这些中国人是哪来的呢？每天看到这么多的中国人很可能是在非法打工，正在把就业和商业机会从坦桑尼亚公民的手中夺走。

《坦桑尼亚国家移民法》规定外商投资必须是在生产性的企业中，那为什么达累斯萨拉姆看起来有数量庞大并不断增长的无技术、半熟练并且不具备资本的中国人呢？坦桑尼亚盛行的说法包括移民署的腐败，中央政府的放纵，以及两者兼而有之。还有第三种可能，即中国政府和坦桑尼亚高官之间有一个秘密：允许中国人畅通无阻地进入坦桑尼亚。

随着冷战的结束，不结盟运动的终止，以及坦桑尼亚社会主义的完结，中国和坦桑尼亚的合作基础产生了变化。中国政府作为礼物提供给坦桑尼亚建设一个数百万美元足球场馆 90% 的融资，坦桑尼亚欣然接受。人们不禁会问：这笔交易究竟意味着什么——有什么表面看不出来的东西呢？

中国似乎拥有官方政策来合理地利用政府资源，不仅向外输出中国商品，而且输出一定的中国人口。中国公路建设以及公共设施建设工程在增长，相应的，参与其中的中国劳工数量也在增长，这似乎证实中国在实行一种人口输出政策。

在坦桑尼亚商业界有一部分人在 2002 年和 2007 年之间通过进口和在坦桑尼亚零售中国商品变得富裕起来，但是今天他们并不开心，他们正在遭受致命性的打击，因为越来越多的中国商贩进口的产品价格比他们的低一半。达累斯萨拉姆失业率高达 30% 多，达累斯萨拉姆大学的毕业生都找不到工作。形势正在进一步恶化，对越来越多的中国移民的不满情绪在增长，中国人似乎大摇大摆地涌入，对此的应对措施正在筹划之中。

坦桑尼亚一方面受到加拿大、英国、澳大利亚和美国采矿和石油天然气工程利益的打压，另一方面受到南非大规模零售投资的挤兑，出现在坦桑尼亚城市的中国“新力量”在未来注定会遇到阻力。

我在坦桑尼亚农村是一个非裔美国咖啡农场主，作为一个移民，我有不同的看法。

天主教会在坦桑尼亚农村我的咖啡农场旁边获得 3600 多亩土地，20 年来一直试图建立一所学校或农场，但都没有获得成功。我们的农村社区虽然从天主教会资助的卫生和教育项目中受益匪浅，但在较大规模的土地利用方面徒劳无益。

我不禁思考：如果把 3600 多亩的土地投入中国农业生产项目会怎样？一种新的农作物可能被引进，小规模的农业加工企业可能会兴旺发达，而且中国的耕作方法以及技术可能会得到充分利用，从而使 3600 多亩地来造福整个区域。当然，中国农业企业参与数千亩的耕作可能将会引起坦桑尼亚人的不安，然而，如果仅仅是 3600 多亩，“新力量”可能会受到欢迎并解决一些老问题。

作者简介

体育传奇人物杰基·罗宾逊告诉自己的儿子，一个人的价值取决于一样东西：他对世界的贡献。大卫·罗宾逊于是谨遵父亲的教诲，用父亲的棒球换来了更国际化的商品：咖啡。

在很多方面，大卫·罗宾逊都遵循已故父亲的教导，但是他从未打过棒球。大卫·罗宾逊一生销售咖啡，住在一个没有人在意纽约扬基队的地方。而杰基·罗宾逊，大卫的爸爸，则是世界上最出色的棒球运动员。作为出现在美国职棒联盟中的第一位非裔美国人，他的凯旋在书籍和电影以及美国职棒大联盟的荣誉厅里都有着详细的记载。

他父亲体会到的无法想象的压力给民族以及大卫烙下深刻的印记。这是一种具有无比感染力的品质，一种具有无比震撼力的英雄主义，大卫要用这种标准来严格要求自己。

大卫建立甜蜜统一农场的征程起始于很久以前他在非洲艰苦跋涉的时候。出于对非洲的美丽以及贫困的震撼，他在坦桑尼亚购买了一块土地，创建了一个咖啡合作农场。他希望可以帮助当地的农民一起创建欣欣向荣的企业。大卫现已结婚生子，与家人一起生活在坦桑尼亚，他的目标如同他父亲帮助捍卫的那场民权斗争一样伟大。

大卫试图利用自己独特的地位来改变坦桑尼亚人民生活和工作的方式。他创建了一个大约拥有650个小咖啡农场的合作社，该合作社不把未加工的咖啡卖给坦桑尼亚的跨国买方市场，而是直接在北美销售。这个企业的名字正如同大卫对其加以领导的意志来得一样自然：甜蜜统一农场。这个集体在大卫的领导下，正在创建一个渐进经济发展新模式。他的工作将贫穷变成均等。甜蜜统一农场给非洲人民带来希望，继承着大卫父亲的传统（www.upcountry-international.net）。

中国风格：非洲的榜样

詹姆斯·西克瓦提

詹姆斯·西克瓦提

“英国制造的商品对于我的顾客来讲常常过于昂贵，农民根本不会买。”派厄斯（一家五金零售店店主）如是说。

我想买一把“公鸡”牌锄头，但五金零售店店主告诉我：“我没有公鸡牌的，但有中国制造的，价格便宜，和你想要的一样。”接着他拿出了各式各样的农业用具：弯刀、榔头、斧子、小五金等。我买了四把锄头、一把弯刀、一把斧子，以及一把榔头，都是中国制造的。在非洲的政治市场上，正在出现类似的景象。

西方国家大多是殖民国家，他们意在不断剥削非洲，却用震天价响的政治名称和价值观伪装起来，诸如民主、人权、财产权以及法制。有关对财产的掠夺、国界人为的划定、一种受高度极化的种族利益驱动的政治体制中几乎无法实行的民主，依然鲜活地留在人们的记忆之中，因此中国提出与非洲建立超越价值观的关系，看来这是最廉价的选择。

非洲对其与西方的关系有什么值得炫耀的呢？——讲英语、法语和葡萄牙语？所培养出来的精英只不过在西方大型企业中担任经理，政治领袖侧重于为外国投资提供合适的环境，而对本土的投资商则视而不见，难道非洲应该对此加以炫耀吗？

世袭的土地法禁止非洲人开垦自己的土地养活自己，数以百万计英亩土地要租赁给外国人，留下非洲人缺乏企业家精神、养活不了自己的永恒的错误观念。难道我们对此还要大吹大擂吗？

在很长的一段时间里，西方的价值观和产品一直统治着非洲市场，但是自从20世纪90年代以来，中国的价值观和产品一直悄无声息地动摇着这样的统治。在我的村庄里，1997年出现的第一个迹象是想买“永备”（Eveready）牌手电筒的顾客结果买了类似“每日”（Everyday）牌的手电筒；要买“团结”牌门锁（英国制造）却买了与之类似的“多口虫”牌；等等。

中国知道如何生产廉价的商品以及农业工具，从而使普通的公民能够参加经济生产建设。中国战略在非洲人心中引起共鸣，因为大约75%的撒哈拉以南非洲地区人口从事小规模农业，我们也需要“尺寸适度的设备”。同时我们还需要“规模适度”的商业战略，而不是更适合大商业集团的西方战略。中国人理解非洲的经济发展水平，因为中国有些地区处于同样不发达的水平。

非洲不应该把重点放在中国的援助上，而应该着重理解中国是如何取得成功的，以确定中国模式中适合非洲的因素。

从历史的角度来看，在大陆以外受过教育的非洲人被认为是未来杰出领袖的最佳人选，但是这种看法错了，因为我们看到他们把我们今天谈论领导失败的很多因素化成永恒。中国人对非洲现状的挑战为非洲人提供一种理想和大好时机，他们可以借此来探讨从西方继承下来的模式。

经常看到有关非洲缺乏领袖人才的文章，这是企图把西方的价值体系强加给非洲的一种结果。中国只不过是在利用非洲的“价值危机”。

中国人非常了解非洲人生活在一个具有两个并列体制的世界中的矛盾：西方体制为受过高等教育的精英们所倡导，而非洲本地体制只是在选举中得到公认。尽管西方经济的发展模型具有诱惑力，非洲无法复制民主体制，因为这样的体制与非洲人内在的价值观并不吻合。

东西方之间为赢得非洲人的情感和理智的一场斗争接踵而至，双方都试图统治非洲。西方为了征服非洲大陆实行了100多年的殖民统治和新殖民主义。实际上西方发现自己现在处于守势，而东方处于攻势，这表明西方价值体系的魅力已被全面削弱。

中国《人民日报》发表的一篇社论指出：“西方式的民主学说不但根本不适合非洲的洲情，而且是非洲灾难的根源。”

肯尼亚不就是一个典型的例子吗？想想看，2008 年 1 月初，肯尼亚由于对选举的统计数据存在争执而在随后发生一场流血冲突。很多肯尼亚人认为，民主体制只是为精英阶层及其外国主子的利益服务的。一旦肯尼亚被吹捧成为一个稳定的民主和经济体制，其未来就会悬在一根线上，这部分地由于人们对曾作出有关繁荣的虚假承诺的西式民主的幻想已经破灭。看来有关民主的谈论大多只会起到掩盖不满情绪的巨大潜流的作用。

纵观非洲，诸如乌干达、坦桑尼亚、卢旺达、刚果以及南非等很多国家，尽管在表面上都依附西方价值观，但是实际上并没有满足其人民的民主需求，只不过在上演一场闹剧。

非洲可以从中国正在进行的诉讼案件中学到很多东西，其中包括“松下中国电器与松下电器”之间的诉讼案（Panasoanic Radio vs. Panasonic Radio），“韦加电视与维佳电视”之间的诉讼案（Wega TV vs. Vega TV），“斯科尼与索尼”之间的诉讼案（SQNY vs. SONY）。其中的教训在于真假之间、好与更好之间、合适与更合适之间。人们首先没有充分理解外国的意识形态，在不知道其中哪些方面符合自己的利益的情况下就生搬硬套是不行的。

中国已经将全球对非洲的诋毁变成自己的一个机会。例如 2005 年，全世界的目光都聚焦在非洲，将其看做“一个世界良知的疮疤”，中国则抓住机会，把非洲变成一个投资的大陆。中国利用一个类似的模式来创造相似产品，从而创造出个相似的援助体系，这种体系虽然是仿造西方的，但超越了价值观念，属于其自己独有的。

中国在非洲受到欢迎，不是因为能够效仿西方并进行竞争，而是因为能给非洲人民带来新鲜空气。有分析家找到了非洲在西方半个多世纪的财政援助下仍未能脱贫的原因。然而，让非洲走上富裕之路的职责不是由中国人承担，而是由非洲人自己来承担。

从传统来看，非洲的角色在于为发达世界提供原材料，也通过臭名昭著的奴隶贸易提供劳动力，在 1450 年到 1850 年之间，有数以千万计的非洲人被运往美洲和中东。几百年来，野生动物吸引着贸易商来到非洲海岸，非洲的财宝为瓦斯科·达·伽马前往加尔各答的航程提供了资助。今天在一场土地掠夺大战中会有人从中渔利的。

西方曾打着非洲文明的旗号占领非洲，而中国正在做非洲人的“真正朋友”的口号下在非洲立足。追逐者趋之若鹜，非洲人民要依靠自己想方设法从中获取最大的利益。

从传统来看，非洲大陆的许多种族社会通过家史、嫁妆和战略联盟来决定哪些追逐者从中胜出，今天我们可以从这种传统中获取一个教训。我们身在非洲面临着我们这代人共有的一个机会，利用这种竞争来提出明确的规则，与相关方形成约定，促进非洲大陆的繁荣。

作者简介

詹姆斯·西克瓦提是一个自学成才的发展经济学家，现任“内陆地区经济网络”公司的主任，该公司是一个智囊团和咨询部门，重点在于非洲经济发展的思想和战略。他还是《非洲执行官》杂志的创办人和拥有者，这是一家关于观点和商务的周刊，为非洲的有识之士提供一个论坛，以在非洲大陆创造出一个良好的商业环境。他还是国际大学生企业家联盟（SIFE）肯尼亚国家主任，这是一个在大学本科生中推动商业思想发展的组织。西科瓦提先生还是一位作家和公共政策评论家，对发展、环境、贸易以及与农业相关的问题有独到的研究。他还是以下组织的成员：世界农业论坛、非洲联盟经济社会文化委员会、创新型经济（非洲）以及共和俱乐部（肯尼亚）。在2007年东非标准小组（附属于世界经济论坛）所作的一次调查中，西科瓦提被誉为最有影响的100位肯尼亚人之一，被列入“全球年轻领袖论坛”评选的2008年度415位全球年轻领袖行列中。他在内罗毕大学获取教育学学士学位（教育艺术学士学位）。

一种符合时代呼唤的思想：中国与非洲做生意

大卫·卡廷

大卫·卡廷，渣打银行博茨瓦纳支部总裁

我出生在巴巴多斯岛，是一位美国公民。自 2007 年 5 月起，我现在一直担任渣打银行博茨瓦纳支部总裁。

我在亚洲住过 14 年，1980 ~ 1983 年在新加坡发展，1983 年中期至 1994 年中期在香港发展，之后回到纽约化学银行。在我待在香港的 11 年间里，我有机会经常访问中国内地，从而加强了我对于中国文化以及其人民致力于个人发展和经济成功的理解和欣赏。

我曾经为资助中国项目提供过帮助，与当地人和中国内地在香港拥有和管理的公司密切合作。在每一种情况下，中国人的决心和职业道德都给我留下深刻的印象。在亚洲期间看到中国经济稳步增长我感到特别高兴，这得益于那里的人们的足智多谋，高瞻远瞩以及来自香港财富的巨大积累。虽然在 1997 年香港回归之前我就离开了那里，但在随后的岁月里我还经常访问香港。离开亚洲之后，2000 年 9 月我有机会前往非洲，1995 年 3 月进入纽约渣打银行。我离开化学银行加入渣打银行的主要原因在于有机会在非洲生活和工作。

2000 年 9 月我接受了在渣打银行尼日利亚分部担任总裁的任命，从而我在非洲生活和工作的梦想变成了现实。我们当时在尼日利亚的业务非常小。

1996 年我以投资者的身份离开尼日利亚，直到 1999 年才重新在拉各斯开办了一家分行。阿布亚和哈科特港的支行在我 2003 年离开之前就已经开办了。在拉各斯还确定了两个其他地点在将来可能开办支行。

在尼日利亚任期结束后，我于 2004 年 1 月调入乌干达坎帕拉，担任银行总裁。我在乌干达任职的三年中，我们的业务大幅增长：升级了总部的大楼，一楼的分行成为乌干达最大并且最现代化的营业厅。此外，我们的银行网络通过囊括花园市购物中心的一家支行以及游戏商店购物中心一家软件银行业务中心而得到了进一步的拓展。

我开始注意到乌干达有一个很小的中国社区在不断地发展，不久就结识了中国大使和他的员工以及几位重要的中国企业家。同中国商会一起，我们银行为中国春节晚宴提供赞助以纪念这个吉祥的日子，非常重要的一点在于把他们当做银行尊贵的客户来表达我们的敬意。这种传统在我离任之后仍继续保持着。今天中国已成为乌干达重要的投资者，中国在乌干达的公司和零售客户基地已有所扩大。

我在 2007 年 5 月离开了乌干达，开始担任现职——渣打银行博茨瓦纳分部总裁。该分部现在是博茨瓦纳股票交易的一家上市公司。我们在博茨瓦纳的银行，是我们在非洲最大的营业部门之一。我们拥有 650 名员工，13 个分行，两个代理行，以及 42 台自动提款机，计划将自动提款机的数目增至 50 台。我们在博茨瓦纳所有的重要城镇都开展业务，而且自从 1897 年以来就在这个国家开展业务，这在其历史上是独一无二的。

博茨瓦纳约有 180 万人口，它的经济很大程度上依赖于采矿业的收入，仅钻石业务收入就占国民生产总值的 40%。出口收入也正在增长，得益于以牛肉为主的肉类销售和迅速发展的旅游业，其中包括很多中国游客。

博茨瓦纳能否可持续发展取决于它是否有能力使经济多元化，能否摆脱与钻石产业的脐带关系，以及电力资源能否自给自足。

通货膨胀主要是由于从南非进口大量商品造成的，国家货币“普拉”的价值由一篮子浮动货币来确定，严重地受到南非货币“兰特”的左右。可想而知，博茨瓦纳东部和南部边界以外的形势对其经济产生很大的影响。博茨瓦纳与津巴布韦、赞比亚和纳米比亚相邻。每当津巴布韦的政治局势可以正常化，其经济可以再次繁荣发展之时，博茨瓦纳就有希望同津巴布韦建立互惠互利的合作关系，从而减少对南非强烈的依赖。

总而言之，从我在非洲九年对其发展需求和面临的挑战所作的观察来看，尽管非洲各国国情不尽相同，但大部分的国家都需要消减贫穷，发展基础设施建设（特别是农村地区）；他们都急需发展电力，这是至关重要的。整个非洲农村地区基本没有电气化，整个非洲的卫生保健设施也非常缺乏。非洲的需求清单很长，但首先要有一批能治国安邦的英明领袖。很多现实需求的核心问题在于对资金的误用和滥用以及政治动荡。

尼日利亚是这类问题的典型代表，其很多问题都是自己造成的，多年来国家丰富的资源浪费严重。虽然近来为推进国家主要发展目标作出了更多的一致性的努力，但是三角洲地区持续不断的动荡说明并非一切进展顺利。

相反，乌干达的情况凸显出其他现实问题。毫无疑问，西方捐赠国应该为之喝彩，因为穆塞韦尼总统领导的后阿明政府在恢复民主理想和发展建设发面取得了进步，但是23年过去后的今天，其发展水平依然不能满足大多数人口的需求。据报道，在乌干达西部发现了大量的具有商业价值的石油储备，有希望引起投资者进一步的兴趣。

我在非洲的旅程现在已接近尾声。我有机会生活、工作在非洲的西部和东部，现在则在南部。在我待在非洲的九年期间，我乘机会几乎在所有的邻国作了访问和逗留。这是一次启蒙和发现之旅，是我认识到非洲所面临的独特的挑战，看到相似和相异之处，对我有幸生活和工作过的三个地区加以比较和鉴别。

我在非洲任职和担任不同职务期间，中国的存在与日俱增。凭我当前的身份，我可以亲眼目睹今天中国正在博茨瓦纳的所作所为。从我们银行的视角来看，我们可以以独特的方式促进涉及中国的大量的双边贸易和投资，我们为此而感到激动和喜悦。

值得注意的是，渣打银行自从1858年在上海设立第一家支行以来，一直在中国开展业务。我们在中国的外国银行网络是属于最大规模的，分布在16个城市，有50个经销点，4300多名员工。我们在非洲的经营业务始于1863年，今天这个网络涵盖13个国家，有5000多名员工。中国和非洲对我们银行意义重大，当有机会把两者连接起来的时候，对所有各方都是双赢的举措。

从我们的角度来看，就不难发现博茨瓦纳政府与中华人民共和国有着十分友好的关系，这实际上体现在当前有12000个中国人生活和工作在博茨瓦纳。中国建筑公司在基础设施工程招标中经常中标，我们注意到中国公司现在已与博茨瓦纳房地产公司合作数年，建设廉价住房。目前还在哈博罗内希尔茨·卡马爵士国际机场建设一个机场终端，其主要承包商是中国水利水电建设集团公司——渣打银行的一个客户。

我们在博茨瓦纳同100多个中国企业有业务往来，而潜在客户还有数百个。这些客户在越来越多的经济领域里显示身手。结果我们的客户基础有了很大的拓展，我们发现必须聘用讲中文的营销员，以适应我们的业务在这方面迅速增长的需求。

我们在博茨瓦纳创办了第一份中文日报《东方邮报》，这不仅反映了中国居民要及时了解当前事件的需求，而且还为服务提供商接触这批日益壮大的新群体提供了一种途径。

随着中非关系的加强，要面对的鲜明的挑战在于语言和文化障碍。就博茨瓦纳而言，双方政府一直在积极促进和推动彼此对各自文化的理解和赏识。例如，为了欢迎博茨瓦纳新大使的到来，中国大使馆主办一次中国娱乐晚会，来自中国各地的著名艺术家闪亮登场。晚会的主题是“拥抱中国”。所上演的节目使广大观众第一次看到中国的表演艺术。这种文化交流对于在可见的未来中国和博茨瓦纳开展合作是个好兆头。

中国对采矿业的兴趣对博茨瓦纳是一个利好消息，因为经济萧条使得砖石销售锐减。在未来的年月里，随着经济中心东移，中国将会成为博茨瓦纳钻石和其他矿产品的一个重要的终点站。

毋庸置疑，全球经济近来急剧动荡不安，但非洲的消息并非都是坏的。各国在非洲的投资状况依然颇有活力。其原因包括管理越来越先进，对国内经济实行了改革，一些国家的国内需求稳定增长。实际上中国还有亚洲其他国家对在非洲的贸易和投资的兴趣不断增长，这可以证明非洲大陆作为投资的目标具有吸引力。中非贸易还出现了闪光点，在过去五年中总共增长40%。据估计，仅在2007年总贸易额就超过750亿美元。

西方普遍认为应该用怀疑的目光来看待中国对非洲的兴趣，中国人只是热心得到诸如原油和矿藏之类的非洲商品。这种观点不仅是无知的，而且还严重低估了在非洲大陆的投资潜力。在非洲做生意由于面临种种挑战，因而退避，这种现象已持续得太久了。

中国有关非洲的大胆倡议是在当前的动荡时期提出来的，在萧条和更加迫切的国内需求使较传统的资金来源受到伤害的情况下，可以提供许多必要的动力。有理由认为中国与非洲国家政府以及这些国家的私有企业的约定所带来的真正好处，彻底改变了国际社会对非洲的看法，将其视为一个投资的目标。

作为一个曾经有机会在亚洲以及非洲工作的跨国银行家，我在这种新的、飞速增长的非中经济关系中看到非洲可持续发展的前景令人欢欣鼓舞。当然，重点基础设施项目需要完成，需要修建桥梁、水坝、公路、医院和学校。此外，还需要发电厂和廉价能源来促进农村电气化，但是有理由认为最迫切的需求在于转让十分需要的技术以及从中国职业情操中学习的机会。中非未来关系的“实质”是通过约定所提供的互相学习的机会。

我看到中非之间这种新的、正在发展的合作关系是对传统的开发资金来源的一种合理而及时的补充，非洲大陆长期以来依赖传统资金来源。

非洲国家政府需要在改革和良治的道路上继续前行，许多国家真正走上这条道路。非洲商人需要与中国和其他亚洲同行一道在工作中学会如何使其经济大发展和多样化。非洲商业为非本土的少数外国人所主宰，部分由于受过教育的大多本土人的志向在政治而不是商业领域，这种连贯性令人感到震惊，这种现状必须改变，必须更加重视商业。像符合时代潮流的一种思想一样，中国对非洲的贸易和投资是个好消息，这种机遇决不容错过。

作者简介

大卫·卡廷（David Cutting）是一位国际商业银行家，在北美、亚洲和非洲有30多年的工作经历，其中有12年从事国家区域管理工作。他现任博茨瓦纳渣打银行总裁和首席执行官，负责博茨瓦纳银行业务的日常管理工作。博茨瓦纳渣打银行是一家持有75%股份的子公司，在博茨瓦纳证券交易所上市。这是一家提供全方位服务的商业银行，其网络中有12家支行，3家代理部，40余台自动提款机，600多名员工。2006年营业利润超过5000万美元。

在前往博茨瓦纳任职之前，卡廷先生担任过渣打银行乌干达分部以及渣打银行尼日利亚分部总裁兼首席执行官。在纽约他曾担任过渣打银行高级副总裁兼美洲公司与机构银行全球账务经理，化学银行与公司财务部总经理。

在亚洲卡廷先生担任过汉华实业银行（现为化学银行）香港部总经理，汉华实业银行新加坡部助理秘书兼信贷经理，在他整个银行业生涯中还担任过其他职务。

非洲的悖论与中国的时机

鲁斯雅诺·鲍林

鲁斯雅诺·鲍林

我40多年的职业生涯都是在非洲度过的。在世界银行、国际金融公司、非洲开发银行任职期间，我都努力为非洲发展作贡献，但在一个具体的非洲国家看起来很多充满希望的时机结果却使我感到失望。多年来这种失望的原因在于非洲的悖论：地球上没有哪个洲的自然资源像非洲一样丰富，但是非洲却是最贫困的。

这是怎么回事？其原因又何在？显然部分要归因于殖民主义的后遗症。但是消除现存不断扩大的差距在过去30多年中并没有任何成效。今天世界变得更加复杂，问题更加难以解决。全球化给发展中国家带来巨大压力，在无所准备的情况下难以开展竞争。与此同时，贫困在加剧，社会服务在腐化，执政问题突出。“让我们依照自己的速度来发展”，这句常被引用的关于非洲重新调整的言论，显然已不可行了。

市场分化——殖民历史留下来的很多后遗症之一，也是一个问题。这个问题制约产业部门发展，阻碍国际竞争中必需的规模经济的建设。与此同时，市场区域化进展过于缓慢，尽管先期区域发展出现积极现象，如在西部非洲地区努力发行一种共同货币，以及其他区域性的积极行动。今天非洲内陆贸易依然远远低于非洲大陆整个贸易的10%。

虽然很多现代政策、法律和法规框架已在纸上建立起来，但在实际中并没有加以遵照执行。换言之，纸上的东西和实际的东西之间有距离。

也许非洲最大的失败之一在于未能支持中小企业的建立，而全球的经验显然可以证明中小企业对于就业和公司创新所占的比重相当大。有些因素导致这种失败，诸如文化与社会障碍（特别是对于女企业家来说），官僚寄生的行政体制，缺乏物理和金融基础设施，缺乏商业服务、商业网络以及战略联盟。

非洲商业缺乏交往也是中小企业发展不起来的一个主要因素。缺乏交往就无法对中小企业进行宣传，也不能有效地促进公司之间的战略联盟。公司形成战略联盟对于出口所需的规模生产是一个关键。

另一个问题是对新建企业缺乏支持。新建企业不仅缺乏资金，而且经常与市场连接不紧密，得不到技术和金融支持。因此非洲中小企业的倒闭率非常高。未给具天然优势的企业注入资金是另一个重要的失败因素。诸如旅游和农业综合企业等产业本该在非洲兴旺发达，但受到各种不同因素的制约，如缺乏对基础设施建设的支持，十分坦率地说，还有缺乏远见卓识的领导人物。

快速发展的压力也使城市和农村之间的差距不断扩大，两者的经济活动之间缺乏足够的联系。大多农村社区缺乏生产因素，诸如电力和电讯，也缺乏干净的饮用水和社会服务。在这种情况下，合理增长没有实现也不可能实现，结果城乡之间的贫困差距加大了，农村人口向城市移民，使已经岌岌可危的城市服务和基础设施雪上加霜。即使在国民经济增长的情况下，也未能缓解农村贫困。

捐助团体努力支持非洲发展，但在提供有效援助方面却遇到了越来越多的困难。非洲面临的挑战持续不断，令人望而却步，甚至最专门化和专业化的代理机构都感到需要不断调整自己的方式。这类方式变化不断，从强调初始的以项目为基础的援助到部门援助、到部门调整、到预算支持。问题在于一个地区同时面临如此多的挑战和如此激烈的全球竞争，通过何种途径才能促进其发展。

捐助组织从以前的错误中吸取了很多教训，其中包括：

• 过多地依赖政府机构，政府机构往往不能执行和监督捐助方资助的开发项目。

• 做下放权力战略的表面文章，实际上是把责任甩给地方政府，而地方政府在技术上没有能力解决，结果牵涉到重复劳动，战略重心被削弱，造成额外开支。

• 对外部援助的水平和现实吸收的能力未能作出正确的评估。

• 与坚持制约、采购程序和需求报告相关的困难，这种困难总会造成采购和项目推迟。

• 开发机关的方法逐渐官僚化，尽管其目标值得称颂，但实际中会使项目结构及其执行打折扣。

绝没有灵丹妙药来确定可以取得理想结果的“应该上马”的一类项目，让国内外的利益相关者参与项目计划也不会从根本上提高制订出神奇方案的可能性。问题的实质在于加快发展步伐很难做到，这不是一朝一夕的事情。发展过程需要融为一体的时间框架，考虑到文化、社会和经济因素，这种时间框架不能在合理限度之外加以压缩。

过去我们对不同的发展模式进行过很多试验，但自从20世纪80年代中期以来只有一种模式获取了巨大的动力，这就是私有企业的发展。问题在于需要时间来开发私有企业，促进国际私有投资的努力，包括促进散居在外的非洲人投资的努力，所产生的结果令人失望。实际上富有的非洲人很少在他们自己的国家进行真正的投资，而是乐意在更可靠的地区投资。其实非洲一向是资本净出口地区，尽管其贫困普遍存在，这是一种令国际投资者感到不安的状况。

显然从外面找不到可以适合非洲可持续发展的现成的蓝图。解决方案只能从内部产生出来。虽然有必要加强对国际最佳样板的了解和宣传以便掌握各种不同的方式方法，但是项目的成功与各国具体的国情密切相关。问题在于是否可以找到得到发扬光大的正面榜样。

对于促进非洲可持续发展的计划选择已经作过彻底的分析、争论甚至已经执行。非洲的形势不会发生根本改变直到非洲人想要其改变。就此而言，归根结底非洲领导人是至关重要的，他们的选民必须确保在追求更加美好的目标中发挥重要作用。英明的领导举足轻重，当这种才能表现出来的时候，就应该开发援助来嘉奖。

当地的利益相关者是否有能力让政府负责在很大程度上取决于他们的教育水平的高低。教育对国家的发展是关键。“人人都接受基础教育”是不够的，综合教育为受教育者迎接未来的经济挑战作准备，这是完全必要的。

人才缺失是一个问题。捐赠者不能在非洲大陆资助较高水平的教育，就会在无意中加剧人才缺失。

不管开展什么项目，不管捐赠者资助的意图多么好，只要非洲领导人和公民不能坚持良治，只要捐赠者不能一贯要求他们做到这一点，到头来非洲也不会得到发展。

实际上，虽然为政策改革提供过大量的结构性调整贷款，但很少达到预定的目标。管理不善是这样的目标实现不了的原因。虽然不断大肆宣传善治的必要性，但在许多国家问题还没有得到令人信服的解决，这在许多情况下可以使统治阶层挥霍和窃取公共资源。

只要治理不善继续存在，非洲的困惑就会继续存在。

中国的进入

中国参与非洲事务之时，非洲的规章制度还没有完全建立起来，非洲的政策还没有完全确定下来，非洲的人力资源还没有充分开发出来。

在这种情况下，非洲领导人，非洲企业和非洲公民还没有准备与一股有竞争力的队伍较量，这支队伍有着几百年积累下来的应用知识和经验，对于赢得正在开展的这场较量，具有无穷高超的智慧和技能。这就像一场象棋比赛，一方是象棋大师，而另一方是初学者，彼此根本就不是对手。

但是比赛还在进行。中国在非洲一开始是一个政治伙伴，投资于非洲的“政治基础设施”，而今天新前沿却是经济关系。中国以一个强大对手的身份参加比赛，中国甚至可以左右美国的货币政策。中国的物美价廉的劳动力资源似乎无穷无尽，吸收和技术开发的速度比世界上任何其他国家都快。可以认为，两国首脑峰会将会使效力低下的八国首脑峰会黯然失色，中国在为这样的时代到来作准备。

虽然开发机构忙个不停，努力尝试各种不同的模式来刺激发展，但中国的经济已经突飞猛进，已确定出新的开发边界。中国快速发展，每年以两位数增长，需要发现和开创燃料和原材料新源泉。

在这种情况下非洲成为中国的理想伙伴。实际上非洲大陆为世界提供60%的矿产，非洲已经开发的采矿面积只有8%，这对中国来说简直好得难以置信。

非洲的困惑有利于中国。这意味着还没开发的资源十分丰富，也意味着非洲需要中国如同中国需要非洲一样。

中国准备在国与国的基础上达成协定，这是一种受非洲人欢迎的方案，因为非洲人有着从先前的打西方牌遏制东方的冷战思维中获益的传统。如果中国卷入非洲是为了制造这样的一个对手，就有理由认为很多非洲国家领导人而并不是非洲民众会从中获利，抑或他们是这样认为的。

实际上已确立的经济管理原则在全球社会是相通的，中国也是布雷顿森林体系的一个得力的成员。指导未来非洲发展的货币和经济框架已经确立，是不会逆转的。

有些人认为，中国卷入非洲，特别是与独裁体制打交道，如苏丹和津巴布韦，会带来严重后果，会使非洲国家脱离正确而透明的经济管理维持多元的（若不是民主的）社会的轨道。用形象的说法来讲，这种观点没有考虑中美在多大范围内把枪口对着对方的脑门。双方都无法在相互结盟中做得太过火，因为从经济的角度来看，两者是被捆绑在一起的。双方在追求不同经济目标的方式和范畴上可能会有不同，但是在可见的未来，双方不和谐的程度也是有限的。

很多非洲国家领导人反对西方援助的附加条件，用不同的态度来欢迎中国这个崭新的合作伙伴。但是以为中美在重大问题上不会达成一致的看法是不明智的。

综观全局，可以预期中国在非洲的存在会产生重要的积极成果，如增加全球对非洲的关注，发展非洲的基础设施（公路、港口、水坝等），降低基础设施建设的成本。

中国参与的一个领域会取得重大成就，为与非洲公司形成战略联盟提供了大好时机，这个领域就是农业。中国的农业经验与非洲的洲情密切相关，从农田耕作和提高生产力的角度来看尤为如此。与此同时，中国对非洲食品来说是一个巨大的市场。可以肯定：在不久的未来，新方案会成倍增多，从而建立其商业联系，运用到生产设施之中。

实际上，中国市场的规模与非洲个体经济规模之间的差距最终会刺激区域性生产能力强大的巨型企业发展，以提高生产水平，满足中国客户的需求。从这种观点来看，为提升非洲经济生产的规模，促进区域联系，中国可以发挥极其重要的作用。

这种发展的速度无疑会受到许多现实因素和地理政治演变的影响。总而言之，我认为中国是非洲发展进程的推动器。

作者简介

鲁斯雅诺·鲍林在重要的开发机构担任过很多与非洲相关的职务。他在2001年到2006年曾在突尼斯首都担任非洲开发银行私企业务部主任。他引入私企发展的新方法，使投资组合业务扩大13倍，从1亿美元上升到14亿美元。鲍林留下的宝贵财富在于为弱势群体开发创新项目，特别是关注对黑人的经济授权、妇女、青年和新兴企业。他还制定出在农村扩大使用可再生能源的新行动计划，主要是依靠私企部门的捐赠来开展的。

1997～2001年鲍林先生曾在科特迪瓦首都阿比让担任过国际金融公司（IFC）地区办事处西部和中部非洲事务部主任，地区办事处经理和加纳和喀麦隆办公室协调员。他创建投资管道，特别是用于在基础设施、农业综合企业、旅游以及萃取工业方面，重点对该地区小企业提供资助和小型贷款。

1992年到1996年鲍林先生担任世界银行东部非洲部私有企业处处长，东部非洲地区私企事务经理兼协调员，负责埃塞俄比亚、乌干达和坦桑尼亚社会经济开发项目。1991年他还在肯尼亚奈落比担任世界银行地区使命团副团长，1989～1990年在索马里摩加迪沙担任世界银行索马里办事处处长。

他在意大利帕多瓦大学获得化学工程硕士学位，是法国枫丹白露欧洲工商管理学院的校友。

非洲领导人的三副面孔

莉吉娜·阿玛迪

莉吉娜·阿玛迪，国际劳工组织原劳工与性别专家

为全球合作伙伴露出一副面孔，为双边合作伙伴露出另一副面孔，回到故乡又露出第三副面孔——真实的面孔。

当回到村庄露出真实面孔时，非洲人并不是在“玩耍”。这是“原本”非洲的文化、习俗和价值观得到遵循之地，是欺骗、偷窃和谎言似乎少有发生之地。这并不意味着所有非洲的传统或习俗都是积极的，但是我们的传统应该成为我们发展日程的支柱。

何谓真与不真？更重要的在于这种分歧为什么会存在。

在有些非洲语言里，公务或公职这个术语就是“白人的工作”。这往往是无须十分努力和投入就可以干的活儿，下午 3 点就可以干完回家，再干“真正的活儿”。现在问题在于我们自由了，政府的工作就是我们自己的工作，通过思维转换来认识到这一点对很多人来说是很难得的。

如毛主席通过观察所指出的，“文化指导政治，政治指导经济”。非洲的问题在于我们止于方程式的政治指导经济这个项式，而忘记了方程式的头一个项式，也就是文化应该指导政治。

非洲文化在何处？非洲文化又趋向何处？

真正的非洲文化存在于广大的农村。如果我们对之加以探寻，那么非洲文化就会对中国和世界有所贡献。回到村庄我们谈论传统的统治方式，这是一种肯定会感觉出来的统治方式。这里是我们了解人民的需求之地，是长辈和后辈之间互相尊敬之地，是人人都有发言权之地，是妇女发挥作用的重要性得到认可和嘉许之处。

在村里村外，我们没有一种“赢者至尊至贵”的体系，而是包容主宰一切。重要的在于这是朱利叶斯·尼雷尔（Julius Nyerere）总统倡导的“乌贾马”（Ujamaa，一种农村社会主义组织形式，于20世纪60年代开始推行）的地方，如今依然兴旺发达。“乌贾马”意味着竭尽全力，互相支持，和谐统一。乌贾马也意味着需要回馈支持你的人。在肯尼亚，斯瓦希里语“哈兰比”（harambee，齐心协力）一词表示这个概念。

我们已脱离了这种观念，因为非洲不加区别地引进一切东西。今天我们已引进价值观，已引进思想模式，已引进体制和规章。在这种体制里，我们总有政党的“妇女派别”和“青年派别”，但并非真正存在。他们的存在只不过是列队投票，并不提供实质的东西。相反，在传统的家庭或村庄/社区管理组织中，他们的话语权具有举足轻重的作用。如果你真想知道妇女和青年有什么想法，探讨如何满足他们的需求，那么你就必须回到村庄去，回到我们的根基之处——对利益相关方需求的真实评估和一致通过的决策。

中国是在非洲动荡时期到达的。我们在文化上已经迷失了方向，但是中国可以帮助我们找回我们的道路。

作为开发伙伴到达非洲的中国，已经带来了各种不同的福音。中国人带着共同的经历来到谈判桌前以平等的身份对待非洲人。况且中国人没有参与奴隶贸易，没有对非洲人实行种族歧视的历史记录。重要的在于他们支持过某些非洲国家的解放运动。

中国是在一个恰当的时机进入非洲的，正好赶上非洲需要回复基本理念对其需求作出真正评估。中国与非洲的关系为非洲人提供了一种反思的机会，对很多问题进行认真审视，特别是两者之间的合作关系。

中国在北京举办中非合作论坛非洲领导人峰会之时出现一种乐观情绪。非洲国家第一次感到他们有了可以替代他们从前的殖民主义主子的援助的东西。实际上，在整个非洲国家近期历史上，第一次有了可以替代世界银行和国际货币基金组织的开发资金来源。这一直令人迷惑不解，每一个人包括非洲人在内都低估了中非关系的重要性和影响力。就是这种关系给传统的开发合作伙伴带来了压力，他们必须重新审视自己与非洲的交往，以便与中国开展竞争。就是这种关系正在引起非中对自己进行认真的审视。

从正面来看，中国给非洲带来了具有互补性的开发自主和援助。这已引起对“华盛顿共识”效力的质疑，给非洲以喘气之机，在其所接受的外国援助、投资和贷款方面从战略上进行更多的反思。重要的在于中国做了其他开发合作伙伴一直犹豫未做的事情，这就是资助和建设基础设施，在农业领域投资。中国还向非洲和世界表明，没有官僚的红头文件也可以对基础设施和农业进行快速有效的投资，官僚的红头文件通常是传统的开发项目的特征。

中国进入非洲还做了别的事。非洲普通民众感到即使产品不耐久，但至少在一段时间内使他们感到是所谓的“全球化”事物的一部分。人的感受至关重要。全球化若不能在人民的心里引起某种积极的联想，你就不能继续对其加以“兜售”。体验全球化的耀眼光芒会使人感到其美好的一面，从而打破精英主义的壁垒。在过去只有少数的幸运儿和精英才能体会到资本主义带来的欢乐和报偿。精英主义是使我们和他们的心态对立起来的一种状况，最终会导致前面提到的分歧。总而言之，我们决不能忘记精英主义完全是关于人类情感的问题。

快乐过后，黎明到来，非洲的领袖和人民现在必须深思熟虑，为今后行动制定出战略方针。至此在与中国的关系方面出现许多好事，但是错误的路线也初见端倪。

中非关系的问题在于在就业创造、劳动力、劳工权利以及在国内正规经济领域的竞争等方面存在一些大的绊脚石。中国不仅带来自己的劳动力来从事各个层次的工作，而且在竞争商品中占有一定市场份额，这种商品过去甚至都由非洲穷人在街道上销售。从遵守劳工章程来看，中国人需要克制力和纪律性。一个关键的问题在于不同劳工类别之间的流动性。中国工人跨越劳工类别，每个人都无所不做，这就导致非洲工人在劳工市场上很难分得一杯羹的局面。非洲人能从事的工作种类在项目上马前就必须通过谈判得到解决。尽管中国建设公路和其他基础设施是好事，但是非洲人也需要通过项目来创造出体面的就业机会，在工作中使自己的能力得到提高。这对于解决贫困问题来说还有漫长的道路要走。

另一个与劳工相关的问题在于工作条件差。中国人已表明他们忍耐恶劣工作环境的能力非常强，这对非洲来说不是一个好的榜样。虽然公路建设速度快、成本低使非洲人高兴，但是我们真不希望出现这样的情形，即真实成本不得不包括未提及的工人日常生活上的痛苦。

作为非洲人，随着新情况的出现，我们发现自己正处于十字路口上。现在不仅应该重新思考和制定有关我们与中国的关系的战略，而且还应该重新思考和制定有关我们与所有开发伙伴的关系的战略。人人都需要坐在谈判桌上，这不只是一个非洲国家领导人提出新战略的问题，非洲国家领导人要回到村庄或田野与人民一起坐下来，以坚定的意志力认真地对需求作出正确的评估，以使需求得到满足。

要检查的关键问题之一就是开发资助贷款的整个问题。在评估中，我们需要比较资助条款，检查利率和其他条款的公平性。我们现在有了新的基准和合作伙伴。

与中国的合作伙伴关系中出现的挑战并非是不可逾越的。我们有了一种新的关系，如果路上遇到坑坑洼洼，我们就会将其填平。我们与西方打交道有多久了？在几十年中我们从来都没有想过将这样快就有我们需要的公路和其他基础设施。

我们重视的与中国关系中的迫切问题是什么？对这个问题进行认真研究过后表明合作中遇到的挑战问题必须由双方共同解决。非洲如果缺乏开发资金、信息技术、扩大的技术援助、网络以及最为重要的管理队伍，就不能充分地利用全球化带来的机遇。与中国合作可以给非洲带来大好时机，与传统的合作伙伴协调一致，利用中国知识和资源的优势，帮助非洲弥补一些差距，特别是与人才培养和使用方面的差距。

非洲的人力资源的使用率还不到一半，这是人所共知的事实。怎样才能通过与中非关系帮助我们更好地利用非裔侨民、地方的知识和文化以及其他人力资源呢?

从实质来看，非洲要更好地与中国开展谈判，这样也会提高其能力要求与西方建立一个较公平的谈判体系，如何才能做到这些呢?

有一个术语“平等权利”（ Pari－passu）为之指明了方向，这是一个拉丁词，意为各个方面都平等，同样的速度或速率，同样的程度或比例，享受同样的权利……面向未来，非洲在中国和西方的关系上必须努力追求平等的权利。

作者简介

莉吉娜·阿玛迪是尼日利亚人，在领导高级别谈判和地区政策制定方面有25年多的经验，她在政府机构和包括世界银行在内的联合国各种不同国际开发组织中担任高级经理。

她还曾担任国际劳工组织非洲事务总干事助理和非洲地区事务主任。

在国际劳工组织任职之前，她曾担任联合国妇女发展基金会（United Nations Development Fund for Women，UNIFEW）地区主任，负责非洲西部英语地区事务。她的主要专长包括国际开发管理、政策分析、项目设计与管理、培训与研究、生长期的性别问题以及宣传工作。作为高级专家，她为联合国不同部门提供帮助，涉及政策分析以及开发项目和组织结构中的性别主流。除了在联合国担任各种高级职务开展活动之外，阿玛迪女士还是霍华德大学和马里兰大学讲师，讲授语言学、非洲文学与社会学、管理学以及两性问题。她撰写过许多关于非洲发展、劳工和性别的文章和论文，精通英语和法语。阿玛迪女士还在尼日利亚和美国创办了一家开发咨询代理部。

阿玛迪女士在刚果民主共和国拉瓦纽姆大学（Lovanium University）获得法语与非洲文明学士学位、语言学与社会学硕士学位。她还从尼日利亚联合建设与投资有限公司（ASCON）获得管理学结业证书。

带一粒芥菜子……

埃里克·钦杰

埃里克·钦杰

我记得我曾参加世界银行的一个使命团的情形，世界银行为一项计划行动推荐一种方法，我们的任务是征求非洲利益相关方的看法。当非洲人会见我们团的时候，他们似乎对所有关键的问题都表示同意。但是当我作为使命团的一个非洲成员单独会见他们的时候，他们几乎对所有的问题都表示不同意。我回来告诉我的同事说："嘿，等一下，非洲人不同意你们的做法，你们最好再去见他们。"但是我的团队成员理所当然地断言：非洲人对他们的观点已然表示同意。因此，我又去看非洲的利益相关者，鼓励他们向整个银行小组而不仅仅向我一个人说出他们坦率、诚实的看法，结果却遭到了拒绝。当非洲利益相关方不愿意说出他们的内心想法时，世行究竟怎样才能对他们的需求作出适当的回应呢？因此非洲有一种流行的说法："非洲人有欺骗捐赠者的历史，捐赠者有不听非洲人的意见、不肯花费时间深入了解事实真相的历史。"

后来在非洲开发银行工作的时候，我参加了一个高级团队在上海帮助组织非洲开发银行年度会议。我想这是一个多么好的机会呀。世行会提出可能涉及中国的新战略。我不停地问我们要把什么样的信息带给中国，结果我却再一次感到失望。最后世行完全把上海当做一个会议地点，没有任何意思，错过了一个大好时机。

在我为非洲地区的开发机构工作的全部岁月里，目睹开发区错过很多机会和出现的很多真正混乱的局面。

捐助方表面上和谐一致，但实际上每一个捐助单位都有自己的既得利益，都按照自己的意愿行事。虽然非洲的很多问题可以用共同的方式来解决，对类似问题却周而复始讨论研究，寻找解决方案。非洲的领导在何方？

这些日子在非洲调研，我越来越坚信有实际能力的领导人来自底层，而不是上层。人们在没有正式的机制来表达自己所关注问题的看法的时候，他们就会把问题带到街头。他们会挺身呐喊，如果中国人从他们身边走过，他们也会大声喊叫。曾有一个人民造反的例子。在喀麦隆杜阿拉，人们携起手来，决定用一周时间抵制所有中国商店，直到达成一项招聘当地工人的协议为止。这是未来会发生的事件的一个迹象：人民不会被永久地压下去。

如何把权力赋予人民？这是一个所有的开发机构都比较关心的问题，不仅仅是开发机构，我们作为非裔侨民，也应该和家乡人一起，为改变现实作出我们的贡献。作为个人，我们往往不能通过金钱来发挥重大作用，但是通过在海外重要的机构工作，我们拥有比金钱还有价值的财富：我们拥有获取知识和联络方式的手段。

以我的情况为例，2003 年和往常一样，我要回家度年假，但这一次我自己却没有做好准备。通常这样的准备包括送给我的村庄的人的一摞钞票。可这一次又不巧：我没有钱。不久前我为我的孪生妹妹买了一辆豪华轿车以期使她有一个收入来源，这样就把钱用光了。我第一次空手到了家乡。我不知道如何应付这种情形，如何面对父老乡亲。

每次回家乡亲们事先都知道我要回来。他们聚集在我父亲的大院里，等待我的到来，这样我就可以把礼包给他们。这一次我从机场开车回家，有 400 多位客人等待我。这次来的人比以往还多，因为他们想我送妹妹一辆豪华轿车，肯定发了大财，这意味着我会给他们带来更多的钱。

到晚上欢庆的某一时刻，我通常进入里屋开始给客人一个一个地送一小包钱。时间渐晚，人们开始朝里屋的方向看，想着我什么时候才朝那个方向走去发钱。时间越来越晚了，每个人心里都在嘀咕：“他什么时候才进这个屋子呢?”

晚会结束时，子夜过去多时，只有 26 人没有离去，其中有 24 人是妇女。我没办法，只好向他们坦白：“我没有钱。”

我告诉他们：“我有点儿小钱，但大钱都花出去了。”我是想打个比方，但是当我说这话的时候，每个人都朝着那台豪华轿车看，认为我实际在说钱都用在那台车上了。

我说明了情况，让他们知道我真的没有钱送给他们，我会用另一种方式帮助他们。我再不能给他们鱼了。事实上我想到了："我毕竟在做开发业务，我为什么不应用我在开发中学到的知识来努力帮助自己的村庄呢!"

我们最后开始坦言时，我问这些妇女她们有什么困难，需要什么才能生存下去，确切地讲，应该是怎样才能兴旺发达。没想到她们心里都一清二楚。她们说，首先需要播种的种子，其次需要资金，再次就是需要组建一个合作社。这总共需要 5 万美元。

我没法筹措那么多钱，即使把我自己的捐款和我认识的所有的人的捐款算在一起也不行。不行，还得想别的招。

我最后想到要利用我自己的开发经验。我认识谁？哈哈，我认识雅温得的一个银行家和研究所。我联系了他们，研究所乐意提供支持，我的银行家朋友认为我们的小村庄只有 8 个屯，2600 人，对一个支行来说太小了，没法操作。但他提出另一种解决方案。他告诉我村庄需要利用一个小型的金融机制。他说如果我能让村里的妇女走门串户筹措到 8 万美元，那么银行就可以为村庄建立一个小型借贷方案。但首先他们想要村民对此提供担保证明。

我认为这是不可能的。第一，全村加起来也没有 8 万美元的钱；第二，今天筹款，明天可能办到也可能办不到，概念太抽象了，我想这是万万做不到的。

村子的妇女接受了这一挑战。让我喜出望外的是她们办到了：她们用 8 个月的时间筹措到了款项，村民们接受了银行的股份。2004 年 4 月 5 日有 20 万个股份上市，这个微型金融机构今天依然在运作。到现在为止，我从来没有再向村民施舍金钱。

微型金融机构改变了村民的生活，且可以证明并不需要很多的现金。随着中国人越来越深入地进入非洲的村庄，他们应该考虑他们的公司社会责任和义务，如何与村民联手把村庄的生活变得更加美好。

我的小村庄由一个消费者的村庄变成一个生产者的村庄，这并没有花费很多的代价。我不禁认为这是整个非洲的一个基本问题：非洲已经成为一个消费者的民族。

这种现状必须改变，改变其基础设施需要与大学合作，要对激励机制进行改革。人们必须为生产而不是消费而得到回报。

要提供正确的激励机制，你就必须懂得如何发动社会。这就是为什么开发机构需要倾听人民的呼声以及花时间了解他们具有重要的意义。

马里有一个光辉的榜样，在那里有一位外国农业专家进入一个社区。他请村干部找两个农民，志愿地试用他的新耕作方法。一个季度过后，这两位农民的产量远远高于其他农民的产量。结果人们排队来学习新方法。这个故事讲的道理说明榜样的力量是无穷的。农业专家走进社区并没有祈祷，他把结果展示出来，让展示出来的结果替他说话。

同样，中国人也应该倾听群众的呼声，而不是仅仅听从领导。答案在社会的基层，而不是在金字塔的顶端。如果答案在顶端的话，自从独立以来非洲国家领导人所有的远景声明就应该有一定的意义。从尼日利亚 2030 远景规划到非洲其他国家的所有远景规划都是纸上谈兵，毫无意义，因为没有考虑金字塔底层人民的愿望。

我相信中国人想在非洲做好事，他们遇到前所未有的机会，通过与村民合作来做好事。他们有很多对路的农业方案、金融资助方案以及其他经验，可以从内部推动加快发展的步伐。

我信赖中国人，他们从把所有的非洲领导人都召集到一间房子里开始，已经做了其他人未曾做过的事。现在如果他们花点时间想出如何更有效地在社会基层开展工作的办法，如同他们从顶层往下开始一样，他们就会在短期内完成英国人、德国人、法国人、印度人、黎巴嫩人、美国人以及所有的开发机构在 40 多年中未能做的事情，真正地促进非洲的发展。

作者简介

埃里克·钦杰，世界银行非洲地区事务部经理。他出生在喀麦隆，曾担任过喀麦隆电视台新闻主持人。他 1993 年入职世界银行，在非洲外部事务部当顾问。自从那时以来，在世行担任过各种不同的职务。之后接受的任命为在非洲开发银行从事外事工作，担任外事交流部主任。他现已回到世界银行，工作是确保世行的活动能更好地为非洲人理解和赏识。他当前的一项重要任务在于建立一种机制，以确保及时有效地把世行战略传达给世行在非洲地区的客户和合作者。钦杰还领导非洲地区联络队伍，提供业务信贷准备金，确保所有部门所有作业都得到适度的信贷准备金，与非洲所有的选民建立密切的客户关系。

论当地人才建设

迈克尔·莱维特

迈克尔·莱维特，公民开发公司总裁兼首席执行官

如今在非洲工作注意不到中国的存在是不可能的。从很多国家的重大基础设施工程建设到购买和出口原材料的权利的获取来看，中国人在非洲一些国家的存在似乎在空前地增长。可想而知，他们的存在和方法已成为全世界的话题。我在非洲大陆（公民开发公司总是同时在 10～15 个撒哈拉以南非洲国家开展业务）看到关于中国在非洲的话题总会在午饭和晚饭桌上与朋友和同事谈起。同样的问题经常反复问起："中国不附带条件的援助政策比美国的方式更有效吗？""中国人更有外交手腕，在开展公共关系中避免使用不得人心的字眼来描写他们的活动，诸如'援助'和'帮助'，从中获得益处，不是吗？""提供开发援助而又不提'援助'二字会在非洲人心中引起更多的共鸣吗？"

经常提到的更加有趣的问题是谁负责中国在非洲的扩张政策……这种扩张政策实际上是谁的政策，私有产业中的中国公司实际上是私有的还是由政府部分或全部控制的？那么重要的问题是中国人（公司和/或政府代理机构）要从非洲国家带走大量的还是较小量的自然资源呢？

对实际上不经心的观察者还提出了其他问题。不止在一个国家有同事对我说过，中国人承担重大开发项目，很多活儿都自己干，这至少在某些情况下使我同时想到有关地方满意和合同分包的规定适于做类似项目的欧洲公司和美国公司是否适合于他们。

除了经常讨论的大笔交易外，浏览一下许多非洲国家似乎就可以表明中国移民的数量在增长，他们进入了被认为是小型的企业，实际上是微型企业，包括在路边买东西。不管你朝哪个方向看，肯定都会感到有长期定居的中国人，我认为这是一件好事。

在大多非洲国家到处都可以看到中国的存在。中国餐馆无处不在，在有些地方，人们在标有办公地点的名片上也标出。我们自己的公司驻加纳代表的电话卡就是一个例证，卡上标出了公司的地址，公司在“……阿克拉王朝饭店对面”。

显然，关于中国非洲政策的信息与我并没有利害关系；我们看到了这种不平凡的业绩，尽管看不到其背后的教义。在建筑—购买方程式中，我个人感到我所在乎的是与当地企业家和企业能力提高相关的项式。

公民开发公司培训非洲商人和妇女，为他们成为大型地方或跨国公司的转包商做铺垫，或者/而且使他们在大型的稳定的公司里找到长期的体面工作。我们培养当地人才，这样地方企业、社区和经济会直接从基础设施项目和产业发展中受益。

从中国帮助非洲建设所需的基础设施的范围来看，这是一件非常好的事情，但是如果中国建筑和制造项目不通过承包合同、转包合同以及雇用作出更多的努力来帮助培养非洲人才，他们就会失去良机，这又不是一件好事。

例如，三年多前我们在安哥拉创办一个主播节目——供应商培训大讲堂（Supplier Training Initiative，STI），这个节目将继续得到英石油、安哥拉国家石油公司、埃克森、雪佛龙和道达尔的资助。其目标在于提高安哥拉企业的能力，更积极地参与石油天然气供应链工作，取得更大的成就。自从创办以来，我们在很多企业领域为数以百计的公司培训过人才，帮助他们提高能力，拿到150多个合同项目，总价值超过6500万美元。这创造出许多很好的、可持续的就业岗位，还为家庭和国家创造出新的财富。

当地人才建设也是供应商培训大课堂的另一部分内容，提供实用性培训，提供技术管理援助，为在罗安达和其他市中心的咨询员及其商业服务供应商提供指南，以提高他们为本国的中小型企业提供高水平服务的能力。例如，我们与安哥拉两家企业协会——罗安达妇女企业协会和安哥拉宾馆、饭店、饮食业及相关企业协会——一起合作，提高他们为中小企业提供服务的水平，提高他们管理业务的能力。

我们在非洲安哥拉及其他国家工作中取得一个重要的经验：提高非洲商人和妇女能力要通过与某些大公司合作来实现，这种大公司可以为当地企业提供合同承包项目、合同转包项目以及就业岗位，能实现这一目标的前提是公司和个人准备充分，符合资质。

由于我们的方法实用，不是简单地谈理论，与我们合作的公司、企业家和个体工人更加努力消化功课，把学到的知识在公司内运用。这样他们就能掌握新知识，让培训和现场经验发挥更大的作用。

坦率地讲，非洲领导人的责任在于坚持与中国（及其他跨国公司）签订的基础设施和商业开发合同要有利于当地人才的培养，而不是仅仅把当地人当做没有技能的劳力来使用，或者根本就不使用他们。

当然非洲也有很多正面的榜样，可以说明当领导人致力于改革的时候会发生什么变化。例如，在卢旺达，保罗·卡加梅总统的发展政策的一小部分内容是禁止使用塑料袋，结果你在卢旺达任何地方都看不到塑料袋碎片。这就促使街道和公共场所更加清洁卫生。我在卢旺达访问过一家工厂（大多数人在想到进步之前依然在谈论这个国家的“种族灭绝事件”），那里的设备清洁和效力标准赶得上或超过我在非洲大陆任何别的地方所见过的标准，符合世界很多地区的标准。这是如何做到的呢？是英明领导促成的，领导至关重要。

总之，在非洲的所见所闻使我受到鼓舞，不禁使我想起35年前第一次去非洲时那里的情景是多么不同，而且还使我想起就在50年前美国的情景是多么不同。非洲和中国需要花费时间在目标和方法上达成更多的共识，以便双方都能获得最大的益处。但是，我相信未来我们讨论非洲事务要根据“中国到达之前”和“自从中国人到达以来”的时间划分来进行。

作者简介

迈克尔·莱维特，公民开发公司首席执行官兼董事会副董事长。这是一家锐意革新的公私合营公司，意在促进经济机会的创造和经济增长，促进就业机会的增长和繁荣，促进灵验的、稳定的、民主的制度的建立。这就在于充实私有产业开发的基本成分——企业和企业家，政府和组织，发明与投资以及商业服务基础设施。

莱维特先生曾经担任过公民开发公司总裁，在他的领导下，公司实行扩张进入五大洲大约70个国家，供应链业务蓬勃开展，兼并了工商管理硕士企业公司（MBA Enterprise Corps）和无界工商管理硕士公司（MBAs Without Borders）。此外他还通过他的公司发起支援积贫积弱的国家的行动计划，防止危机发生，通过创新型私有产业和就业开发项目和开放战略与发生危机过后的国家交往，与当地和国际企业、政府和非政府领导人以及组织建立合作伙伴关系。莱维特领导过两个驻美非政府组织在伊拉克的项目，他继续领导着他的公司并在不断扩大的3D（Development，Diplomacy and Defense，即发展、外交、防御）行动计划中发挥重要的作用。

莱维特1994年入职公民开发公司之前，曾在苏联和中欧国家创办和管理贸易、文化和商务公司，随后返回华盛顿担任社会责任公司总裁。

他的专业背景包括担任两家电影制片公司总裁，一家是卢卡斯电影有限公司（Lucasfilm，Ltd.），另一家是迪诺·德劳仁泰伊斯电影公司（Dino DeLaurentiis Corporation）。莱维特为不少于15部戏剧影片协调市场营销与广告推销行动，此外他还通过谈判达成在美国之外的营销协议，管理媒体/公共关系。

中国是一个现实：要与之打交道

J. 约瑟夫 · 格兰梅森

J. 约瑟夫 · 格兰梅森，美国进出口银行（EXIM）董事会原董事

中国在美国是一个现实，美国不该再对此说三道四，而是应该做些什么。中国人讲求实际，他们正在非洲做他们相信是最符合他们自己利益的事情。这是完全理智的。他们的重点是一清二楚的，他们的非洲战略也是如此：最大限度获取非洲的资源为其经济建设服务。中国人来到城镇进行投资，对所谓的“统治”问题漠不关心，而美国政府却对自己的援助附加条件，要求每个政府要反映美国的价值观和民主原则。

美国在非洲的整体战略需要澄清。眼下还不清楚美国商业利益是否和如何作为我们在非洲的重点来加以考虑的。尽管美国给非洲提供外援，用美元投资，但有理由认为我们的商业利益受到了忽视。如多年来人们所认为的，这事并不是非此即彼——非援助即贸易，而是两者合一才能符合非洲和全美的政策和商业利益。

我在美国进出口银行董事会任职七年，此前担任过美国贸易与开发署署长。从我个人的角度来看，我对与交易而不是仅仅与政策相关的商业会更加感兴趣。

尽管美非政策在过去十年以《非洲发展与机遇法案》为主题，但世界市场已发生重大变化，《非洲发展与机遇法案》的政策早就过时，应该从战略和运作上进行彻底修订。

当我们讲中国人利用非洲的机遇谋取利益的时候，我们不仅仅在谈论中国政府，而且也在谈论他们“所谓的”私有产业。相反，除了石油工业外，讲到非洲美国公司不肯冒风险。美国公司在非洲竞争中失败，使得中国公司在国际上变得越来越强大，中国公司将会回过头来缠住美国公司，现在较强大的中国公司也在其他市场上开始展开竞争。

与我们的政府和我们的美国公司合作符合非洲的最大利益，美国人作出这一合理论断不应该感到不安。我不禁想到在开普敦参加非洲峰会公司委员会会议的情景。有一位中国发言人声称中国制造的卡车质量与美国制造的“迈克”牌卡车质量一样好。我作出了缺乏策略的反应：两者卡车唯一的共同之处是都有轮子。

但是正如多年前日本制造的产品被认为是劣质的情形一样，随之中国产品技术含量变得越来越多，其质量也会提高。现在美国产品质量具有的优势也将会消失。

中国政府建设的基础设施和一些工厂在规模、等级和产值方面在一定程度上堪与美国在非洲多年中投资建设的相媲美，在那次会议上，我对这个事实都不敢相信。美国企业的问题在于千年挑战公司已决定在撒哈拉以南非洲使用其资源，不考虑美国商业利益，而是为了促进民主。尽管这种做法令人羡慕，但是我们的政策和商业利益并非互相排斥。有理由认为中国人的所作所为对普通非洲人来说是看得见、摸得着的，美国对非洲的长期政策肯定会结出更美好的果实，尽管当前是不可能的。

重新强调美非政府对政府的“软性外交”，都得把守信的美国政府、认真的美国公司领导和投资包括进来。虽然在几个个别的非洲国家会继续出现对民主的关注，但是已经出现了实质性的变化。在几个非洲国家银行系统不断升级，这就是其中的一个积极迹象。例如，尼日利亚银行系统的发展就树立了一个可靠的榜样，让人们知道地方和区域银行系统改进的方法，并准备在国际市场上发挥作用。

在推进非洲港口设施、通信、信息技术系统和电力基础设施建设的过程中，美国和非洲的经济未来是捆绑在一起的。对不起，事先打个体育比方，中国人正在绕过第二垒而奔向第三垒，而我们还没有击球呢。

作者简介

J. 约瑟夫·格兰梅森先生2006~2009年担任美国进出口银行董事会董事，帮助协调进出口银行在撒哈拉以南非洲的商业开发行动计划。此前格兰梅森先生于2001年12月至2005年7月担任该董事会会员。在进出口银行之前，他曾暂时回到私企任职，担任布雷齐尔先生联合公司（Don Breazeale and Associates）国际开发部总经理，这是一个基地在加州的运输咨询公司，专事港口、铁路和货物运营业务。1993~2001年他担任美国贸易与开发署署长，管理1300多个海外投资项目，总金额超过4.25亿美元。格兰梅森先生此前在联邦政府任职，其中包括接受总统的任命，1997~1981年担任新英格兰地区委员会联邦联合主席，在此职位上，他曾与6位新英格兰州州长共事。格兰梅森在职业生涯中还担任过基地在新英格兰的一家咨询公司副总裁，波士顿大学传播学院外聘副教授，波士顿和新罕布什尔公共事务电视节目主持人。格兰梅森积极参加他的家乡新罕布什尔州的公共事务活动，1990年被提名为民主党州长候选人。他毕业于波士顿伯德特学院（Burdett College），曾在哈佛大学肯尼迪政府学院政治与政府项目高级经理研究所担任研究员，住在新罕布什尔黑麦镇。

第十章

非裔侨民与非洲主义观

合作有利于非洲人民

爱丽丝·迪尔

我在旅游、国际金融、开发和外交等职业生涯选择中以非洲为中心。我是非裔侨民的女儿，对事物异常敏感，时而身为一个居民，时而身为非洲现在和未来发展中的小投资商和项目相关者，这进一步丰富了我的经验。在非洲发展变化的40年间，我有幸作为观察员和参与者用好奇的目光认真关注和反思中国与非洲之间不断增长的合作关系。随着政策变革、贸易活动和投资的影响的变化，我的观点也发生了变化。

爱丽丝·迪尔大使

1965年我来到霍华德大学校园，其多种族的学生组织——当时主要由来自美国各地、加拿大和加勒比海地区的非裔侨民以及来自尼日利亚和加纳的非洲学生——反映出非裔侨民的生机与活力。在生活变化的“啊哈”一瞬间，我对语言的兴趣变得更加浓厚，当我第一次查看我的法语课本内封上的地图时，我的眼界一下子开阔了，那是一张把讲法语国家用红线标出来的世界地图。

非洲用红线所标出的一大片狭长地带呈现一幅令人仰慕的景象：会讲法语的人又会讲英语，能在非洲大部分地区交流。这种情形实际上是怎样形成的我也不知道。

我在大学学习社会学和人类学，1969 年毕业后我与生俱来的怀想天下的好奇心得到进一步的激发，变得更加强烈。我心中燃烧着游览世界的激情。毕业几周后，带着父母那交织着疑虑的祝福，我乘飞机来到迈阿密，开始接受为期六周的培训，成为泛美世界航空公司的乘务员。

在随后的八年中，我从纽约基地出发，畅游泛美的辽阔世界，包括非洲在内，这给世界史、社会学和人类学赋予了生命，我对这些学科充满了热情。

来到纽约不到六个月，在典型的“一见钟情”的场合里，我在哥大遇见一个英俊潇洒、令人着迷的塞内加尔研究生纳拉，从此便成为他的非洲团体的一个成员。这些充满活力和激情的学生、游客、外交家假期来访问纽约或来联合国开会期间我们在一起聚会，我从他们那儿学到很多东西。我和纳拉的婚姻过于草率，但双方又很明智地同意悄悄分手。事后才看得出来这种关系的真正目的在于为我与朋友建立一种永恒的、亲切的纽带，在塞内加尔和科特迪瓦扩大家庭关系，为我开辟一条更加宽广的成长之路。

1972 年在泛美航空公司培训中心任教不到六个月，我了解到有关泛美对扎伊尔（今刚果民主共和国，下同）航空公司的技术援助项目的情况，于是我就抓住了这个工作机会。金沙萨当时的生活与现在截然不同：铜价昂贵，货币坚挺。蒙博托总统在冷战期间由于他的反共立场依然从西方的慷慨援助中受益，他大权在握，令人畏惧，但还没有受到“民众”的谩骂。

在夜晚，我们在流行的户外夜总会“准－菲菲”伴随着佛朗科 OK 爵士乐队演奏的强烈的扎伊尔节拍跳起苏斯库斯舞，或伴随着黑天使俱乐部演奏的罗伽罗乐曲跳起苏斯库斯舞。但到了白天回到现实的世界里我一下子又感到心灰意冷。这个项目旨在为参与者开拓工作思路，培训扎伊尔人以取代我们。但在现实世界里，石油价格上涨四倍，给西方经济带来严重损害，技术开发区（TAP）的雇员对工作有安全感，招聘了下岗的同行与他们在金沙萨一起干。我非常肯定地认为这绝不是办航空公司的办法，至少不符合扎伊尔的利益，一年后我对商业产生了兴趣，便回到美国。

我 1977 年获得金融学工商管理硕士学位之后离开泛美航空公司，进入欧文信托公司（现为纽约梅隆银行），在中东非洲部做国际银行家，在华尔街开始职业生涯，一干就差不多是 12 年。1994 年经克林顿总统提名、参议院一致批准任命我为非洲开发银行（AfDB）美国执行董事，这是非洲首屈一指的金融开发机构。

我在科特迪瓦阿比让银行总部干了六年，密切关注非洲发展面临的挑战，帮助开展多方协调工作，推进一项改革议程，使整个大陆的银行管理和借贷业务得到加强。2000 年我回到美国，认识到如果非洲要真正挖掘其发展潜力，非洲各个相关方面就必须团结合作，这是至关重要的。

人人都要参与——男人和女人、当地居民和外籍人士以及国际相关方——国有和私有部门，非政府组织，双边和多边合伙者。非洲领导人要更加努力，配置好资源，使全体人民而不是一个特权阶层或一个得宠的种族从中获益。领导者软弱的国家甚至会更加落后，进一步被边缘化，变得越来越孤立。

我对中国在非洲的角色的看法

实际上，当前对经济、金融、政治和贸易的每一场讨论，不论在哪儿举行，中国的角色和影响都是非常突出的。可想而知，每一种意见的形成都取决于一个人直接受中国作为投资者、合作者、购买者、供给者或竞争者所影响的程度。不可否认，中国的出现在非洲相关方当中起着关键的作用。非洲领导人几乎无一例外地乐于接受中国的利益和投资，认为他们的国家会从恢复的合作关系中受益。

早在 1969 年第一次访问非洲之前，我就意识到中国对非洲解放运动的支持及其对意识形态的影响。中国与非洲纷繁复杂的历史使中国处于独一无二的地位，常常与传统的美洲和欧洲发展伙伴展开竞争。而西方国家似乎对非洲出现一个“新”角色和中国的活跃程度感到不安，不应该对中国在非洲的投资经营予以批评并贴上机会主义的标签。中国与非洲合作的历史与美国和欧洲过去的敌对行为形成了鲜明的对照。

我必须承认自己对中国的活动采取了模棱两可和自相矛盾的态度。我尊敬不结盟运动，甚至鼓励开展更大规模的南南合作。我对在全非投资和公平贸易表示敬意，这对于非洲和中国众多的人口来说是互惠互利的。一条当代丝绸香料之路凸显，在过去十年间飞速扩展，使世界缩小且改变的新技术便是其中一个促进因素。望着其贸易和投资的途径，我既着迷又困惑。非洲必须抓住这个有利时机，索取全球经济中自己应有的份额。

我仍然担心这一行径所产生的直接的、长期的作用，对已经脆弱的环境、步履维艰的小企业和恶劣的工作条件造成十分严重的影响，妇女和其他贫困群体被进一步边缘化。我的深思、观察和与他人共同的经历令人难忘，然而这是一个漫长的时期，此间政策、全球事务和商业环境都在发生变化。

这种压力主要落在非洲各国领导人的肩上，他们必须创造有利的环境，抓住新的商机加快经济的发展。中国也具有举足轻重的作用，在很大程度上可以确保其在非洲和全世界变化的活动轨迹中取得双赢。

中国是开发伙伴

从长期的不经意的观察中，我对中国存在的演变和范畴感到震惊。20 世纪 70 年代旅游使我大开眼界，我抱着一时的兴趣注意到中国餐馆的存在，在大多首都城市中，这一般都属于上好的餐馆。

足球场和文化中心是技术援助的典型象征，反映着中国为给人留下印象而作出的努力，使中国与当地群众保持着良好的关系。但是最大的合作项目在于重大的基础设施建设，从公路和桥梁到水电站和铁路，最引人注目的是独立后建立的坦赞铁路，把达累斯萨拉姆的港口与赞比亚的铜带连接起来。这个重大项目使赞比亚在经济上摆脱了对罗得西亚和南非的依赖，象征着帮助非洲建设基础设施所表现出的友好和奉献精神。对于西方标准外援的一个可供选择的发展模式与中国的长期发展观形成强烈的反差。25000 名中国工人与 50000 名非洲工人一起投身于这个六年期的项目，中国提供了 30 年无息贷款，显示出南南合作的最佳境界。

我在担任非洲开发银行集团执行董事期间第一次意识到中国是一个多边合作伙伴。中国是几家国际金融机构的股东，包括世界银行和非洲开发银行集团（该集团成立于 1964 年，筹措资金为公共和私有部门提供贷款、资助、资本，用于减少贫困和可持续发展的首创项目）。这个银行集团总部在阿比让，但由于科特迪瓦的政治形势，其临时再置代办处（TRA）目前在突尼斯办公。

非洲开发银行集团的成员是由 53 个非洲国家政府（地区成员）和来自美

洲、欧洲和亚洲的24个非地区成员组成的，前者拥有60%的股份，余下的40%股份为后者所拥有。美国是最大的非洲地区股东，拥有6%的股份，中国1986年加入该银行集团，占有1%的股份，这掩饰了中国现在在银行业务中扮演的越来越重要的角色。这种业务始于1996年第一份合作协议的签署。中国为了大胆展示一种新外交政策，2007年5月在上海主办非洲开发银行集团董事会年度大会，主题为“非亚：发展中的合作伙伴”。这是该银行集团第一次在亚洲举行年度会议，在非洲以外第二次。在开幕式上，温家宝总理在回顾中非传统友谊时确认了中国对非洲和平和发展的承诺，他补充说自从20世纪50年代与非洲国家建交以来，中国在非洲承担900多个基础设施和公共工程项目。

2006年11月，中国在北京铺上红地毯，主办为期两天的48位非洲国家元首和政府首脑峰会：中非合作论坛（FOCAC）。论坛使所有与中国有外交关系的非洲国家领导人聚集在一起，他们的与会向世界表明非洲对与中国开展强大的合作关系感兴趣。地方官员宣称可以讨论的商务交易大约有2500个，其幕后故事显然在于中国想成为在整个非洲开展贸易和投资的入选伙伴。显而易见，中非合作论坛北京峰会是一部巅峰之作，中国官员称之为“非洲年”，标志着中非关系进入了一个加速发展的新纪元。

2006年北京展示其当前的外交政策：努力获取非洲的自然资源，大力推动中国欣欣向荣的经济不断发展。胡锦涛主席和温家宝总理对非洲进行高端访问，纪念已有50年历史的中非现代关系，这种关系可上溯到中国与阿尔及利亚、埃及、几内亚、摩洛哥和苏丹签署第一项正式的双边贸易协定。中国对非洲的外交政策当时明智地号召培养友好关系，为反种族隔离斗争和解放运动提供经济、技术和军事援助。

在不结盟运动中非洲团结和重要性在支持一个中国的政策中显示出来，为中国20世纪70年代取代台湾当局席位加入联合国投下关键的票数。今天只有4个非洲国家承认台湾当局：冈比亚、布基纳法索、斯威士兰和圣多美和普林西比。在过去几年中，中国加速对非洲的贸易和投资，这可能会使很多人感到惊愕不已，但不会使中国早期做的战略性基础工作黯然失色。

自从我担任非洲开发银行集团美国执行董事以来，我的职责就包括促进美非贸易发展工作，20世纪90年代中期通过《非洲发展与机遇法案》的讨论，中国及其对非洲的贸易政策就出现在我的雷达视屏上。

这项具有历史意义的法案被美国国会视为在撒哈拉以南非洲进行贸易和投资的催化剂，使撒哈拉以南非洲国家有资格享受更加优惠的贸易待遇，扩大了免税商品的种类，使之空前地进入美国市场。在导致该法案立法的大约四年的辩论过程中，最经常让人犹豫不决的问题在于纺织业担心中国会把非洲当做转运港进入美国纺织市场。非洲对这种担心感到愤怒，他们认为自己不会天真到让自己国家成为中国人的信箱而不利用贸易法案为自己捞到好处。我一开始就认为关于纺织品的辩论是说客用来转移视线的话题，旨在破坏基础，挫败贸易立法。但毕竟有许许多多企业而不仅仅是纺织企业指望从这项立法中受益。然而，我很快认识到大多发展中国家经济增长都是从纺织和服装产业起步的。既然可以创办服装企业，劳动力可以在短期内培养出来，那么很快就会创造出许多就业机会。实际上，这种产业推动了中国和几个其他亚洲国家经济的腾飞。

如同《非洲发展与机遇法案》的制定者所预言的，中国对非洲纺织企业的投资即刻就会创造就业机会。同样还可以得知，2001 年 12 月中国历经 15 年的入世谈判成功宣告结束，随之在 2005 年 1 月复型纤维协定和纺织品配额制也到达终点，非洲向美国和欧洲出口纺织品的有利趋势马上开始逆转。在非洲主要纺织品生产国家——肯尼亚、莱索托、马达加斯加、毛里求斯和南非——中运行的大多纺织厂的经营效率比中国和其他亚洲竞争对手低得多。中国的作业高度统一，把原棉（有时是非洲产的）加工成纱线和布料，随后经过染色和裁缝制成成品，大量出口美国和欧洲，是非洲纺织厂所无法比拟的，即使在其经营的顶峰时期也不行。国际贸易上认为激烈的竞争会给非洲带来好处，迫使其提高经营水平。从原则上来讲，这话不无道理，但是非洲效率低下还有许多其他原因，其中包括能源成本高，政府规章制度烦琐阻碍商业经营。

然而，事实上这并不是中国的过错。

竞争非洲的资源

之后，中国又以两种不同的方式出现在我的雷达视频上。2007 年在“妇女历史月”期间，我应国务院发言人办公室之邀就经济权利问题向妇女团体发表演讲。我按照计划还在多哥和科特迪瓦会见妇女，对加纳进行私人访问。

在贝宁期间，我通过单独与一位当地商人接触，为能源领域的一场商务交易提供咨询，起初涉及从美国出口项目中购买 20 兆瓦发电设备。最初的购买 20 兆瓦发电机的合同扩大成为一个 40 兆瓦发电厂总控键项目，在合同谈判期间发电容量又增加一倍，成为 80 兆瓦。我当过银行家，知道如何为项目筹款，但是随着项目上马，我不仅学习了电力系统的技术知识，而且还学了一门全球能源供需的速成课程。我们在贝宁的合同迅速扩大的原因在于当时电力短缺和政府计划增长的定位。有 20 多个国家的增长率都超过 5%，非洲的石油需求也在迅速增长，虽然不能与亚洲、欧洲和美国相提并论。中国的石油需求在十年中以两位数字增长，已成为世界上第二大能源消费国。中国通过整个非洲的资源开发和基础设施建设直接投资已经获得其石油出口的很大份额。翌年我穿梭于贝宁国内外，忙碌于项目工作，其中经历使我深刻认识到对非洲资源竞争中可获得的巨大利益。

当地小企业家和小企业面临的挑战

我在国务院任职期间往来于贝宁和多哥作巡回演讲，在一次关于企业家精神的研讨会上，有一群女商人敲响另一个警钟。有一位女商人抱怨中国经济渗透越来越严重，讲述中国对她的存货清单上的产品进行战略性采购，不管报价多高都买，意在了解产品制作的具体方法，这样就可以在中国模仿制造，以低于她的购买价格在当地出售。

另一位企业主宣布：“我们必须采取一定的措施，否则就会变成喀麦隆。”我不明白她的意思，在回答我的疑问时，她透露说在喀麦隆城市杜阿拉，中国妇女在路边摆上桌子，做带馅煎饼，卖给过路的行人，实际上在取代地方市场做销售与加工食品的女工。

第二天在加纳首都阿克拉，我和我的女主人一同分享这个故事，她的反应出乎我的意料：“他们也在这儿！加纳有同样的问题。”此外，中国人还经常拍摄有加纳标志的肯特布花纹图案，把图案复制在便宜布上，在加纳出售。更糟糕的是，加纳人购买这种低质纺织品，明明知道低质布料上的色彩洗一次就会褪掉。由于价格便宜，有些消费者甚至认为买第一次以后还要再来。阿克拉的另一位朋友问我怎么会错过克托克机场（Kotoko Airport）候机楼一旁的“大锅旅店”。在那次特殊的旅途中，我从邻国多哥乘汽车而不是飞机到达加纳，无意中错过令人反感的文化冲突。在加纳国土上看到的第一个餐馆不是“麻辣火锅”或其他地方风味小吃，而是一家中国餐馆！

几天后我飞往阿比让，我承认感到非常失望，因为我没有见到为新桥建设而忙碌不停的中国人。在1999年12月的军事政变之后，法国在阻隔里维埃拉高尔夫球场（Riviera Golf）和马克里（Marcory）的泻湖上建设新桥的计划最初搁浅，随后又被取消。1994～2000年我生活在阿比让期间，在里维埃拉高尔夫球场区盖了一座房子，非常期待建设新桥来缩短到机场的距离和东行的时间，绕开市区堵塞的交通道路，去机场可以省30分钟的时间。随着一个新政权上台，中国承诺建设这座桥梁，但随后发生了内战，把国家一分为二，倏忽五年过去，可能已使建桥项目夭折。中国在20世纪90年代已经在阿比让建立了一个美丽的文化中心，就坐落在特雷奇维尔市（Treichville）的胡夫艾特——布瓦格尼大桥（Houphouet - Boigny Bridge）的对面。通往马克里的桥梁将会是受到欢迎的基础设施，又会增添中国存在的气氛。

一年前的一天我正在阿比让的一位朋友的新家吃午饭，她建议我在为我的家买瓦之前去中国瓦店看看，因为他们的价格非常具有竞争力。我听从她的建议来到瓦店，却发现质量差，品种少。我清楚地认识到他们开价低，显然会占据重要的市场份额。

当我问朋友他们对中国在非洲的存在不断增长的体会和态度时，我不可避免地了解到当地企业家和新到的中国企业家之间的关系日益紧张。2006年北京中国非洲论坛过后，双方关系得到恢复，双方签订几十亿美元的合同，诱使中国企业家在非洲建立商店，改变很多国家的生意经纬。

在塞内加尔首都达喀尔的一段中央大道——从达喀尔市中心到住宅区的一条重要通道被命名为“中国城”，因为那里中国的商店和库房非常多。这个区域已经取代曾是达喀尔市区主要商业中心的三达家市场（Sandaga Market）。

面对中国商人的激烈竞争，有根基的当地零售商指责中国人用便宜货充斥市场，贿赂官员逃避海关关税。但是中国商人依然靠降价来吸引流动的商贩，他们大批购买低价商品在首都其他地区和国家边远地区倒卖。当他们现在为穷人提供可接受价格的产品的时候，也就为自己提供了新的就业机会。很多来自邻国的贸易商在达喀尔大批购货，节省下去中国做交易需花费的旅途费用。

我尽量客观地看待商业环境的变化，不禁想起在美国对沃尔玛存在的常见的综合反应。随着沃尔玛削减长期以来建立起来的市场价格，当地的企业家积怨甚深，因为他们蒙受巨大的损失，有时甚至导致企业倒闭。但是也不能忽视另一大群满意的顾客，他们为支付低价格而感到喜悦，赞美沃尔玛样板的优点。人们根据沃尔玛的存在对自己的影响而作出不同的反应。

非洲当局的支持者

对中国在非洲活动的一些最严厉的批评在于其对苏丹和津巴布韦领导人的支持。中国一贯奉行不干涉主权国家事务的政策，对于一个反对干涉其内政、采取极端谨慎的态度来树立其形象的政府来说是不足为奇的。但是不顾西方国家现在和过去在支持卑鄙政权中留下的可耻人权记录，不管是出于意识形态的原因，还是打着“反恐”的旗号，抑或为了获取石油的目的，都是不明智的。

2008 年 4 月，津巴布韦大选后出现暴力事件，一个历史学会在整个南部非洲组成由工会、教会和人权领袖参加的联盟，在德班提出诉讼，阻止中国货船卸下准备运往津巴布韦的枪支弹药。一位南非法官裁决认为这批武器不能通过南非领土运往津巴布韦，货船离港，相邻国家拒绝其入境。据报道，该货轮最后又返回中国。

民间组织勇敢地站出来捍卫自己和邻里的人权，他们使用自己的话语权、关系网中的人才和效能以及司法的力量进行反击，取得一场回响在非洲大陆的重大胜利，向人民展示出巨大的威力。

尼日尔越来越严重的危机只要看看最近的头条新闻就能使人想得起来，放纵的经济增长催生出对非洲石油、矿产以及其他自然资源无限贪婪的欲望。由于交易规模巨大，非洲国家领导人当中的个别残酷和贪婪分子突出自己，不关心非洲大陆最宝贵的资源——人民。尼日尔人民坚忍不拔，团结一致，反对坦德加总统，因为他奉行一种令人遗憾的模式，力图修改宪法，推翻来之不易的民主成果。高等法院的裁决驳回了坦德加企图留任的要求，他对此作出的反应是要解散高等法院。他已解散国会，威胁媒体，逮捕反对派领袖，不顾人民的抗议和罢工。坦德加与中国做的一笔石油交易使尼日尔财政状况好转，加之不断得到邻国利比亚的支持，他期望在未来一个时期能把持住总统宝座。

面向有利于非洲人民的中非合作伙伴关系

反思全球经济增长和可持续发展面临的挑战问题，革新技术催生和推动的迅速变化的企业环境使本已脆弱的生态体系进一步恶化和不堪重负的越来越严重的环境问题，相互竞争的利益集团对权力和金钱从内外两方面无休止的追逐，我对非洲领导人的无能深感不安。非洲领导人不能再不顾拙劣的政策和草率的决定给人民带来的负面影响，即使是这些政策和决定只有利于少数特权阶层，或似乎符合当前国际潮流。有的企业损害非洲长期发展利益，对自然资源管理不善，靠吃子孙的饭过日子，对这种企业采取放任自流的态度是不可取的。

领导人如果只关心自己的短期利益就会使人民大失所望，而中国则从战略高度为世世代代谋福利。我并不因为中国企业谋求最大利益而对其加以指责，但这种谋求必须符合伦理道德。中国政府如果说自己在非洲寻求双赢局面，而同时却破坏非洲环境，按照自己已经不可持续发展而抛弃的原则行事，即使不在实践中却至少在理论上抛弃的原则，那么这种话就是口是心非。在私有和公有部门的非洲国家领导人必须更好地协商，从战略眼光看待国家的未来。

针对非洲的投资和援助应该使非洲短期和长期都得到发展。中国像欧洲和美国一样需要非洲的自然资源和原材料来促进经济的增长，作为交换条件中国在非洲投资，包括对非基础设施投资。但是这种参与并非与世界其他地区不同，并非都有积极作用。虽然所有非洲相关方必须努力确保他们的合作是互惠互利的，但是谁也没有非洲国家领导人的责任大：他们肩负着为国家利益做决策的责任。

私有部门投资虽然很重要，但是若与国有部门合谋进行秘密交易，就会破坏人民的利益，剥夺他们的权利和财富。民间社会必须特别提高警惕，在各方面发挥越来越重要的作用，包括经济发展，补充企业和政府的不足，协调两者之间的关系，对两者实行监督，特别是长年在任的领导人在治理国家中使用自然资源非常大度慷慨。加强反对党的力量，广泛深入地开展人权运动，坚持新闻自由和责任，这将有助于监督非洲独裁政权，尽管政府会对不同意见予以反击，以期使之鸦雀无声。

中国登上世界舞台有助于改变其行为，它再也不能不顾世界其他地区的共同思想，而且已经取得了成果。中国在外交政策及其作为世界大国应肩负起的责任的认识方面已显现出进步和成熟，尽大国应该尽的责任。在一个平坦的世界里，侵犯人权事件和基层反响会在瞬间传播开来。

人们完全可以注意到中国对达尔富尔冲突的立场发生了缓慢而轻微的变化。中国国家石油公司十多年间在苏丹拥有大尼罗石油作业有限公司 40% 的股份，合 40 多亿美元，中国对于要求其在苏丹发挥自己的影响力的呼声多年来充耳不闻。经过多年的辩论，中国突然发现联合国安全理事会关于要在达尔富尔布署联合国部队的论点有说服力，这是一种纯粹的巧合还是一种深刻的认识呢？中国承诺为联合国在达尔富尔维和使命派遣一个大约由 300 名士兵组成的工程队，这进一步证明中国的公关能力在提高。

虽然负责任的合作伙伴关系不应该来自外部的国际压力，但是怀疑论者认为大多决策都是以明智的自我利益而不是以正义的欲望为基础的。作为世界第二大经济体，中国完全有能力帮助非洲获取较大份额发展成果，但是非洲政府有责任在谈判中达成互惠互利的贸易协定，承诺尊重人权、环境和当地劳工权利。

非洲领导人在谈判中必须更加精明敏捷，更好地、更英明地倡导非洲的长期利益。出口原材料换取中国劳动密集型终极产品并不会推动非洲的长期发展，反而会引起对当地产品需求下降，造成非洲制造业基础萎缩，不能创造出技术转让的机会，随着大陆生产力下降还会掠夺其潜在的就业岗位，断送非洲青年的前程。

中国已进入一个改革的纪元，会继续加强作为全球竞争者的作用。中国现在有机会重新审视和评价其惯例做法的优缺点，调整政策，与非洲建立更全面的双赢合作伙伴关系。在把自己锻炼成更有素养的全球公民过程中，中国能够提高在南南共同体中的领导艺术。在有些情况下，中国可能需要退出其舒适区，随着中国企业规模在整个非洲扩大，中国会成为一个更加积极的因素，有助于在当地提高自己的形象。与地方社区开展互动，通过对教育、卫生和环境的直接介入提高当地人的生活水平，让世人知道中国为非洲谋福祉，同时也使自己发展起来。

作者简介

爱丽丝·迪尔大使，银行家、企业家、外交家、非洲民族主义者。现任A. M. 迪尔联合公司董事长，这是一家商业与投资咨询公司，专事非洲私有企业投资的促进工作，推动中小企业的发展战略，包括妇女拥有的企业。她作为国际商务顾问，在非洲有30年的银行和经营工作经验，精通业务。通过与商业组织、贸易集团和非政府组织的交往，她还积极处理经济发展中的性别问题。她经常就私企发展、企业家精神和谈判艺术发表演讲。

迪尔大使了解非洲商务、政治和文化事务的奥妙之处，与她在华尔街欧文信托公司（现为纽约梅隆银行）11年任期中获得国际银行、金融和销售技能相得益彰，她在该公司担任过销售与国际借贷高级官员、贸易金融专家，负责中东和非洲地区事务。1994年经克林顿总统提名、参议院一致批准任命迪尔大使为非洲开发银行美国执行董事。

从1994年到2000年，迪尔大使代表美国政府在科特迪瓦阿比让非洲开发银行总部董事会工作。非洲这家首屈一指的金融机构为其53个地区会员国的经济发展和社会进步作贡献。她曾担任过“非洲千年基金会”副主席，这是由海外私营投资公司扶持的一家私营股份基金会。

迪尔大使目前担任关爱非洲理事会（Africare）理事，全球妇女峰会国际计划委员会委员，美国外交关系委员会委员。她是国际服务组织阿尔法·卡帕·阿尔法妇女股份联谊会驻联合国的代表。她获得佩斯大学工商管理硕士学位，霍华德大学文学学士学位。迪尔大使讲一口流利的法语，在过去40年间周游非洲大陆，现住在美国纽约市。

从公共外交的角度看在非洲的中国

克劳迪娅·E. 安雅索

克劳迪娅·E. 安雅索

我对中国一向神往。我年轻时如饥似渴地读过赛珍珠写的关于中国的书，对根据她的书所拍的电影《大地》如醉如痴。我在国务院工作初期，参加过一个协调工作队，开发交流项目，可以利用对中国开放的先机。最先开拓的领域之一是美国乒乓球队（乒乓外交）。1949 年去中国的第一个美国富布赖特奖学金项目学生是协调队成员，他仍然用中文做笔记，令我感到意外，因为他只在从事富布赖特奖学金项目期间学的中文。

30 年弹指一挥间，在其中的最后几年中我开拓利用公共外交的新途径，支持非洲局与中国开展官方对话。这种对话始于 2005 年，当时国务院非洲事务助理国务卿延达伊·E. 弗雷泽访华，开始就非洲事务进行双边讨论。2007 年 3 月，由外交部部长助理翟隽率领的一个中国代表团在非洲局会见弗雷泽助理国务卿及其他人士，继续讨论政治、商务、人道主义、军事和文化问题。

这种对话产生的一个直接结果就是中国派遣一个工程队前往达尔富尔为维和部队搭建营房。外交至关重要。

经过与几次中国官员进行的内部研讨会和正式讨论会，我们的非洲政策十分明确：我们并不把中国当前在非洲的利益看做对安全的威胁。我们认识到中国在非洲有合法的外交政策利益。美国的政策强调在可能的情况下与中国合作，在某些关键领域里淡化消极影响，特别是在政治和人权领域，继续努力鼓励中国成为一个负责任的国际参与者。

公共外交起什么作用？简而言之，起重要作用。美国政府所有交流项目的基本原则在于促进美国公民与对等的外国公民开展学习、研究和文化交流，增进彼此对对方社会、文化和制度的理解，因此美国外交政策得到大幅度提升。

我们的第一个涉及中国在非洲的公共外交项目是2007年9月参加的为中国和非洲商界妇女领袖举办的一次研讨会，由在中国上海的美国非政府组织重要话语权委员会（U. S. NGO Vital Voices in Shanghai, China）提供资助。研讨会使35位中非女企业家聚集在一起，讨论经济发展，鼓励开展贸易活动，培养个人责任感和社会义务感。非洲局高级顾问露丝·戴维斯为激发与会者之间开展对话发挥了重要的作用。她还在华东师范大学发表关于美非政策的演讲。会议的成果之一是建立一个非中女企业家联合论坛，继续开展交流、对话和咨询。

我们的第二个项目的构思是由战略与国际研究中心（CSIS）提出来的。该中心派遣一个民间社会代表团于2006年11月28日到12月1日访问中国。其报告中所提的建议之一是“鼓励美中非洲问题专家进一步提高中国学术界对当代非洲的认识”。

我们两国的非洲问题专家曾有十年没有交往，非洲研究协会（ASA）的年度会议似乎为恢复两国关系提供了理想的渠道。协会主席珀尔·罗宾森博士是战略与国际研究中心代表团代表，她给两位杰出的中国非洲问题学者发出邀请函。几周过后中方接受了邀请，美国驻华大使有能力帮助两位中国学者成行，他俩参加了学会成立50周年纪念会。国务院提供了小额资助，解决他们俩的旅费、食宿费以及参观加州大学旧金山分校非洲研究项目所涉及的费用问题。

中国在非洲的问题使国务院忙碌于填写关于对发言人的要求。我自己和两位中国学者参加了非洲研究协会小组讨论会。我还在霍华德大学和哈佛大学的项目上发表演讲，那里的年轻人和少数民族人士对此具有浓厚的兴趣。通过两个公共外交项目和国务院官员的演讲，我们提倡就共同关心的问题开展更多的三边交往和对话。外交的确很重要。

作者简介

克劳迪娅·E. 安雅索女士在美国国务院原美国信息署从事国际事务服务工作40余年。她的职责包括中东和非洲政策计划、战略传播、科研管理、教育和文化交流；参加国家安全委员会跨机构工作组工作、国防部联合参谋部（Joint Staff at DOD）政治军事计划工作以及新成立的美国非洲统一指挥部执行计划组的工作。她曾担任美国驻尼日利亚和海地大使馆文化参赞，尼日尔共和国公共事务顾问，荣获一等功。在尼日利亚她还担任大使馆发言人。她是高级外事咨询委员会委员，近期曾担任国务院非洲局公共外交与公共事务处处长。

回忆商务部长罗恩·布朗制定可持续商务议程

萝莉·J. 菲茨-佩加罗

萝莉·J. 菲茨-佩加罗，利文斯顿集团合伙人

1994年8月商务部长和民主党前任主席与时任中国对外贸易经济合作部部长吴仪以个人的身份漫步穿过北京故宫。她以强硬的谈判风格而享誉遐迩，我们对此早有所闻。但是那一天当她与我们代表团一起散步的时候，她那柔和的一面可令人明显地感知出来。罗恩·布朗此次行程引人注目也许更多是由于他对人权问题的开诚布公的态度，而不是他帮助克莱斯勒公司（Chrysler）和麦道公司（McDonnell Douglas）达成了交易。他在执行贸易使命中力图在商务目标中加入政治目标。在与各阶层人士交往中，包括来自各个不同少数民族、各个不同种族和文化的人士，他个人的风格，他对最高领导人的感染力，往往会创造出成功的奇迹。这种综合的素养是新杜撰的“商务外交”的核心内容。

早在担任商务部长之前的1991年，罗恩·布朗前往非洲8个国家执行一次使命，他称之为“合作繁荣”之旅。我们访问了尼日利亚、塞内加尔、赞比亚、津巴布韦、纳米比亚、安哥拉和南非等国家。即使在那次行程中，民主党第一位非裔党主席不仅强调经济发展，也强调政治进程和民主建设，开创了商务外交和贸易使命的先河，他后来担任商务部长后在全世界奉行这种模式。在那次破冰之旅中，他会见商界领袖、政治领袖和民间社会人士。作为美国主要政党主席，他强调经济发展和公私合作对政治稳定的重要性。可想而知，他在访问期间与中国领导人建立了空前的融洽关系，从吴仪女士到江泽民主席。

罗恩·布朗在担任商务部长期间的商务外交获得巨大动力，对于他特别关注的新兴大市场（BEMs）尤其有效。他建立商务办事处，为美国公司做宣传，完成贸易使命。

罗恩·布朗的负责国际贸易的副部长杰弗里·嘉顿发表一部著作《十大：新兴大市场与我们生活的变化方式》，其中写道：

> 十大新兴市场位于世界各个不同地区，将会改变全球经济学和政治学的面貌……每一大新兴市场都是一个具体的国家，但是这个群体的综合效应会对美国国内外的利益产生重大影响。新兴大市场对未来世界贸易增长、全球金融稳定以及亚洲、中欧和拉丁美洲向自由市场过渡都是关键的左右因素。这种市场对于核不扩散、人权改进、环境合作以及在几个热点地区避免战争也是至关重要的。

这十大新兴市场是墨西哥、巴西、阿根廷、南非、波兰、土耳其、印度、印度尼西亚、中国和韩国。嘉顿认为：“我们的外交政策必须从不适当的强调欧洲和日本转向更加多得多地关注新兴大市场。”嘉顿认识到走向未来新兴大市场对经济的重要性，因此他强调进一步加强与它们的外交和经济关系。显而易见，新兴大市场在经济上的优势地位对于人权和其他社会政治问题都有影响，更加凸显对商务外交的需求。

作为新兴大市场重点的一部分，布朗在上海设立一家商务办事处。他鼓励与中国开展贸易，把美国中小型公司介绍给中国，还领导过对中国的贸易使命。

布朗每次访问一个国家，都要走访城乡地区、学校和低收入社区，所到之处，倾听民众之声，目睹现实之况。这增加了他与领导人会谈的可靠性，他愿意与他人分享他自己对所见所学的东西的看法。因为他促进了贸易和经济的发展，提敏感的政治问题对外国政府也变得更加易于接受，哪怕是超出了商业范畴，进入了国务院的领地。他认为商务外交是整个外交政策议程的宝贵财富，从事商务外交对他来说是一个合法的角色。

商务外交是建立美国南非商务开发委员会——更广泛的格尔—姆贝基委员会（Gore-Mbeki Commission）的先驱——以及俄罗斯、埃及和其他国家双边委员会的基石。布朗大力支持非洲公司委员会、美国南非商务员会以及与政府密切合作的其他私营企业组织。通过强调政府与民间社会的合作伙伴关系，他在政治经济领域里创造了“相关方企业”概念。

提到发展中国家使用过几个术语，与对经济发展和政治正确性新标准的新态度相符合。20 世纪 70 年代，工业化世界的投资经理开始把这种国家称之为“新兴市场”，旨在使在发展中世界的新的投资机会对西方投资商具有吸引力。很多人认为“新兴市场”这个概念是安托万·冯·阿格特米尔（Antoine van Agtmael）最先提出来的，他是一位经济学家，担任世界银行国际金融公司（International Finance Corporation，IFC）投资官员时开始使用这个术语。今天新兴市场可能已被巴西、俄罗斯、印度和中国（“金砖四周”，BRICs）所取代。国务院非洲事务助理国务卿约翰尼·卡森（Johnnie Carson）在最近的一次讲话中建议把南非纳入这个集团。

中国可以在非洲执行自己的商务外交方案。帕梅拉·维特比是一位自由职业记者兼英国广播公司《聚焦非洲》栏目副主编，她写过一篇文章，提出中国和印度在经济困难时期是否会和非洲站在一起的问题。她说：“不要天真地认为全球经济萧条会使这两个经济兴起的国家脱离轨道。如果说速度放缓的话，印度和中国也仍在增长，非洲依然处于这种增长的中心。”

看看中非贸易数据，人们就会坚信中国是有待评估的一种力量。2008 年底，双边贸易达到 1070 亿美元，提前大幅超过 2006 年设定的 1000 亿美元的目标，自从 2000 年以来已增长 10 倍。正如伦敦大学亚非学院（School of Oriental and African Studies）非亚中心研究主任所指出的：往往被忽略的一个细节在于非中贸易仅仅集中在少数国家。

2008 年对中国全部贸易大约有 80% 仅仅来自 5 个国家，从中国进口的产品有 75% 仅仅来自非洲 10 个国家。然而大多数是很难忽略的。

我们可以确信非洲各国政府意识到中国带来的机会和威胁。我请求几个非洲人谈谈认识，他们在日常生活中看到中国在他们各自国家产生的影响。他们的观点包含一种感觉，认为中国人民是勤劳的人民，乐意做非洲人不愿做的事情；他们在不经意的瞬间就会建起基础设施；他们提供无条件限制的贷款和重大经济援助；他们与社会融为一体，愿意在全国各地办企业。关于否定中国的看法包括未给非洲国民提供足够的培训和技术转让以及中国建筑质量和耐久性令人担忧。

中国作为国际发展舞台上的新角色，画下一条陡然向上的学习曲线。中国研究员谷景认为迫切需要中国企业在“最后黄金国度”从事更多的社会发展工作。不管贸易和投资的来源如何，制定和执行符合人民利益的劳工、卫生和安全标准的担子最终还得由非洲东道主政府来扛。

通过在海外开展商务活动来扩大国家利益的用心并不新鲜。商务部长罗恩·布朗很早就认识到了其国家利益，但是他超越了“扩大美国商务和经济利益”的狭隘界限，追求一种同时还能改善发展中国家经济状况的战略。

如乔纳森·格林布拉特（Jonathan Greenblatt）在《赫芬顿邮报》（*Huffington Post*）上发表的文章《纪念罗恩· 布朗制定可持续商务议程》中所说明的，布朗部长鼓励资本流入贫穷和冲突过后的地区，因为他认为应该建设性地应用资本主义来解决派系冲突、政治分歧和社会不平等。

纪念罗恩·布朗，我不禁想起 1986 年我的首次非洲之行。那次行程和随后在非洲的工作经历使我深深懂得宣传的重要性。在非洲和世界任何地方，干事情就离不开宣传。

我的首次非洲之行是去安哥拉。那时我在格雷公司工作，该公司应邀代表安哥拉政府促进双边关系正常化。与我同行的包括第六舰队原司令丹·墨菲（Dan Murphy）上将、鲍比·肯尼迪（Bobby Kennedy）的原新闻秘书弗兰克·曼基耶维茨（Frank Mankiewicz）。第一课：承担富有挑战性的任务重要的在于有一个由两党组成的工作队。安哥拉依然被认为是一个马克思主义国家，自从 1975 年从葡萄牙统治下独立以来，一直受到内战的困扰，国内局势一片混乱，我们公司对此开展了一些抨击活动。我曾参加了美国和安哥拉之间的一项贸易投资框架协定的签字仪式，不禁想起那时的日子，几位发言人提醒我们说，就是在 1993 年的这一天，美国和安哥拉的关系开始正常化。回忆自己和同事为宣传关系正常化所发挥的作用，一种自豪感便油然而生。

我在现在供职的公司——利文斯顿集团领导一项工作，为美国和利比亚外交关系正常化扫清立法障碍。这也是一项复杂而艰巨的任务，有很多倡导者参加，他们都是来自国有和私有部门的代表，他们的利益各不相同，但都是为了一个共同目标而工作。

不论在安哥拉、利比亚或任何其他地方，要开辟新天地，宣传工作至关重要。驻华盛顿大使馆的资源往往非常有限。由于当地的关系和选民利益的影响经常起主导作用，一些国家有许多组织有素的、积极活跃的国内选民，这样的国家往往更容易实现自己的目标。其中最好的样板是以色列和美国。我目前的工作和以前在罗恩·布朗手下当学徒期间使我体会到，领导人的观点与基层民众舆论相一致时，领导工作总会感到十分容易。关键在于与基层组织建立联系。

要与基层联络，你必须有故事可讲。中国在非洲有故事可讲，其中有很多好消息，但是基层的人们知道吗？他们会得到正确的信息吗？

把故事讲得娓娓动听、令人信服，这就是公共外交的全部内容，但做起来并不容易。署级单位的各个整体部门都致力于实现海外形象管理的目标，比方说美国国务院公共外交部。这也涉及美国政府的署级部门，如我曾担任过总干事的美国外商服务部就为美国在海外的企业和商业关系开展宣传工作。

政府部委或个体公关公司能否应对挑战帮助政府“讲故事”突出一种正面形象，关键在于理解当地环境及其权力结构，只有这样才能传递出在应有的听众和从事大众舆论收集和政策制定工作的人们当中引起共鸣的信息。关键在于掌握传播信息的方法和时机以及在文化和政治方面可以接受的因素。

帮助国家讲故事并与基层组织建立联系的人往往被称之为说客。不管称之为说客、请愿人还是倡导者，促进国外利益需要综合技能，包括对目标国及其立法、行政和监管部门的认知水平。此外还必须认识和接触其媒体、特殊利益集团、民间社会，熟悉掌握问题、信息开发、双边关系、常见的多边组织和金融机构。

中国与非洲交往处于一个新阶段，下一步要对“金字塔底”的基层组织宣传自己在非洲做的好事，而后还要扩大自己践行的公司社会责任倡议的种类。这也需要推销和宣传。

中国还有机会担负起领导角色与非裔美国人建立关系，在非洲帮助创造三边合作伙伴关系的机会。这是走进非裔侨民群体的大好时机，这个群体被有效地动员起来，为巴拉克·奥巴马竞选总统助威。他们成立的支持奥巴马总统的组织蓄势待发，愿意考虑也有助于非洲发展的互惠互利合作伙伴关系。

中非关系演变的问题在美国引起高度关注。美国的非洲支持者在过去25年呈几何级数增长，他们一致努力，要求不同年龄的非裔美国人和非洲后裔参加宣传工作，所涉及的问题包括民主化、种族灭绝、人权、经济援助、艾滋病病毒/艾滋病、疟疾以及贸易。中国与美国的这批支持者的关系，将会影响美国的非洲政策制定者如何看待中国在非洲发挥的越来越大的作用。

作者简介

备受尊敬的萝莉·菲茨－佩加罗是利文斯顿集团的合伙人，该集团为政府、公司、教育机构和非营利组织提供公共事务、政府关系和战略传播方面的咨询。她致力于利文斯顿集团新企业战略、建议和报告的开发工作，现任国际关系/商务开发事务咨询集团董事。

她担任过商务部助理部长兼商务部外国商务服务司总干事，促进美国出口贸易发展，帮助美国公司在全世界扩大市场份额和竞争合同。她管理130个驻海外出口推销办事处和在美国的90个办事处。

1994年由克林顿总统提名和参议院批准，她先后在罗纳尔多（罗多）·H. 布朗（已故）、米基·坎特、威廉·达利部长手下任职。她在全世界许多国家组织领导、参与大量的贸易和投资项目，其中包括非洲和中国。她还致力于美国南非商务开发委员会、美国南非商务委员会和在西非、东非和南部非洲的地区商务处的发展建设，为之作出了重要贡献。她1996年在上海开设一家美国商务中心。她还在几年的时间里代表一家美国电讯公司在北京参加谈判。

她以对外政策专家身份参加奥巴马总统竞选活动，负责拉丁美洲、加勒比海和非洲地区事务。她曾任克林顿—戈尔第一任期政府的公共联络处处长，民主党委员会主席罗纳尔多·H. 布朗的国际问题顾问。1997年她进入铱有限责任公司（Iridium LLC）——全世界第一家全球卫星定位公司，担任副总裁，负责全球门户管理业务和公司事务与传播业务。菲茨－佩加罗女士曾担任外国服务处官员，就职于多米尼加共和国和墨西哥，她还在格雷公司、希尔与克诺尔顿公司任职，为国内外客户提供战略传播方面的咨询以及公众与政府关系方面的服务。菲茨－佩加罗女士现任国际教育协会基金会董事长，丹佛大学国际生涯发展项目和罗恩·布朗学者项目高级顾问兼业务导师。菲茨－佩加罗女士是瓦瑟学院优等毕业生（Phi Beta Kappa graduate of Vassar College），在约翰斯·霍普斯金大学高级国际学院学习经济学和拉美学，获得文学硕士学位。她讲西班牙语和葡萄牙语。

农业不发展，一切都是空谈

马蒂·R. 夏普里斯

马蒂·R. 夏普里斯大使

随着世界领导人在全球努力促进经济稳定与和平，建立积极的国际关系的重要性更加突出。我在国际关系与农业贸易事务领域工作过，终于认识到保持良好国际关系所需要的技能和素养。我2006年退休，整个生涯都是在美国农业部外国服务司度过的。我在外国服务司供职41年，根据丰富的经验，我认识到国家的关系也是人们之间的关系，因此一切事物都有人性的一面。

在此期间我还认识到，如果存在任何一个与心贴近激发情感的事物，那就是农业。人们按照土地及其产品来给自己及其文化下定义，因此一个国家的对外农业政策对另一个国家的影响极为敏感，极为重要。这一点在非洲比在任何其他地方都更为明显，那里大多数人口靠土地生活。2001年我被任命为驻中非共和国大使兼工作组组长，我认真考察了农业对像中非共和国这样的一个非洲国家的意义。

在美国农业部任职期间，我对涉及以下提议的项目有决定权：美国农产品市场开发与促销，国际贸易政策，农业生产、消费及贸易数据的采集和分析，但是一个人只有目睹像中非共和国这样的一个没有这种资源的国家，才能充分理解这种资源的价值和意义。

我在非洲的使命在于通过帮助中非共和国发展农业来加强美非政治、经济和双边关系。这是一种巨大的挑战。理论是一回事，目睹现实是另一回事。我周游这个国家，了解人民，仔细考察农业形势。改善中非共和国的农业所面临的挑战是显而易见的。

中非共和国有 450 万人口，是一个美丽的国度，有很多森林、峡谷、河流、富饶的农田和古老的建筑。尽管有这些天然资产，但辜负了老天的眷顾，这完全是由于自从独立以来一直发生的政治冲突。

1960 年，法国的殖民地乌班吉 - 沙里（Ubangi-Shari）从法国统治下独立，即中非共和国。中非共和国经过 30 年的政治动荡，期间主要是在军人的统治下。1993 年实行了文人统治，政府是通过民主选举出来的。但是在这些年当中，宝贵的资源没有得到有效利用，经济和农业发展停滞不前。

今天中非共和国的支柱经济是维生农业（Subsistence Agriculture），但原本是可以有其他选择的。从其全部自然资源来看，中非共和国的农业本来会丰富多产，具有举足轻重的地位，不仅可以为其公民提供食品，而且还有可能为生产农产品帮助供养非洲其他国家的人口作贡献。

中非共和国有近 70% 的人口生活在边远地区，在从事维生农业中勉强度日。农业虽然非常不发达，但是占中非共和国国民生产总值的 50% 。

人们只能想象如果农业的潜力挖掘出来有关数字会是多少。农业并非中非共和国唯一的自然资源。其砖石工业和木材资源也非常重要，分别占出口收入的 40% 和 16% 。如果中非共和国政府领导人对农业增长和发展的强调像对政治一样，那么国民生产总值就有可能大幅提高。

中非共和国尽管有丰富的自然资源，但也面临着只有坚定不移的、忧国忧民的、有战略眼光的领导人才能战胜的固有的挑战。这个国家为陆地所包围，独立后留下的是一个落后的交通系统，一个基本上没有技术含量的生产队伍，一笔混乱不堪的宏观经济政策遗产，这就是中非共和国所面临的一些挑战。要战胜这种挑战，需要强有力的领导，与没有这种先天不足的国家对领导要求的情况不一样。

中非共和国并非把全部精力和资源用来克服其劣势，而是进行政府与反对派之间的派系斗争，反对派实际上消耗如此多的资源以至于国家的潜力已被掏空。捐赠者已经介入，力图满足没有满足的基本的人道主义需求，但是问题十分严峻，甚至超出了国际社会应对的能力。内乱不断升级，国际社会的安全受到严重威胁，无法继续留下来做援助的努力，只好从该国撤离出来，美国和平使团在1996年的撤离就是其中的一个例子。

在中非共和国各个不同的动荡不安的时期里，很多国家和外交使团都纷纷撤离，但是中国的使团却丝毫不动摇。

中国在中非有一个大规模的使团，从事公路、农场、医院、议会大厦、体育场建设，增进友好关系。我还在那里的时候，外交使团的很多成员都依赖中国农民提供肉食、家禽和蔬菜。事实上中国人不仅在中非共和国，而且在整个非洲，用很多事例证明了他们有耐力、有奉献精神，愿意与非洲国家同甘苦、共患难，这为在整个非洲建立富有成果的政治经济关系打下了坚实的基础。

在过去多年中，美国也为中非共和国的发展作出了重要的贡献，但是最终还是作出这样的决定：如果非洲共和国不创造一个安全和政治稳定的环境，不能为自身发展投资，那么美国别无选择，只有撤出，我们2002年再度撤出。这个国家有四年多没有美国大使。我在中非共和国任职期间，为加强美国中非项目和双边关系作出了重要贡献。甚至还有一所学校是以我的名字命名的，我感到十分荣幸。但是政治动荡再一次使得这种伟大的事业停滞不前。今天整个国家的政局都动荡不安。中非共和国的公民不断逃向邻国或生活在森林里，以躲避武装分子的伤害。

我要继续关注在整个非洲与农业发展相关的事态。当我在观察中看到非洲国家发展农业的斗争只是为了其公民糊口的时候，我就感到心灰意冷。

在退休之前和从中非共和国返回之后的两年中，我担任美国农业部负责农场与外国农业事务的副次国务卿的特别顾问，在此期间从事过很多旨在提高非洲农业发展和生产的项目。我和非洲产棉国家等密切合作，包括乍得、布基纳法索、马里、贝宁和塞内加尔，为棉产区提供技术和人才培养援助，包括生物技术。例如，布基纳法索在利用生物技术提高棉花产量方面取得重大成果。这样的行动还要长期继续下去才能帮助一个国家摆脱传统的模式，在经济上取得重大进步。

在国际贸易领域工作的多年里，我注意到申请资金和技术援助以发展农业生产、加工或提高营销能力等方面的机会是有的，可是在这个节骨眼上，很多非洲国家抱怨没有农业补贴，往往选择在其他领域发展。

到头来，外部援助不管是来自西方的还是东方的，都只能做到如此。非洲国家要兴旺发达，他们的领导人必须审时度势，作出英明决策，把促进国内稳定作为发展的首要先决条件。不能做到这一点，他们的农产品——棉花、花生、稻米和其他粮食作物可能会烂在田里，充其量也只能以未加工的形式出口，让别的国家加工，销售相关的利益。

虽然有些非洲国家正在大力发展经济，但是毋庸置疑他们更需要发展农业，更需要在附加值生产和加工领域里投资。我认为争取非洲国家农业大幅度改进是挖掘其增长潜力的关键所在。但是只要把内讧放在大力发展经济确保所有的公民的基本生存需求之上，这种局面就不会出现。

美国、中国、法国、欧盟、日本和许多其他国家都有所准备，做友善的、多产的开发伙伴，但是非洲国家也必须做好准备，吸收所提供的内容。可以从美国和中国以及许多其他开发伙伴那里吸取很多农业方面的教训。如果非洲国家能提供田地——没有雷区的田地，那么就会涌出很多选手准备参赛。

作者简介

夏普里斯 2001 年 10 月 23 日就任美国驻中非共和国大使，2003 年 6 月卸任。在中非共和国任职期间她周游各地，加强两国的双边关系和政治关系。在担任大使之前，夏普里斯曾担任农业部外国农业服务司副司长，负责监管的项目是扩大美国农业和深林产品出口的机会，促进世界食品安全。她手下有大约 1000 名雇员，管理的预算有 1 亿多美元，员工分布在全世界 75 家美国大使馆。1999 年 7 月至 2001 年 1 月，在外国农业服务司任新兴经济体特别使节。在此期间，她致力于新市场开发，重点放在美国农业部倡导的项目上，加强与撒哈拉以南非洲的经济合作伙伴关系。

夏普里斯大使从事外国农业贸易关系的职业生涯令人瞩目，她自从 1965 年入职外国农业服务司以来在华盛顿和海外担任过各种不同的职务。最著名的当属 1995 ~ 1999 年在法国巴黎美国大使馆担任农业部顾问，在意大利罗马担任农业顾问，在瑞士伯尔尼担任农业顾问，在比利时布鲁塞尔担任美国驻欧盟代表团农业参赞；1968 ~ 1973 年在法国巴黎担任驻美国经济合作开发组织代表团农业助理。

夏普里斯大使是北卡罗来纳汉普斯特得人，在北卡罗来纳中央大学获得商业管理与经济学硕士学位，在北卡罗来纳达勒姆学院获得商务教育理学学士学位。担任北卡罗来纳中央大学校外顾问委员会主席，美国贸易代表处非洲顾问委员会委员。

中国、非洲与非裔侨民：三边交易

约瑟夫·哈金斯

约瑟夫·哈金斯大使

我对非洲的兴趣是由妈妈激发出来的，她使我很早就产生了自我意识，鼓励我把自己与非洲联系起来，讲述非洲历史故事。小时候有个从加纳来的人在她小学班上讲话，使她第一次接触非洲。那是她第一次从积极的角度听到有关非洲的情况，给她留下了不可磨灭的印象。

自从那时以来，她总想访问非洲。她49岁那年前往塞内加尔旅行，圆了她的这一梦想。我当时在驻加纳外国服务处，可以和她一块儿参观戈雷岛（Goreé Island）上臭名昭著的奴隶城堡。今天戈雷岛上大约有1万名永久居民，是一个幽静而雅致的旅游胜地，在非洲历史上发挥过重要的作用，特别是在发展奴隶贸易时期。倾听奴隶城堡的故事，我在城堡里一下子找不见妈妈了，原来她在过去置放将要病死的非洲人的房间里。我看到她把一些土放进她的钱包，就问她在干啥。她说："儿子，这非常重要，是我们的历史的一部分。"

我1969年入职国务院，1997年入职对外服务处，开始有机会从多方面学习和体验非洲历史。我接受的第一个任命是在莫斯科工作两年；随后被派往肯尼亚，开始我的首次非洲之行。当我到达内罗毕乔莫·肯雅塔国际机场（Jomo Kenyatta Airport）时，我有一种说不出来的感觉，一股暖流涌遍我的全身，我决定把我的职业生涯聚焦在非洲。

我不无兴趣地注意到，返回家乡美国后我的很多朋友对非洲并不十分了解。他们臆想那里的情况一定很糟糕，于是就问我在肯尼亚吃什么，住什么房子，肯尼亚有没有路。这并不令人感到意外，因为大多美国人包括非裔美国人那时不了解非洲，我们所接受的有关知识不是正面的。

同样有趣的是，非洲人对美国及其政体的了解远远超过我们对非洲的了解。实际上美国人往往会把非洲认为是一个单独的国家，而不是一个大陆。

肯尼亚是我在非洲工作的起点。随后我有机会在几内亚和多哥，最终在博茨瓦纳任职，在此期间我还在约旦和华盛顿哥伦比亚区执行任务。

你在一个非洲国家任职，你就想要为你的大使馆尽可能获取更多的资源以使之能尽职尽责。回到国务院总部，从一方面来看，由于各种原因，你就会感到会给各个不同非洲国家予以重点考虑。我在担任非洲事务局执行主任期间，有机会了解有关事物的两个方面。这项职务就是用政策负责“协调”资源，监督我们在非洲各个大使馆的管理工作的方方面面。因此我去过大多数非洲国家，与大使和大使馆官员商讨有关他们要求国务院提供资源和支持的事宜。我在任职期间有一个问题非常明确：资源配置与赋予一个国家的重要性和优先权成正比。不幸的是，很多非洲国家并不在特别优先考虑之列。相反，中国把所有非洲国家都列入特别优先考虑之列。

我认为其中的一个问题在于美国低估了非洲作为外国直接投资目的地的价值。因此，美国的政策模式往往注重外援而不是经济开发，不够重视商业利益。假如美国一贯把在非洲的利益排一个优先顺序，那么本来就可以更加重视帮助非洲建设基础设施——因为进出口商品需要公路——鼓励非洲领导人把反腐败更早列入优先顺序。

今天看来美国在帮助非洲私有企业在最后一个新兴经济体中冒险获取更大利益过程中，已经失去一些根基。但是如果美国迅速采取行动，与中国展开更强劲的竞争，在非洲新兴市场培植起牢不可破的私企关系，为时未必太晚。虽然我不一定认可中国在非洲各个方面的作用，但是2006年中国主办的非洲国家元首会议为中国企业家获取了有价值的合同。美国应该学习这种首创精神。令人感到非常意外的是，美国总统在美国接待的数目最多的非洲国家领导人却只有5位，东道主是乔治·W. 布什。

毫无疑问，在这个非洲发展的新阶段中，所有各方都有很多东西要学；

美国、中国和非洲领导人都一样。

中国必须懂得要让非洲企业更多地参与非洲的商务交易。与此同时，非洲领导人必须通过强势手段达到这一目的。美国和中国的经验中有很多这方面的例子。

美国的法律法规要求美国所有的采购订单至少有23%交给小企业和少数民族企业，这是对小企业和少数民族企业的重要授权，是为大小企业之间建立战略联盟开拓道路的一种推动力量。同样，非洲领导人可以强制性要求外国公司雇用当地工人，培训他们上岗。技术和知识转让会对发展产生积极影响。

在与一位非洲国家元首讨论中非峰会时，总统回答说："大使先生，中国想从非洲得到西方想得到的东西。我们非洲人要明智地与这两个集团打好交道。"换言之，非洲领导人必须明智地与中国以及所有其他国家开展谈判。这是一个赢得最后机遇的问题，非洲领导必须共商大计，作出英明的领导决策，以免为时太晚。

与此同时，中国领导人面对自己在非洲的存在不断地增长，也必须采取明智的措施来抑制不断增加的反冲力。其中的一种方法就是与了解非洲、同情非洲的非洲和非裔美国公司结成战略联盟，这种公司可以起到桥梁作用，在非洲以代理的身份促成使有关各方都满意的交易。

作者简介

约瑟夫·哈金斯大使是一位退休的职业外交家，为哈金斯集团的创始人、董事长、总经理。该公司创建于2006年，为在非洲和中东贸易和投资机遇感兴趣的美国公司提供咨询。他还担任国际能源责任有限公司董事长，这家公司为购买碳氢化合物产品的该类公司提供咨询。哈金斯大使还是旅游休闲有限责任公司的董事长兼所有人，这是一家在博茨瓦纳的旅游经营公司（www. travel - leisure. net）。

在担任现职之前，哈金斯大使历经一个漫长而杰出的外交生涯，在苏联、肯尼亚、几内亚、多哥和约旦担任高级职务。在他从2003年1月到2005年7月的最后海外任期中，他担任驻博茨瓦纳共和国大使兼国务卿派驻南部非洲开发共同体特别代表，这是一个由14个南部非洲国家组成的政治经济组织。

在博茨瓦纳的旅途期间，哈金斯大使负责加强美国与博茨瓦纳之间的关系，为美国公司促进贸易与投资机会。完成博茨瓦纳的使命之后，哈金斯大使进入非洲公司委员会，担任“融资与资本流动分员会”高级顾问，该委员会制定增加流向非洲的投资战略。他还担任过该委员会与多边组织之间以及非洲国家政府与广大商业界之间的联络人，解决与金融和资本流动具体相关的问题。

哈金斯大使先前担任过美国国务院非洲事务局执行局长，与负责非洲事务的助理国务卿密切合作，为美国驻非洲的44家大使馆规划政策与资源需求。他之后进入当选总统奥巴马的过渡团队，在国务院审查国家安全问题。

哈金斯大使现在担任美国进出口银行撒哈拉以南非洲顾问委员会委员。该委员会是根据国会的一项法案成立的，银行制定政策提供业务指南，以加强银行对美国向非洲出口的支持力度。他还担任温塔拉能源有限公司（Wintara Energy，www.wintara.com）顾问委员会委员。哈金斯是非营利国际精灵基金会（Ariel Foundation International）董事会主席，航空生命保险公司（Airborne Lifeline Foundation）董事会创始成员，基地在博茨瓦纳的关爱信托公司（Show You Care Trust）董事会创始成员。

在非洲的美国与中国

查尔斯·斯迪思

查尔斯·斯迪思，总统档案和研究中心主任

中国在非洲的历史丰富而多彩，可为研究中美在非洲存在的竞争的一面提供有意义的背景知识。我及时地注意到了这一问题，美中可以成为推动非洲增长和发展的合作伙伴，让我来谈谈对有关方式的看法。美中在四个领域里很容易开展合作：卫生、人道主义援助、维和以及商务。在卫生战线，中国派遣900多名医生在非洲服务，已经建立了真诚的友好关系。除了人力需求之外，美中在非洲目前的所作所为之间有一些相互合作的机会。例如，在乌干达，有一家中国医药公司正在引进一种新的抗疟疾药物，要通过合同招标提供治疗用的蚊帐。中国还计划在其他非洲国家试用疟疾疫苗。中国队疟疾治疗的参与不断增加，已与美国旗鼓相当。非洲每年有100多万人死于疟疾，其中大多是儿童。这就是美国前总统布什宣布一项12亿美元抗疟疾新计划的原因。西方医药公司也在试制疟疾疫苗[①]。

这是美中合作而不是竞争的一个领域的样板。尽管长期以来奉行不干涉

① 外交关系委员会：《要求更多的人道主义：美国对非战略方法》，独立特别工作组报告，2006，第56号，第47~48页。

国家主权和内政的政策，但是中国已经承诺向非洲动乱地区如达尔富尔派遣维和部队。同样，中国为遏制非洲艾滋病病毒/艾滋病危机提供人道主义援助，这是美中为推动进步而成为合作伙伴的另一个领域。

除了人道主义援助之外，在商务领域里也有一些合作的机会。非洲满足世界能源需求的潜力巨大，世界最大经济国家中的两个的需求也是巨大的，因此在这个美中追求商业利益的领域里，显然有一些共同开发、共同投资的机会。

这样的合作努力可以从非洲国家获得实实在在的利益和信誉，此外还可以为每种双边关系带来实质性的好处。由于两国都将在非洲发挥越来越重要的作用，所以在非洲合作可以提供：（1）检验双边援助模式的机会；（2）中美在公使之间和员工之间建立关系的机会，这可以增进两个大国之间的互信；（3）有助于解决困难问题的模板，像在朝鲜半岛出现的问题。美中在非洲检验合作模式所带来的真正效果在于有可能进一步加强全球的稳定与和谐。

我上面所谈的合作不会通过指令来实现，而是需要公使级别的领导，中国和非洲的机构和个人的支持。在这方面大学可以发挥特别重要的作用。

鼓励美中之间的这种双边合作也符合非洲的洲情。美国和中国在非洲追求各自的利益，这两个大国开展最大限度的合作避免冲突符合非洲的利益。利用两端打中间的旧模式在过去可能还行，今天的世界局势有太多不确定的因素，美中两国冒任何竞争的风险，都会导致失控，酿成冲突。中东的局势岌岌可危，极有可能引发冲突，会给石油流动带来极为严重的后果。鉴于两个经济大国都对石油有巨大的需求，两者之间发生冲突的可能性确实存在，尽管人们希望这种可能性十分渺茫。如何降低每种冲突的可能性，还有比在非洲开展礼仪合作外交更好的办法吗？

美中可以合作的领域就是正确的选择。美中在这些领域里合作符合非洲的利益，可以促进和平和稳定。显然双方从实质意义和象征意义来讲都对非洲进行过大量投资，一个稳定的、有所作为的非洲符合每一方的最高利益。

最后我谈一点个人的反思。几年前我在莫桑比克马普托参加非洲联盟第二次会议。会议是在中国政府建设的一个会议中心举行的。这个世界一流的会议中心用近一年的时间建成，恰好赶在非洲联盟峰会之前。这次具有历史意义聚会的大厅现在被认为是莫桑比克资产中的王冠上的一颗宝石。我以前还有其他机会去过马普托，见过会议中心未建之前的场址的荒凉景象，前后之间的反差令人吃惊。面对着这座美丽优雅的大厦，脑海里不禁浮现出“凤凰涅槃”的形象。中国巨人般的崛起，横空出世的本领，在莫桑比克小规模的发展却迎来了在整个大陆的大规模发展。中国有能力帮助非洲崛起，就像凤凰涅槃一样，从奴隶制、殖民主义和冷战烟云的折磨中获得新生。这样的一种伟大的追求有利于非洲，应该是世界的典范，包括非洲在内。

作者简介

查尔斯·斯迪思现任波士顿大学非洲总统档案和研究中心主任，1998年9月以美国驻坦桑尼亚联合共和国特命全权大使的身份递交国书。他在1998年8月美国驻达累斯萨拉姆大使馆遭到轰炸后的困难时期出任大使。由于他坚强有力的领导，大使馆在被炸的废墟上崛起，为美国各个大使馆促进在美国非洲的贸易和投资竖起一面新的旗帜。根据改进的“穷国重债减免计划”（HIPC），斯迪思与坦桑尼亚政府共同努力，使其成为第一个达成债务减免协定的亚撒哈拉非洲国家。

斯迪思大使毕业于贝克大学、亚特兰大派系神学中心神学院和哈佛大学神学院。他是争取新平等组织的创始人和前任全国主席（O. N. E.），这个组织的主要任务是为少数民族扩大经济机会。他在争取新平等组织任期中取得的最显著成就是在他的帮助下通过谈判和调停达成了全国第一个社区再投资协议。这项协议规定波士顿金融机构为马萨诸塞低中等少数民族社区提供5亿美元抵押借贷和商务借贷。他后来供职于《社区再投资法令》调节处工作组，该工作组主席当时为通货监管主任尤金·路德威格（Eugene Ludwig）。斯迪思是《社区再投资法令》重新确定的条例的主要制定者之一，结果为中低收入社区和有色人种社区提供两万亿信贷和资金。

在领导争取新平等组织之前，斯迪思担任波士顿历史上著名的联盟团结卫理工教堂大牧师。当时的参议院少数党领袖汤姆·达施乐任命他为美国国籍宗教自由委员会委员。此外他还是波士顿学院和哈佛大学神学院外聘教师。他还担任过房利美（Fannie Mae，即美国联邦国民抵押贷款协会的简称）和舰队花旗银行董事会董事，WCVB电视台编委会委员，西方保险有限公司和王表演艺术中心董事会董事等职务。他荣获南卡罗来纳大学、克拉克·亚特兰大大学和贝克大学荣誉博士学位。

斯迪思大使在波士顿大学国际关系系担任教师，现在开设非洲与全球化课程。他是外交关系委员会会员，著有《为了这样的时代：非洲领袖面临的挑战》（APARC Press，2008）和《政治宗教》（Abingdon Press，1995）。他还是《非洲洲情报告》（2002，2003，2004，2005，2006，2007，2008）的编辑，发表过多篇文章，有的发表在下面的报纸上：《华尔街日报》《丹佛邮报》《亚特兰大法制日报》《今日美国》《洛杉矶时报》《纽约时报》和《芝加哥太阳报》。

发展的践行者与民间社会的代表——非洲：中国的新黄金国

达米恩·普沃诺

达米恩·普沃诺博士

我一开始就指出没有单独的一种非洲文化。非洲是一个由 53 个国家构成的大陆，有各种不同的种族，但不同社会之间有共同的分母。一个区分的特征就是好客。很多社区都非常好客，这很容易被愿意搬进来和他们一样生活的人利用。

从历史来看，非洲高度重视信任和忠诚。但是社会变迁的断层线开始显现，人们提出有关是否必须赢得信任和忠诚抑或是否可以买到信任和忠诚的问题。非洲社会的长辈们对这个问题毫不含糊：必须赢得信任和忠诚。相反，在今天消费导向越来越严重的社会里，这样的价值是以金钱来衡量的。

然而，有一个准则毋庸置疑，那就是非洲人民需要尊重。非洲历经殖民主义、种族隔离制度、媒体消极报道以及正在经历的接受捐赠过程之后，现在最渴望的是尊重。美国国家环境政策法（NEPAD）公开呼吁尊重：非洲领导人希望国际社会能倾听他们的呼声，与他们开展对等谈判，把他们的国家看做值得尊重的国家，而不是处于无可奈何境况的国家。

中国倾听他们的呼声，2006 年几乎邀请了每一个非洲国家的领导人访华，开始出现新一天的黎明。今天在非洲的中国人越来越多，他们每天都通过各种途径和种种理由大规模地到来，而且中国和非洲人生的孩子的数量也在增长。非洲的发展在编年史上也会永恒地定格在中国到来之前和之后的背景下。

尽管可能会有别的什么动机，即便从间接来看也可以认为中国公司渗入非洲农村社会的腹地是尊重的象征，表明中国人不认为自己比非洲人强，他们与非洲人同生活、共劳动。从融合的角度来讲，只有葡萄牙人才“接近非洲人”。

中国人“融入当地社会”的能力被认为是尊重的象征，因此中国企业数量不断增加给当地企业带来的威胁并没有被直接感受到，尽管显然看来来得越多威胁就越大。中国人已经表明他们与西方人不同，他们不怕艰苦，能在社会最底层求生存，而且实际上能兴旺发达起来。这对于在非洲和很多其他地方的中国人来说都一样，中国人愿意在最肮脏的小区租房住，如在巴西贫民窟。同样，在非洲他们正在表明他们有能力忍受最艰苦的“茅舍”生活条件。

中国人一搬过来，就愿意在路边搭起帐篷，把最小单元卖给居住在同一区域的、能买得起的、最贫困的人们。我去过金沙萨，在那里人们可以看到中国人在路边卖油饼，这说明再小的生意中国人也能做这一事实。创造一种能让中国人移入的适当条件有一定因素起了作用。显然其中最主要的是中国经济移民的特质和经历，他们可以去许多外国人不愿意去的地方。别人看非洲前景暗淡，中国人看非洲有机遇可抓。他们也回头看自己的社会和竞争越来越激烈的市场对他们的前景，他们看不到有任何机会。在这种环境下非洲就是他们的唯一出路。

从非洲的观点来看，中国渗透使非洲大陆兴盛起来也有同样重要的先决条件和文化因素。虽然从“大津巴布韦”的历史来看，非洲和中国自从殖民以前时代以来就是商业合作伙伴，但是后殖民时期非洲人的心态和全球化的力量现在是关键因素，因为非洲大陆应对的挑战在于人力资源和制度建设，加强管理，创造经济机会。对权威的蔑视、人才的缺乏、贫困线的上升等因素会为很多人进入振奋人心的中非合作领域创造机会。

回避当局的倾向和心愿是否殖民时期的一个重要的影响因素，极具利用价值。当有些私人角色进来提出绕开或“回避”规章制度时，对有些人来说这是一个具有内在诱惑力的提议。这种心态就是“对头，让我们结成联盟对付‘规章制度’”。

我们和他们之间的差别是一个关键，是一个能在历史上的中国封建文化与非洲文化和经验中找到共同基础的问题。中国人通过高度发达的信息网络就会知道谁可以贿赂，谁不可以贿赂。当你发现中国人进行非法行动时，串通一气的非洲人往往会持支持态度。

腐败的整体概念在非洲与在西方社会不同。如蒙博托·塞塞·塞科总统过去常说，没有一种非洲方言里有腐败一词，从概念和经验来讲，腐败究竟意味着什么？在社会上谁合法或非法使用权力谋取利益？这意味着政府利用权力谋取合法利益吗？对于与所谓的腐败政权沆瀣一气不予揭发和反对的西方大国来说，这样的政权是腐败吗？

历史表明腐败的概念是倏忽不定的、承上启下的，是由掌权的人物界定的。

问题依然是：谁是好人？谁是坏人？

中国人至少可以断言："我们双手干净"，我们从来没有对你们殖民，从来没有因为肤色侮辱你们。况且中国人不是"白人"，因此在人们的联想中没有与"坏蛋"殖民者联系在一起。

还有一个因素对中国人有利，非洲在争取独立的斗争中，中国给予了援助，中国在争取加入联合国的斗争中，得到了非洲的帮助。这是一条联系的纽带，有助于把中国人看成"好人"。

从整体来看，非洲人从先前的殖民者及其私有企业人士那里学到很多东西，今天他们正在利用那一时期的历史。阿拉伯人，主要是黎巴嫩人、印度人以及其他一些国家人，催生了有关可接受的商业行为的非洲观念。我敢大胆地说，中国实体干的任何一个腐败勾当都显然是与非洲人串通一气的。

非洲人才缺乏，这对于创造一个能让中国人在非洲兴旺发达起来的良好环境会有重要的影响。

人才缺乏在非洲社会的每个阶层都非常明显：政府会颁布法律和规章制度，却无力执行。大多非洲国家的移民局、海关署、外国投资局、标准局、环境监督署和其他机关都缺乏人才，会造成受剥削的条件。

这会使非洲社会从最高层到最低层都受到影响。最高层的问题在于非洲政府是否有能力就重大开发项目与中国进行有效的谈判。从最低层来看，有一种影响是可以看得出来的，中国人以超资本比例的数目进来，冒充身份，混淆意图，随后你就会看到一个中国移民坐在路边卖油条或T恤，与没有其他生路的非洲穷人相竞争。非洲的国家机构软弱，不能遏制这种事态。即便国家机构比较强大也不行，因为中国人建筑并穿透最长的城墙已有几千年的经验。

对非洲卖油条的小贩来说还有一个问题，这就是媒体炒作出对洋货购买的欲望。当地的油条突然间变得不够香了：他们喜欢外国的。即使非洲的艺术家也必须走出去，在全球得到认可后家乡的人们才重视他们的艺术作品。

上述强调一种重要的观点，这就是非洲人必须首先自己尊重自己才能得到别人的尊重。这就意味着非洲领导人肩负的责任在于保护他们的公民、倾听他们的呼声，正如非洲领导人自己的呼声能被听见一样，这样才能与中国人一起开创出双赢的局面。

这里必须得指出，中国只不过是非洲开发合作伙伴中的一个。其他寻求帮助非洲经济发展的伙伴也会发挥作用，帮助非洲建立机构。不能满足于民主选举，大量的证据表明民主是昂贵的，需要很多机构的支持。

我们了解文化的一个方面在于文化是动态的，具有适应性，对适应或不适应作出反应。这就是一个适当的接合点用来在非洲创造一种文化，这种文化以事实为准绳，考察对经济发展和所有人的福利作出贡献的因素，重视成功的经验。

“吾帮托”（Ubuntu）的概念倡导社区生活和集体责任感，非洲大陆宣传永恒的价值观需要提倡“吾帮托”精神。但是在一定程度上还有一种纵容坏习惯和坏作风的倾向。自从殖民地政府在“我们”和“他们”之间或在“殖民地政府”和“当地人”之间划出一条明显的界限以来，具有集体责任感的非洲文化一夜之间消失殆尽，对公共利益和个人利益的观念产生严重影响。

反对殖民统治是一种时代潮流。但不幸的是，独立后类似反对政府工作的态度也风靡起来。现在对公共和私人机构的不信任感依然十分强烈。因此，人们并不总是非常认真负责，反而有种无所畏惧的感觉。你读过多少篇有关非洲公务员因为渎职和挪用公款而锒铛入狱的报纸报道？可想而知，人们把钱存放在家里或外国银行而不是当地的银行。进口便宜货比对当地生产投资还受重视，这进一步加剧了“我”拥有者和“他们”工人之间的紧张关系。

在非洲对工作道德和效率在文化上存在的障碍根深蒂固，责任感缺失，管理面临种种挑战，这不仅反映出领导和管理问题，而且也反映出对社会变革中的社会文化动力的一种基本的误解。

我们经常听说非洲管理问题反映出人们对当局的轻蔑和对捷径的不断求

索。文化和谐的沦丧已导致出现种族灭绝、强奸、暴富等现象，使肥沃的土地产生出消极的力量，不断对非洲的政治意志和管理文化构成挑战。

中国人在和非洲的新交往中很有战略眼光。人们会认为他们不仅了解中非过去关系，而且也了解非洲与西方的经历、非洲内在的社会经济挑战和文化势力。

作为非洲发展舞台上的一个新演员，中国引起了新兴非洲领导人和普通民众的瞩目，因为他们表现出友爱的精神，相互尊重的风尚，对社会经济领域进行大量投资，没有高人一等的观念，可以提供价格便宜的产品，办签证的手续不复杂，很多非洲人都出入在广州的所谓“小非洲”。

很多非洲人还对已知和未知的情况感到关切。中国对非洲的军售、对总统大厦的投资以及赠送的礼品会使政府官员得到好处，这给非洲知识分子和普通民众一样发出混淆不清的信号。

如果中国要与非洲加强和保持长期关系，就要更加注重对社会经济和人才培养投资活动和实践，确保信任感和乐观主义精神。深入研究西方犯下的社会经济错误可能会有助于中国培育更好的关系，使之在不同的政体中保存下来。

学会避开“我们”与“他们”对抗的局面将不是一件容易的事，很多中国人都由于一手操办而受到指责。这种局面意在某些市场造成紧张气氛。中国诊所的服务质量以及某些便宜产品给儿童健康带来的风险，会使人感到非洲是中国的不受欢迎产品的新倾销市场。

有些报道认为很多人去中国诊所只是为了医疗会诊。由于处方是用中文开的，病人或者买不愿意要的中国药或直接去一家当地药房做咨询。这显然是由于用中文开具的药物信息质量差或缺乏透明度，况且服用不知其名称的中国药会使与其他医生沟通信息发生困难。

很多中国移民也在搬入贫民窟，这看来会增加贫民区的房租。虽然中国人融入贫民窟的企图不是一个主要的社会紧张来源，但是根据收入所开展的活动却是一个主要的社会紧张来源。有些国家对外国人应做工作的性质有明文规定。

在这样的规定缺乏或无法实施的情况下，就会出现恶性竞争，中国人与地方小摊贩和街道小贩之间就开始发生冲突。这就需要中国在社区开发项目投资，给资源缺乏的社区带来社会经济利益。

并非所有的援助都通过政府贷款和礼物的渠道来实现，中国还可以考虑给基金会投资，这可以帮助社区领导解决富有挑战性的影响生活的问题。这样的行动会补充和帮助加强非政府组织以及其他宗教或独立组织的倡议活动。

如果非洲的主要问题是缺乏人才，包括机关缺乏人才，那么中国为什么不在教育领域加大投资呢？显然建设体育馆和政党总部一点也没有错，但是在一种像教育这样永恒财富中投资肯定会得到更高的回报。但是这还需非洲领导人具备开展这种谈判的眼光，其意义更加重大。

在一个全球化的世界里，非洲人需要合作，吸引国际社会，努力促进子孙后代的永恒价值观、社会正义和人类的幸福。

作为很多中国人和其他人的一个新黄金国，非洲具有极为丰富的经验和教训，为了建设性对话的开展、人类尊严、可持续发展与和平，外国人和当地人都不能对此视而不见。很多人对中国在非洲大规模投资的政治、经济和军事动机是谅解的。因此，中国认识非洲的文化和社会，有助于避免重蹈过去发展合作的覆辙，可能会开辟一条不同的道路，使双方在合作中彼此都获得好处。

作者简介

达米恩·普沃诺（Damien Pwono），刚果民主共和国人，博士，华盛顿哥伦比亚特区阿斯彭学会全球文化与社会项目执行主任。他在匹兹堡大学获得民族音乐学博士学位，常年在世界各地从事艺术、文化、文化外交、社会经济发展等问题研究。达米恩·普沃诺博士作为一位著名的文化企业家在很多国家生活工作过，对非洲、阿拉伯世界、欧洲、加勒比海地区、拉丁美洲和北美的文化市场开发作出了突出贡献。他的职业经历包括十多年的慈善工作，纽约和内罗毕洛克菲勒基金会艺术与人文项目高级顾问，纽约媒体福特基金会文化艺术部媒体项目官员。达米恩·普沃诺曾在巴黎联合国教科文组织担任国际音乐理事会秘书长、匹兹堡大学研究员。

区域间的贸易：非洲的最佳选择

富兰克林·C. 摩尔

富兰克林·C. 摩尔

增加非洲区域间的贸易具有举足轻重的作用，可以开辟一个市场，使非洲生产商占有相对的优势，为供货商提高竞争力提供一个机会。

但是撒哈拉以南非洲国家之间的基础设施缺乏联系已成为一个重要的制约因素。例如，按照世界发展地区每1000平方公里的公路里程计算，亚撒哈拉非洲国家的公路密度最低，而公路又是密集城区与农村农业产区之间联系的主要通道，占撒哈拉以南非洲地区货运和客运的80%以上。

制约缩短运输时间的最大障碍是边界的管理程序。在边界运行的政府部门有海关总署、移民局、农业部和卫生部。在全球各个地区中，撒哈拉以南非洲地区的出口手续最多，进口手续之多位居第二。

减少路障，改善授权环境是关键。给新基础设施项目筹措资金也是关键。千年挑战基金会（MCA）是为这样的项目提供资源的开发机构之一。中国在基础设施建设中也在全非洲发挥着重要的作用，包括在千年挑战基金会的很多建设项目的招标中中标。

由于这种基础设施的发展，支持非洲区域内贸易的条件最终会创造出来，我认为非洲对美国或欧洲的贸易可以增加10倍。

由于基础设施很快会到位，美国社会正在加紧步伐加大发展非洲农业的力度。在这个过程中，我们正在寻求在有关项目上与中国开展合作的方式。初步看来有很多双赢的机会。2009 年 7 月美国国务卿克林顿·希拉里在华盛顿哥伦比亚特区与中国代表团的一次会晤中所作的评论暗示出美国援助社会的前进方向。她指出：“如果中国在建设公路，我们还能沿着路干什么？比方说，我们能沿路设立卫生诊所吗？我们能利用公路和其他基础设施来促进非洲农业发展和地区贸易吗?”这一点非常重要。

毫无疑问，有很多与中国配合和合作的机会。通往矿区的公路还会给农民提供交通通道，但也会给从中国进口产品的运输提供更多的交通便利。这是与中国企业竞争的非洲小企业越来越关心的问题。

随着中国人在非洲数目增加，随着他们对经济参与的扩大和多样化，当地公司正在开始反对竞争。虽然美国近来被认为是“坏蛋”，但是这个外号很可能会传给中国人。

因此，中国需要在非洲多加小心，在与非洲谈判中要让民间社会更多地参与进来。如果中国不想办法帮助提高社会觉悟和包容性的话，赞比亚发生的反对中国的暴乱会成为事态发展的先兆。

中国在非洲做了很多好事，但需要将其更好地讲述出来，确保金字塔底层的人们能赏识他们到目前为止所作出的贡献。中国所做的好事之一是使全世界都行动起来关注非洲，想办法与之合作。美国政府也在采取十分积极的态度，美国公司也随之行动起来。例如，一些像通用电气和杜邦这样的美国公司正在就如何在非洲做更多的生意进行第二次考察研究。

尽管中国在非洲做了很多好事，但是还能做很多。现在还应该寻找机会与企业建立三边合作战略联盟。

农业领域的合作机会特别多。中国已经在研究各种不同的亚洲和非洲稻谷，旨在开发适应中国也适应非洲各个地区的品种。

非裔美国人通过拨地建起的大学在有些学科领域是中国人的理想合作伙伴。很多这样的大学培养出了第一代非洲农业专家，他们现在在自己祖国的农业部门工作。靠拨地建起的大学过去几十年中对某些作物都做过类似的研究，拥有可用于发展非洲农业的相关信息。中国与非洲外籍人合作还应该扩展到南美洲，包括巴西和哥伦比亚，那里当地人的数目在增长。

重要的问题在于把所有的人都派上用场，帮助非洲加快发展步伐，为此目的收集到一切可能收集到的信息。这就像一个巨大的拼图游戏，图片散落在世界各地，有些在美国的非裔美国社区，有些在南美和加勒比海地区，有些在中国等。虽然从中国的观点来看中国在非洲的行动可能并不是为了发展的目的，但其经济目标是和发展携手共进的。我认为这是非洲联盟展现其领导水平的大好时机。例如，在农业领域里需要进行土地改革，这是一个关键问题，要求有一个全洲范围的解决方案。

作者简介

富兰克林·C. 摩尔是高级经理服务部职业成员，2008 年 1 月被任命为美国国际开发署非洲局局长助理。他目前还担任该署全球食品安全协调员。在 2002 年 10 月接到此项任命之前，摩尔先生担任该署经济增长、农业与贸易局环境与科学政策办公室主任。摩尔先生还先后担任过该署全球环境中心代理副助理主任和主任。

在 1998 年入职美国国际开发署之前，摩尔先生在农业、环境与国家资源管理领域供职，包括美国环境保护署、津巴布韦关爱非洲组织，美国和平使团，还在弗吉尼亚州立（学院）大学和加纳库马西科技大学担任过讲师。

摩尔先生在耶鲁大学获得经济学硕士学位，辅修艺术史专业。他还在麦迪逊威斯康星大学获得农业经济学硕士学位以及非洲学结业证书（农业/自然资源经济学，政治学和乡村社会学）。他在西非和南部非洲居住过，在海外 40 多个国家工作过。

知识是国家的财富

默拉·麦克林

默拉·麦克林

我乐意告诉别人我是异族通婚的产物，我妈妈是非裔美国人，我父亲是西印度群岛人。我父亲的家人来自加勒比海不列颠群岛与先前的丹麦群岛。他是长兄，有一个弟弟。据他说我的祖父母都是干活累死的，目的就是为了他能在纽约上哥伦比亚大学，接着完成家里想让他当医生的宏愿。在大萧条期间，我祖父母在相隔不到两个月时间先后不幸得痨病去世，因此我父亲不得不辍学参加工作，养活他唯一的弟弟。

作为二战老兵从欧洲归来后，我父亲与母亲成婚。我母亲是华盛顿哥伦比亚特区人，她是华盛顿哥伦比亚特区保罗·劳伦斯·邓巴中学的优秀毕业生，这所学校初建于1870年，是美国第一所为非裔美国人开办的中学。随后我妈妈进入霍华德大学学习图书馆学。随后她不得不辍学照料生病的祖母，祖母把她从童年抚养长大。到我妹妹出生的时候，父亲感到受尽了美国种族隔离和歧视的苦难，举家迁离美国大陆，前往处女岛圣托玛斯（St. Thomas，Virgin Islands）。我在那里从4岁一直待到中学毕业。

童年时期向夏洛特·阿马里集市广场艰难跋涉的情景历历在目，据历史学家讲，那是新大陆最大的奴隶拍卖行之一。但在我的记忆中有很多美好的事物。我依然记得从乡下赶来的人们，他们的驴车满载着农产品和当地的美味佳肴；女人沿着河边阔步走，头上顶着篮子，里面装着刚捉到的鱼。在我们每周去唯一的大邮局的途中，我总会注意到街对面的纪念碑，这是对爱德华·威尔莫特·布莱登的赞颂，他是19世纪出生在圣托玛斯的神学家和学者，被广泛地誉为“泛非洲主义之父”。我父母相互倾诉自己所知的彼此十分不同的家史，以自己为样板述说黑人的各种不同经历。他们的活生生的故事，与我在处女岛童年时期的亲身体验和经历，给我留下了永不磨灭的印象，最终形成了自己作为非裔侨民的情感世界和宇宙观。

当我离开圣托玛斯来到康涅狄格州米德尔顿上卫斯理公会大学时，我主要想更多地了解非洲。我不顾好心的导师劝告，我选择主修非洲学，非洲学像普通学科一样，与主要学科相比有点被人瞧不起。我的选择受到了质疑，因为我只有申请相当于白人的荣誉身份才能去非洲旅行——我拒而不做的事，尽管我的本科毕业论文的主题是南非的种族隔离制度。

最终我还是屈从了世俗的压力，毕业后我并没有遂自己的心愿攻读历史学博士学位，而是决定学习法律，以为即使失业，也能单独开业当律师。但是我对非洲的兴趣从来没有减弱，从哥伦比亚大学法学院毕业后，我1980年首次前往非洲加纳旅行。

法学院毕业后，我开始在一家律师事务所工作，随后供职于在新泽西州立法院，接着又在华盛顿哥伦比亚特区国会山（Capitol Hill）短暂地工作一段时间，看来所有这一切都为我在福特基金会的十年工作做了铺垫。有了在州和联邦制定政策的背景，林恩·亨特利招聘我进入福特基金会。他是一位杰出的、坚定的民权倡导者，他就设计和管理基金会的国内民权投资组合寻求帮助，资助土著美国人、拉丁裔美国人和非裔美国人领导的且为之服务的项目。就是在此期间，我才第一次真正接触美国南方，对美国乡村的贫困和黑人意味着什么有所了解，他们实际上被迫生活在凄惨的贫困境地中，经常遭受种族主义当权人物和权力组织的侮辱。

实际上，从事改善美国南部黑人生活条件的项目，在一定程度上为我后来出任福特基金会驻拉各斯办事处主任作了准备。

回想在我职业生涯的那段时间里，我不禁想起据认为是中国古代的一句谚语：“宁为太平狗，不做乱世人”，具有讽刺意味。在我五年的任期中，我目睹最残酷的阶段之一，随之尼日利亚军人统治宣告结束。我亲眼看见整个民族都被扣押，因为有掠夺成性的独裁者、拿枪的士兵及其民间合作者和已经出现的大体以城市为基础的一场人权运动，这场运动是由一个训练有素的律师和记者小团体领导的，他们来自国家初步形成的受过教育的中产阶级内部。我历经各种情感变化，从绝望到振奋又回到绝望，从而可以进一步证明知识就是力量，这种力量可以为少数人所利用来维持压迫统治抑或也可以用来为更加美好的视野传播火种。

与此同时——在20世纪90年代初期，我参加了福特基金会委托开展的关于非洲高等教育的调研。这项研究表明在整个撒哈拉以南非洲曾为民族自豪源泉的高等学校现在正处于一场危机的状态。从中我再一次看到从前著名的全国高校系统遭受实际上的毁灭：教室拥挤不堪，教职员工薪酬过低，高校精神沦丧，校园基础设施越来越差。

当时非洲政府迫于外部捐赠者的压力，通常会作出虚伪的决定，宣称在非洲高等教育是基础教育的敌人。为了加强基础教育，高等教育再也得不到政府的支持和资助。

我及时地抓住了入职非美学院的机会，因为我确信教育实际上是任何社会贫弱成员起来反抗专制统治的最好武器。大陆之外人士“帮助非洲”的最好办法在于协助创造机遇，确保更多非洲人能接受不同层次的、高质量的教育。人们要健康长寿，生活快乐，主要在于有能力人士和适应周围的世界。教育能完成这种转变，在这里教育指的是获取、吸收和应用知识的过程，而不仅仅是拿到文凭。知识是国家的财富。

在一小伙美国人的策划下，非美学院于1953年成立，其中包括非裔美籍历史学家威廉·列奥·汉斯贝利（William Leo Hansberry）和宾夕法尼亚林肯大学第一位非裔美籍校长贺瑞斯·曼恩·邦德（Horace Mann Bond）。这所历史上著名的黑人大学也是克瓦米·恩克鲁玛（Kwame Nkrumah）和恩纳穆迪·阿兹基维（Nnamdi Azikiwe）等人的母校，他们属于独立的后殖民时期非洲的第一代领袖人物。我们的使命在于帮助培养独立的非洲的领袖人物，为他们在美国学习提供奖学金和其他方面的支持。非洲研究所提供的支持并非总是限于资金。非美学院的另一位共同创始人是亨丽塔·万诺伊（Henrietta Van Noy），据说她受到了报纸上对一位埃塞俄比亚学生的报道的激励，由于种族隔离制度这位学生只是为了理个发不得不从美国的一个州到另一个州！非美学院被认为是与厄运抗争的非洲人的安全港湾，他们为了迎接国家建设的挑战而提高自己的水平。

自从20世纪50年代以来发生了很多变化，但是非美学院依然忠实于自己的教育使命。我们设计和运筹为私有企业、慈善组织和政府包括非洲政府资助的项目。我们的主要任务是招收挑选有才华的非洲人参加他们极有可能学成的学术和专业培训项目，不仅在美国，而且在世界任何地方。我们还把非洲国家、美国和其他国家的国有和私有部门的领导人召集到一起，学习世界的趋势和状况，例如，全球行动国际贸易，这与非洲的人才建设有关。

非美学院的校友——不论男女都从其教育项目中受益，他们现在在非洲各地身居要职，对非洲社会具有深刻的影响。其中包括大名鼎鼎的人物，如2004年诺贝尔奖得主旺加里·马塔伊（Wangari Maathai）、纳米比亚总理纳哈斯·安古拉（Nahas Angula）以及数以千计的其他名声不怎么显赫却有同样才华的男女，他们今天在为53个非洲国家的发展作贡献。

从非美学院50多年的奖学金项目获益的个人，他们的人生经历和成就以及贡献使我受到无穷无尽的鼓舞。有一位非美学院的校友是南非妇女，她克服重重困难，成为一名大学教授，随之在种族隔离后的南非的高教改革中发挥了关键的作用，除了提高她的水平和身份之外，非美学院的项目还使她从自卑感中解放出来，给人以最美好的感受。这种自卑感以前深深地烙在她的心灵里。

中国政府把教育合作作为对非洲国家外交政策的一个主要支柱，对此我并不感到意外。但我对美国政府迟迟不能重新认识教育的价值而感到非常担心，教育是加强非洲关系的外交工具，也是全球范围内布署智慧力量的手段，以解决迫切的问题，从艾滋病病毒/艾滋病、气候变化到师资短缺。

中国对非洲的战略企业计划给人留下深刻的印象，中国承诺把非洲来华学习的奖学金名额增加一倍，大规模派遣教师去非洲各个国家，如此等等，不一而足。现在美国政府还没有作出类似的承诺，到20世纪90年代中期，为非洲开办的所有高级教育培训项目都完结了。

即便如此，美国现在具有的优势不仅在于有像非美学院这样的组织在民间社会开展活动的历史，而且还与非裔外国人有着关系，包括非裔美国人，近期从加勒比海地区和非洲国家的移民以及他们在美国出生的孩子。巴拉克·奥巴马总统代表着这种非裔侨民的新方向。

值得注意的是，奥巴马总统在首次正式访问加纳之前接受采访时谈到要他的政府帮助改善非洲的条件，能够让非洲的年轻人说：“我可以留在祖国取得成功，通过我的成功，我的祖国和人民会更加强大起来。”这是一种远见卓识，我想也会引起中国人民和领导的共鸣。然而我认识到，尽管在20世纪50和60年代中国作为一种进步力量在非洲树立和享有一种美誉，但今天中国的动机却较少受到理解，或许是较多地受到怀疑，特别是受到非洲人民而不是非洲各国政府官员的怀疑，特别是受到西方人包括居住在美洲的非裔侨民社会的成员的怀疑。

但是我坚信，我们能够，而且为了自己的目的也应该互相学习。在美国不能平等享受高质量教育和卫生保健的问题有充分依据可依。中国在较短时期内在扩大和改善各个层次的教育方面取得了巨大的成功，非洲并非是唯一的在项目中获益的地区，他们的教育政策制定者、行政管理干部、专职教师会从中国的成功中获益良多。教育作为青年顺利找到工作以及向成年过渡的一种手段是颇有价值的，这对于青年人口占20%多的非洲特别适合，而且不仅仅适合非洲。我们可以认为中国已经在相当程度上实现了部分“美国梦”，这就是成功地办教育，使其成为社会前进的引擎。

沿着这样的路线前进，虽然实际上很多美国人担心中国经济增长对美国国内经济有影响，但是事实上很多美国人也渴望接受中文培训，学习更多的中国文化知识。

要锐意进取，让中国再教育领域的成功经验走出国门与世界共同分享，帮助有关的人们努力应对在非洲和美国在人才建设方面存在的挑战，这还有漫长的路要走。这样的努力几乎是无疑问地可以提高中国在全球的形象。可以引证几个其他事例，如中国公司攫取非洲自然资源，不仅是用于工业目的的石油和矿产，而且还有大片的非洲土地用来耕种食品作物运回中国，有关的报道流传广泛，已经引起了震惊。看来中国政府很好地继续在诸如农业和工程的关键领域里扩大对非洲人的职业和技术培训项目，而且也会让非洲——以非洲为重点的组织接受这样的培训活动。

这些领域以及很多所谓的“开发工作”领域，对于中国、非洲和美国在有关教育和人才建设方面人和组织之间的三向合作已经成熟。从我们的遗产、我们正在积累的经验和肩负的使命来看，非美学院已经做好了准备而且欢迎这种挑战。

作者简介

默拉·麦克林是非美学院院长兼首席执行官，这是一个基地在美国的非营利组织，负责非洲的教育和人才培养。入职该学院前她在福特基金会工作，从事国内和国际项目，在十多年中担任过几个职务。在入职非美学院之前，她担任非洲和中东项目副主任，该项目基地在福特基金会纽约总部；而此前她是福特基金会西非代表，基地在尼日利亚拉各斯非洲地区办事处。

麦克林女士是美国处女岛圣托玛斯地区人，以优异的成绩毕业于康涅狄格州米德尔顿卫斯理公会大学，随后又在纽约哥伦比亚大学获得法学硕士学位。

她是卫斯理公会大学董事会董事，还在很多其他董事会和顾问委员会任过职，包括肯尼亚内罗毕美国国际大学和华盛顿哥伦比亚特区美国和平学院这两所学校的董事会董事，以及国会领导的亚伯拉罕·林肯国外研究奖学金项目顾问委员会委员。

作为纽约大学外聘教师，她介绍、设计和讲授过“非洲与发展模式”课程。

麦克林女士是非洲美国研究所所长，美国贸易代表，非洲贸易顾问委员会主席，非洲研究协会会员和外交关系委员会委员。

中非合作有助于非洲竞争

戴安妮·E. 怀特

我是一个调皮的部队小孩，在 12 年中搬过 14 次家。我的七年级是在三个大陆度过的，我很早就知道世界很大。我家从来没有在军事基地住过。我们总是住在地方社区，这使我有时避开旅居海外的美国人通常过的外国领区生活。我 5 岁时讲德语，12 岁生活在利比亚的的黎波里。我记得有一个晚上想看一部流行的美国电视片《枪烟》，但我父母坚持让我跟他们一块去一个利比亚人家里吃晚饭。即使现在我还记得，我们围坐在地毯上，中间摆放着一个盛满羊肉和蒸粗麦粉的大盘，作料散发出香味。在这种环境中我父母总感到很自在，教导我要学会容忍各种不同，以开放的眼光看待新事物。

戴安妮·E. 怀特

1968 年我在充满希望和困惑的黑人觉醒运动的巅峰时回到美国。有趣的是人们总误以为我是非洲人，因为我的脸很圆，皮肤比大多非裔美国人黑。在这个黑就是美的时代里，我确信我是受欢迎的，但是我在国外的岁月却使我有了不同的参照点，我和我的很多非裔美国同时代人之间存在着距离。

在如同我所了解的 20 世纪 70 年代早期，我看上去像非洲人这一事实不一定是件好事。非洲人和非洲只是最近才变得时髦。那时非洲对很多人来说依然意味着丑陋、贫穷、落后和饥饿。我在思想上反感这种看法，这种反感扎根在我的灵魂深处，我看上去像这样被形容的人。这种感受成为我支持非洲和非洲人的根基。

我在奥柏林学院本科主攻非洲学，获得文学学士学位，在约翰·霍普金斯大学国际学院主修非洲学，获得硕士学位。我想从事关系非洲发展问题的工作，于是就入职世界银行，进入竞争非常激烈的“青年专业工作者项目”，我是从全世界5000多人中挑选出来的25位候选人之一。我很快就发现约翰·霍普金斯大学国际学院的学位在世界银行受冷落，那里博士学位和经济学家吃香。获得博士学位后，再从著名学府拿一个工商硕士管理学位是在赛场上崭露头角的捷径。为了获得“令人觊觎”的哈佛大学工商管理硕士学位，我于1986年开始休为期两年的教育假。

在20世纪80年代，在世界银行工作的非裔美国人极少，而非洲员工却多得多，但其中很少有人升至中层以上。这和今天不一样，现在世界银行的非洲员工有的担任高级领导职务和主管职务。20世纪80年代世界对于世行黑人员工则不一样，这是一个为世行内部一个秘密文件所肯定的事实，我和一个朋友也心知肚明。这个文件把世行非洲员工与其他员工作了对比，详细说明了在学历、经历和资质相同的情况下，非洲的薪水和晋级特别慢的原因。这项报告措辞十分严厉。

在像国旗与种族和性别一样重要的世界银行这样的地方，我时而还不明白我是怎样被察觉出来是非裔美国妇女的。我的同事还常常告诉我作为非裔美国妇女的身份使我在职场上受到伤害，因为非洲人不喜欢非裔美国人，瞧不起我们。当然他们也不会认为非裔美国人可能会对非洲人有特别的情结，我们的技能和专业可以用来为非洲发展服务。

但是美国市场对非洲人和非裔美国人之间的商务往来具有潜力，而且很快就证明可以促使散居在国外的非洲人为非洲的发展谋利益。1992年想起了觉醒的钟声，位于达拉斯的百货店J. C. 彭尼开办以非洲为中心的连锁店，客户对象是非裔美国人，出售清一色的源自非洲的商品，如家居装饰品、个人饰品以及服装。J. C. 彭尼受到很多零售商模仿秀的追捧，他们建立起拥有自己的非洲概念的商店。

美国零售商对这类产品的兴趣是由非裔美国市场领域可赢利的前景激发出来的。美国零售商认为，随着少数民族的增加，美国人口特征正在发生着戏剧性的变化。实际上到2050年，美国人几乎近一半是少数民族或种族。今天非裔美国人在美国构成第二大少数种族，大约有 4000 万人口，年购买力接近 7440 亿美元（比加拿大或西班牙的经济产量还大），而在 20 世纪 90 年代初期其人口和购买力分别是 3000 万和 6000 亿美元。非裔美国人保留、珍爱、传承非洲传统和文物，这为美国制造商为像 J. P. 彭尼这样的零售商供货创造出市场机遇。

认识到这种所谓的“美国棕色化”可以为非洲创造商机，我就能够向世界银行兜售非洲有能力竞争的观念，如果散居在外国的非洲人对非洲的兴趣和关系能够调动起来并使之货币化的话。1992 年，我是称之为“非洲能够竞争”的一个非洲倡议项目的主要领导者，这个项目聚焦于这种新市场机遇，从非洲供应商和美国零售商的视角对经验加以评价。

在世界银行的那些日子里，我总因为没有走自己的车道和与他人玩不好而即将被“大警察逮捕”。我要求世界银行对非洲成功的企业投资，帮助它们增加对美国零售商的销售量。

很多非洲企业并不因产品质量、送货和价格而打折扣，很多美国购买商感到不爽，要失去耐心。我看到非洲人就要失去一个大好机遇，不管怎样轻轻地敲桌子打板凳也不能让世界银行重视这个机遇。世界银行的经济学家告诉我：“我们不选择赢家”，“由于补贴问题，我们不与具体的公司合作”，如此等等，不一而足。

我一写完《非洲能够竞争》的报告，便离开了世界银行。我去创办一家以非洲为中心的生活样式连锁店——黑草莓，陈列散居各地的非裔侨民提供的家居装饰品和个人装饰品。我创办黑草莓企业使我看到事物的另一面。在世界银行我给企业家提供咨询，但现在我自己是企业家，与投资商、经理、雇员、不动产、产品和顾客打交道，历经经营这种企业的一切烦恼，确实使人大开眼界，也让人感到低三下四。我对大西洋两岸的中小企业生发出新的敬佩之情，我从亲身经历中懂得成功需要什么。

1995 年世界最大的零售业协会和宣传组织——美国国家零售联合会授予黑草莓“零售年度”奖。这一奖励为投资商打开了大门，为在大百货商店销售创造了机会。开办企业几年后，我认识到我并没有做日常零售生意的天赋，我适合在零售行业里做宏观工作。我仍然想看到非洲产品在美国零售店出售，但我不想做开箱上架工作。

2006 年在我担任一家社会责任互助基金公司——卡尔福特集团的顾问时，

我被招聘进入美国政府的一个部门——非洲开发基金会（ADF），启动一个称之为“购货商链接”的市场准入项目。购货商帮助非洲供应商和美国零售商之间进行商务联系，目的主要在于为处于劣势的、受排斥的生产集团提供公正合理的、可持续的市场机会。

从很多方面来看，这对我来说是很好的结合。我早先在非洲开发基金会的捐助者相信“非洲能够竞争”的模式，他们为我提供资源和平台来组建一支优秀的执行项目的专业技术队伍。招聘顾问去非洲工作，我要看业务水平和思想水平。我所组建的队伍两者兼而有之。在过多年中，我见过很多顾问虽然技术水平合格，但没有在非洲或与非洲人在一起的企业工作经历，他们有“老子天下第一”的思想，这种傲慢的态度是由文化和权利或彻底的种族主义造成的。

我与他人共同主管“非洲能够竞争”项目15年后的今天，世界已经发生了变化。全球竞争的现实和压力、保护非洲服装和纺织品生产商/出口商的贸易条款的废除、不可原谅的“及时生产”的原则等因素使非洲竞争变得更加艰难，特别是非洲未能发展基础设施，竞争力受到削弱。

《非洲发展与机遇法令》2000年5月签发成为法律，旨在促进非洲与美国的贸易和投资，够格的非洲国家免限额/免关税准入12万亿的美国市场。但是减免限额和税务只不过是启动非洲制造产品出口需要的优越条件的一部分。没有出口能力的市场准入对非洲来说也只能做到如此。真正的《非洲发展与机遇法令》的故事还得用统计数字来讲。石油产品继续占贸易协定的大头，2008年占92.3%。这种增长模式以资产消耗为根基，不仅从本质上来讲是不可持续的，而且不会使广大农村得到发展。

农业出口被广泛认为是非洲减贫和经济可持续发展的关键，但根据《非洲发展与机遇法令》也没有取得突破性进展，出口总值也只不过1%左右。纺织品和服装收益近年来下降，够《非洲发展与机遇法令》条件的国家2008年下降10.4%。在我看来，对扩大非洲制造产品出口最大的企业水准限制在于国际购买商认为非洲不是一个产品来源地。从本质来看，大多购买商都情愿避开风险，从经得起考验的供应商那里获取产品。全球市场是动态的，不断发生变化，品位、人员、竞争压力和开放程度都在变动。以技术推动销售的美国市场在扩大，赢得越来越多的非常具体的客户群以及人口群。美国市场利用根深蒂固的文化意念和参照点来推动销售。今天的促销因素明天就会过时。

我认为非洲企业家对国际商务惯例、风俗和文化的认识和接触十分有限，在没有人帮助的情况下不可能掌握传播、通信、决策和网络，这是从根本上满足美国购买商需求的途径。有的建议认为非洲制造商要遵循规定的一套步骤就能在开拓美国市场方面获得成功，但是他们这样做通常到头来却大失所望，因为对进入市场的障碍估计过低。

非洲供货商打消购买商顾虑的最可靠办法是戏剧性地、不断地改进出口工作。在非洲，公司缺乏技术、管理和市场知识，外国直接投资对于非洲出口商长期获取所需的资金、技术、管理业务和市场渠道都是一个节省成本的有效方法。

高质量的外国直接投资有助于非洲供应商掌握这些对购买商极为重要的全套技能和业务范围。其中包括：（1）可投入市场的大小，（2）产品更新与新开发产品，（3）信息传播，（4）回馈时间，（5）有效生产能力，（6）满足国际质量标准的能力，（7）检测，（8）过程的每个阶段保持记录，（9）竞争性成本计算和定价，（10）出口产品的文件准备、包装和运输方面的经验，（11）实际运输时间，（12）对监管链的记录，（13）追踪调查。中国与非洲互惠互利，平等相处，以数十亿美元在非洲各地开展贸易和投资，要根据这种信息来认识中国。2008 年中非贸易额超过 1060 亿美元，比前一年增加 45%，同时还带来特别需要的技术、工种和附加值。毫无疑问，中国有非洲政策，非洲有中国政策吗？与中国合作会给非洲在全球竞争中提供最好的机会。这就是说，我在思想上并不和那些认为中国是非洲最好的新朋友的群体相一致，这种合作事关生意，事关互惠互利。虽然我应征来到这个群体中间，但思想却是清醒的。

展望中国—非洲的新前景，如果要把合作的巨大潜力挖掘出来，也必须解决存在的棘手问题。下面是两个影响小企业和就业的特别突出的问题。

需要雇用更多的当地劳工。在一个因交通不畅而使商业贸易停滞不前的大陆上，中国对非洲基础设施的大规模投资，包括对公路、水力发电厂、输油管道和工厂的投资，对加深双边关系十分有利。但是根据某些统计数据中国公司雇用中国员工高达 70%，这意味着非洲人失去这种工作机会，享受不到发展在感觉中带来的好处。引进技术专业人才是一回事，但是在当地有的情况下还引进瓦匠、木匠和水管工，无论从工作效率来考虑还是从中非劳工在职业道德方面的差异来看，都不是一个长期的双赢战略。非洲国家政府在这点上必须照顾自己的利益，采取更强硬的立场。中国公司必须更加努力聘用当地劳工。在某个不确定的未来日子会聘用更多的非洲人这种含混不清的承诺是不行的。必须共同制定对非洲员工进行必要培训和能力培养的战略目标和在一个具体阶段取得预期成就的衡量标准。

在前进的过程中必须通过监督来确保非洲人不仅不限于只挣低工资和只干体力活，而且还要确保够格的候选人有在队伍中晋升的机会。

处理中国便宜商品洪水般地涌入非洲的问题。中国是非洲面对的一个竞争对手，从生产规模、价格、质量、货运和发明角度来讲，中国可以主宰非洲的任何市场，事实就是如此，指责中国竞争力太强于事无补。将之归因于全球化，否则就会争论下去。此外，非洲需要中国提供价格可接受的消费商品。如果非洲不能在全球市场上竞争，就不能只从全球市场购买所需的产品吗？

但从长远的观点来看这个问题怎样解决？如果低价中国商品洪水般地冲垮非洲制造业使数以千计的员工下岗，那么双赢何在？下岗职工怎么办？当很多新工作都要流入中国侨民手中的时候，非洲正在增长的中产阶级不也只好购买这种冰箱、计算机、手机和手电筒吗？收入差别扩大和阶级矛盾加剧会在非洲人和中国人之间引起什么问题呢？在赞比亚等国家我们已经看到受到孤立的抗议和暴力事件。如果人们时时都要防备自己人身和财产会受到穷人的侵犯，那么即使在大门紧锁的深院里还会有多少快乐呢？回答是否定的，需要一个不同的发展模式，这个模式可以掀起一个浪潮，把所得的航船都拖起来，非洲公司与中国制造商和进口商要开展合资经营，非洲人要作为投资商、合伙人、经理和劳工充分地参与进来。要向外国侨民中的非裔人敞开大门，他们的经济实力在增长，从外国直接投资、技术转让、企业创办、商业联络角度来讲，都潜藏着巨大的额外能量。最后还需要非洲国家领导人作出正确的决策和投资，使经济增长成为可能，这是再重要不过的了。

作者简介

在过去的25年中，怀特女士在国际商务、经济开发、性别研究和文化多样性领域提供广泛的咨询。她前不久曾担任卡尔福特集团多样化问题高级顾问，该集团是美国最大的社会责任投资公司。她与他人合著《卡尔福特的妇女原则》（*Calvert Women's Principles*），现已为《联合国全球契约》（United Nations Global Compact）所采纳。她还担任过非洲开发基金会购买商联络项目（Buyer Linkages Program at the African Development Foundation）首席战略家，该基金会是一个美国政府部门，为非洲企业提供技术援助、培训和投资本金。怀特女士设计的市场准入项目有助于非洲企业家和美国零售商之间的联系，使不正规的作坊产业活动转变成为有效的经营活动，在生产、组织、营销和满足国际标准等方面都采用最佳方法。

怀特女士还是一家零售连锁店的合伙创始人，向在华盛顿哥伦比亚特区、费城和纽约的商店销售以非洲为中心的家具装饰产品，曾荣获美国国家零售联合会"年度小企业"奖，该联合会是世界上最大的零售交易联合会。她在三一学院讲授过企业家原则，创办过许多培训项目，帮助提高进入全球市场的小企业家的生产和管理技能。她在生涯早期入职世行，从事特别具有竞争力的"青年职业家项目"，随后担任私有企业开发专家，在几个南部和东部非洲国家合作参与设计和评估世行资助的近十亿美元的项目。怀特女士在奥柏林学院获得学士学位，在约翰·霍普金斯大学获得国际学硕士学位，在哈佛大学获得工商管理硕士学位。她小时候是"部队子弟"，在 12 年中搬迁过 14 次，在三个大陆上学，这是她很早就对全球问题感兴趣的原因。

授人以鱼，不如……

珍妮恩·B. 斯考特

珍妮恩·B. 斯考特，非洲关爱基金会高级副总裁

我是在新奥尔良长大的，这对体验美国经历是一个非常有意义的地方，把本土美国、法国和非洲文化影响熔为一炉。

我父亲是药剂师兼企业家，母亲是小学教师。因此，他们有能力把我送进最好的学校之一，一所私立天主教学校。在整个学校经历过程中，我是班上唯一一个黑人。在顺利的日子里，我的肤色没有什么关系，但在不顺利的日子里，我有时听到有些白人同学的家长以及老师讲我的坏话或一般黑人的坏话。这种坏话只是更加坚定了我做黑人的自豪感，更多地了解我与非洲的渊源。

我本科就读于耶鲁大学瓦萨学院（Vassar），当时主修政治学和非洲学。学习非洲历史再一次肯定了我对非洲大陆的承诺，使我知道自己历经了一个漫长的非洲旅程。越了解非洲，就越想更多地了解。

我的目标就是完成本科对非洲法语区的学习，可问题在于那时非洲大学没有认可的交流项目可以使我拿到本科学分。我决定去巴黎，想方设法为去非洲铺路。这可谓心想事成，我在巴黎一些大学学习过后，有一天去塞内加尔驻巴黎大使馆问我是否可以在使馆做志愿工作。我的请求得到接受，最终使馆官员还为我在塞内加尔达喀尔大学（University of Dakar）学习作出安排。

这对我来说是一次深刻的经历，因为我可以师从著名的泛非洲主义学者，诸如契科·安塔·迪奥普（Cheikh Anta Diop）。我也能一头扎进非洲文化中去，理解文化和宗教对社会形成的作用。

1983 年当有机会读研究生的时候，我选择了耶鲁大学，因为我喜欢瓦萨学院，那里曾给我构建我自己学习经历的自由。我当时学的科目现在叫做“可持续发展”，但当时却简单地称之为“国际关系”。我从直觉中知道，而且我在塞内加尔的经历也可以证实光学一个学科（如经济学或政治学）是不够的，我希望能有非常广泛的认识和理解，能体会和说明与发展相关的社会文化和人类学运动力量的意义。

有了在塞内加尔的学习积累和经验，我在 20 世纪 60 年代初开始了我在非洲关爱基金会的职业生涯，一开始做项目管理经理，随后升至驻外国代表（再一次生活在塞内加尔）。我与很多经验丰富的专业人士一起工作，他们对非洲有着深刻的认识，对非洲的同情甚至更加深厚。他们教我如何更加尊重和热爱非洲。

我从个人的经历中充分认识到水资源的重要性，有了水便有了一切。基础设施、教育和农业发展也是必要的开发投入，否则国家便不能发展。而发展在很大程度上取决于社区人的情感、智慧和心灵。

20 世纪 90 年代初我开始在非洲开发银行工作，在七年多的时间里我有机会周游非洲。我又一次对非洲面临的挑战和非洲人民有了新的丰富认识。2000 年初我回到了非洲关爱基金会担任副总裁，在去非洲许多不同社区的旅途中，我经常看到一个社区绿草如茵，作物茂盛，而仅在 5 公里外的另一个社区却是光秃秃的不毛之地。

这种差别的原因何在呢？我终于认识到繁荣的社区认真汲取了教训，而近在咫尺的萧索的社区只是被动地接受没有传授知识的援助。用一句古老的格言来说就是“你可以给人们一条鱼让他们吃的时候感到满意，但是如果你教他们如何钓鱼，他们就会富起来”。

与其他开发伙伴不一样，关爱非洲基金会致力于教人们如何钓鱼。有时候把知识真正学到手需要较长时间，但是知识得到吸收后，就会产生可持续性。我记得有一次一个非洲小国的年轻人对非洲关爱基金会员工在他的村庄正在干什么感到迷惑不解；他们似乎总是坐在树下与人聊天，交流思想，而相邻的开发伙伴却竭尽全力忙于基础设施建设和项目执行工作。几年后我们相遇，他说项目全部结束的时候，“非洲关爱”社区的人们自己学会了如何开发和执行项目，他们在外国员工撤走之后能继续繁荣富强。

中国人在这方面的教训在于他们似乎经常带着现成的项目来非洲，由他们的专家小组来实施，但他们对向当地人传授知识并非总是给予足够的重视。因此，整个非洲出现了焦虑不安的局面。

他们建的公路是双向的，他们能让人们把商品运往市场，但也创造出一条让商品进入的途径，特别是从中国来的越来越多的商品。

在非洲工作的历程中，非洲关爱基金会的员工发现中国企业的数量越来越多，他们不仅做像建设公路这样的大生意，而且也做小生意，就坐在小商贩一旁，有自己的相类似的摊点，在路边卖小吃或在市场上卖服装。这样他们就会取代当地企业家，越来越多的当地人起来反抗中国人。

中国的私人企业主并不是企业大亨，他们是普通的中国人，与普通的当地商人竞争，因此对中国人的恐惧心理在加剧。

这是酿成灾难的根源。随着市场上的吵闹增多，做生意在风格上冲突越来越多，需要中国领导人干预，帮助解决这种矛盾。

中国要通过民间社会更好地理解当地人民及其需求，这是一个朝着正确方向前进的步骤。例如，非洲关爱基金会已做好准备与中国人共同开展战略联盟，为所有各方制定出更加全面的互惠互利方案。

作者简介

珍妮恩·B. 斯考特自从2003年以来一直担任非洲关爱基金会高级副总裁。她在非洲发展领域里有26年多的经验，在美国和海外私有、非营利、多边机构和政府部门工作过。作为高级副总裁，斯考特女士负责非洲关爱基金会在24个非洲国家的200多个项目的运作。她负责监督该基金会欧洲和加拿大办事处及其工作。斯考特女士在进入非洲关爱基金会之前，曾经创办美洲—非洲咨询有限公司并担任总经理，为想在非洲对社会责任项目投资的美国客户提供企业开发与咨询服务。

从1998年到2001年，斯考特女士担任美国财政部顾问，非洲开发银行集团美国代理常务理事，帮助确立美国关于银行集团的政策和项目的立场。她最初在南非从事经济项目，包括有关促进跨边界贸易和地区经济整合的特别项目。后来她从事可持续发展问题研究，与银行集团领导共同制定当时的扶贫重点方案，确保有关方面对扶贫、性别和环保等工作的积极参与和高度重视。斯考特女士获得耶鲁大学瓦萨学院政治学与非洲学文学学士学位和国际关系学硕士学位。她还就读于国防大学（华盛顿哥伦比亚特区）、发展研究院（英国布莱顿）、巴黎第四大学政治学院（索邦）、巴黎第一大学、欧洲学院（法国巴黎）、达喀尔大学（塞内加尔）、乔治·华盛顿大学（华盛顿哥伦比亚特区）。她操一口流利的法语，精通葡萄牙语 。

建设非洲民众委员会

梅尔文·P. 福特

梅尔文·P. 福特，非洲民众委员会主席、首席执行官

我从事非洲事务工作已经35年。光阴荏苒，就是在1969年到1973年在科罗拉多加尼森西部州立学院读本科的时候，我首次对非洲产生了兴趣，适逢赶上一个美国社会大变革时期——嬉皮士、民权运动、黑人权力运动、抗议越战活动。我为民权运动所作出的一项贡献就是编辑校报的一个题为《公交车的后部》的每周专栏。这个专栏的目的是教育在白人压倒一切的校园里的学生和老师懂得非裔美国人的看法以及了解美国和非洲的黑人英雄。我们提出和回答的问题包括谁是马尔科姆·艾克斯、马丁·路德·金、朱利安·邦德、克瓦米·恩克鲁玛。我当时还不知道，但实际上已经开始了寻找的历程，这个历程现已成为我一生的追求，教育公众了解非洲和非洲传统。

上大学的时候，一天有一个白人研究生走到我跟前告诉我他要和一个他在美国和平使团一道工作的同事结婚，问我意见如何。当我正在谈论自己对不同种族间通婚的看法时，我的头脑里不禁闪现出一个想法：和平使团也许是我能去非洲的一条出路。我当即就决定加入和平使团。

和平使团从一开始就是一个开明的美国政府机构，是在“非洲关键时刻”组织的工作基础上发展起来的，作为肯尼迪政府的一个项目成立于1961年，旨在为美国年轻人出国教育和帮助开导第三世界人民提供一条途径。当时招收的志愿者如同今天一样，是年轻的中产阶级和白人。被积极招入和平使团的非裔美国人很少，这也意味着非裔美国人获取国际资质的重要途径之一受到封锁。同样，美籍非洲人以及非洲血统的美国人要在开发机构工作的道路上有很多障碍，并不向黑人和其他少数民族敞开，诸如世界银行、国际货币基金组织、联合国以及世界粮食计划署。

当时黑人以及其他人普遍缺乏有关非洲的理解和信息，很多人在心里不禁要问一个问题：非洲大陆上的人们饥病交加、行为怪异，为什么还有人想去呢？就我个人的情况来讲，我是我家的第一个大学生，刚毕业就决定去非洲而不去找一份白领工作回家过“好日子”，我家里人认为我简直发疯了。

1973 年我收到和平使团的一封来信，通知我已被录取，将被派往厄立特里亚——当时是埃塞俄比亚的一个省，我已开始感到失望。我实际上以为埃塞俄比亚位于中东的某一地方。我是在浸礼教堂长大的，长期听《圣经》故事，不知怎么回事把埃塞俄比亚与耶路撒冷、巴比伦以及其他圣地联系在一起了。我当时还意识到中东正在发生一场战争，我不想去离那儿很近的任何地方。我最后找到一张地图，看到埃塞俄比亚实际上在非洲中部，不用说了，这时我心中感到一阵惊喜。可见当时像我一样的人对非洲的了解之少。

接受十周阿姆哈拉语和提格里尼亚语培训之后，我乘车来到阿斯马拉厄立特里亚议会大厦里的工作岗位。那时和平使团并不告诉你许多有关你要派往的国家的情况。例如，我没有意识到埃塞俄比亚的乡村存在严重的饥荒。几十万人丧生后就再也听不到有关他们的消息了。当时的皇帝海尔·塞拉西(Haile Selassie) 殿下不想让世人知道饥荒的情况，因此禁止媒体和西方政府进行有关报道。他认为对饥荒曝光就会丑化他的国家，把他的头埋入沙漠之舟。

经过三天的旅途，我终于到达阿斯马拉，我简直不敢相信我的眼睛。阿斯马拉是一座迷人的具有意大利风情的城市，到处都是郁郁葱葱的棕榈树，房子是意大利风格的铺就大理石地板的建筑，街道宽阔，绿树成荫。周围的一切都使我感到震撼：人们着装的方式、国际化的程度以及迷人的风情。

和平使团也没有告诉我厄立特里亚正在进行一场解放战争。历经一年动荡和内讧之后，我突然被调到埃塞俄比亚东部的古代围墙封闭的城市哈拉尔(Harrar)。我总共在埃塞俄比亚待了三年，随后返回美国去科罗拉多大学攻读公共行政管理硕士学位。

获得文学硕士学位之后，我在田纳西州纳什维尔市梅哈利医学院（Meharry Medical College）担任卫生学行政助理，可以和非洲保持联系。那时梅哈利医学院正在执行马拉维和博茨瓦纳的培训和卫生联络项目。1981 年非洲关爱基金会非美救济与开发部发出重返非洲的号召，我受命担任驻东非海岸国家索马里美国代表的职务，我随后在那里干了三年。

1984 年非洲关爱基金会把我从索马里召回，在华盛顿总部工作，管理一个要启动的新项目，旨在教育美国人特别是非裔美国人了解非洲和非洲发展问题。由于我以前办过简报，这项工作对我来说是轻车熟路。

已故的伊利诺伊州参议院保罗·西蒙当时担任参议院外交关系委员会主席，他经常说非洲在美国面临的问题之一在于非洲在美国没有一群支持者。他说无论什么时候他去犹太社区，人们都会问以色列的境况。无论什么时候他去爱尔兰社区，他都会听到人们对战火纷飞的北爱尔兰的关注。但是每当他与美国黑人讲话时，他们都只想谈国内问题，如平等法案、扶贫以及人权。

1990 年我决定去从事争取支持非洲的工作，通过把对非洲关心的黑人组织联系起来，建立一个共同的网络。我把这个网络称之为“非洲支持者群体”。

建立非洲金融共同体法郎区（CFA）的一项使命在于教育美国人了解非洲，促进为解决非洲问题而工作的组织和团体之间的合作与协调，帮助制定美国对非洲的政策。1994 年这个机构成为一个独立的非营利组织，2002 年从另一个正在发展壮大的重要组织——非美统一大会中脱离出来（AAUC）。

今天非美统一大会依然是非洲金融共同体法郎区的一个项目，是非裔美国人和其他非洲血统的美国人的一个正式联络体系，这些人领导着以非洲为焦点的组织和群体。40 多个组织现在联合在一起组成非洲非美统一大会，从分享观点帮助制定美国对非洲政策方面来看，该组织显然已开始产生真正的影响。

自从非洲金融共同体成立以来，我通过该组织、现在又通过美非统一大会悟出很多道理。有些人承认我们都来自非洲（不管是黑人、白人或任何人种），有些人不承认。我认为重要的在于感到与非洲相关联的人们来自各个不同的种族，具有各种不同的信仰和肤色，实际上在美国支持非洲的民众相当广泛。

今天非洲的重要性也许是史无前例的。从石油利益到反对恐怖主义和解决严重卫生问题到防止沙漠化等方面来看，有种种理由说明非洲的重要性，非洲出现的问题会从很多方面影响世界上的每一个人。

中国在非洲的活动也很重要，在相对短时期内已给非洲带来很多利益，特别是基础设施的发展。

中国在非洲的作用受到很多批评，但是历史会如何判断中国的行动，现在下结论还为时过早。我们正在观察一幅变化的景象的快照，让非洲人去判断，最好让繁荣的现实去说话。西方已经竭尽全力推动非洲的发展，但拿不出什么东西来加以证实。也许现在应该采取某种新思维和某些新方式。

与此同时，我们侨居海外的人士渴望与中国人合作共同分享我们对非洲的独特洞察力和认识，一起承担合作项目。在这方面，我们强调与在中国、加勒比海地区、美国和非洲离散的外籍非洲人当中的年轻人接触的重要性。巴拉克·奥巴马当选总统向世界表明现在更加重视年轻人。一个良好的开端可能是在全国各地的关键场所举办一系列“市政厅”会议，提高下一代人的觉悟，培养他们对非洲的兴趣。这可以通过帮助各种不同的非裔美国人构成的支持群体来贯彻实施，如来访非洲的教会、社会和民间群体、兄弟会和姐妹会。要与海外企业家一起积极努力帮助在非洲的合资企业完成项目。

作者简介

梅尔文·P. 福特从事非洲事务工作已有35年。他是非洲民众委员会创始人、主席、首席执行官，这个组织已有18年的历史，是一个基地在华盛顿哥伦比亚特区的由组织、群体和个人组成的联络体系，致力于非洲和全世界非洲人民的进步和美好事业。支持非洲民众委员会的使命在于争取公家和私人两方面对非洲的支持，帮助制定出美国对非洲的进步政策。福特先生2002年还创办了非美统一大会，这是一个具有广泛基础的以非洲为焦点的组织和群体的非裔美国和非洲领导人的同盟会，旨在促进泛非洲主义，使西半球的外裔领导人作为“第六地区”对外项目的一部分与非洲联盟联系起来。福特先生还担任过世界银行海外非洲人事务顾问，为非洲联盟驻华盛顿大使提供咨询。

福特先生在30多个非洲国家旅游和工作过。从1973年到1976年，他在埃塞俄比亚和厄立特里亚担任美国和平使团志愿者和教师。从 1981 年到 1984 年，他担任非洲关爱基金会驻索马里代表。从 1984 年到 1994 年，他在非洲关爱基金会华盛顿总部工作，担任发展支持者部主任，对非洲民众委员会的成立起了重要作用。

福特先生参加过许多次赴非洲的高级使命，包括 1994 年作为白宫代表团的一个成员参加卢旺达种族灭绝的评估工作；1994 年作为一个高级的小组成员参加寻求结束埃塞俄比亚与厄立特里亚之间的战争的工作；1998 年作为一个总统使命团的成员访问非洲五国，促进美国与非洲的贸易和《非洲发展与机遇法令》的实施；2001 年作为一个使命团的团长在苏丹达成一项全面和平协议；2003 年作为一个赴南非代表团的团长对“非洲开发新合作伙伴关系”(NEPAD) 作出评估，这是一个旨在促进经济统一与发展的全大陆范围的项目。

福特先生获得过很多奖励和荣誉，包括 1998 年的“狮子勋章”(Order of the Lion)，塞内加尔政府最高公共服务贡献奖，国会黑人成员 2001 年度立法会迪格斯外事奖等。

共同做“好”生意

丹尼尔·安纳格霍

丹尼尔·安纳格霍，企业家

我40年前出生在喀麦隆西北省省会巴门达。我父亲当过陆军上校，现今是拥有两三万人口的恩格沃村村长。我母亲出生在位于西南的孟非省（Manfe），这意味着我父亲和母亲讲不同的母语，英语是我父母、六个兄弟姐妹和我的共同语言。

你可以认为我是一个幸运儿，能够在美国上大学，就读于明尼苏达曼凯托大学，学习经济学和商务。毕业后我就充分发挥所学专长进入一家软件公司，不久以后信息技术产业出现萧条，于是我转入普华永道会计事务所（Waterhouse Coopers），在一个以联盟管理为主的新部门工作，在那里工作三年后又加入永安会计事务所（Ernst & Young），在那里从事类似项目，干了三年。

2003年我要建立自己的事业。我在华盛顿哥伦比亚特区成立了自己的公司，叫做非洲投资公司。如公司名称所示，我想把投资从美国引入非洲。但不幸的是我发现美国公司不愿对非洲冒险，其主要兴趣在于向非洲出售产品或者从非洲购买货物，尤其是从萃取产业购买产品。在美国促进对非洲投资的工作步履维艰，我们不得不换一种方式。今天我们集中精力确定在非洲的具有重大发展潜力的非洲企业，我们通过一揽子援助和融资计划来帮助这样的企业成长。

我来自喀麦隆，通过我父亲与那里保持高层联系，因此我把主要精力放在那里，想方设法让美国公司对那里投资。大多数公司还是对交易感兴趣，而我们则千方百计地促进对企业投资，达到发展经济创造就业的目的。

如今我们做成的最大一笔生意是一项咖啡投资，帮助一家喀麦隆公司创造品牌，将其烤制的咖啡推向美国市场销售。

与此同时，我在努力建立美国与喀麦隆之间的联系，为对喀麦隆开展贸易和投资打下基础。就此而言，我促使我在喀麦隆的家乡恩吉克瓦市与美国乔治王子县在 2009 年 5 月签署一项姊妹城市协定。如同乔治王子县县长在签字仪式上所说：“我在过去的五年经常访问非洲。去得越多，越感到自如。非洲已经成为我自己的一部分。”

乔治王子县县长杰克·约翰逊曾率领一个政府商务代表团访问喀麦隆和塞内加尔，回国后问题像连珠炮似的向他射去，其中最突出的问题涉及行程的费用。媒体标题问道：“杰克·约翰逊为什么从乔治王子县税收中拿出 36000 美元去西非旅行?”很多人对这项旅程开支是否值得表示怀疑。答案最终在五个月之后才揭晓，当时有 45 位喀麦隆商业领袖来乔治王子县参加“第五届年度项目与金融投资论坛会”，他们对乔治王子县经济一次性投入 247500 美元。

就喀麦隆方面而言，恩吉克瓦市市长拉扎利尔斯·阿兹阿哈（Lazarious Aziah）在访问乔治王子县期间声言：“我非常高兴来到马里兰为喀麦隆丰富的资源寻找市场，如木材、咖啡、可可和香蕉。”从交换角度来看，喀麦隆需要合作伙伴来帮助它发展基础设施和电讯建设，帮助与建筑相关的项目融资。

这是一种双赢的局面。如乔治王子县非洲贸易处处长所说：“在马里兰我们县的企业经济和劳动力属于最多样化之列，有 150 多种语言和许许多多方言。此外我们县与联邦政府相比邻，是一个名副其实的国际商业中心。我们乔治王子县的企业特色十分鲜明，能够在非洲未来发展机遇中提供援助。”人们注意到非洲贸易处是在 2008 年 3 月在乔治王子县成立的，旨在把马里兰州与非洲大陆连接起来，其使命在于寻找贸易和投资机会，促进战略合作伙伴关系团队建设，促使非洲公司和美国公司之间达成协议。

所有这一切都涉及合作伙伴关系，这是世界运转的动力所在。有关中国在非洲的问题大体上也是合作伙伴关系问题。

中国与当地公司开展合作吗？非洲与中国之间的合作关系公平吗？当地

人从这种合作关系中会得到什么好处？此类问题不一而足。随着中国在非洲的活动越来越多，所提出的问题也成倍增长。

但有些问题还提得不够，比方说，中国人有机会与在美国的非裔国民公司合作在非洲做生意吗？就我而言，这样的就会是存在的，乔治王子县可以作为这种未来合作的榜样。实际上我与美国驻喀麦隆大使馆合作创办年度项目与金融论坛目的就是为提供一步到位式的服务，促进美国和非洲之间的合资，增加投资机会。为什么不把中国吸纳进来进行三维合作，开拓在非洲做生意的机会呢？我认为这是一个三赢战略。

目前关键在于中国人要能证明他们正在把其他人吸纳到在非洲的协定项目当中去。对中国在非洲扮演的角色批评越来越多，看来体育馆的建设没有纳入足够多的当地工人，没有进行足够多的技术转让。缺乏这种技术转让，很多人认为中国的战略就是制造一种非洲对中国的长期依赖性。

不仅在喀麦隆，而且在整个非洲，有一种越来越流行的观点认为中国一方面在付出，另一方面又在索取。有些人甚至提出这是否是一种新殖民主义的问题。

长期的殖民统治以及西方不奏效的劝告使非洲受到伤害。例如，人们会注意到世界银行的员工都是哲学博士，应该对发展了如指掌，但是在他们的指导下贫困却漫无边际，人们失去了幻想。人们会注意到对中国的公开批评，因为中国没有及时对苏丹施加影响力，而美国袖手旁观使卢旺达发生种族灭绝事件，人们也为之丢掉了幻想。我们不仅丢掉了幻想，而且还感到气愤。

我们审视自己在非洲的行动。当认识到有多少大好的发展机会葬送在非洲领导人之手，我们就感到大失所望。我们不仅是失望，而且还感到气愤。

像我一样的年轻人理解并且信奉责任感的观念。我们懂得我们必须超越我们个人的需求来关心同伴。我记得我小时候父亲让我坐下来对我说：“儿子，凭我的地位我可以接受贿赂，我们可以非常富有，但这不是我要给你树立的榜样；我关心你，在对你的关心中我要给你树立一个正面的榜样。”

现在在非洲的所有角色都要展示对同伴的一种关爱，其中包括中国。但首先非洲人必须关爱自己。按照人道的精神，我们也请求我们的开发合作伙伴、贸易商和投资商帮助我们自助。

不错，我们要与中国合作，在这种合作和与西方的合作中，我们还要努力为所应为，公平公正，把人民的利益放在首位。

作为非裔侨民，我渴望有与中国人合作的机会，和乔治王子县的公司一道在非洲进行富有成果的、公平的、互惠互利的投资。

作者简介

丹尼尔·阿纳格霍，非洲投资公司的总裁和创始人。该公司成立于2003年，是一家国际经济咨询公司，旨在促进对非洲的直接投资，被海外私人投资公司授予贷款筹建资格证书。有了贷款资格筹措资质，非洲投资公司就可以帮助客户获得海外私人投资公司的资助。海外私人投资公司是一家独立的美国政府机构，为美国公司在海外投资提供资助和担保。

2005年通过与美国驻喀麦隆大使馆和美国国务院密切合作，阿纳格霍先生开办年度培训项目“非洲论坛：项目与金融”，旨在教育非洲人懂得交易的结构原则。通过这种论坛，非洲投资公司每年大约负责管理30笔交易，每年项目金额总共达到两亿多美元。

在开办公司之前，阿纳格霍先生在普华永道会计事务所和凯捷咨询公司（Capgemini）等美国国有公司担任顾问，长达十余年。在此期间他还担任过企业联盟项目联盟经理。他负责与大型软件和硬件公司——美国国际商用机器公司（IBM）、甲骨文公司和科恩系统公司——进行合同谈判，开发战略联盟项目，用来确定潜在的联盟伙伴。

阿纳格霍先生还担任一个非营利基督教组织——雀巢牧师会的董事会主席，为在马里兰地区遭遇风险的儿童提供安全避难场所。阿纳格霍先生在明尼苏达曼凯托大学获得经济学硕士学位。

一项美非战略

杰克·爱德罗

杰克·爱德罗，爱德罗国际公司总裁兼首席执行官

我从乔治·华盛顿大学获得工商管理学士学位后，于 1969 年进入爱德罗国际公司与父亲萨姆在一块儿工作。我负责日常实际活动，如对燃料循环材料包括乏燃料和钚进出口许可证发放、包装批准、价格选择、样式选择、价格谈判、文件起草等。我父亲的公司从使用过的电池里收集铅，一开始十分艰难。他在印第安纳州韦恩堡收购很多，雇用一名男子砸碎电池以回收铅。我父亲开车在加油站周围转悠收集电池，有些不用花钱，有时候有的每一节要花 50 美分到 1 美元，依据铅的价格而定。

生意变得很兴隆，我父亲开始专门处理垃圾场，从中购买满载卡车的电池。结果电池铅生意扩展到整个印第安纳、俄亥俄和密西根部分地区。

在 20 世纪 50 年代初，美国原子能委员会（AEC）计划沿着俄亥俄河在俄亥俄朴次茅斯建立一家大型铀浓缩厂，需要大量的铅，一是保护工人免遭辐射，二是在大规模管道安装过程中保护数英里长的管道。我父亲抓住这个机会在俄亥俄哥伦布开设一家铅供给厂，最后实际上成为新原子能委员会工厂的铅供应商。原子能委员会必须立即想办法向海外运输核材料，在美国有了“和平利用原子能”项目之后要把核材料运回来，鼓励其他国家和平发展核技术。

那时候，除了原子能委员会之外没有一个实体能够运输核材料，原子能委员会从橡树岭发送辐射性同位素。该委员会预料核材料的国际商业价值会增加，因为美国有能力成为非共产主义世界的供应商。这为我父亲的公司创造出两个新机遇：一是为运输乏燃料提供特殊包装，二是充当货物运输的代理商。在第二次世界大战期间我父亲担任轮船事务长，学过日本的运输课程，懂得国际运输，因此为抓住这两个新商机做好了准备。

在父亲指导下当学徒八年之后（1978 年）我接手公司担任总裁。

我在爱德罗国际公司担任 20 多年总裁，负责公司所有环节的工作，包括为全世界的核供应商和用户提供运输、仓库储存、后勤保障服务。我还为大型国际组织开展燃料循环活动担任营销代表，涉及浓缩材料供给、能量转换服务和浓缩合同管理。此外我还积极参与咨询活动，涉及核燃料循环的方方面面。

我第一次真正参与非洲项目始于南非核设施的开发。由于当时核不扩散政策在全美盛行，必须从一些地点获取浓缩铀再将其运到两座 900 兆瓦的核电厂。美国同意在两个条件下不予干涉：一是南非必须继续与西南非人民组织进行和谈，二是南非的一座核浓缩工厂必须接受核查。

我们公司第一次参与非洲项目之后又参与很多其他项目，涉及矿物和非矿物产业。众所周知，我们公司参与了“非洲天空安全”项目，这个项目是克林顿政府期间发起的，但无果而终。

我在莫桑比克为筹划纳拉卡联合运输港与铁路项目工作过。也在肯尼亚为一个电信项目工作过，在非洲的工作经历使我懂得你必须得运气好，否则的话就如奇努阿·阿契贝（Chinua Achebe）所言：“土崩瓦解”。

人们还必须懂得如何在非洲运用政治手段，中国正在向世界表明其精于此道。与美国的方式相反，中国更多地使用“胡萝卜”而不是“大棒”。

与美国形成的进一步反差在于中国有十分明确的既定目标：中国需要非洲的资源，来推动正在增长的工业的发展。美国则处于去工业化过程当中，除了石油之外对非洲其他矿产没有非常迫切的需求。问题在于：美国要在非洲达到什么目的？

中国实行计划经济，美国实行市场经济，两者形成鲜明反差，因此在方式上也出现了差别。一种非洲战略必须适应一种更宏伟的战略，中国知道其宏伟战略的内涵和外延，美国需要与私营企业协商，共同制定出一种全面的美国非洲战略。同样，非洲也须照此制定出自己的中国战略，因为可以肯定中国有一项非洲战略。

作者简介

杰克·爱德罗17岁暑期在德国核化学和冶金公司实习九周后开始他在核产业领域里的生涯。在乔治·华盛顿大学获得工商管理学士学位后，他于1969年进入爱德罗国际公司加入父亲的队伍，一年后成为副总裁。经过八年的“学徒”生涯之后，他于1978年接替父亲担任公司总裁。30多年来他一直从事核材料的管理工作，为全世界核燃料供应商和用户提供后勤服务保障，开展市场调研工作，为客户获取并购买材料提供服务。他还担任爱德罗国际公司澳大利亚独资有限公司总经理和爱德罗国际公司墨尔本分公司总经理。他是美国贸易代表下属的非洲贸易咨询委员会（TACA）委员。

中小企业投资现状

罗德·麦卡利斯特

罗德·麦卡利斯特

为中小型企业提供的金融和业务支撑服务在“中间缺失”，这话听起来有点儿陈词滥调，但依然恰如其分。为大型企业服务的共有和私有资金非常丰富，为金字塔底层服务的微型资金也越来越多，两者之间的经济活动占整体的80%，但投资和借贷方面却是一片空白。

图1描述了在非洲大部分地区的经济分布和等级层次。

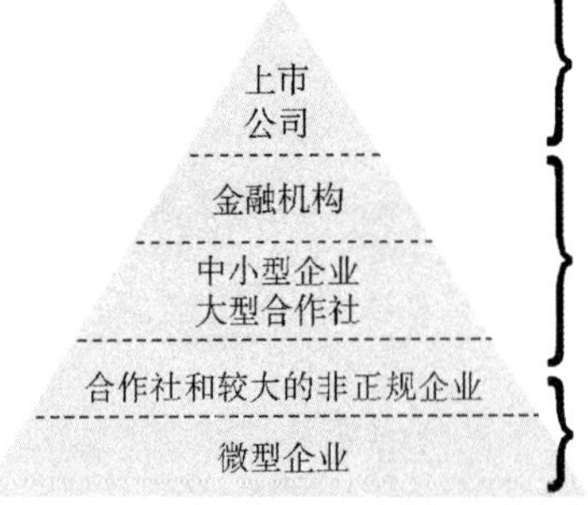

图1 迅速增长的中型市场

图1的中间部分从底层开始是由农村合作社和非正规企业组成的，完全靠现金基础运营，往往处于正规经济之外。它们实际上得不到专业金融机构的支持，只是偶尔得到捐赠者的资助和/或业务支持。

在中部的中央是所谓的“真正的中小型企业”，通过注册具有合法身份，半正式运营。如果它们能够找到愿意为之提供借贷的银行，条款通常非常苛刻，远远超出正常企业承受的能力。在上部的是中型公司，具有大多可持续企业的特征，但没有达到可以在股票交易所上市的规模。但它们对银行贷款的兴趣可有可无。它们是私有风险资本基金会猎捕的对象，但要做成一笔好交易并非易事。

从集体来看，这些公司在社会中占就业和经济活动的大部分，但由于种种原因，所得到的服务却最少。这些原因包括：

- 中型市场公司的问题比微型企业更多、更复杂；
- 银行缺乏掌握能够分析和服务中小型企业技能的贷款官员；
- 中小型企业一般缺乏足够的资产来抵押贷款；
- 在这样的情况下，借贷是以未来现金流动为依据的；
- 大众市场缺乏资产折现力，这难以给投资者退出的机会；
- 评估富有挑战性，特别是在需要第三方的专业技能的情况下；
- 由于法制体系不健全，强制性执行的风险大；
- 非洲中小型企业投资组合得不到充分风险调节回报，需要把资助和开发结果合起来考虑；
- “耐心资本”，不是风险资本，是常见的。

从现实来看，要增加中型市场投资、扩大“风险资本”申请范围，必须做到以下几点：

- 为适应文化提供帮助，搞好关系管理；
- 把一般基金成本作为起点，确定补偿水准；
- 由工商硕士管理学位和相关商业经验的非洲投资官员，在多年的忠于职守的岗位上，愿意吃苦耐劳，挣比在华尔街还少的薪水；
- 面对困难需要灵活性和创造性以及耐心；
- 防腐拒变，一尘不染。

还有环境制约因素要解决，同时也必须反对腐败。另一个相关的风险在于把金钱和关系纠结在一起的行为，这还意味着无意偿还很多笔个人债务；

他们通过拖欠债务，展示对贷方的敬意，对债主的服从，这是对社会等级的认可。

虽然非洲现在有20多家股票交易所，但其中很多规模很小，上市公司很少，每日交易量只有几十宗，而不是几百万宗。可以预期，在今后10~15年中，资产折现力的环境会变得更好，但与此同时，通常的资产折现力操作员缺乏意味着投资者必须开发易为企业家理解的自动资产折现力工具。

中型市场由于潜力没有挖掘出来而十分有吸引力。我认为非洲的企业家作为中小型企业主普遍组织起来，就会使大多观察家看到奇迹的出现。他们的财富积累在于为正在兴起的中产阶级服务，在于在获取当地和地区市场份额方面具有竞争力。实现这个目标的一个条件还在于人才外流的形势能得到逆转，散居在外的非洲群体当中的十分成功人士会返回“基地”，参与未来的发展事业。

中国投资和非洲中小企业与中国公司之间的战略合作伙伴关系也会促进扭转人才外流的局面。这对中国正在建立的经济特区所在地非常有意义，会为所需的基础设施建设提供支撑，通过这种特区创造出来的需求为当地的供应商和服务公司提供潜力。

中国的非洲问题专家所面临的机遇也可能包括为当地银行提供优惠资本，这种银行正在艰难地努力使自己成为中小企业的借贷者，尽管政府开始制定中小企业借款额度的要求（以尼日利亚为样板）。所面临的另一个机遇在于对非洲仿制品生产的改造，如在中国生产的加纳“肯特”牌布再出口到非洲，因为这会使非洲失去商业机会。从纺织品到五金器具，许多中国产品随处可见，出售价格低于当地的各种产品。历史表明，中国所具有的相对的制造业优势不会永远保持下去，非洲大陆完全有可能存在尚未注意到的具有成本竞争力的制造产业。

最后，在农业工业方面还有很大的机遇。也许最大的机遇是能够形成与非洲小农场主的战略联盟，利用合作模式，把机械化与其他“绿色革命”要素结合起来，以生产出口产品。现在才真正到了双赢的时候。

作者简介

罗德·麦卡利斯特是非洲中型市场基金会总经理，这是一家新的私有基金会，旨在为非洲西部地区中型企业投资；是一家影响力投资基金会，追求财富创造和开发影响力的高回报（www. africammfund. com）。非洲中型市场基金会服务于愿意为扶贫慈善事业投资的投资商并愿意为捐助寻求市场和负责的投资接受者。

麦卡利斯特曾担任美国非洲开发基金会主席。这是一家独立的政府代理部门（www. usadf. gov），监管16个国家中小企业项目的投资组合，总金额达到4700万美元。从2003年到2006年，麦卡利斯特开办一家咨询公司，专事冲突地区的商务活动业务（www. businessandconflict. com）。在此前的25年中，麦卡利斯特供职于美国康菲石油有限公司（Conoco Phillips，www. conocophillips. com）。他大部分时间在安哥拉、刚果、尼日利亚、利比亚、叙利亚和伊朗工作。他领导过多次谈判，参加在非洲的许多投资，担任过刚果国家部经理，华盛顿哥伦比亚特区办事处主任。

一个走向趋同的中国？*

欧内斯特·威尔逊

欧内斯特·威尔逊博士

很少有什么问题比中华人民共和国融入世界经济政治体系对全球稳定更加重要了。在过去30年中，中国从冷战的遗弃儿成为世界强国，在全球各国同时引起两种反应：发展中国家的羡慕和发达国家的紧张。发展中国家羡慕中国因为其经济的成功，受控的、具有企业精神的资本主义模式，为政治稳定提供了保障。但由于与中国国内封闭的体制有关，世界大国用怀疑的目光来看中国共产党的行为和目的。换言之，对中国在世界崛起这个事实的评价存在着巨大的分歧。

中国崛起的一个关键因素在于一向有能力发展与世界其他国家的经济和政治关系。从非洲到拉丁美洲，从西方到东方，中国在国际上的扩张有赖于外国愿意与中国打交道。虽然西方民主国家及其民众对与中国加深关系表现出相当谨慎的态度，但是发展中国家一直追逐中国模式：政治稳定，经济快速发展。这些国家占世界消费者的2/3，全球资源的2/3，在联合国和其他国际组织中拥有绝大多数表决权。因此，中国正在崛起的地位对西方听众来说依然是一个令世界烦恼的问题，他们不能从适

* 本文与彼得·温特合写，是根据威尔逊和温特即将发表的关于中国在与非洲关系方面坚持国际准则的一篇文章改编的。

当的角度来评论中国的行为。

随着中国加强国际关系，中国是否按现存的全球“游戏规则”出牌——中国是否在贸易、外援、国际法、人权等问题上按现存全球游戏规则出牌，对所有国家来说都是一个极为重要的问题。

从民族的全方位利益——经济、外交、战略、技术和军事，可以把非洲看做中国称雄世界的一个实验室。自从20世纪50年代中国进入非洲以来，有人一直用怀疑和不安的眼光来看中国的行为。但是中国目前的参与已重新引起关于中华人民共和国在一个历史上动荡不安地区的影响的争论。自从50年代末期以来，我们看到中国与非洲国家的交往已有了极大的发展，因此西方感到越来越紧张。

中国的地位应该继续提高吗？我们对西方发展和制度模式——民主和人权应该有什么期待呢？关于政府与开发政策方面假定的公认准则，北京给非洲国家提供了选择的余地，这会给中国在竞争非洲大陆资源方面带来“不公平的”优越性吗？

很多西方观察家惴惴不安，因为其他发展中地区可能会走非洲的路，预示着一个新的“亚洲世纪”初见端倪。考虑到中国在非洲大陆冲突地区的存在，全球对中国“威胁”的担心也越发严重，还有世界金融危机等问题，从长远观点来理解中国的行为就尤为重要。

从长远观点来看，从中国在非洲的行为与国际准则是趋同还是相左这一角度出发，我们就能有希望更好地理解中国正在扮演的全球角色所带来的重大动力和趋势，这种动力和趋势如何与西方的利益相冲突，后一点十分重要。负责设计和贯彻国际外交和安全事务政策的人们需要懂得正在崛起的中国巨人是否在按照通常的“游戏规则”来出牌。

在公共政策的世界里，潜在的动力总在起作用。政策制定者关注正在起作用的潜在动力，而不是时时刻刻都仅仅关心正在起作用的静止条件。最好的政策提议要以可观察到的中国行为趋势为依据，而不仅仅以对单独问题的快照或一时一刻的焦点为依据。如果我们考虑“国际准则”的常态价值而不是任何给定的片刻的价值，那么一个国家的行为就会高于或低于公认的国际准则。如果我们绘制出这种行为的时间曲线，那么我们就应该有能力理解这个国家长期在这片较广阔的空间内走向趋同还是趋异。把各种突出的问题（援助、贸易、武器出售等）放在一种概念——国际准则与行为的背景下，我们就能高屋建瓴地分析理解一个国家国际体系中的作用。

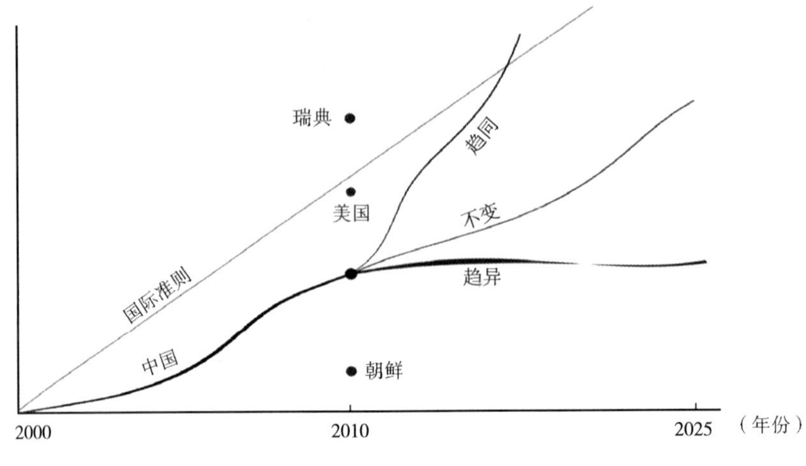

图 1　准则与行为

虽然国际不确定性依然强劲，但我们有把握认为一个国家大体上是在一致性行为范畴之内活动的。在国际组织中活跃的国家，遵守人权公约，通常被认为在世界发挥着积极的作用，这样的国家一般会超越国际准则的基线。公然破坏国际协定，对内实行残暴统治，这样的国家一般远在准则之下。从我们的研究来看，图 1 中上扬的线代表西方/经济与合作发展组织对新兴市场/发展中国家关系准则的总和。从理论上来讲，这条线是政体在具体领域中的总体写照，包括贸易、援助、外交关系、人权等。重要的在于一个国家在长期中是朝着这种国际准则趋同还是趋异，才应该是判断这个国家在世界的影响的主要因素，这是个发人深省的问题。

关于中非关系的论战，这种对长期行为的重视，依然应该是对政策全部思考的关键。我们的模式是用启发式看问题。关于中国在非洲地区的作用，学者可根据自己的发现得出不同的结论。这种确定中国影响的选择法会引起更冷静的分析，重点放在长久的、可观察得到的趋势上。从经济问题（过去十年中中非贸易总额增长 1000 多亿美元）到文化交流（20 世纪 50 年代有 24 位非洲学生在中国学习，而 90 年代有 5500 多位），非中关系的长远趋势是要分析的基本问题。我们不是看到了一个正在走向与国际社会趋同的中国吗？难道我们对当前国际体系的一种越来越明显的替代选择还要继续保持谨慎的态度吗？

作者简介

欧内斯特·威尔逊，博士，加州大学传播学院院长，瓦尔特·H. 安嫩伯格传播学席位教授。他担任大众广播公司（Corporation for Public Broadcasting）董事会会员的时间最长，是经克林顿和布什总统任命、两度为美国参议院批准的。

威尔逊博士在亚洲积极工作已有20多年了，包括在中国、印度、日本和越南。他研究的重点是发展中国家和新兴经济体——特别是亚洲和非洲的革新以及信息与传播技术。他在印度和中国从事过科研。在中国，他是亚洲年度会议博鳌论坛的全席发言人，向美国国家信息化委员会办公厅高级主管发表过演讲。威尔逊博士还在中国科学院、中国社会科学院、北京大学和清华大学发表过关于领导、革新和传播的讲座。他是中国国际文化交流中心、中国电子商务协会和东京全球传播中心的顾问委员会委员。他还在台北发表过演讲。他与彼得·考海（Peter Cowhey）共同在加州大学圣地亚哥分校组办过“中国与互联网大会”。他从事过对印度信息与通信产业的研究工作，特别是在班加罗尔采访过塔塔咨询服务有限公司（TCS/Tata Consultancy Services Limited）和信息系统公司等著名企业。

威尔逊博士在《信息技术与国际开发》（*ITID*）杂志上发表过一篇关于中印对信息技术的方式的论文，以及《中国向知识经济转变的趋势》（与亚当·西格尔合著）和《评述中国促进信息通信技术增长的电子政务政策》（用中文发表，与王晓东合著，《定量与技术经济学杂志》第22卷第10期，2005年10月）等文章。威尔逊博士在他的由麻省理工学院出版社出版的论著《信息革命与发展中国家》中，论述过中国互联网领袖人物。

他是克林顿政府商务部赴中华人民共和国高级代表团团员，在克林顿政府，他担任美国信息署和白宫国家安全委员会高级官员，随后担任全球信息基础设施委员会副主任。2007年，他应美国国务院之邀，帮助组织为期一天的中非关系高级别通报会，在国会就有关话题发表了意见。他是巴拉克·奥巴马竞选委员会顾问，是华盛顿哥伦比亚特区总统过渡小组成员，负责国际事务和国内革新政策问题。威尔逊在加州大学伯克利分校获得博士学位，在哈佛学院获得文学学士学位。他当前主要从事“数字时代的可持续革新”问题的研究。

理性的结合：中国有机会成为使各方都受益的一股力量

马希尔·基提苏

马希尔·基提苏，康奈尔大学非洲发展研究所客座研究员

在当前的时代中国扮演的突出角色不应该令人感到意外。相反，人们会为中国为什么要用如此长的时间才把巨大的潜力挖掘出来而感到迷惑不解。从历史来看，中国是世界上最古老的、不间断的文明国家。这意味着国家的强大作用，证明国家在维持社会延续中所发挥的重要功能。国家必须强大。菲利普·德尔马斯（Philippe Delmas）认为，中国在2500年的历史中，只享受了200年的和平。在第一个600年中，中国只有17年中没有战争①。中国在清代（满族）建立了一个伟大的帝国，一个始于1644年、止于1911年的时代。

从公元1世纪直到19世纪初期，中国的经济分别占全球国民生产总值的22%和33%，其高峰出现在1820年。随着欧洲、美国和日本的工业化，中国占全球国民生产总值的份额减少了，1950年下降至4.5%。这个数字直到70年代邓小平成为毛泽东的接班人之前没

① 菲利普·德尔马斯：《战争的美好未来》，加利玛出版社，1995。

> 有变化，这种长期的落后及其产生的悲剧就是中国每个小学生都知道的百年“国耻”①。

从历史上看，中国并没有真正崛起，而是正在恢复其在世界事务中失去的地位。随着经济的强大，无疑也会出现政治的强大。在世纪转交期间就已经看到了一种美中新地理政治关系的轮廓。哈尔姆·德哈吉（Harm de Blij）在他的《地理重要的原因》一书中就是这样论述的②。

中国在一个世界上的崛起实际上已然形成，只是没有展现在世界舞台上，而是以和平的方式在进行。正如哈尔姆·德哈吉所说的那样：

> 中国比殖民主义者更长久，中国赶走了日本人，战胜苏联顾问的共产主义狂热，一切都没有进入世界舞台。中国人并没有对欧洲人实施报复，允许英国人在战后的香港继续待下去，没有通过国家组织针对日本的暴力行动，日本人在战争年代的残暴行径至今仍然引起中国人的愤怒。苏联顾问只是被打发回家，并没有因为鄙视“修正主义”而受到惩罚③。

随着经济的增长中国支持和平事业。中国面临的挑战在于承担起自己在世界事务中新确立起来的职责，确保经济持续快速增长，处理好社会转型所带来的社会和政治问题。为了保护在全球竞技场上的国家利益，中国创造出平行的国际组织，不受控于西方国家，特别是美国。1996 年北京率先创立上海合作组织，2000 年又发起中非合作论坛，这是一个指导中非在新世纪合作的组织处理全球事务中的尴尬局面。在全球竞技场上像走卒一样的国家只好接受必须接受的东西。根据修昔底德（Thucydides）的叙述，雅典人在伯罗奔尼撒战争（Peloponnesian War）期间对梅林人（Melean）说：“……讲究实际的人讨论这些问题的时候，争议的标准取决于强权是否等同……强者做权力所及之事，弱者接受被迫所接受之事。”④

---

① 丹尼尔·M. 兰普顿：《中国实力的三个面孔》，《外交事务》2007 年 1/2 月，第117 页。

② 哈尔姆·德哈吉，第 129 页。

③ 哈尔姆·德哈吉，第 125 页。

④ 修昔底德：《伯罗奔尼撒战争史》，企鹅出版社，1986，第 402 页。

弱国在今天世界政治格局中也都处于类似的状况。虽然个别中等国家，如欧洲国家在处理国际政治尴尬局面中有较大的自由空间，但欧盟作为一个集体决策机构有一套较鲜明的规则和政策。看来，美国和中国（以及越来越坚定的俄罗斯）在处理外交政策选择问题上具有较大的自由空间。因此，把美国、欧洲和中国对全球化的方式加以比较是有意义的。

在全球化管理方面存在一种重大分歧。美国，特别是在布什政府期间，欧洲和中国，对整个世界抱有不同的愿景。华盛顿对全球趋势及其领导机构抱有一种特别的态度。美国政府对军事进行大量投资，特别是自从 2001 年 9 月 11 日全球反恐战争开始以来。理查德·贝茨在《外事》杂志上撰文认为[①]：

> 当前资源和武力紧张当然是由于阿富汗和伊拉克战争造成的。这两场战争的花费不包括在上面注出的 5000 亿美元的“底线”数字当中（2008 年要求 5050 亿美元），但包括在补充申请的额外 1420 亿美元当中，使 2008 年军费预算上升到 6470 亿美元，这个预算实际上比越战高峰时期的 1968 年的预算高出 25% 还多，是自从那时以来美国经历的规模最大、最血腥的战争。

全球反恐战争是美国政府看世界大多问题的一个放大镜。实际上，美国政府把全球化进程的管理工作留给了国家经济和私有部门。美国财政部和私有公司与外国做双边交易，而政策制定者不支持国际组织。华盛顿没有批准“全面禁止核试验条约”（Comprehensive Test Ban Treaty，CTBT）。华盛顿决定建立弹道导弹防御系统（Ballistic Missile Defense System ，BMD），搁置反弹道导弹协议。华盛顿局部执行有关环保的《京都议定书》。美国在关于建立国际刑事法庭的条约上签字后又撤销了。美国对有关战争与和平的主权国家决策的态度戏剧性地体现在美国 2003 年 3 月入侵伊拉克的决议中，尽管遭到大多数国家包括几个北约组织成员国的反对[②]。

---

① 理查德·K. 贝茨：《训练有素的防御：如何收回战略偿还能力》，《外交事务》2007 年 11/12 月，第 68 页。

② M. 阿约伯：《全球化时代的安全：去伪存真》，选自 E. 阿迪尼与 J. 罗森纳编《全球化，安全与国家：转变中的范式》，纽约州立大学出版社，2005，第 15 页。

相反，欧洲国家的态度是要努力加强对管理全球化进程具有举足轻重作用的国际组织，如欧盟、经济合作与发展组织、国际货币基金组织和世界贸易组织。阿布德拉尔与西格尔认为，“这两种关于全球化进程的不同观点从来都没妥协过，近年来这一矛盾削弱了全球化的基础”[①]。

与此同时，一种新秩序出现在“金砖四国”（巴西、俄罗斯、印度和中国）。到2010年，“金砖四国”的国民收入年度增长将超过美国、日本、德国、英国和意大利的总和，到2025年将是七国集团的两倍[②]。

有些分析家认为，中国故意避开七国集团，以便可以随意制定对外和经济政策。其中的一个优越性在于中国可以脱离反恐战争，而美国及其盟友则对此投入大量的时间、精力和资源。美国可能需要对外交政策实行重大调整，以应对在这个处于全球化进程的世界里正在出现的一种新秩序。欧洲人也可能不得不作出调整，他们把新来者，如中国和其他金砖国家的收获看做他们在包括非洲在内的国际事务中的传统角色和地位的丧失。

联合国和布雷顿森林体系如果不能反映正在形成的新的权力平衡，就会被逐渐废除。包括“金砖四国”在内的一种“志愿结盟”将会大力促进非洲发展，解除非洲冲突，支持建设和平的力量。从创建美国非洲指挥部来看，这一点尤为重要。

中国在非洲的新阶段

中国在非洲早已不是新鲜事了。中国自从20世纪50年代就积极活跃在非洲大陆上，支持革命和独立运动，在非洲大陆寻求与苏联的势力相平衡。中国还把对抗西方当做冷战斗争的一部分。但是自从冷战时代结束以来，商业投机便取代了军事活动。然而这种维护非洲国家稳定的政策并非一向是积极的。在这个中非合作的新时期里，中国与大多非洲国家已建立起广泛的政治、经济和军事关系。中国这样做的部分动机在于大力确保一个石油供给和其他原材料的稳定来源。中非关系的新纪元始于20世纪80年代晚期。冷战政策土

---

① 拉维·阿布德拉尔与亚当·西格尔：《全球化高潮过去了吗?》，《外交事务》2007年1/2月，第105页。

② 丹尼尔·W. 德勒兹纳：《新世界秩序》，《外交事务》2007年7/8月，第59~69页。

崩瓦解。在邓小平的领导下，中国在向市场经济转型，重点放在培养与工业化国家的关系，而与非洲国家的关系则放在了次要的地位。

1989 年柏林墙倒塌。在西方出现了关于民主传播、法制和尊重人权的乐观主义浪潮。同年，中国发生政治风波。中国在世界的形象以及与西方的关系受到损害。中国对此作出回应，修订和调整其重点顺序。与非洲的关系虽然未受到强调，但依然保持得不错，现在又被摆在优先地位上。如前所述，这一次与非洲的合作从与军事活动的意识形态思维和冷战方面转向经济利益。

中非恢复合作的另一个重要年度是 1998 年，当年中国发生一场特大洪水。据说洪水是由于过度砍伐使环境恶化造成的。随后发布一道禁止严重伐木的禁令，迫使很多公司寻找外部资源。于是中国的森林砍伐问题被输出到非洲。还是在 1998 年中国给非洲提供 1.07 亿美元的援助。到 2004 年中国对非洲的援助达到 27 亿美元。2004 ~ 2005 年，中国与非洲贸易增长 35%，达到 400 亿美元。中国计划到 2010 年与非洲大陆的贸易额翻三番①。

在许多项目当中，中国在尼日利亚重建铁路网，在加蓬建一个新铁路网。在卢旺达铺设了主要道路的 80%。中国公司在 10 多个国家中开采石油和天然气，重建电网和电话网。赞比亚最大的铜矿之一为中国公司所拥有。赤道几内亚的一项主要木材业务由中国人管理。在莱索托，所有超市近一半和几家纺织厂由中国人经营。中国还与埃塞俄比亚建立了政治和经济关系，这是一个非石油生产国，但具有重要的战略地位。此外，埃塞俄比亚首都亚的斯亚贝巴是非洲联盟所在地，可以为会见非洲领导人和外交家提供机会。同样的分析也适合罗伯特·穆加贝治下的津巴布韦，这也是一个非石油国家，但一个后穆加贝的津巴布韦迟早会恢复在地区的重要性，成为中国在南非洲地区的一个强大的政治联盟。

中国在 2000 年自愿放弃非洲主权债务 12 亿美元。中非合作论坛成立时有 45 个国家参加。在 2002 年中非合作论坛部长会议后建立一个非洲人力资源开发基金会，专门培养非洲人才。随后在埃塞俄比亚首都亚的斯亚贝巴举办的一次论坛中建立一个为期三年的培训项目，为各个领域培养 1 万名非洲人。仅

---

① J. 克兰茨克：《北京旅行记：中国进入非洲及其援助、开发和管理的意义》，《政策展望》，卡内基国际和平基金（2006 年）。

在2004年，中国就对非洲石油投资接近100亿美元，涉及非洲大陆49个国家600多家企业。

官方宣称这种合作背后的理由在于建立牢固的南南关系。没有对经济援助附加条件，北京公开宣布对非洲实行双赢政策。要超越意识形态来理解中国在非洲的存在，首先要看看中国当前国内的需求。

2003年中国是世界水泥的最大买家，进口全球生产水泥的55%，此外购买的煤占40%，钢铁占25%，镍占25%，铝占14%。中国是继美国之后第二大石油进口国。到2030年中国能源消耗将是今天日本和美国的总和。不能为其快速发展提供足够的能源，不是意味着国内不稳定就是意味着增加外国石油的进口。据估算，到2030年，中国每天需要额外进口800万桶石油，理查德·奥林奇认为，“这需要一个像沙特阿拉伯一样大的供应商才能满足需求”①。2004年中国原油进口的28.7%是由非洲提供的。

因此，中国开始认为获取石油是一个国家安全的问题，要使用国家的一切手段来满足能源需求。迈克尔·克雷尔（Michael Klare）注意到在全球和局部的背景下中国的非洲政策对安全的意义。他认为，要满足对石油的不断增长的渴求，中国别无选择，只有面向美国具有的相同的来源：波斯湾、加勒比海盆地和非洲②。

新的内部压力和社会压力

一切行动都会产生结果。正如物理定律所描述：“你可以控制作用力，但不能控制反作用力。”中国现在必须处理作用力引起的反作用力。中国只能把谈判限于与非洲政府首脑的磋商，但现在有越来越多的非洲人起来反抗，对中国的行动和非洲的统治产生影响。国际社会也权衡过中国在非洲的所作所为，这已引起中国对其行为的修正。

2008年在非洲发生的食品暴乱再一次证明变化往往来自底层的论断。食品危机影响非洲大陆很多国家，是其中14个国家——布基纳法索、喀麦隆、

① 商业新闻爵士论坛（2004年11月28日）。

② 迈克尔·克莱尔：《鲜血与石油：美国依赖进口石油的危险与后果》，亨利·霍尔特出版公司，2004。

科特迪瓦、埃及、埃塞俄比亚、几内亚、马达加斯加、毛里求斯、摩洛哥、莫桑比克、尼日尔、塞内加尔、塞拉利昂和索马里——暴乱的根源。

理性的结合

尽管中非领导人对他们的理性合作感到满意，但是来自社会底层的要求表明这种交易并非一切顺利。

非洲 2008 年的暴乱使非洲社会底层产生新的需求。从历史来看，非洲在国际权力戏剧中扮演的是走卒的角色，是为大陆之外的利益所利用的。非洲大陆的利益及其居民的需求不会被置于世界大国的地理政治和地理战略运筹之上。食品暴乱表明需要关注人们对一种不同的经济发展政策的真正需求。非洲问题反映着国际势力的格局，解决方案在于改革国际体系运行的方式。如同 2008 年食品暴乱所显示的一样，有一种迹象表明，在来自底层的一种运动中，非洲大陆在国际合作中，在对世界大国和国际机构对待非洲的方式的影响方面，可能会发挥更加积极的作用。

现在所面临的挑战在于确保世界上发展中国家数目最多的大陆（非洲）与世界上最大的发展中国家（中国）之间的理性合作，这给整个非洲社会的公民都会带来好处。

作者简介

马希尔·基提苏博士是多哥人。他开始在多哥贝宁大学任教，在那儿帮助创建并领导协定咨询高级新闻研究所（Institut Superieur de Presse de l' Entente，I. S. P. E.）。他还担任过多哥国立行政管理学院副院长。在美国，基提苏博士从 1994 年到 2001 年在纽约州立大学奥斯威格分校讲授历史和政治，在那里他创办并领导和平教育与冲突习性研究所。1999 年到 2001 年他在康奈尔大学担任和平研究规划项目的客座研究员，当前是康奈尔大学非洲发展研究所客座研究员。

基提苏本科在多哥学习文学，在法国和美国读研究生，学习历史、政治、非洲学、防御政策、政治与集体行动社会学、公共行政管理和国际关系。他在法国波尔多大学获得当代历史学博士学位，在美国雪城大学获得政治学哲学博士。

基提苏博士于2001年8月到2005年2月在华盛顿哥伦比亚特区担任非洲信仰非正义网络研究所执行副所长。他曾在美国乔治·梅森大学任全球人道主义行动项目主任和国际发展暑期学校校长。他随后在俄亥俄辛辛那提大学联合研究所担任研究生导师。基提苏博士就国际安全、恐怖主义、冲突与冲突化解、中国在非洲的角色以及非洲水资源政治等问题发表过广泛的著述和演讲。

中国、非洲、非裔侨民与霍华德大学：共同的经历、利益与梦想

阿勒姆·海路

阿勒姆·海路博士

有关中国在非洲的作用和影响的论著和论文几乎是与日俱增，所发表的观点包括正反两个方面，但对历史上的黑人高校题材的著述，即便是有也是凤毛麟角，这类学校是重要的利益相关者。本文旨在通过分享霍华德大学学者的观点来填补这一空白，该大学是美国历史上主要的黑人高校之一。

霍华德大学的使命

“非洲对我意味着什么?”这个问题是黑人文艺复兴诗人康梯·卡伦提出来的。从历史角度来看，答案在于奴隶反抗、响应非洲的呼唤、泛美运动以及如霍华德大学这样的机构建设，不仅是高等学府，而且也是对非洲的重要联系点。在华盛顿第一公理会的倡导和联邦政府的支持下，霍华德大学于 1867 年 3 月 2 日成立，从一开始就树立为黑人谋求平等机遇的理想。霍华德大学的成立是对为美国美籍非洲人争取民主斗争的肯定，是一个社会决心通过获取知识和实行社会改革来提升其成员地位的象征。

霍华德大学的教育体系在于“使个人头脑敏锐，以便追求知识，进行推

理和判断，自强自立”，在于“灌输智慧和理解力，以开拓知识的前沿”[①]。其整体使命在于使年轻人得到培养和发展，帮助他们获取知识，从霍华德先进的教育中获取力量，成长为全球公民。

霍华德大学与非洲

霍华德大学与非洲和非裔侨民的国家有密切的联系，用其最优良的传统——卓越的学术和专业素养来塑造年轻的心灵，鼓励学生为非裔侨民社会和非洲共同美好的明天作贡献。由于有与非洲有着千丝万缕联系的共同的历史、祖先、文化和价值观，霍华德大学很多学生都是非洲人，他们与非洲有着共同的根基。

霍华德大学与非洲的联系反映着一种亲人之情和依恋之情。两者之间的关系包括高级奖学金、与非洲的人员交流、支持非洲国家的独立解放斗争，当前正在开始的大学课程，旨在促进有关非洲的学科建设；此外还有主办学校资助的学习班，与非洲对应伙伴开展许多合作计划。在美国早期岁月里，霍华德大学董事会会员弗雷德里克·道格拉斯是拓荒学者，他就非洲对非裔美国人的意义发表著述或演讲。霍华德大学许多学者都沿着他的足迹，促进与非洲的交往，其中包括杰出的人物，如卡特·G. 伍德森、艾伦·洛克、凯利·米勒、威廉·列奥·汉斯贝利、拉尔夫·J. 邦奇、约瑟夫·威廉·弗雷尔，梅尔维尔·赫斯科维茨和雷福德·罗甘。他们参与的非洲事务包括奖学金、政策研究、合作研究、宣传以及联合课题攻关。例如，卡特·G. 伍德森是对意大利在埃塞俄比亚实行扩张主义表示关切的主要学者之一。作为非洲研究的早期“倡导者，伍德森认为阿比西尼亚人（Abyssinian）是尼格罗人（Negroid people），具有种族意识的美国黑人从道义上有责任对他们给予援助”。其他突出的霍华德大学学者也同样为支持埃塞俄比亚和其他非洲国家的自由进行科研和宣传，其中包括莫德克莱·约翰逊、查尔斯·休斯顿和诺贝尔奖获得者拉尔夫·邦奇[②]。

---

① 小詹姆斯·M. 纳布理特：《霍华德大学的未来》，《黑人教育杂志》1960 年第 29 卷第 4 期，第 412 ~ 420 页。

② 威廉·R. 司各特：《希巴族之子：非裔美国人与埃塞俄比亚抗意战争，1935 ~ 1941》，印第安纳大学出版社，1993，第 49 ~ 50 页。

历史上的黑人高校对非裔美国人和非洲非常关心，使全美150所学院建立非洲学课程。这样的高等学府的共同重视所产生的实际结果在于积极宣传非洲，导致有利于非洲的政策改革、资源配置和开发项目。

为了促进非美关系的发展，霍华德大学在发挥自己和非裔美国人作用方面一直起着核心作用，在其教师和行政干部中非洲人数最多。就提高教学水平而言，卡内基基金会把霍华德大学划归为博士/研究型大学，这是该基金会对授予博士学位的大学的最高层次的归类。作为一所重要的研究型大学，霍华德大学与很多非洲国家都有合作关系，共同开展合作课题，提供教育服务，其中包括塞内加尔、加纳、博茨瓦纳、南非、卢旺达、肯尼亚和埃塞俄比亚。

从历史、致力于非洲世界的事业和为全球一体化朝积极方向发展作贡献的角度来看，霍华德大学显然为非洲的发展起到了极为重要的作用。

霍华德大学非洲学系

霍华德大学非洲学系是联系非洲的一个重要地点。从历史来看，非洲作为历史和美国对外政策的一个主题只是在殖民时代结束后才获得突出的地位。在“冷战”把非洲变成地理政治竞争的战场之前，非裔美国人和霍华德大学共同努力，引起人们对非洲大陆自身重要性的关注。霍华德大学的学者从事关于非洲的科研工作，组织召开会议，指出非洲大陆的困境，开展广泛的宣传，以引起对非洲的重视。

非洲学作为一个学科为霍华德大学的学者最早所采纳和发展，而在几十年过后才为美国和世界各地的大学和协会所认可。而到了20世纪60年代诸如英国历史学家特休·雷弗·罗珀这样的学者还没有把非洲作为一个合法的研究对象①。但是霍华德大学学术团体一马当先，从地区和国家角度开展非洲学研究。依靠具有学术积淀的很多知识分子的努力，特别是在卡特·G. 伍德森入职霍华德大学之后，非洲学融入了文理学院的学科。威廉·列奥·汉斯贝利开设非洲文明课程，查尔斯·H. 韦斯利开设一门关于欧洲在非洲扩张的

---

① 阿德巴约·奥耶贝德：《历史视野下的非洲研究》，见托因·法罗拉编《非洲：1885年以前非洲史》第1卷，北卡罗来纳：卡罗来纳学术出版社，2000，第9~18页；爱德华·A. 埃尔珀斯、艾伦·F. 罗伯茨：《对非洲研究的反思》，《非洲问题》，2002年，第13~14页。

课程。

在1923年伦敦召开的第三届泛非会议和1927年在纽约召开的第四届泛非大会上，雷福德·罗甘担任秘书和翻译，而霍华德大学法学院院长乔治·约翰逊帮助促成了尼日利亚的伊巴丹大学（University of Ibadan）的建立。还有希尔德鲁斯·波因德克斯特，他是一位著名的热带病学专家，从1927年开始在"34个非洲国家、12个亚洲国家"和许多其他国家从事科研、教学、公共卫生、设计与实践、职业咨询和军事行动。

霍华德大学在著名学者的英明指导和全国知识分子的共同努力下表明，非裔美国人感恩于非洲的传统，只要人们能够欣赏非洲的根基，就算心满意足。音乐、艺术、宗教、讲话方式、亲情观念以及本性倾向在很大程度上都归于非洲①。

霍华德大学在非洲的根本利益不仅表现在双方拥有共同的历史和社会文化，而且还延伸到当代共同利益、目标和梦想。因此，在这个传统的基础上，非洲学系把非洲血统的人们聚集到一起，已为非洲作出奉献的学者、学生和校友，他们为非洲利益所做的突出业绩，代表着他们对非洲的奉献精神。

中国与霍华德大学

非裔美国人在霍华德大学有宾至如归的感觉，在19世纪许多中国学生也有同感，当时许多其他学校都实行排斥和歧视方针。霍华德大学也为来自非洲、亚洲和加勒比海地区的学生敞开了大门，至今依然是包容和多元化的堡垒。遭受种族歧视的相似经历以及为反对种族歧视而开展的斗争把中国、非洲和非裔侨民紧紧地联系在一起。例如，"鸦片战争的结束与国际贩卖奴隶的结束在时间上不谋而合"②。

中国和非洲在劳工出口方面也有共同的经历。据估计，大约有两百万中国劳工移民到太平洋海岸，与此同时还有数百万作为奴隶被出口到美国。有关19世纪的历史报道表明，"在废除奴隶制之后，大约招聘了15万契约劳工

---

① 爱德华·A. 埃尔珀斯、艾伦·F. 罗伯茨：《对非洲研究的反思》，《非洲问题》，2002年，第14页。

② 彼得·孔. 杜桑卡·米色维奇：《华裔美国：美国古老新社区不为人知的故事》，新兴出版社，2005，第35页。

来取代在南美和加勒比海地区的非洲奴隶”①。

在美国的中国人也缺乏保护，受到《1882 排斥中国人法案》的打击。这个法案规定“首先不许进入美国的国民就是中国人”。卢瑟福・B. 海斯总统支持使用“任何适当的手段来防止中国人登上我们的海岸”②。

在这种背景下，霍华德大学进行了不屈不挠的斗争，倡导各个种族和民族成员以及从前的劣势群体，包括妇女、老年和残疾人平等而有尊严。霍华德大学的学者开展的民权斗争，倡导的包容和机会平等的政策，不仅是为了非洲血统的各个民族，也是为了中国人、非洲人和从前受歧视的其他群体。对社会和科学问题所作的学术研究也同样有助于全人类精神解放。

中国与非洲在精神和文化方面的联系

中国和非洲世界坚持精神、文化和社会信仰，数百年来培养了人民大众，使他们能够在困难的时候应对他们的生存所面临的挑战和机遇。共同世界观中的一个关键成分在于从本体论方面来理解生活和物质的世界。两者的文化都认为，个人和组织一样，都应该以尊敬的态度来对待这两个有着千丝万缕联系的实体。

比利时牧师普拉西德・坦普尔斯教父研究过非洲哲学，他通过观察认为，对非洲人来说，所有的活力包围着地球的万事万物，包括无机的和有机的。他进一步解释说，在非洲人看来，“由宇宙中的天体和物质维度构成的所有力都是统一联系的，互相拥有内在的关系，影响着个人以及集体的努力、条件和事件”③。

非洲人的世界观并非与中国人宇宙观和观察自然和社会相互作用的方法不同。在中国人看来，这样的活力符合“阴阳”的概念，意味着力在相互作用中具有互补二重性。与西方两极对立的认识相反，对中国人来说，这样的

---

① 麦・M. 尼盖：《19 世纪末美国的种族、国家与公民 1878 ~ 1900》，见罗纳多・H. 贝耶编《美国种族与种族划分简史》，哥伦比亚大学出版社，2003，第 115 页。

② 迈克尔・米勒・托普：《美国人种与种族认同，1837 ~ 1877》，见罗纳德・H. 贝耶编《美国种族与种族划分简史》，哥伦比亚大学出版社，2003，第 75 页。

③ 祖静寺：《班图哲学》，见埃尔伯特・G. 莫斯利编《非洲哲学选读》，讲堂出版社，1995，第 66 ~ 75 页；摩亚・迪肯：《非洲哲学的趋势》，见 P. H. 科伊泽、A. P. J. 罗克斯编《非洲哲学读物》第二版，劳特里奇出版社，2002，第 105 ~ 107 页。

力相互联系，有些与“阴”的联系比与“阳”的联系多，但两者为宇宙和个人提供重要的稳定性。“据认为这种观念对理解中国事物，从哲学到医学，都是极为重要的。”同样，“气”也被认为是自然主义世界观的关键成分。理解这种概念化所提出的宏观和微观解释，对于洞察中国文明是至关重要的。其影响无处不在，可以从一种观点看出来：“一切生物都有一种‘重要元素’，就人而言，是从父母那里和环境中获得的。据说‘气’流经身体，人们认为对身体健康十分重要。中医依然在技术中力图操纵气的流动，如用针灸和针压法治病。”①

中国和非洲以精神为基础的世界观经常被斥为万物有灵论、迷信和落后，因为所具有的思想体系认为人与物质世界不可分割。万物有灵论这个概念可以追溯到拉丁词根灵气（anima），意为“灵魂”或“气息”，指“赋予或给予某事物以生命的东西”，给森林、河流和山川的物质世界注入精神力量。这种传统认为，所有的生物都与共同的生态和社会环境相联系。非洲和中国共同拥有的传统在于对自然力的崇尚、对祖先的尊重、对人生的现世理解以及根据恢复平衡和社会和谐的综合观来治愈病症的思想。

在两者的文化中，神圣的山川、河流和森林景象被融入共存的信念之中。连续和变化的成分被融入仪式、节日、文化表演和社会事件中，呼唤有着共同文化和历史的祖先、老人、医者和代表做象征性的参与。与此时此地的实际需要相结合的唯心论，被融入对多元的、包容的、大度的各种不同的宗教的发展之中。他们继承的最好遗产在于接受诸如佛教、伊斯兰教或基督教这样的外国宗教，并将其综合地运用在日常生活当中。

一种实用的双赢关系

由于有共同的精神世界观，于是就演化出一种实用的双赢关系。这种关系已发展成为现代世界最重要的国际关系之一。其量级指标之一在于中国与亚撒哈拉非洲的贸易额每年以50%的速度增长，从2007年的500亿美元达到2009年的1000多亿美元，而在2000年只有100亿美元。伴随贸易增长而来的是投资、银行信贷和高达数十亿美元的开发援助的增长。

① 斯蒂芬·A. 雷柏：《东亚与东南亚》，斯瑞克－邮政刊物，2008，第4页。

中非关系的重要意义还可以从传统的地理政治联盟的变迁来看。在一个较短的时期内，“中国在许多撒哈拉以南非洲国家取代了欧洲、美国以及日本的外交和资本‘软实力’，在西方政府出现明显真空的国家里获得了影响力”①。从建设基础设施到开发诸如资源部门的产业和创办社区和产品企业，中国在非洲的活动使其成为一个勇敢的改革者。这对非洲有重大的意义，对西方国家如何在非洲进行开发也有重大意义。

虽然中国在非洲的行动产生许多可测量的重大量级指标，但是理查德·道登却把贸易和投资的统计学语言转换成一个人类故事，从而揭示出地理政治变迁的深度。他注意到，可口可乐曾是非洲大陆每个角落都能看到的唯一的外国产品。我曾多次在非洲旅行，到一个偏僻的村庄，我不禁会问我是否是来到这里的头一个外国人。接着就会有人给我递可口可乐。现在中国人和他们的产品随处可见②。

一种三方三赢的关系

面对世界舞台上正在发生的深刻转变，关键的问题在于设计出种种战略，能使国家成为进步的合作者，分享从正在出现的国际关系中产生的利益。霍华德大学长期以来与非洲和中国都有关系，那么怎样才能与在非洲的中国会师来帮助影响非洲发展的方向和步伐呢？这不禁会让人想到一些互惠互利的合作机会。

例如，扭转“人才外流”的趋势就是一个重要的目标领域。据估计非洲大陆人力资本有30%流失，等于30万名高水平人才，其中包括2万名医生和3万名哲学博士③。

有人把这种现象说成是在祖国缺少机遇。但随着基础设施的发展，就会创造出新机会。问题在于如何有效地与非裔侨民沟通，告诉他们有了新机会，鼓励他们重新考虑选择。这是霍华德大学可以发挥作用的领域之一。霍华德大学与在美国、加勒比海地区和南美的非洲血统居民都有着广泛的联系。在

---

① 罗伯特·I. 罗特伯格：《中国造非洲寻求资源、机遇和势力》，见罗伯特·I. 罗特伯格编《中国进入非洲：按摩椅、援助及影响》，布鲁金斯学会出版社，2008，第2~3页。

② 理查德·道登：《非洲：改变的地位，平凡的神奇》，公共事务出版社，2009，第485页。

③ 世界银行：《非洲宣称21世纪》，世界银行，2000，第44页。

与中国人的合作关系中，可以制订一项计划来联系海外非洲人，促进合作、投资、合资和其他事业，利用好部分地通过中国发动的开发项目创造出的新机会。

通过信息技术帮助非洲人获取知识是霍华德大学、中国和非洲开展合作的另一个成熟领域。例如，这个问题在尼日利亚特别突出，该国有1000万人口，但互联网用户只有1万人[①]。虽然中国正在非洲帮助建设信息技术基础设施建设，但中国还有机会与霍华德大学开展合作提供信息，加速非洲人在关键学科领域获取知识的步伐，在电子界面上与海外非洲人开展联系。

霍华德大学创造并拥有许多学术研究成果和一个非洲信息基地，所包含领域包括环境、疾病预防、冲突化解、全球化以及许多技术领域的信息。

霍华德大学在很多领域里处于领先地位，诸如对与自然和气候有关的灾害的预测，包括监测沿着西非和美国边境国家的飓风、龙卷风和地震。霍华德大学在研究艾滋病病毒/艾滋病、镰刀细胞贫血病、疟疾、肺结核以及环境等领域处于领先地位。霍华德大学的学者在非洲开展野外作业和科研工作，协调研究生在非洲开展基础研究和承担自愿性的课题。

霍华德大学还可以调动本校许多知识分子和校友，鼓励他们投入到许多与非洲相关问题和中非关系的宣传工作中去。例如，就此而言，霍华德大学召开了一次为期两天的关于中非主题的重要会议，会议是由霍华德大学文理学院牵头主办的，参加会议的有霍华德大学领导、政府官员、霍华德大学许多系部和研究中心的学者、来自其他大学的学者、中非问题专家、大使以及来自全国各地的民权领袖。

文理学院院长詹姆斯·A. 唐纳森博士通过以副院长芭芭拉·格里芬为首的一个大学委员会的主持，对会议期间的活动作了原则性的指导。唐纳森指出：

> 虽然我们不是搁置这个讨论题的第一所学校……但是我们会认为在霍华德大学校园进行讨论是最合适的。在与世界任何地方的非洲人的事务相关的任何会话中，我们的声音必须处于中心地位。霍

① 阿里·马兹瑞：《泛非洲民族主义与全球化起源》，http://igcs.binghamton.edu/igcs；麦克·简森：《非洲互联网现状》，http://www3.sn.apc.org/africa/afstat.htm。

> 华德大学通过海外非洲人以及其他人士和我们学术上的卓越声望，对全球事务的贡献具有深远和持久的影响，无论何时何地都能真正开展这样的活动，我们都会进行一种智慧探索。近年来中非关系的发展对霍华德大学来说是一个极为重要的主题[①]。

会议主旨演讲的题目是《中非政策：一种建立在平等合作与互相尊重基础上的关系》，是由中华人民共和国驻美国大使周文重阁下发表的。他的演讲强调中非之间长期的、正在加强的关系，突出建立在互相尊重和共同利益基础上的关系产生的积极成果。

安哥拉共和国大使馆大使约瑟菲娜·彼特拉·迪亚基特阁下和苏丹大使馆大使约翰·鲁斯·伍科科阁下发表了热情洋溢的讲话，盛赞中非合作为各自国家的发展和稳定所作出的伟大贡献。这两位外交官赞扬中国尊重和信赖非洲的态度以及对非洲历史和主权的欣赏。中国不干涉他国内政的政策受到称颂，由此来看非洲人可以选择自己的国家发展道路。中国专家建设的基础设施项目和他们勤奋的工作情怀受到高度称赞。

参加会议的其他著名人士还有美国驻埃塞俄比亚前任大使大卫·希恩、美国国务院官员克劳迪娅·安尼亚索以及非洲国家峰会非洲学会会长兼首席执行官伯纳黛特。

他们从美国利益及其对全球影响的观点出发探讨中非关系问题。在回应相反观点的时候，他们强调不必把中非关系看做零和博弈或者是对美国利益的威胁。

会议讨论的发人深思的分组话题包括“中国的非洲政策与可持续发展”，是由霍华德大学历史系珍妮·唐加拉主持的。参加小组讨论的有非洲学系威尔弗雷德·大卫博士、哲学系于严先生、《华盛顿时报》大卫·琼斯、政治系唐·G. 大卫博士以及英文系道格拉斯·泰勒博士。讨论的问题从冷战意识形态到国际关系和谐概念。泰勒博士关于兰斯顿·休斯在中国的发言强调经济和政治关系中人的因素，说明语言、艺术和文学在社会转型中的力量。文学所展示的文化和历史经验之间的密切关系，为所播放的关于作家在中国与许

① 詹姆斯·A. 唐纳德森主任在艺术与科学学院的讲话，中非会议，霍华德大学，华盛顿，2008 年 3 月 31 日。

多热心观众在一起的体验的录像片所证实。

在主办这样的会议过程中，霍华德大学在传播信息和赢得中非关系的支持者方面发挥了重要的作用。其组织能力和援助意志在实现全球重大目标的过程中都得到了验证，其特点可以这样来加以概括：霍华德大学有10多万校友，有一个无与伦比的非洲学系，掌握大量的非洲情报，坚守对非洲的承诺，完全有能力与在非洲的中国人开展互利合作，加快非洲经济发展的步伐。

此外，霍华德大学拥有与许多国家的非洲侨民有密切往来的社会资本，可以做中非关系的纽带和桥梁，发挥其无与伦比的作用。

霍华德大学的7所研究生院和8所本科学院拥有诸如穆尔兰德－斯普林加恩研究中心这样的一流的教育设施，其科研队伍和拉尔夫·邦奇国际事务中心对于支持一种三向合作是一笔宝贵的资源。

霍华德大学每年招收近11000名学生，2005～2006学年从88个国家招收1000多名国际学生，开设在线学位教育，其企业所提供的奖学金和资源，可以帮助非洲企业家提高水平，这也是其独具的特色。

总之，霍华德大学对往往为主流学校所忽视的拥护者所作的奉献既有广度又有深度。其医学院、药学院和公共卫生学院以及训练有素的、“富有同情心的”专业队伍率先垂范，为以前缺乏服务的社区提供医疗保健①。

霍华德大学有能力与在非洲的中国卫生专家合作，培养人才，解决卫生问题。

综上所述，霍华德大学的远大理想和历史经验把中国、非洲和非洲侨民联系在一起。其作为合作者使社会经济发生转变的潜力是无与伦比的。一种三向合作大有希望，能够建成一种给非洲、中国乃至世界带来甜美果实的未来。

作者简介

阿勒姆·海路是埃塞俄比亚人，在雪城大学完成研究生学业，获得社会学哲学博士，在麦克斯韦公民与公共事务学院获得文学硕士学位。他在不同的学术、公共和非政府机构工作过。海路博士在非洲和地球南部参加过和平、

① 霍华德大学：《大学生简报，2000～2002》，第19页。

民主、善治和开发行动计划项目，为政府和非政府机构以及国际组织设计过合作伙伴项目。海路博士目前在霍华德大学非洲学系任教。他坚信学术、政府和共有/私有教育和公共政策机构之间要开展合作，他从事科研和政策研究，解决我们时代所面临的挑战问题。他参加一个科研项目，涉及用跨学科方法来解决非洲许多不同地区的国家所面临的战争、国际发展、人口增长和恐怖主义问题，已经产生几个共同行动方案。他的科研兴趣包括全球化、民主化、治理、文化与发展、国内战争的社会政治范畴以及转型时期国家的政治经济。他在许多不同领域里著述颇丰，包括非洲政治、文化与经济、社会改革和全球转变。海路博士的培训和工作服从于开发新方法的明显需求，以应对战争、恐怖主义、和平和发展的现实变化，使其限定在制定全球回应的框架之内，因为世界的内在联系越来越紧密。

呼之如见之：非洲利益相关者和非洲问题专家坦率交谈

如今不提中国在非洲的话题，就无法开展关于非洲问题的谈话。关于这个问题，有多少观点持有者，就有多少种观点。这里我们来分享非洲利益相关者和非洲问题专家的许多看法的一部分。

沙卡·萨利博士是一位出生在乌干达的美国记者，《直谈非洲》的主持人。这是一个每周现场电话访谈节目，同时在美国之音电视和广播节目直播。他获得四个大学学位，包括在加州大学洛杉矶分校获得的跨文化交流与历史哲学博士学位。他曾担任福特基金会研究员，获得过很多荣誉，包括联合国维和国际新闻特别成就奖。在《美国之音》16 年任期中，萨利采访和招待过 50 多位国家元首和政府首脑。他还采访过数以百计的与非洲交往的新闻人物和政策制定者，包括联合国前任秘书长科菲·安南和布特罗斯·布特罗斯–加利。就中国在非洲的作用和影响而论，萨利主要关心的问题是非洲领导人。下面让我们分享他的观点：

> 中国参与非洲事务等于用一个放大镜来看非洲问题。除了缺乏物质基础设施之外，非洲问题还包括民间社会软弱无力，教育和独立媒体缺乏，以人为本的非洲领导人缺乏。管理不善既是这些问题的原因，也是结果。
>
> 在一个很长的时期里，非洲“领导人”一直强调关心他人的利益，而不是对人民的利益。非洲领导人作为实际的统治者一向对捐助者而不是人民负责。虽然对民主谈论很多，但其中大多只停留在口头上，谈论民主的领导人中有一些，特别是非洲联盟领导层内部，

对民主没有亲身体验。例如，非洲联盟的两个最高职务由利比亚的穆阿马尔·卡扎菲和加蓬的吉恩·平担任；两人所代表的国家和领导都没有任何民主经验。实际上在非洲53个国家中最多有10个国家想真正实行民主制度。

中国在非洲的行动会使非洲民间社会强大起来，这有希望出现更加民主的政体。非洲社会金字塔的底层由于缺乏就业机会和无力与中国企业竞争而变得虚弱，人民要求更加得力的领导的呼声变得更加强大、更加响亮，这是一件好事。人民要求有更多的就业岗位，更好的工作条件，更多的商业机会，他们给非洲政府施加越来越大的压力，要求政府与中国和其他开发伙伴进行谈判来满足他们的这些要求。现在非洲人民应该掌握自己的命运，不要再把自己看做牺牲品。真正的领导是自下而上，而不是自上而下。非洲会出现这样或那样的变革，面对变革他们或者挺身而出掌握主动权或者随波逐流任人摆布。但有一样是肯定的：变革不需要批准。

约翰·卡查米拉

约翰·卡查米拉是莫桑比克人，长期以来在莫桑比克政府公共服务事业中表现突出。他2000~2005年担任环境事务协调部部长，国会议员和预算与计划委员会委员以及其他重要职务；1994~2000年担任矿产资源与能源部部长；1992~1994年任《罗马协定》执行委员会委员；1986~1994年担任矿产资源部部长，国会议员和预算与计划委员会委员以及其他重要职务；1990年担任莫桑比克宪法修订监督委员会委员。他在伦敦帝国理工学院获得地质学哲学硕士（1984年）和地质学理学硕士等学位。卡查米拉对中国在莫桑比克的作用大加称赞，对中莫关系继续朝着积极的、互惠互利的方向发展寄予殷切的希望。卡查米拉认为：

莫桑比克的中国社团相当可观，其中的一些成员世世代代都生活在莫桑比克，许多成员都活跃在农业战线，为之作出了重大贡献。自从莫桑比克独立以来还有另一个团体，他们是商人，工作在中国的私有和国有企业里。可以看到后者工作在经济的各个不同领域里，特别是在建筑部门里。

中国人对莫桑比克人民并不陌生；他们世代生活在这里，有些与当地人通婚，受到同化。可以看到这种结合的一些后代现在在政府担任高级行政职务，达到部长级别。这个群体对莫桑比克社会及其种族组合多样化作出了重要的贡献。

在政府一一对等的基础上，莫中合作可上溯到我们独立斗争的早期岁月，当时中国支持莫桑比克自由战士。今天中国帮助莫桑比克建设基础设施，虽然中国人为这些项目带来很多自己的工人，但他们也雇用莫桑比克工人，与他们肩并肩地工作在一起。他们带到莫桑比克的工人参加大项目建设，其数目是受莫桑比克法律调控的。

我认为中国参与莫桑比克整个社会活动无疑是件好事。中国的援助是一个特别重要的来源，用来资助其他捐助者不会资助而又被政府列入优先发展的项目。例如，这样的项目包括政府行政大楼的建设。国际借贷组织可能认为这样的项目不重要，但我们的政府认为重要，因为良好的工作环境也可以促进公家公务员提供更好的服务。

总而言之，我认为我们与中国的合作有利于莫桑比克。值得注意的是，在整个筹划的过程中，莫桑比克虽然是一个原材料和加工产品的出口小国，但是中国还是非常重视与莫桑比克的关系，在我们的国家进行大量的投资。可以预言，一旦莫桑比克进一步扩建原材料基地，中国就会提供援助用来加工原材料，帮助我们的经济增长，使其多样化。我还相信，随着更多的中国私有企业帮助开发莫桑比克农业和能源部门，我们的合作会得到进一步加强。

我的政府在很多领域里热衷于扩大与中国的合作。随着中国作为全球一个主要的经济大国的地位进一步加强，莫桑比克的经济发展没有中国的援助和合作是很难想象的。

从政治层面来看，我们与中国的关系在过去多年中是牢固和积极的。在经济合作占据中央舞台的今天，两国都感到正在取得积极

埃梅卡·恩万科沃

的成果，这种成果在未来的岁月里会不断地得到发展扩大。

埃梅卡·恩万科沃博士是尼日利亚人，现任垂直优化有限责任公司总裁兼首席执行官，出口之路项目创始人兼合伙经理。这是一家跨国公私合营项目，帮助发展中国家的小企业家对产品进行设计和资助，将其推向国际市场。在过去20年中，他在非洲从事开发业务工作，所领导的项目涉及以社区为基础的水资源开发、大学生住房建设、农产品加工制造产建设、电讯系统规划等方面。以前他曾在特拉华州威尔明杜邦公司研究开发部工作，在那里他领导了一系列开发项目，重点放在软件开发、业务流程改进和新风险开发等方面。他在哥伦比亚大学获得化学工程哲学博士学位（主攻聚合物流变学），在剑桥大学获得社区开发硕士学位。恩万科沃博士关心商务外交以及中美之间态度方面的差别：

当我应邀撰写一篇关于中国在非洲的角色和非洲发展的文章的时候，我就从两个角度来回想这个问题。我的一个角度是作为制造商和流程工程师。从这个角度，我非常肯定中国的角色，中国是可靠的流程设备和制造技术的来源，而且这种来源在不断增长和扩散。作为贸易开发专家，我管理过一个叫做开发之路的跨国贸易项目。我对中国所取得的成就佩服得五体投地，觉得中国是一个很牛气的出口发电机。作为一个出口国家，中国确定和满足一种需求（国家铁路、大型基础设施项目和其他重大项目），以换取紧迫需要的天然资源，这从商业的角度来讲非常有意义。但我对中国移民输出的数量确实感到担心。总之，不管你喜欢与否，中国有其正在追求的一种非洲战略。

美国有一种非洲战略吗？如果有，其中包括商业外交吗？我对此感到怀疑。美国企业懂得如何在非洲进行有效的经营吗？我认为不懂。我看到过顽固不化的美国企业家在杜勒斯机场登上飞机，在一个非洲国家首都登陆，把他们所知道的营销知识都抖搂出来。更要命的是他们傲慢无礼，宣称要“教非洲人商业知识”，尽管实际上他们见到的人当中有许多在成长过程中就在搞贸易。非洲人懂贸易，他们非常理解企业的语言，因此面对不健全的规章制度，他们会把政府本身变成一家企业。

自以为是的态度（从美国小企业在非洲市场上取得的有限的进展来看已经破产）由于美国政府的外事政策而变得更加强硬，这就把大量的钱花在诸如民间社会、人才培养以及经济合作必须具备的条件——管理方面之上，但美国企业界的利益何在？至少在非洲由此造成的局面在于有无数的非洲人成立非政府组织与西方政府打交道，把从中获取的“剩余价值”投入到他们的与中国（而且越来越多地与迪拜）搞贸易的“获取利润”的实体中。

伯特·C. 乌巴马都是尼日利亚人，在加州大学伯克利分校法学院获得法学学位，在芝加哥大学获得公共政策硕士学位。1996年以来，他担任过费尔蒙特资本战略集团总经理兼法律总顾问，此前在1999～2006年担任美国进出口银行高级律师。他的专长在于资助非洲项目、帮助地方金融机构建立合作关系和抵御风险机制，增加非洲企业获取资本的途径。乌巴马都先生主要关心的问题在于非洲人怎样与中国人进行谈判，他们是否给中国人以足够的压力使其承担起人才培养的公司社会责任。乌巴马都强调的要点叙述如下：

伯特·C. 乌巴马都

中国已经成为非洲的一个重要的、新的开发伙伴。因此，非洲人应该确保从这种关系中获取最大的利益，这就需要与中国人就所提出的协定和协议进行认真的谈判。中国似乎通过不透明渠道获取非洲商品和不动产，这已引起许多媒体的关注，会引起对达成这种交易的中非政府官员的强烈抗议。双方都应该认识到这些项目充分公开透明符合他们的最大利益。

也需要“中国公司”在非洲承担起更多的公司社会责任。提供更多的培训、开展更多的人才培养计划以及在中国的项目中为非洲人提供更多的就业机会，这些应该是这种公司社会责任行动计划的目标。技术转移也应该是一个目标。中国关于农业耕种和小规模制造业方面的知识非常丰富，这会很容易地传授给非洲国家。中国公司还应该考虑在非洲各地建立就业培训中心，中国经理可以在中心培训非洲工人，使其掌握在非洲国家重要行业里所需的就业技能。这种对社会负责的行动会增进对中国非洲战略的友好感情和正面看法，同时也帮助非洲和非洲人发展进步。还应该对公司社会责任行动计划在整个非洲作更加广泛的宣传，特别是在这样的行动计划影响金字塔底层的非洲人的生活的时候。

一个大有希望的领域应该成为公司社会责任干预的目标，这就是可再生能源的开发。非洲国家具有在可再生能源领域里创造就业机会的潜力。中国的可再生能源技术可以帮助非洲更快地获取在风能、太阳能、生物能以及其他可再生能源方面的知识和技能。随着非洲加强对这个领域的人才培养，对其开发可能会导致中国对非洲出口的增加。可再生能源领域为每一方取得“双赢”提供了一个大好时机。

路德维克·芦荻·海登

路德维克·芦荻·海登是芦荻·海登联合有限公司总裁。他还担任美国黑人能源协会（American Association of Blacks in Energy /AABE）研究所所长，菲尔普斯·斯托克斯基金会高级研究员。退休前，海登在雪佛龙公司担任国际政府事务部经理，办公地点在华盛顿哥伦比亚特区联邦与国际政府事务办公室，他代表雪佛龙公司的非洲商业利益。此前他曾担任联邦关系经理，负责立法宣传、问题管理以及雪佛龙公司的国民选区关系。

海登主要兴趣在于主权问题和中非关系背景中的意义：

> 我对中国在非洲的角色的看法取决于以下几个因素。首先我认为中国目前在非洲大陆的状况是由掌握国家主权的特权人物决定的。其次，我个人对中国在非洲行动的观察以及与非洲朋友和同事进行的有关交谈也决定着我的看法。
>
> 包括非洲国家在内的主权国家有权利决定和限定他们的需求，也有权利寻求和接受其选择的任何国家的援助来满足这种需求。当这种情况出现在双边关系基础之上的时候，两国都要签订互惠互利的协议。许多对这种双边协议提出批评的人，严重低估了非洲领导人确定和有效应对其国家的需求的能力。
>
> 很多人往往会严重低估中国在有些非洲国家解放斗争中所扮演的角色，以及中国对坦赞铁路建设所作出的贡献度意义，这条铁路从坦桑尼亚首都达累斯萨拉姆通往赞比亚，在建设之前，南罗得西亚（现在的津巴布韦）的伊恩·史密斯政府禁止赞比亚包括铜的产品运输通过莫桑比克的贝拉海港。中国的贡献有效地防止了对赞比亚经济的全面钳制。
>
> 持批评态度的人还认为，中国想从非洲得到什么的欲望不透明，但事实并非如此。实际上，中国想从非洲得到的东西一直非常清楚。中国的经济在迅猛发展，为了促进和提高发展，需要从非洲得到自然资源。石油是中国对自然资源需求清单中的主要产品。就安哥拉和尼日利亚来说，中国一向明确声明想获取这种资源。中国在交换中所提供的开发援助内容不是由中国确定的，而是由东道国确定的。
>
> 你去非洲就会看到大规模基础设施在建设和修复，其部分原因在于中国正在根据东道国的要求提供援助和服务。与此同时，中国公司在重大建设项目招标中胜出，与其他捐助者一起对项目进行资助，诸如千年开发公司。我在安哥拉和坦桑尼亚亲眼看过中国承担的重大住房和公路建设项目。例如，在安哥拉的卡宾达，中国正在建设地方住房，让这个飞地城市的普通居民都能买得起和买得上。安哥拉的朋友和同事还告诉我，根据安哥拉政府的请求，中国还在重建本格拉铁路系统。竣工后这个系统将把这个国家的东西地区连

接起来，促进国家的贸易和旅游产业发展，30 年的内战使其交通基础设施遭到严重破坏。我在最近竣工的两条公路上行驶过，一条通向乞力马扎罗山麓，一条通向坦桑尼亚的恩戈罗恩戈罗火山口。人们认为这两个地方对坦桑尼亚的旅游产业非常重要。

对中国使用自己的工人建设这两个基础设施项目、中国在国内的人权形象以及中国开采非洲自然资源，美国很快就提出指责。但是在千年挑战公司成立之前，美国对非洲国家提出的关于基础设施援助的请求基本上不予以理睬。否则，美国为减少贸易壁垒增加与非洲的贸易而出台的《非洲发展与机遇法案》就会受到高度肯定，其缺点在于没有把可以加强商业基础设施的援助放在优先发展地位，否则非洲就有可能从这个贸易法案中获取更大的利益。

在对中国人权记录的批评作出回应中，问题的另一面在于其记录并没有影响中国与美国的贸易和商务关系。在美国出售的多少玩具是在中国制造的呢？美国从非洲进口石油高达 18%，中国对非洲石油的兴趣与美国有什么不同呢？

非洲国家可以选择自己的合作伙伴，正如美国选择自己的合作伙伴一样。美国不要抱怨中国在非洲的所作所为，而要考虑如何制定出自己的非洲政策，为非洲的发展与中国一起创造出双赢的局面，这将是更为有利的选择。

格洛丽亚·赫恩登

格洛丽亚·赫恩登博士现任 GB. 赫恩登合作公司总裁兼首席执行官。这是一家总部设在华盛顿哥伦比亚特区的多行业保险代理公司，为在美国学习的非洲学生提供保险。她在约翰斯·霍普金斯大学获得经济学与政治学学士学位和国际法学与经济学哲学博士学位。她此前担任美国农业部经济师，美国国务院外事司官员，在美国驻非洲和欧洲的不同大使馆任职。离开国务院后，她创办并领导 GB. 赫恩登联合公司，使她从一个独特的视角来看在非洲对卫生有影响的事件：

1989 年以来我一直从事给来美国上大学的非洲学生做保险的工作。我们一般每年要为两万学生做保险。有些学生年轻，18 岁或更大一些，有些是成年人。我们为之做保险的学生都是获得政府奖学金来美国学习的，他们一般属于较有特权的阶级，住在城区里。

在过去几年里，我们看到获得这种奖学金的学生人数在稳定下降，在青年人和老年人以及来美国学习的学生当中与环境相关的疾病发病率在上升。虽然世界在关注致命性疾病的发病率，如艾滋病病毒/艾滋病和疟疾，但从我们作为承保人的有利地位来讲，我们看到在年轻学生中的癌症发病率大幅度提高，特别是来自非洲法语区的学生当中，据认为法国人向他们从前的殖民地国家如加蓬、扎伊尔（现刚果民主共和国）和喀麦隆倾倒垃圾，由此导致高发病率。

我们还看到在学生当中与糖尿病和胃癌等疾病相关的生活习惯正在扩大的证据，由紧张引起的精神健康失调病症在增多。虽然许多生活习惯因素的相对重要性在发达国家正在得到较好的理解，但在非洲不同地区显然需要做更多的工作来认识这些因素的重要性。

虽然我们担保的学生到达美国应该有健康证书，这是由派遣国的医师出具的，但是我们发现许多这样的健康良好证书名不副实。在非洲国家没有综合癌症控制中心，不能提供适当的放疗、化疗和缓解疗法，看来有些是冒充学生被送到美国来的，实际上他们是来治病的。

撒哈拉以南非洲城市正在经历城区废物管理问题越来越困难的局面，主要原因在于发展缺乏规划，农村向城市移民以及城市人口增加。虽然对避免出现废物、减少废物、再利用废物以及回收垃圾（回收利用，有机肥料以及能量回收）做了最大的努力，但是废物填埋场和废物处理站依然是世界上最终处理剩余垃圾和焚烧残留物的主要手段。

从担保人的角度来讲，我们看到对环境的不善给学生带来的影响，这是很多因素的影响，包括与西方和欧洲合作伙伴从事的很多项目相关的环境没有得到保护的问题。当我们看到越来越多从非洲到美国学习的年轻学生患有与环境相关的疾病的时候，我们就可以肯定地证明现在为控制和治理环境问题所做的工作还不够。要解决这个问题，需要大家共同参加；非洲领导人必须加倍努力站在治理环境斗争的前线，东西方所有的合作伙伴也必须尽各自的力量，确保他们不是在一面帮助推动发展，一面又在不经意间破坏发展，为制造长期卫生灾难推波助澜。

格雷戈里·辛普金斯

格雷戈里·辛普金斯是列奥·H. 苏里文基金会政策与规划发展副总裁。作为非洲政策开发问题专家，他以前在2005～2006年担任过美国议会非洲、世界人权与国际行动分委会专业参谋小组成员，1997～1998年他在非洲分委会担任同一职务，为分委会主席就非洲政策问题提供咨询。他在乔治·华盛顿大学获得新闻学学士学位和工商管理学硕士学位。辛普金斯主要关心的问题是中国是否在非洲按规定运作，是否是一个负责人的利益相关方：

中国有13亿多人口，经济在过去20多年中以每年超过9%的速度增长，为扩大发展千方百计地寻求自然资源，已成为国际经济舞台上最新的主要角色，这是使很多人感到震惊的现象。有些人提到中美两国之间出现一种爱恨关系，对中国为非洲战略矿产而开展的谈判感到越来越担心。但是当从这种宣传退回一步来思考时，人们肯定会意识到中国完全有权利通过与非洲国家的贸易来满足自己的需求。

但问题在于中国的策略对其非洲贸易伙伴来说是否被认为是公平的，是否与世贸组织的发展合作世界经济体系相符合。中国卷入与加蓬的木材贸易，这类情形给人留下的印象是中国作为全球团队的队员并非一贯采取负责任的行动。中国作出一定的努力，还承认并改正这种行为，但是否获得了成功还有待观察。

中国不断加大力度来从非洲国家获取战略矿产资源供给，现已成为地球稀有金属的主要生产者。这些稀有金属是元素周期表上的17种化学元素，用于各种技术仪器中，如超导体、电子抛光器、冶炼催化剂和各种汽车原件。随着时间的推移，这些矿物质在21世纪的经济中会越来越重要。中国制定了出口额度，限制稀有土矿向国外输出的数量。这使得基地发生迁移，因为像摩托罗拉这样的公司现在都被迫把员工和生产设备输送到中国。因此，大多科研和萃取技术都流向中国，而不是其他稀土生产国，如以前主要的稀土生产国南非。

中国在全球经济中扮演的角色越来越重要，越来越多的中国公司在非洲经营。因此，美国和发达世界其他国家正在努力说服中国政府、企业和私有公司采取更加负责任的行动，遵守国际协定，遵守公司社会责任的准则和原则。与此同时，国际社会认为如果中国在非洲不尊重促进善治的努力、人权和可持续发展，就会给非洲进步带来危险。于是国际社会重在鼓励中国遵守公认的国际准则和协定，这样中国就会成为一股美好的力量。

迈尔斯·马修斯

迈尔斯·马修斯现任全球贸易与技术中心主任，这是一家位于纽约哈勒姆区的贸易与教育协会。他管理该中心与美国商务部、国际贸易管理局和美国外商服务处的合作关系，美国与外国商业服务处扶持中小企业进入国家市场创造佳绩。此前他担任家用电话技术有限公司总裁兼首席执行官，领导一个与美国能源部橡树岭国家实验室的合作项目，为目标社区开发远程监视和电视医疗技术。他还担任过纽约运输系统政府与社区事务部主任、国会议员查尔斯·R. 兰热尔的特别助理等职务。马修斯在纽约大学获得教育学学士学位和行政管理学硕士学位。他与中国合伙人一起活跃在一些商业活动中以便在中国、美国和非洲做生意。马修斯关心的问题是中国受到误解，他鼓励非裔美国人考虑与中国人做生意，在亚洲做生意如同在非洲做生意一样：

2007年5月13日至19日我参加了在中国上海举办的非洲开发银

行年度会议。这在非洲开发银行的历史上在非洲之外举办年度会议还只是第二次。我非常高兴有机会与中国著名的商业领袖王光英共同主持一次晚宴，因为王先生的大名，晚宴非常引人注目。他是中国改革开放政策施行之后最早出现的企业家之一，受到极高的尊敬。在企业界能与他建立起联系就说明可以与中国著名企业家建立战略企业联盟。

我认为，中国人往往受到误解，他们在非洲的角色也大体上受到歪曲。耸人听闻的一种说法认为中国在非洲的角色是“新殖民主义”，如一些西方媒体所描述的一样。温家宝总理2006年访问非洲时宣布：“新殖民主义不是中国的标签。中国懂得殖民主义曾给其人民带来的苦难，非常清楚地知道我们必须与殖民主义作斗争。这是我们长期支持非洲国家民族解放和复兴的一个重要原因。”其他针对中国的批评认为中国对获取非洲的石油感兴趣，但中国在非洲53个国家活动的广度和深度则表明了另一码事。中国长期在非洲，非洲在追求很多互惠互利的项目。

另一种对中国在非洲行为的批评关系到中国的不干涉他国内政的政策。有人认为这种政策是一种“犯罪”。但中国认为在一个多样化的世界里，民主没有单一的模式，国际社会应该根据非洲国家的国情尊重他们自主选择的发展道路。一个国家的民主模式不能强加给另一个国家，不应该把援助作为施加政治压力的工具，民主不应该作为干涉其他国内部事务的借口。

全球贸易与技术中心不是一个政治组织：我们做生意，这才使我产生这种忧虑。我认为非裔美国人在中国做生意、与中国人在美国和非洲做生意的机会有很多。举例来说，我在各个方面与中国人合作。我愿意让他们了解我在中国做生意所汲取的教训，因为我是在艰难中才懂得的。我有十项规则：

（1）一切都是有可能的，但没有什么是容易的。

（2）西方商业逻辑并不适用。

（3）项目没有截止日期就得不到认真执行。

（4）必须坚持不懈，最后才会达到目的。

（5）耐心是成功的关键。

（6）当中国人说“你不了解中国”的时候，就意味着中国人不同意。

（7）当中国人说“有新规定”的时候，就意味着他们找到了一种回避做某件事情的方法；“国际规则”意味着中国人真的对你发疯了。

（8）“基本上没问题”意味着问题很大。

（9）当你乐观的时候，想一想规则（2）。

（10）当你气馁的时候，想一想规则（1）。

卡萝尔·亨德森·泰森

卡萝尔·亨德森·泰森博士现任“全球之声”总裁。对国际事务、国际商业开发和外援她有30多年的经验。此前她曾在美国国际开发署担任高级外事服务官员，美国政府各种外援项目主任。她还担任过政治与经济研究联合中心国际事务副主任，这是一个有关美籍非洲人政治经济问题的高级智囊团。泰森操一口流利的法语，在哈佛大学获得人类学与教育学哲学博士，在霍华德大学获得法语硕士学位，在塔夫茨大学获得语言学学士学位。她还在法国第戎大学和巴黎索邦大学学习过。作为一个有关非洲的倡导者，她所关心的问题在于中国企业对非洲女企业家的影响，特别是对非洲市场营销妇女的影响：

非洲市场营销妇女是非洲经济的关键人物，她们兴旺发达的能力受到许多环境中的消极因素制约，也受到来自中国私有小企业更加激烈的竞争的制约。瞄准市场营销妇女，让她们接受中国政府和企业承担的公司社会责任行动计划的人才培训，是非常有意义的。有很多容易得到收获的机会，可以产生积极的变化。例如，妇女工作的物质市场需要卫生设施；洁净水不足；社会服务如幼儿园和小学也缺乏。从事市场营销的妇女一般没有文化，没有接受过数字计算、财务和技术辅助方面的培训。总而言之，从事市场营销的妇女属于非洲经济舞台上最重要的扮演者，通过执行针对她们的公司社会责任行动计划，中国有很多机会进一步证明自己是一股美好的力量。

克丽丝汀·马蒂－欧朝拉

克丽丝汀·马蒂－欧朝拉博士是肯尼亚人，肯尼亚美国商会董事会董事，肯尼亚妇女科学学会会员；现任宾州维拉诺瓦大学化学助理教授。她在理海大学获得药理生物化学博士，获得的其他学位是在生物化学和食品科学与技术学科领域里的。她当前的研究领域包括肿瘤生物化学、新综合化疗药物传递系统、有毒物质的生物降解以及草药疗法的生化鉴定。她在肯尼亚美国商会任职，为海外肯尼亚侨民和肯尼亚的发展努力工作。

我们的商会会员经常在肯尼亚做生意，我们在肯尼亚观察到的中国人的情况让我们感到关切。首先，来肯尼亚的中国人越来越多。这让人感到担心，因为中国企业总在“竞争中战胜”当地企业，使很多当地企业倒闭。此外，没有要求中国企业与当地企业合作，使得中国企业和当地公司之间的差距越来越大。

针对中国人的批评认为中国人没有把他们的知识和技术分享给肯尼亚人，他们往往把自己的员工带进肯尼亚，从事大项目工作。总之，中国人和肯尼亚人之间不是很融洽，双方彼此不信任。有了这种不信任，当中国人买地产和矿山的时候，就会引起当地人的担心。所担心的另一个方面在于肯尼亚对中国的债务越来越多。

中肯关系也有许多积极的方面。例如，中国公司正在建设肯尼亚需要的项目，这是一件好事；与其他外国人相比，中国人带着思想、工具和资源进来，工作完成得又迅速又廉价。不足之处在于他们在这个过程中没有传授足够的知识和技能。相反，西方的模式虽然促进当地的参与，但在很多情况下，当地人实际上并没有必备的技能来胜任工作，这就更加说明了培养当地人掌握技能的重要性。

中国政府给肯尼亚学生提供10个名额的奖学金去中国学习，为埃杰顿大学提供支持。已经制定出肯尼亚中国经济与贸易合作框架，促进中国和肯尼亚关系和谐发展，还需要进一步促使肯尼亚人在中国做生意，而不仅仅是中国人在肯尼亚做生意。

要解决这些问题，美国肯尼亚商会主张：

● 增加当地的内容。商会支持要把中国和其他方的开发项目中的一定比例留给当地支配，可以让肯尼亚国民和/或者肯尼亚海外侨民参加。

● 促进和发展肯尼亚公司的人才培训，以提供维修服务。肯尼亚人需要懂得怎样维护各种不同的设备，这就是他们需要更多的职业培训的原因。要鼓励中国人提供这样的培训，肯尼亚政府要把提供这样的培训当做与中国谈判的一部分内容。

● 鼓励与年轻企业家开展文化交流。中国和肯尼亚两国政府要把这样的交流放在优先地位上，以便早日建立互信关系。

● 提高肯尼亚标准部门的水平。中国产品的质量问题，特别是药物质量问题，假如肯尼亚标准局有更强的力量帮助解决，就会降低到最低限度。因此，要把重点放在提高这种能力上来。与此同时，应该发动一场提高思想觉悟运动，反对肯尼亚企业家从中国进口低质量商品。

从最低要求来讲，肯尼亚政府必须把重点放在改善肯尼亚人民生活上来，肯尼亚政府作为一方所签订的所有协议都应该反映这一目标。坚持公司社会责任、坚持人才培养、坚持高标准，这是可以表明肯尼亚政府把人民放在首位的一种方法。

萨莉恩·布马

萨莉恩·布马是塞拉利昂人，现任布鲁金斯学会立法与国会问题研究员，被指派给国会议员唐纳德·佩恩，后者是美国众议员非洲分委员会主席。她曾被美国小企业管理局命名为

"年度企业家"，在过去20多年中一直担任有数百万美元资产的公司的首席执行官。他有数年银行和金融工作经验，在地方小金融机构担任过助理副总裁，现在担任联邦和州代理机构顾问。她是美国小企业局国家级地区顾问、马里兰州非洲事务局特派员。她在哈佛大学肯尼迪政府学院学习过领导/管理执行项目，在达特茅斯大学塔克商学院学习过高级主管项目。她在叟杰纳·道格拉斯学院获得管理学学士学位。作为塞拉利昂人，她对中国在塞拉利昂的活动感兴趣：

> 塞拉利昂和中国的关系对塞拉利昂来说是"赢"。我的祖国目前的重建是在遭遇多年管理不善、内战和社会政治痞疾之后才开始的。虽然我们有丰富的原材料和自然资源，但是过去的统治集团并没有将其用来为国家谋福祉。如果我们与中国恢复的关系能帮助我们更好地利用我们的土地、劳力和资本，那么我就举双手赞成。中国承诺帮助塞拉利昂发展物质基础设施和社会基础设施，包括教育、卫生和农业。中国正在帮助修建的水坝是塞拉利昂人民生活中的一个重要里程碑。世世代代的塞拉利昂人对于24小时供电意味着什么没有概念。
>
> 这对塞拉利昂来说是一个令人振奋、充满希望的时代。在发展的每条战线上，中国都在促进积极变化的发生。塞拉利昂政府拥有的电讯公司刚刚收到中国华维公司发送过来的价值1666万美元的无线通信设备。这批设备是通过中国政府的优惠贷款资助的。
>
> 在访问塞拉利昂时，我有机会看到中国正在进行援助的、给塞拉利昂普通人带来好处的几个样板。我对已经发生的幕后交易不了解，但是目之所见令人十分感动。以中国正在弗里敦建设的体育馆为例，我是一个体育迷，看见体育场馆拔地而起，不禁激动得喊叫起来，这尤其是因为在过去的岁月里我看到许多东西都被折之毁之。我的朋友们实际上买得起门票到体育馆看节目，这太棒了。
>
> 就买得起而言，中国向塞拉利昂出口很多廉价产品，原因就在于此，这是我们能买得起的东西。产品的质量可能没有西方的好，但要记住沃尔玛也非常受人喜欢，因为售价较低。在竞争者没有降低价格之前或者在我们的收入没有提高之前，中国的产品价格合理，

都会受人喜爱。

朱厄妮塔·C. 布里顿是繁忙蜜蜂国际公司（BZB International）总裁。这是一家公共关系与零售管理公司，经营布鲁克斯兄弟连锁店、消费者新闻与商业频道、里根国家机场和杜勒斯国家机场的美国职业高尔夫球协会零售店。在加盟经营还未流行很久之前，朱厄妮塔作为10岁的底特律市民，夏天在她家房子的一旁卖柠檬汽水，这使她产生许多其他方面的创业干劲。在过去19年中，繁忙蜜蜂国家公司举办过喜闻乐见的繁忙蜜蜂国家公司假日礼物与艺术展，这是一种展览和销售会，在美国和世界100多家企业开办。她还在加纳、塞内加尔、坦桑尼亚、牙买加和南非创办几家商业合作社并与之密切合作，提供销售网点。她游历广泛，为非洲、亚洲和南美各地的项目提供咨询。她是华盛顿哥伦比亚特区真心行动基金会的先锋，该基金会致力于用善良的行动来帮助国内外的妇女、家庭和人道主义项目。

朱厄妮塔·C. 布里顿

当前布里顿致力于“世界项目的绿化工作”，其重点是建立一个水净化系统，为社区提供清洁水而助力。她在华盛顿哥伦比亚特区霍华德大学获得公共事务学硕士学位，在密歇根州卡拉马祖密歇根西方大学获得国际关系与教育学学士学位。作为企业家，布里顿女士关心中国、非洲和像她自己一样的非洲海外侨民之间的三向交往，他们要与中国人联起手来在中国、美国和非洲做生意。

我1979年第一次去非洲旅行；我去尼日利亚拉各斯大学参加一门课程学习。那里秀丽的风光令人陶醉，我作为企业家看到向大众销售商品的巨大潜力也给我留下深刻印象。自从那次访问以来，我又去过非洲西部、东部和南部的许多国家。每一次我都看到种种可能性。同样，1995年第一次去中国，随后又去参加在北京举办的妇女论坛，我再次看到各种可能性和商业机会。因为中国在非洲开展活动，我看到开展互惠互利的合作的可能性比以往任何时候都多。在对新的合作伙伴关系感到兴奋之际，我也对合作双方能否平等地相互分享红利感到担心。我渴望看到非洲兴旺发达，我相信就中国而言，重要的在于其侨民积极参与，利用其知识和资产来增加非洲通过与中国合作获得成功的可能性。

有关中国的早期日子的最生动记忆之一是街道上到处是骑自行车的人流；今天我们将之称为“绿化”运动。实际上，中国正在“绿化”，在这个“绿化”运动的过程中，我认为有特别令人振奋的新机遇来使中国、非洲和非洲海外侨民共同合作，把新的、适宜的绿色技术介绍给非洲，这不仅有助于减少对环境的负面影响，而且还可以创造出新的商业机会，会给农村带来福祉的一个特别有意义的领域是关于水净化的。当前，一套新的、实用的水净化系统正在中国山东省淄博市上马，不久也将会在塞内加尔农村试用。与中国人合作在整个非洲大规模使用这种技术的前景非常广阔。还有很多其他领域也可以利用中国的技术来绿化非洲，帮助非洲人民过上美好的生活。我相信非洲海外侨民也能发挥极为重要的作用，帮助在中国和非洲之间架起一座桥梁。

托马斯·J. 埃尔其

托马斯·J. 埃尔其现任德雷塞尔大学资深副校长、总会计师兼财务主管。此前在霍华德大学担任资深副校长、财务主管兼总会计师。在霍华德大学埃尔其先生监督学校及其医院所有金融、财务和附属企业的运行以及资金计划和项目执行。此前他还在华盛顿哥伦比亚特区担任过勤俭储户保护督察董事会和决议信托公司财务执行副主任，加利福尼亚萨拉托加佩里投资公司总裁，旧金山公共工程委员会总经理兼首席执行官，芝加哥预算管理部第一预算副主任、预算主任，美国总统行政办公室商务司预算与管理处高级政策/项目分析师、副科长/高级预算审计师。在预算管理处，埃尔其是白宫内阁委员会的代表，负责少数民族企业开发和小企业商贸团体政策事务。埃尔其先生渴望看到非洲的发展。

> 非洲发生了什么变化？我想很早以前就该发生了？但似乎从来就不会发生。作为财务官，我总是寻找能赚钱的地方。当我们放眼非洲的时候，就知道非洲的股票市场太薄弱了，没有足够的活力。如果中国在非洲的所作所为终究会帮助非洲起飞，如我们所愿使21世纪成为非洲的世纪，那么非洲就会变得更加强大起来。我刚从非洲访问归来，我认为如果有任何国家能够帮助非洲起飞，这就是中国，我祝非洲好运。

埃尔其夫妇在中国

乔治王子县攻关小组会议与马里兰非洲贸易办事处和美国非洲商务圆桌会议

沙伦·T. 弗里曼

中国巨大的增长在很大程度上归功于海外华侨在中国投资所起的作用。相反，非洲海外侨民为非洲发展作出重大贡献的潜力还没有被充分挖掘出来。

中国正在做许多非裔侨民没有做过的事情，这就是在非洲进行大量的投资。问题在于：为什么海外非洲侨民没有对非洲进行更多的投资呢？为了探讨这类问题，在马里兰乔治王子县召开过一次攻关小组会议，乔治王子县是许多来自不同国家的有影响的非洲移民的家乡，也是美国第一个非洲贸易办事处所在地和美国非洲商务圆桌会议所在地。本文叙述攻关小组会议讨论的内容。

乔治王子县的背景

乔治王子县在美国风光秀丽，别具一格，由于是全国最富有的县而远近闻名。根据美国人口统计局 2008 年的统计，该县大多人口为非裔美国人。到 2008 年 6 月 3 日，乔治王子县还得到标准普尔 3A 等级评价，据该县官员透露，这使其成为全国受到这样评价的 48 个县之一。重要的在于这是美国唯一一个有非洲贸易办事处的县，是非洲移民把美国公司与非洲连接起来的桥梁和纽带。

马里兰计划部认为，十年一度的人口普查数据和 2004 年美国社区普查结果表明，马里兰有 60 万在外国出生的人口，其中 23% 落户在乔治王子县。在这里落户的很多人来自非洲，特别是来自尼日利亚、加纳和埃塞俄比亚。在乔治王子县的外国出生的人口中，总共有13000多人来自非洲。

据估计，乔治王子县到2010年的人口会达到84.1万，该县地处华盛顿哥伦比亚特区东部边界的外围，为雇主和居民城区、城郊和农村融合在一起的环境，离国家和国际机场以及巴尔迪摩港不到1小时的距离。县里拥有良好的投资环境，娴熟的技术工人和很高的生活质量。15600家企业雇用232000名工人，其中有430家有100多名雇员。全州最大的航空航天技术产业部门之一坐落在县里，其重要的雇主包括计算机科学公司（Computer Sciences Corporation)、安全之路（Safeway)、格林豪恩与欧马拉公司（Greenhorne & O'Mara)、卫星地面终端公司（SGT）和威力真通信公司（Verizon)。

乔治王子县还有重要的联邦实验室和部门，如美国国家航空航天局戈达德太空飞行中心、美国国家食品药物管理局、美国国家海洋和大气管理局（NOAA）以及贝尔茨维尔农业研究中心（Beltsville Agricultural Research Center)。高等学府包括马里兰大学，马里兰的旗舰公立大学以及波伊州立大学、马里兰大学大学学院（the University of Maryland University College）和乔治王子社区学院。乔治王子县致力于企业发展和投资，这表现在新竣工场所上，如95越野障碍赛马国际企业园（外贸区）以及许多高品位开发区，如伍德茂·汤中心（Woodmore Towne Centre)、国家海湾、大学城。

乔治王子县非洲贸易办事处的背景

在过去20多年间，乔治王子县逐步演变成非洲移民通向美国中产阶级的大门。2008年县里成立非洲贸易办事处，确定其在非洲移民、他们的祖国与美国企业之间搭建桥梁的角色。

办事处是美国参议员本杰明·卡丁和乔治王子县县长杰克·约翰逊要把本地区与非洲连接起来的构想的产物。非洲办事处的使命在于确定贸易投资机会，促进战略合作关系，团队组合，和非洲公司与美国公司之间达成交易。

非洲贸易办事处制定出下列目标：

- 扩大美国中小进出口企业与非洲目标国之间的贸易；
- 提供专业化培训、市场调研结果、一对一辅导、合作机会、贸易投资机会，通过学习班、研讨班、信息发布会和证书培训课程等形式获得意向性资本和协定的机会（首先向非洲出口）；

• 建立在美国的非洲企业和非非洲企业之间的合作伙伴关系，与非洲大陆的非洲中小型企业相配对；

• 增加与大公司签订合作伙伴关系协定的数量（内容包括顾问指导、获得合同和投标的机会）；

• 以较低廉的价格向初进美国市场的非洲中小型企业推销国际办公和库房空间，使他们有机会选择企业地点；

• 提高非洲中小企业出口水平和开展有效合作的能力。

非洲商务圆桌会议的背景

美国非洲商务圆桌会成立于2008年1月，总部设在乔治王子县。其使命在于为在美国的非洲首席执行官呐喊助威，为在美国的会员促进商机，促进与非中的商业联系。要成为正式会员，要求企业每年营业额至少必须达到500亿美元。会员所起的一个关键作用在于利用他们在祖国的关系来加强与海外非洲强民的联系。乔治王子县非洲贸易办事处是美国非洲商务圆桌会议的战略合作伙伴。

攻关小组的发现

攻关小组成员包括非洲贸易办事处执行处长帕特里夏·帕克、两位高级职员恩古斯·黑尔（埃塞俄比亚人）和奥古斯丁·穆弹波雷兹（卢旺达人）、非洲商务圆桌会议主席欧拉·法穆易瓦工程师（尼日利亚人）、全美小企业出口协会副主席彼得·H. 格博（埃塞俄比亚人）和我。

攻关小组的讨论会总结了小组的集体经验，包括生在非洲、长在非洲并且继续在非洲做生意的非洲移民的经验，非洲贸易办事处促进在非洲投资的经验以及开发从业者对其他参与者的感受。其中的要点总结如下。

非洲人移民美国是有原因的。“你在美国可以梦想成真。”他们留在侨民区，因为他们已经习惯了“正常运转的事务”。相反，非洲很难，这也是没有更多的非洲人在非洲投资的原因。攻关组成员认为对投资有很多限制，但最大的障碍是缺乏基础设施。

非洲国家缺乏可靠的电力也是一个巨大的困难；很多国家的手机太贵，

都让人买不起，这也是一个突出的问题，特别是当一个人想要与美国保持联系的时候。“非洲没有电，实际上事情就很难办。没有电企业不能兴旺发达，就连安全也都成问题。大多犯罪都是在黑暗中发生的。”很难给非洲的基础设施需求排个先后顺序。水比路更重要吗？路比下水道更重要吗？非洲都需要。

为什么这些问题难以解决呢？人们一直认为非洲领导人未能把国家放在首位、社区放在第二位、个人放在第三位，而是把这个顺序倒过来了。“人人都想发不义之财，结果就会产生腐败。非洲领导人不公开地把犯罪分子绳之以法，人们就不会真正地检举揭发，破坏法律和秩序的局面就会延续下去。”

起用非洲的专业人员。直到最近还没有什么开发代理部门支持的行动计划为非洲海外侨民返回非洲传授知识和经验提供资助。这样的支持是必要的，因为与中国海外侨民的情况不同，非洲的海外侨民往往都是专业人员，而不是成功的商人。因此，他们往往都是干一般的工作，而没有大型企业，没法冒风险在海外投资。与此同时，许多非裔侨民专业人士都与诸如世界银行的大型国际捐助组织的国际咨询环节相脱离。在中国对中文技能的要求给海外华侨参加大型发展项目带来障碍，而非洲海外侨民的情况则与此不同。

事实上，非洲领导人也没有能力，也许甚至不愿意给国际组织施加影响，要求非洲国民作为咨询专家参加重大项目的立项工作。此外，与历史上的黑人高校有联系的专家没有掌握的相关知识往往被忽略了。因此，非洲人和非裔美国人对在非洲承担开发项目的国际组织的决策参与不够。

对非裔侨民投资商的态度。非洲人离开非洲，想再回来就会成为外人。他们并不适应，部分地受殖民主义的残余影响，相互之间还存在一种分割征服的猜疑心态。回来的人总会寻找与自己相似的精英分子，待在一个封闭的圈子里。家庭和朋友的要求也成为沉重的负担，“他们要把你当做自动取款机”。更要命的是，有些当地人捉弄回来的人，让他们进入各种考验他们忠诚和大度的圈套。除非他们有钢铁般的意志，否则就会被当地人拉下水，在漫不经心中成为顽固不化的腐败问题的一部分。

为非裔侨民投资牵线搭桥。非洲贸易办事处努力发挥重要作用，在海外非洲侨民和非洲之间牵线搭桥，执行对非洲的贸易使命，帮助企业与企业之间的联系，促进对非洲的贸易和投资。这是必要的，因为海外非洲侨民和非洲人之间缺乏信任，基地在非洲的实体都想占归来游子的便宜。建立一种正式组织，在诸如非洲贸易办事处基地，在美国的官方机构的支持下，就可以产生一种舒适程度，促进交易的达成。早期有迹象表明，这种方法是可行的，非洲贸易办事处就组织过一个十人代表团在2008年12月赴西非国家喀麦隆和塞内加尔访问，达成一系列商业协定。

非洲部落首领的角色。他们的角色可以成为一种积极的或消极的力量，但在多情况下，他们的角色是非常重要的。总统和总理并非是非洲的唯一领导人；部落首领也是领导层中的一部分。规范他们的行为，教育他们，如同促使国家领导人进步一样重要。不幸的是，很多部落首领都已经腐败。例如，在尼日尔三角洲，负责监督石油公司的公司社会责任战略实施的部落首领却接受这种公司的金钱和资源，这确是一种不幸。这里的部落首领经常把钱装进腰包，不为当地民众干事。在这种情况下，石油公司虽然承担公司社会责任，但执行的却不是正确的公司社会责任行动计划。

非洲民间社会的弱点。部落首领是非洲民间社会的一个重要组成部分，但往往受到忽视；他们的意见和对当地群众的影响非同小可。西式民间社会组织并非在城区任何地方涌现，并非与以往的乡村生活和兴趣相联系，并非代理部落首领的角色，其效果通常并不好。即使部落首领参加，如果他们没有受过有关当前形势方面的宏观教育，如果他们的“买进”不符合国家的纲领，他们就会成为执行的障碍。他们是民间社会的一个关键部分，如果与之进行适当的磋商，他们就会成为一种社会转变的积极力量。

论中国在非洲的所作所为。当有某些东西像非洲一样被打碎了的时候，就需要花费很大力气来修补。西式的干预有意义且有帮助，但在过去未能把最重要的开发项目之一——基础设施放在优先地。中国在非洲的所作所为表明现在必须建设非洲的基础设施，而且可以比以前的标准建设得更快、更廉价。

中国在非洲的作为证明中国有一种非洲战略。相反，美国似乎只顾救火，近来还把重点放在扑灭疟疾和艾滋病病毒/艾滋病之火上。这虽然高尚而重要，但不能像基础设施建设一样有效地加速非洲的发展。良好的基础设施，除了可以为发展提供物质手段之外，还可以间接地提高管理水平。有一个故事讲肯尼亚的一位企业家（络丝·基摩索），她把电视放在肯尼亚农村的露天，村民都聚集在一起观看，但从未曾有人偷走一台，虽然电视就搁置在露天。其原因就在于人们珍爱电视。正如基础设施建好后人们也倍加珍惜，同样，他们有可能会要求更多的非洲领导人保护属于他们自己的东西和他们珍爱的东西。

中国进来填补一个空白——由于非洲缺乏杰出领导人而造成的一个空白，导致发展滞后；由于缺少非裔侨民在非洲投资而造成的一个空白；由于以前西方未能把非洲经济和基础设施建设放在优先地位而造成的一个空白。正如西方介入附带限制条件一样，中国在非洲的作为也让非洲付出代价。在非洲人看来，其中主要代价之一在于在不同程度和形式上雇用中国工人，似乎使非洲就业和技能发展边缘化。

中国“全面钳制式”介入非洲经济还带来意想不到的后果。中国私有企业正在进入许多非洲经济部门，接管和取代地方企业，引起越来越多的愤恨。

环境污染也与中国在非洲的活动有关系，特别是从水污染方面来看。这不仅仅是一个非洲的问题，因为所有的水都将受到污染。

环境给臭氧层和天然栖息地造成的破坏也同样令人担心。非洲控制这种破坏环境的组织能力非常有限，因此这样的担心就更加严重。

与此同时，一些中国私有企业还钻非洲机关人员弱点的空子，这正在助长腐败文化的滋生。

但从长远观点来看，把这些“路上的坑坑洼洼”填平是大有希望的。现在是思考海外非洲侨民参与进来的大好时机，不仅仅是来自美国的，而且还有来自北美更加广泛的包括加拿大和加勒比海地区的大片领域，来自南美的以及来自其他地区的，海外非洲侨民都投入到行动计划中去，开创三方“三赢”的大好局面。

前进之路：中国、非洲与海外非洲侨民之间的三边关系

代表马里兰州和美国的非裔侨民发言中，我们当中很多人都愿意加入与中国的互惠互利合作伙伴关系，以促进非洲的发展。合作的机会很多。例如，机会的鲜明目标包括以下方面，但也并不局限于此。

教育和人才培养。海外非洲侨民在很多相关领域里拥有专业学位，还与高校有联系，诸如历史上的黑人高等院校，以及与科研机构有联系。可以利用这种关系来加速向非洲转让知识的步伐。与此同时，中国个人和机构也拥有相关的知识。问题在于怎样合作才能创造出“三赢”的局面。如同任何事

物一样，如同中国与非洲领导人2006年在北京举办的中非合作论坛所表明的一样，一切事情都是从会谈开始。乔治王子县通过非洲贸易办事处提供了一个有意于开始“会谈”的组织和场所。

在非洲的商务合作伙伴关系。虽然非裔侨民中很多人对企业投资有很好的打算，对非洲有很好的了解和很多关系，但很多缺乏非洲合作论坛所提到的资金盾牌来将之变成丰硕的成果。如何获取金融资源也应该在“会谈”中加以探讨。

在美国的合作伙伴关系。除了与在非洲的中国人合作之外，中国人也有与在海外的非洲侨民合作的机会，包括与在乔治王子县的非裔侨民合作，这里有非洲贸易办事处，正在开发产业孵化器，以促进贸易和投资往来。

在美国的会谈。非洲贸易办事处、美国非洲商务圆桌会议以及其他以海外侨民为主的重要组织都做好了准备，在全美帮助组织开办合资促进讨论会，为中国公司寻找商业合作伙伴以及促进中国、非洲和美国之间的贸易投资交往的资源。

绿色行动计划

2007年6月，马里兰州州长马丁·欧莫利宣布马里兰州新节能目标，以减轻纳税人的负担、减少马里兰能源市场的压力和改善环境。根据“授权马里兰”的行动计划，马里兰州到2015年将减少能源消耗的15%。许多非裔侨民拥有的公司都有能力帮助马里兰实现其目标，利用现有的科技资源促进非洲“绿化”并与中国公司结成战略联盟，在马里兰和非洲开展“绿色”合作。

这只是需要探讨的几个想法。“要捎去”的要旨在于海外非洲侨民认识到，在可以预见的未来里中国在非洲是一个重要的开发投资伙伴。海外非洲侨民要寻求与中国人开展各种不同形式的合作，联起手来，发展旨在“三赢”的合作关系。

附一：攻关小组会议代表

全美小企业出口协会会员

彼得·格博

彼得·格博是在位于华盛顿哥伦比亚特区的全美小企业进出口协会副主席。1998年以来，就一直在全美小企业进出口协会工作，接纳公司入会，提供广泛的服务，旨在帮助少数民族、移民和妇女拥有的小公司增加与非洲的贸易投资联系，参与国际组织的全球采购业务。因此他汲取了广泛的关于全球贸易投资的机制和运作、对美国和非洲的小型企业团体方面的知识。他此前担任过各种不同的职务，如埃塞俄比亚政府经济专家，埃塞俄比亚计划与经济发展部宏观经济政策分析与贸易司司长兼旅游司司长。格博先生积极活跃在美国和埃塞俄比亚的商业界，他在英国兰卡斯特大学获得国际贸易与金融学理学硕士学位，在埃塞俄比亚阿迪斯·阿巴巴大学获得经济学硕士学位。他著有《美国制造——埃塞俄比亚美籍知名企业家访谈录》一书，探讨海外埃塞俄比亚人的经历。

非洲贸易办事处职员

帕特里夏·海-帕克

帕特里夏·海-帕克是非洲贸易办事处处长，在法国巴黎枫丹白露美术学院获得结业证书后，在美国天主教大学攻读建筑学。她担任过华盛顿哥伦比亚特区美国农业部研究生院/国际商学院“2004《非洲发展与机遇法案》论坛”客座主讲人。她直接参与过美国财政部沙特阿拉伯计划项目，挑选建筑师前往中东国家和尼日利亚工作。她参加过一次重要合作关系的谈判并获得成功，其中涉及马里兰乔治王子县的公司和冈比亚共和国社会保障与住房金融署，内容是提供成品公寓房和技术转让。她主持完成过巴尔的摩港与加纳共和国和冈比亚共和国港口之间的谈判工作，三方建立起姊妹港口关系。她还主持过非洲贸易办事处与几家驻华盛顿哥伦比特区的大使馆（乌干达、埃塞俄比亚、坦桑尼亚、莫桑比克、加纳）以及非洲大陆几个国家的主要商会和出口协会关于谅解备忘录的谈判并获得成功。她代表马里兰乔治王子县和乔治王子县经济开发公司率领过商务开发使命团。她致力于为中小企业服务，促进其出口产品和服务在全球获得成功。

尼古希·黑尔

尼古希·黑尔是非洲贸易办事处经理，监管办事处日常工作运行，对公司需求进行评估，协助公司解决资金和其他业务开发需求问题，帮助委托人在非洲国家达成协议。在此前17年的资产抵押借贷和贸易财务工作中，他负责处理来自非洲各个不同国家的公有私有部门借贷者的借贷申请。他是埃塞俄比亚人，周游过非洲，有促进非洲和美国公司达成交易所必需的经验。他获得商务与经济学学士学位和金融学工商管理硕士学位。

奥古斯丁·穆坦伯雷兹

奥古斯丁·穆坦伯雷兹是美籍卢旺达人，现任乔治王子县国际商务开发公司和非洲贸易办事处国际商务开发专家。穆坦伯雷兹先生出生在坦桑尼亚，生长在乌干达，祖籍是卢旺达。他毕业于印度班加罗尔大学，在印度国立农村发展研究所接受过培训，接着在纳尔逊·曼德拉都市大学（原南非波特·伊丽莎白大学）就读研究生，随后前往美国。在加入王子乔治县经济开发公司之前，他曾就职于匹兹堡国民银行（PNC Bank），担任过卢旺达驻华盛顿哥伦比亚特区大使馆顾问，从事包括咖啡和篮子在内的卢旺达产品在美国市场的促销工作。此前他还曾就职于卢旺达金融与经济发展部，在现任非洲开发银行行长唐纳德·卡波卢拉属下担任预算官员。

非洲商务圆桌会议会员

欧拉迪坡·欧陆也米·法穆易瓦

欧拉迪坡·欧陆也米·法穆易瓦是全世界知名的非洲圆桌会议的附属组织和会员单位——美国非洲商务圆桌会议主席。美国非洲商务圆桌会议是由基地在美国的非裔企业家和经理以及从心里对非洲感兴趣的企业家和经理组成的组织。法穆易瓦先生是美籍尼日利亚人，土木工程师、建筑师、开发商、经理，有25年丰富的不动产工作经验。他获得土木工程学士学位、不动产与金融管理硕士学位。他目前担任利兹房地产公司首席执行官，法摩尔·班切尔斯有限公司——一家住宅与商业不动产管理公司总裁，利尔利兹有限公司——一家不动产经营、开发与建筑公司总裁，致力于非洲的基础设施建设。他在各种组织的董事会任职，其中包括以“非洲脉搏”为人所知的《远见》杂志，这家杂志致力于促进美国企业和非洲企业之间的牵线搭桥工作。

裘德·尼亚姆比是喀麦隆人，1996年移民美国。移民美国之前，尼亚姆比先生在喀麦隆布埃亚担任过喀麦隆山社会森林项目主任，这个项目是由全球环境基金会（CEF）、官方开发援助基金会（ODA）、德国技术合作公司（GTZ）以及喀麦隆政府发起资助的。在美国尼亚姆比先生是一家小企业主，慈善家。他现任城市卫生技术服务公司总裁（www. Metrohealth - tech. com），汉普顿会议中心主任（www. thehamptoncenter. com），文森特·科瓦拉·尼亚姆比基金会（www. vknyambifoundation. org）董事会主席。尼亚姆比在尼日利亚伊巴丹大学获得农业学理学硕士学位，在德国柏林获得保护区土地使用规划、冲突管理与决议毕业文凭。他是美国非洲商务圆桌会议会员。

裘德·尼亚姆比

附二：

非裔美国人口数据概览

4070万：据估计，截止到2007年7月1日，美国黑人居民有4070万，其中包括混血人口，占美国人口的13.5%。这个数字比一年前增加了50万人。

6570万：据预计，到2050年7月1日美国黑人人口为6570万。根据这一预计，到那一天黑人将占全国人口的15%。

18：据估计，到2007年7月1日为止有18个州的黑人人口至少有100万。纽约有350万人，居第一。榜上有名的其他州是亚拉巴马、加利福尼亚、佛罗里达、佐治亚、伊利诺伊、路易斯安那、马里兰、密歇根、密西西比、新泽西、北卡罗来纳、俄亥俄、宾夕法尼亚、南卡罗来纳亚、田纳西、得克萨斯和弗吉尼亚。

24：有24个州或相当于24个州的黑人是最大的少数种族群体。其中包括亚拉巴马、阿肯色、特拉华、哥伦比亚特区、佐治亚、伊利诺伊、印第安纳、肯塔基、路易斯安那、缅因、马里兰、密歇根、明尼苏达、密西西比、密苏里、纽约、北卡罗来纳、俄亥俄、宾夕法尼亚、南卡罗来纳、田纳西、弗吉尼亚、西弗吉尼亚和威斯康星。

31%：到2007年7月1日为止，黑人人口中不满18岁的占31%。而在这个谱系另一端65岁以上的老年人口占8%。

19%：到2007年为止，单一种族的25岁及以上的、有学士学位或以上学位的黑人占19%。

120万：2007年在单一种族黑人当中，有高级学位（即硕士学位、博士学位）的25岁及以上者有120万人。而1997年达到这种教育水平的黑人则有71.7万人。

230万：2006年秋季，单一种族的黑人大学生有230万人，比15年前增加100万人。

886亿美元：2002年黑人拥有的企业的收入为886亿美元，黑人拥有的企业的总数接近120万。黑人拥有的公司占美国所有非农业企业的5%。

129329：2002年在纽约黑人拥有的公司有129329家，居全美各州之首。仅纽约市就有98080家，居全美各市之首。

10716：2002年收入100万美元和以上的黑人拥有的公司有10716家。这些公司占美国黑人拥有的公司总数的1%，占其总收入的55%，即490亿美元。

969：2002年有100名或者以上雇员的美国黑人公司的数目为100。这样规模的公司当年占黑人雇主拥有的公司总收入的24%，即160亿美元。

33916：2007年单一种族黑人家庭的平均收入为33916美元，比2006年的32876美元有所增加（按2007年定值美元计算）。

27%：16岁及以上的从事管理、专业及相关工作的单一种族的黑人占27%。有49730名黑人内科医生和外科医生，有70620名黑人在高校任教，有49050名当律师，有57720名当行政长官。

44：国会黑人委员会有44名成员。在美国第111届国会期间，以国会代表芭芭拉·李（加州代表）为主席的国会黑人委员会有1名参议员和43名国会代表（其中有两名为无投票权代表），共同构成国会黑人委员会。

105：历史上的黑人高等学校数目为105所。《1965年高等教育法》对历史上的黑人高等院校的定义为“……历史上的任何一所黑人学院或大学都是在1964年以前建立的，其过去和现在的使命在于教育黑人”。

附三：

美国的非洲移民

规模与分布

• 2007 年有 140 万在非洲出生的外国人居住在美国。

• 非洲移民占 2007 年所有移民的 3.7%。

• 黑人移民中约有 1/3 来自西非。

• 非洲移民数量最多的国家为尼日利亚、埃及和埃塞俄比亚。

所有非洲移民有一半以上住在纽约、加利福尼亚、得克萨斯、马里兰、弗吉尼亚、新泽西和马萨诸塞。

人口与社会经济概览

• 有 75% 以上的在国外出生的非洲人是自从 1990 年后来到达美国的。

• 2007 年非洲移民有 3/4 以上是到达工作年龄的成年人。

• 2007 年非洲移民中男人比女人多。

• 2007 年非洲移民中大多数不是美国公民。

• 2007 年，三个非洲移民中有不到一个英语水平有限。

• 2007 年，英语水平有限的非洲移民中有 3/4 以上讲五种语言之一。

• 每五个在国外出生的非洲成年移民约有两个持有硕士学位或更高的学位。

• 大体来看，非洲国家男女移民比其他外国出生的男女更有可能加入平民劳动大军。

• 被雇用的非洲出生的男子大约有 30% 工作在服务、建筑、采矿和交通行业。

非洲移民人口的准入种类

• 自从 2000 年以来有 50 多万非洲人成为美国永久合法居民。

• 2007 年在非洲出生的永久合法居民仅有 40% 是美国公民的直系亲属。

• 2007 年准入美国的所有难民（包括政治难民在内）中大约有 1/3 来自非洲。

• 持有暂时非移民签证进入美国的大多非洲人是游客和公务人员。

• 来自非洲的临时非移民准入有一半以上来自三个国家。

- 来自非洲的临时工作准入大约有一半是从事专业工作和公司内部调动。

资料来源：美国统计局：《2006 年美国社区普查》。斯蒂文·拉格尔斯、马修·索伯克、特伦特·亚历山大等编录：大众统一使用微观数据系列 3.0 版，明尼苏达明尼阿波利斯：明尼苏达人口中心，2004 年。美国国土安全部移民统计局：《2007 年移民统计年鉴》。

沙伦·T. 弗里曼博士与加纳女企业家在一起（2009 年）

第十一章

妇女撑起非洲75%的天

妇女撑起非洲75%的天

沙伦·T. 弗里曼

中国有句俗话叫做“妇女撑起半边天”。在非洲她们至少撑起75%的天。

非洲妇女的企业活动具有十分明确的目的。她们的收入用来付学费、养家糊口以及维持其他生计。如果她们失业，社会就会崩溃。

在整个非洲殖民及其随后的历史上，直到现在才出现外国企业力图与低水平的非洲妇女营销员竞争的局面。中国商人表明他们有能力而且愿意和在非洲各个层次生意中的她们展开竞争，包括在路边卖蔬菜这个层次。这正在给非洲妇女企业家带来极大的伤害，这种现象可能会给中非关系带来严重的后果。

中国在短时期内取得了所有其他国家没有取得的成就；中国人正在建设所需要的基础设施，他们在非洲的所作所为为非洲领导人所赏识，非洲领导人认为中国人干得好，干得及时，他们从事的项目正适合非洲的需要。虽然最高层的关系很好，但在妇女企业家生活的底端并非一切顺利。

本章的目的在于揭示非洲女企业家的困境，以引起中非领导人的重视，他们需要共同制定出战略，确保中国私有企业在非洲的活动不使非洲妇女拥有的企业倒闭，并在力所能及的范围内予以支持。

认识非洲经商的妇女所面临的挑战

这里提出的看法是以我为非洲开发银行对12个非洲国家的成功的女企业家所作的综合调查为基础的，调查的目的是为了理解她们应对挑战的方式，调查结果发表在《促进非洲发展：非洲商界的巾帼英雄》（2004年）。

非洲妇女在商业界为什么必不可少?

非洲正在为自身的生存进行一场战斗：如果妇女能够为帮助非洲赢得这场战斗作出更大的贡献，那么就要尽一切努力作出全面的贡献。此外，贫穷正在整个非洲大陆加剧，面对这种形势，越来越需要妇女来参与。

非洲妇女企业家的精神十分重要，其中的道理比较微妙，与企业家精神的人性内涵及其对相关妇女的意义息息相关。一旦妇女与“企业家的内在自我”联系起来，她们的视野就会开阔起来，她们的人生价值就会得到更好的实现，这一点是至关重要的。经商使她们能够在人生中第一次感受到，她们的全部幸福和自我价值感并非完全在于受到家庭成员的爱戴和尊敬，而是通过企业家精神，她们的重要性和价值可以得到社会的广泛认可，人们衡量的尺度在于她们的事迹的价值。正如女商人可以得到的回报在于她们近来受到社会大众的尊敬一样，她们还第一次感到有了权力，通过她们的企业来报答社会的其他成员，也许会空前地与社会和世界连接在一起。就是由于这种新发现的联系和授权妇女才会全心全意地致力于她们的企业活动。她们在社会上没有任何别的方式来体验受到赞扬和赏识的滋味。其中最美好的部分在于这种滋味并不随着时间而消失。相反，随着她们的企业不断增长，她们受到尊敬的程度也随之增长。

非洲妇女对企业拥有的现状

非洲妇女拥有的企业是比较小的乡镇企业，只有几家规模很大。

非洲农村妇女面临最严厉的限制，缺乏耕地就是最可怕的限制。在农村，就业机会少，而且在农业和建筑领域里，通常的工作和季节性的短工一般不适合妇女来干。对于缺乏土地或没有土地的人来说，她们能做的几件事之一就是在路边卖东西。因此，当中国企业来与她们竞争时，如果发现自己处于失败的境地，她们感到不仅仅是失去生意，而且感到生存都遭遇到威胁。

农村妇女积极地活跃在零售交易和营销领域里，特别是在传统的、商业化程度不高的领域里。在非洲许多地区，妇女营销食品，发行大多主要的商品。妇女通过营销工作，就会在农民、中间人和消费者之间建立起有价值的联系。过去往往认为小生意不赚钱，但实际上在地方经济中起到促进生产和消费的作用。

农村妇女工作的特点在于劳动强度大、利用当地的材料和当地的市场，这也使产品多样化和市场发展受到限制。其他方面的限制包括缺乏经过实地检验的合适技术、男人对资金储备使用的干预、缺乏基础设施和交通工具、缺乏管理才能、缺乏与正规企业直接和间接的竞争以及缺乏信贷和金融服务来源。

微型企业、中小企业以及乡镇企业都一样，面临着来自中国企业的竞争，还没有准备好。但不管有没有中国人，大多非洲妇女经营的企业都举步维艰，在狭缝中求生存，因为她们无法得到低利率信贷，她们赖以生存的环境正在恶化。

非洲女企业家面临的问题并非一定是中国的过错，但当非洲妇女失业的时候，就会引起对中国的强烈不满，成为中国的问题，还会给非洲领导人造成问题，最终要由他们来负责。非洲女企业家所面临的问题在过去几十年一直存在，但来自中国的新的竞争使问题变得恶化起来。

缺乏资金和恶劣的经营环境使从上到下的各个层次的非洲妇女拥有的公司受到制约。“做经营项目”和“世行性别行动计划”提出一份新报告，对这样的问题如何制约营利性企业的发展提出深刻的建议，其中介绍了七位女企业家，对她们成功的原因作了分析，对她们在发展企业的奋斗过程中所遇到的法律、建制和实践方面的障碍也作了分析。

这七位妇女来自喀麦隆、卢旺达、塞内加尔、南非、斯威士兰、坦桑尼亚和乌干达，她们的经历表明她们没有受到如下所示的一系列制约发展的因素限制。

- 卡阿·瓦拉（喀麦隆）创办一家称之为“喀麦隆战略”（Strategies in Cameroon）的管理咨询公司，年营业额为50万美元，雇用15位员工，业务遍布非洲、欧洲和美国。对卡阿·瓦拉和大多喀麦隆妇女来说，税收成了一个障碍。

•珍妮特·恩库巴纳（卢旺达）在卢旺达创办一家手工艺品公司“佳哈亚之环”（Gahaya Links），年营业额30万美元，雇用3000多名工人，业务遍布非洲和美国。珍妮特·恩库巴纳在卢旺达做生意遇到的障碍在于越境贸易。

•爱萨·迪翁（塞内加尔）在塞内加尔创办一家称之为“爱萨·迪翁之家”（Aissa Dione Tissus）的室内设计公司，现年营业额70万美元，雇用100多名员工，在非洲、欧洲和美国开展业务。爱萨·迪翁在塞内加尔做生意遇到的障碍在于雇用员工。

•丝本吉尔·桑博（南非）在南非创办一家航空服务公司——SRS航空有限公司（SRS Aviation Ltd），年营业额500万美元，有9名雇员在全球开展业务工作。丝本吉尔·桑博在南非做生意遇到的障碍在于获得信贷。

•佐伊·迪安-史密斯（斯威士兰）在斯威士兰创办一家称之为乡村化私人有限公司（Gone Rural Pty Ltd.）的家庭用品公司，年营业额60万美元，有713名雇员，业务遍布非洲、欧洲和美国。佐伊·迪安-史密斯的主要障碍是财产注册。

•维多利亚·克赛奥姆博（坦桑尼亚）在坦桑尼亚创办一家金融服务公司——塞罗租赁与金融有限公司，年营业额600万美元，总部雇员有60人，有12家分部分布在坦桑尼亚各地。对维多利亚·克赛奥姆博来说，获取信贷是一个障碍。

•朱莉安·奥玛拉（乌干达）在乌干达创办一家果汁制造公司——快乐有限公司，现年营业额为390万美元，拥有450名雇员，业务遍布乌干达和苏丹。对朱莉安·奥玛拉来说困难在于公司的创建。

她们还面临其他问题。关键在于很多非洲妇女拥有的公司具有增长的潜力，但她们要与自己所处的环境抗争，还要应对来自中国人的越来越激烈的竞争。

良好的环境并非只是规章制度和缴纳税收

企业家精神并非是一个个人的过程，而是一个集体的过程，除了企业家之外还牵涉很多角色。创造有竞争力的企业并非仅仅是一个人的决策的结果，还需要激励企业家进行企业创新和发展的良好环境。从广义来讲，良好环境始于企业家从“心灵深处”创造出来的并由家人、朋友和外在因素培育的一种环境。

文化和社会准则在激励抑或挫伤经商的非洲妇女方面起着重要的作用。部落的残余势力、宗教的传统以及男人对资产的控制给非洲妇女造成极大障碍，使她们难以得到在商业界发展所需要的精神支持和物资资源。

虽然非洲妇女拥有的公司与发展中世界其他地区的中小企业面临着同类问题，但是她们在资源方面应对的挑战的难度可能更大一些。因此，非洲女商人除了面对常见的资金、基础设施、环境问题外，还要面对男人授权给女人的消极态度。

这种消极态度是对社会整体发展水平的一种反映。要对社会进行改革，就必须得到人民的衷心拥护，而不仅仅是机构和法律框架的支持。非洲妇女在经营中面临的困难在于改革以不同的速度、不同的时间、不同的地点出现在整个社会。因此，当非洲妇女需要面对社会的落后地区的时候，就会出现冲突。这种冲突总是发生在一个国家的距离推动社会改革的力量最遥远的地区。在这样的地区，男人牢固地掌握着权力。

催化企业精神

经验表明可以对企业精神进行“催化”。助长妇女树立企业精神的因素包括动机、家庭影响、教育、宗教、培训和指导。互联网如果得到普及，价格便宜，也有催化的作用。但是非洲妇女并没有充分利用互联网，她们在自己所从事的领域里正在逐步落后，她们在确定未来市场、合作伙伴和所需的其他投入方面的能力也在逐步下降。

把追求一种独特思想作为经商的动力并不是许多非洲妇女的选择，因为她们缺乏创造这种思想的信息。要有能力追求独特的思想，企业家需要接受教育（以评估一种思想的价值）、信息（以评估出这种思想是否独特）以及培训（以便能够贯彻她们的思想）。教育、信息和培训是三个重要元素，但在非洲妇女当中却供给短缺，特别是在撒哈拉以南非洲地区。

父亲还可以是女儿灵感的源泉，向她们传递女儿有权利去追求有关企业生涯的信息。这就意味着，要为妇女考虑走企业家之路打下基础，重要的在于父亲也在于她们自己年轻时的造化。

宗教是左右妇女走企业家之路的另一个重要因素。特别是伊斯兰教对妇女选择企业家的生涯，对于她们获取走企业家之路所需要的资源，都会成为一个绊脚石。对丈夫来说也是一样，如果他予以配合和支持，她前方的路就会容易走得多。

培训可以使企业家获得在经营中获得成功的技能。不管这种技能涉及会计、市场运作、销售、有关产品的深层知识、采购还是其他基本的商业因素，她们都必须掌握在市场上具有竞争力并获得成功的最重要的知识。她们不必对这些领域都了如指掌，但必须接受一定的培训，以便有能力聘请所需要的专家。

接受前辈指导也对培养和创造企业思想起到重要的作用，在这方面非洲妇女由于缺少成功的女导师的指教而处于不利的地位。

对非洲女企业家的业务支撑服务

在今天竞争的环境下，没有持续的投入和支持来帮助企业主认识和满足市场不断变化的需求，企业便无法运转。企业的支撑对于促进新兴企业发展特别重要，对于促进经常缺乏资本的妇女所拥有的企业的发展也特别重要。这样的支撑有各种不同的来源，包括家庭、朋友、同伴和正式机构，抑或还包括企业家精神、榜样的力量、培训和技术指导。

在西方常见的企业支撑服务有培训、咨询和指导、商业实体的开发、业务往来、行业聚会以及合作生产网络等，这对非洲女企业家来说往往都得不到。此外，妇女企业协会还处于初级发展阶段，其能力还有待提高才能提供有意义的服务。

在西方发达国家，特许经营权业已证明是促进小企业发展的最可靠的途径之一，但这在一般情况下对非洲妇女企业主并不适合，因为支撑特许经营权的法律和制度框架在大多非洲国家还没有建立起来。

社会资本与非洲女企业家

非洲妇女通过社会资本所能支配的资源是什么？要回答这个问题需要深刻理解具体社会中的关系和网络及其对女企业家的影响。社会资本学说的中心命题在于关系网对于处理商业事务是一种有价值的资源，因为通过与建立在信赖和个人声誉基础上的一个网络内联系就有可能获取资源。但对大多非洲妇女来说，她们的网络资本不足，因此没有强大到提供竞争优势的程度。

全球经济与非洲妇女拥有的中小企业

国家要生存就必须出口，但在非洲对在妇女已经打下的基础之上的建设还重视不够，各种历史资料都表明非洲妇女几千年来一直积极地从事贸易活动。非洲妇女一以贯之，每日都越过边境进行一切可能的贸易活动，但是可以开展贸易活动的权力却掌握在男人的手里。跨越边境的非洲妇女通常要面对掌握权力的男人制造的障碍。非洲妇女在区域内和全球从事贸易的能力时时处处都受到限制。

总而言之，非洲女企业家面临很多障碍，这是她们在所处的环境中受到限制直接造成的。因此，她们与中国企业竞争的能力不够强大。中国企业渗透进整个非洲企业的每个层面里，给非洲妇女带来的竞争压力越来越大，为了不使她们在竞争中“遭到冷落”，应该运用一些关键的思想和资源来帮助撑起 75% 非洲天空的妇女“振作起来”。

非洲企业妇女的公司社会责任

帮助非洲妇女继续在企业中经营对促进中非关系稳定是一种“保险政策”。因此，为妇女所拥有的公司提供支持是最好的选择，而且容易见到成效。

中国面对的问题在于：是否可以把中非开发基金的一部分或其他资源拨给非洲妇女拥有的企业，帮助她们填补信息、资金、技术辅助和市场联系的空白呢？

非洲领导人所面对的问题在于：在与中国的谈判中是否可以把对非洲妇女所拥有的企业放在优先地位呢？

帮助非洲女企业家是公司社会责任行动计划的一个成熟领域，她们通过帮助就能继续撑起非洲 75% 的天空。

沙伦·T. 弗里曼博士与纳米比亚儿童在一起（2009年）

第十二章

青年失业：非洲国家面对的重大挑战

青年失业：非洲国家面对的重大挑战

沙伦·T. 弗里曼

2009年4月在世界银行召开的一次青年专题报告会强调三项重大调查结果：

- 青年失业问题不容易解决。
- 青年就业必须成为每个非洲国家发展战略的一部分。
- 就业政策必须支持对教育和培训的投资。

一个来自加纳、肯尼亚、马里和其他国家的青年与就业专家小组，在世界银行和国际货币基金组织2009年的年度会议期间相聚在一起，讨论缓解正在加剧的非洲青年失业问题。专家小组会由非洲地区副主席欧比亚吉利·艾泽维斯利主持，由人力开发部主任亚沃·安苏调停，一致认为这个问题没有容易的解决办法。

马里财政部长萨努西·图尔指出："城区青年正在与相同学校毕业的数以千计的其他人寻找工作，农村青年也涌入城市寻找工作；这是一场悲剧。我们的政策对教育和培训进行投资，但这种投资没有创造就业机会。"

肯尼亚青年与体育部常务秘书基努西亚·穆鲁谷也认为经济增长没有创造出相应的就业机会，他指出，"这是我们需要进行具体的目标干预的原因"。他进一步指出，"肯尼亚制订了一项青年就业马希尔计划"，今后四年创造50

万个新的就业岗位，其具体措施在于增加技术培训学校的数目并对学生予以补贴，扶持农村企业家，创建劳动密集型的公共工程，发展信息通信技术（ICT）产业，实施植树创造就业机会工程，为植树青年提供薪酬，促进砍伐森林的作用的逆转。

但穆鲁谷还指出："培训结束后怎么办？在肯尼亚我们对初等教育投入1500亿先令，但没有工作岗位青年怎样向就业过渡？"这是值得注意的问题。他强调改善非正规产业环境的重要性，地方当局必须签订创造就业岗位任务合同。他还指出扶持农业领域的青年非常关键，因为肯尼亚大多农民都在60岁以上。他说："我们的植树创造就业岗位工程是为农村设立的，青年从事林业工作，学习技术，帮助维护我们国家的经济基础。"

穆鲁谷补充说，要鼓励私有企业通过公共工程合同的形式创造更多的就业岗位，他强调公司要按合同的一定比例招收劳动力。"基础设施项目需要做很多文牍工作，花很长时间才能执行。社会干预的效果要好得多；你们可以教育和培养年轻人，再为他们公司聘用他们创造激励机制。"

加纳大学社会政策研究中心副主任威廉·阿哈德兹教授指出："在加纳，政府对这种问题采取部门分管的方法。我们已建立一个国家青年就业工程项目，旨在使青年积极参加需要他们的、富有成效的职业工作，如卫生普及工作者、教师和在产业中的带薪实习生。他还强调需要在农业领域中创造就业岗位，但也提出把农业与非农业活动联系起来的必要性，如加工、开辟市场和融资工作。"

尼日利亚国家计划委员会主任阿尤德尔·奥莫托索说："尼日利亚青年失业率是60%～70%，就业市场能吸纳的新职工只占10%。我们过去总以为国有部门必须提供就业岗位。现在我们需全面地看待问题。我们启动社会保障工程，把现金转交给失业职工。我们也对教育部门进行改革。在农业部门，我们在考察商品经济和土地改革。我们在考察制造业，这个部门受到基础设施缺乏的制约。我们还期待在旅游产业、信息与通信技术产业和公用工程领域增加青年就业岗位。关键的教训在于青年失业是一个多方面的问题，需要在宏观的基础上加以解决。"

世界银行地区副总裁艾泽克维斯利说，显而易见，解决青年失业问题需要从很多方面切入。"失业青年的形象如同性别一样必须进入我们的思路。在我们做的任何事当中，都必须给青年进行有效的定向，这样他们在未来才会发挥重大的作用。”

中国面临的挑战和机遇

随着中国以政府对政府之间的关系为基础在非洲深入开展活动，随着中国私有企业也同时在非洲增加活动，问题就在于：中国政府和中国企业对帮助非洲国家解决青年失业问题能起什么作用？

一个相关的问题在于：为什么中国应该关心非洲青年失业问题？答案非常简单。非洲的未来是属于青年的。如果他们的就业需求得不到满足，整个非洲大陆就会不稳定；如果非洲大陆不稳定，非洲和中国的关系也会不稳定。

随着中国在一系列产业领域里实施重大开发行动计划，包括建筑、农业和制造业，就应该有机会为非洲青年提高技能、学徒和就业开辟项目。

归根结底，还需要非洲政府在与中国谈判中把这样的行动计划放在优先地位。最终还得靠非洲领导的才能和决心来描绘出一幅远景蓝图，制定出指引一条包容的、创新的未来发展之路的战略。

2007 年我与沃克·威廉斯在非洲 9 个国家举办一次作文大赛，从其属性、特点和结果等方面来论述非洲领导。下面引述的是大赛获胜者的部分论述（S. T. 弗里曼和 W. A. 沃克，2007）。

非洲领导面临的挑战与机遇

- 安哥拉阿格斯丁霍·内托大学施容加·巴里·科雷亚·努尼斯说：“今天非洲需要有远见卓识的领导人。我们的未来并不确定，年青一代没有梦想，没有灵魂。私有财产权利被认为是具有排他性的而不是代表机会的权利。非洲就像一片丛林，穷者似乎正在变得更穷，富者正在变得更富。团结涣散，人性的价值正在缩水。人们不得不屈从强权，而不是服从领导，在这个过程中，我们在世界上正在变得孤独和孤立。我们去向何方？谁能给我指引道路呢？”
- 博茨瓦纳大学洛丽丝·萨库泽说：“我认为领导就是影响他人——个人和群体的能力。人们志愿服从英明的领导和他们的榜样。给英明领导下定义，人们必须检查英明领导的属性、行为和英明领导产生的结果。我期待着我的祖国博茨瓦纳出现英明领导的榜样。”

●纳米比亚大学费勒蒙·伊曼纽尔说：“领导是团结群众的艺术，和群众同呼吸，共命运。领导还是科学的社会方法，影响人的行为，践行‘承诺准则’。领导是领导过程的监护人，具有指导他认得权威以及鼓舞跟随者的能力。”

●南非威特沃特斯兰德大学爱德华·卢拉尼·恩格文亚说：“领导言行不一反而突出了英明领导具有的三个重要的特征：领导必须表里如一，诚实守信，在行动上恪守高尚的道德标准。作为群众，我们希望看到领导在私下场合和公开场合都始终如一。我们要能够指望领导，他的话要靠得住。我们希望看到领导的所作所为都以高尚的道德标准为指南，这是非常重要的。以上的论述强调品格和道德的重要性。英明的领导具有优秀的品格，光辉的道德风范。有一句古老的谚语说：‘一个人就是一个人民选定的人。’因此，一个领导之所以是一个领导，是因为他是人民授权才当领导的。他绝不能辜负这样的授权。”

●加纳大学杰里·E. K. 哈里森说：“一位船长的角色为理解一位领导的角色提供了一个很好的隐喻。对于一位海轮船长来说，终点就是指南，指引着航向。不论在大海的何处，不管浪涛多么汹涌，焦点总是定格在终点的到达。因此，伟大的国家领导人要有远见卓识和明确的目标。正如轮船没有明确的终点决不离岸一样，英明的领导心中没有明确的目标，也不应该指引前进的方向。地平线望不到边，领导必须有超越地平线的眼力，时时刻刻都能看见终点。要反复不断地摸索，从别人的成功和失败中汲取经验和力量，这样领导才能有远大的目光。不管是望见大海的岸边还是沙漠中的绿洲，英明的领导都必须富有远见卓识，鼓励追随者克服当前的挑战。”

●利比里亚大学埃里克·科里说：“简而言之，一位英明的领导就是一个被委以领导权力时能够做该做之事的人。领导个人具有的素养指引着他们做该做之事。今天在艾伦·约翰逊·瑟利夫总统的领导下，利比里亚的前景一片光明。我认为她具备所有必要的属性和特点来推动国家前进，激起她的跟随者的信赖和忠诚的情感。人民对她寄予厚望。例如，我们期望她可靠忠诚、才干绝伦、富有远见、鼓舞人心、公平公正、直言坦率、想象丰富、英勇无畏。这些品质中的每一个都非常有意义。我相信我们走上了英明领导指引的正确道路。”

• 尼日利亚大学纳吉·索罗门·欧克伍迪利说，领导非常重要，他们在每个社会组织中都担当战略角色。领导好与坏是鉴别社会、组织、经济和政府成功和失败的试金石。有证据表明英明领导和目标实现之间存在着关系。非洲要在 21 世纪竭力克服挑战，迎头赶上去，就必须有坚强的领导，指引社会的各个阶层发展进步。智者曰：“领导的作用在于激发人们胸怀远大的抱负，调动他们的冲天干劲，努力实现美好的理想。”

• 肯尼亚塔大学多姆尼克·奥奇恩·卡拉尔说：“要使非洲摆脱目前不发达的状况并没有灵丹妙药。非洲领导面临的任务在于从非洲的历史汲取教训，学习全球领导的成功经验，对两者进行分析和总结，制定出推动非洲发展的新战略。重要的在于要让非洲青年人了解这些经验教训，他们是非洲未来的主人。要为吸引非洲青年和专业工作者进入鼓励他们参加非洲领导事务的全球网络工程提供资源。要鼓励青年人树立起全球责任感和远大目标，投身到地方、国家、地区和国际的行动中去。”

“机会从来都没有满足受苦人民的希望：行动、自力和对未来的想象是被压迫人民看到和点亮他们自己的自由之光的唯一出路。”马库斯·加维如是说。非洲领导现在要丢掉幻想，接受非洲要对非洲的命运负责这一残酷的现实。

• 坦桑尼亚达累斯萨拉姆大学：爱自己的同伴是激情喷涌的源泉，激情与适当的知识和技能相结合，就会成为正确行动路线的指南和灵魂。而同情心反过来是信赖和坦诚的源泉，因为当你富有同情心并爱你的同伴的时候，你就会竭尽全力做你应该做的事情。因此优秀的领导人应对人民负责，理解并调整社会价值，进而也会为社会所信任。

下文是加纳随笔作家杰里·乔·E. K. 哈里森谈论他对今天加纳青年所面临的挑战和机遇的看法，以期引起非洲青年的关注。

非洲青年面临的挑战：我看加纳

52 年前世界关注着加纳。一个名叫马丁·路德·金的年轻传道士旅游来到阿克拉，观看米字旗降落，加纳旗升起。有人问金先生看到一个国家的诞生有何感受时，他说：“这使我重新建立了正义最终会胜利的信念。”

今天一场新的胜利战斗正在打响。我要特地向占加纳人口一半以上的像我一样的青年说一些话。你们必须知道世界将不会像你们现在创建的样子。你们有权利让你们的领导肩负起责任，建设为人民服务的机构。你们可以在社区服务，用你们的精力和知识创造新财富，构建与世界新的关系，你们可以战胜疾病，终止争端，让世界发生翻天覆地的变化。“你们能够做到……因为此时此刻历史正在前进。”

只有你们肩负起对未来的责任，这些任务才能完成。这并非轻而易举的事情，实施需要付出时间和力气。前进的道路上会遇到困苦和挫折，但非洲有包括美国和中国在内的发展合作伙伴和朋友，他们乐意为我们提供援助。但真正的努力要靠你们和你们所作出的决策、你们的所作所为以及你们心中珍藏的希望。

自由是你们继承的财富。现在必须在自由的基础上开展建设。如果你们能够做到，作为加纳的年轻人多年后回首来看今天就会说，这是美梦成真的时代，这是创造繁荣的时代，这是痛苦消失的时刻，这是一个进步的新纪元开启的时刻。这是我们见证正义再一次凯旋的时刻。

后 记

本书内容丰富翔实，许多文章都阐述了中非关系存在的重要问题，能够给人以启发。其中的国家案例特别有助于揭开有关中国人选择非洲国家的所为与所不为及参与者所感的神话。纵览全书，有三个非比寻常的基调，令人难忘：谦虚、希望和情感。这些强调处于一切相互作用中心的人——领导、追随者和走中间道路者——对他们的相互作用有何感想。

谦虚是和尊重相伴而来的，在利益相关者看来，谦虚概念的价值从社会金字塔的顶层到底层都弥足珍贵。从经营的角度来讲，当我们谦虚的时候，我们就能倾听他人的意见，向他人学习；我们不会想当然地认为实现目标只有一种方法；我们会越来越愿意共同合作。

希望也同样重要，常言说："用一粒希望的芥菜子，我们就能移动高山。"在很多非洲国家中希望正在取代失望，正如所见到的迹象所表明的那样。要使"利益关系"得到重视，就必须有值得去冒险的某种项目。通过非中关系人们清楚地看到，基础设施建设是某种值得冒风险的项目建设的开始。当事物有价值的时候，人们就会予以保护。因此可以预期，中国在非洲的作为的一个意外收获就是使民间社会变得强大起来。

比较中西方的"软性手段"就会清楚地看到问题不仅在于所做之事，更加重要的是做事的方式。当把人类情感考虑进去的时候，就有可能改变和优化做事方式。当那种"方式"把谦虚和希望考虑进去的时候，就会为整个社会的每个阶层发生积极的变化打下基础。

书中反复提到，中国认为非洲是一片充满机遇的土地，而不是一个濒于崩溃的大陆。这意味着中国对非洲发展前景抱乐观态度，他们把资金投入生活的基本需要之中。

在中国的文化里，“脸面”实际上对人际交往来讲包含三种成分。“脸面”是不断变化的，可以运用到个人和企业的关系中。“脸面”暗示着一个人在其他人面前怎样对待另一个人，涉及尊重、谦虚和信任。在亚洲文化中，没有人想“丢脸”，也许在非洲文化中也是一样，只是表达方式不同罢了。关键在于在非中交往中双方都不想“丢脸”。因此，路上遇到的坑坑洼洼有可能会被及时地填平，结果会令人感到满意。中国人在非洲并不是待一天或一年，甚至也不是十年；他们要永久地待下去，为维持和平与和谐所遇到的问题无疑会及时得到解决。

译后记

非洲是古代文明的发祥地，埃及金字塔和桑给巴尔石头城等许多名胜古迹堪称世界之最，神秘广袤的撒哈拉沙漠令人充满了遐想，好望角和维多利亚大瀑布等许多天然景观美不胜收，许多天然动植物园令人神往，3200 多个种族文化色彩斑斓，构成了丰富多姿的人文景观。

提起中非关系，不由得会使人想起中国在非洲最著名的援建工程坦赞铁路。那条联系中非人民友谊纽带的铁路全长 1860.5 公里，1968 年开始勘探设计，1970 年正式动工。坦赞铁路的施工条件极为艰难，地质十分复杂，许多地段荒无人烟，气候炎热，中方先后派出工程技术人员 5 万人次，高峰时有 1.6 万人在施工现场，发运各种设备材料近百万吨，至 1976 年 5 月全线通车。其实，我国对非洲的经济援助，是始于 1956 年对埃及的援助。这年 11 月，我国向埃及提供了 2000 万瑞士法郎现汇的无偿援助，稍后又向阿尔及利亚无偿提供价值 7000 多万元人民币的物资和现汇援助。1960 年，中国正处于三年困难时期，但还是答应非洲一些国家的要求，援助几内亚 10000 吨大米，援助刚果 5000 吨小麦和 10000 吨大米。

改革开放以来，我国对非援助外交受到新时期战略决策的影响，逐步完成了意识形态从强调到弱化、交流领域从单一到多元及合作性质从注重经济援助到强调互利双赢的三重转变。这一转变推动了中非关系完成了从援助—被援助关系到合作伙伴关系的转型。中国命名 2006 年为“非洲年”，这一年中国承诺对撒哈拉以南非洲基础设施投资增加 4 倍，到达 70 多亿美元。2007 年中国承诺再投入 45 亿美元。这样的资金对满足非洲基础设施投资需求起到重大作用。中国要对非洲落后最严重的电力部门投资53亿美元，包括33亿美元的项目，这些项目竣工后会使非洲地区水力发电容量增加30%。言必信，行必果，我国的这些承诺都已经如期兑现。

这是一部对中非关系作全景式描述的大书，书中的作者有国家元首和外交官员，还有一线的建设者、专业研究人员，都是非洲建设的实践者和亲历者，他们用亲身经历见证了非洲的发展以及中非合作给非洲人民带来的实实在在的好处，中国改革开放的成功经验对非洲重要的借鉴作用。

本书内容丰富，涉及中非关系发展的方方面面，包括官方的有关政策文件、中非关系的历史沿革的研究、前沿记者的实地采访、建设者的心路历程，有正式的座谈、有私下的交谈，也有学院式的研究论文。尽管我们对非洲充满了好奇，对中非关系充满了热爱，但是由于文体的多样性和语言的复杂性，本书的翻译工作处处充满了挑战。好在我们这个团队成员都愿意踏实工作，过程虽然艰辛，却为在工作中学识上的有所收获而甘之若饴。我们具体分工是，苏京京翻译第1~4章和第9章，刘娟翻译第5~6章，李雪艳翻译第11~12章，王益民翻译图表并审定全部注释，我完成了其余章节的翻译并审定全部译稿。

正如主编沙伦·T. 弗里曼博士所说的那样，本书是经过美国、中国和非洲许多合作者在内的同仁两年的努力而完成的。那么，本书的翻译过程也得到了很多同人的大力支持和热情帮助。社会科学文献出版社编译中心祝得彬主任对政策法规、语言风格等方面给予具体指导和准确定位，使翻译工作得以在计划内顺利完成。美籍教师曹南希对非洲人口语中的俗语俚语颇有研究，当我遇到这些翻译上的“拦路虎”的时候，可以随时通过QQ向她求教，她不厌其烦地指出其中要义，给出明确的答案。

还有许多人需要答谢，特别要感谢责任编辑李博、单远举的辛勤劳动，他们的编辑加工和校对工作提升了文字的规范性和纯洁性。由于本人水平有限，加之时间仓促，错误在所难免，希望读者批评指正。

苏世军

2011年6月于北京印刷学院

图书在版编目(CIP)数据

中国、非洲和离散非洲人/(美)弗里曼(Freeman, S. T.)主编;苏世军,苏京京译. —北京:社会科学文献出版社,2013.4
(中国发展道路研究丛书. 当代中国研究译丛)
ISBN 978-7-5097-3812-2

Ⅰ.①中… Ⅱ.①弗…②苏…③苏… Ⅲ.①中外关系-研究-非洲②非洲-概况 Ⅳ.①D822.34②D74

中国版本图书馆 CIP 数据核字(2012)第 223578 号

·中国发展道路研究丛书·当代中国研究译丛·
中国、非洲和离散非洲人

主　　编 / 弗里曼(Freeman, S. T.)
译　　者 / 苏世军　苏京京

出 版 人 / 谢寿光
出 版 者 / 社会科学文献出版社
地　　址 / 北京市西城区北三环中路甲 29 号院 3 号楼华龙大厦
邮政编码 / 100029

责任部门 / 全球与地区问题出版中心 (010) 59367004
责任编辑 / 单远举　李　博　段其刚
电子信箱 / bianyibu@ssap.cn
责任校对 / 王明明　李　惠
项目统筹 / 祝得彬
责任印制 / 岳　阳
经　　销 / 社会科学文献出版社市场营销中心 (010) 59367081　59367089
读者服务 / 读者服务中心 (010) 59367028

印　　装 / 北京季蜂印刷有限公司
开　　本 / 787mm×1092mm　1/16
印　　张 / 30.5
版　　次 / 2013 年 4 月第 1 版
字　　数 / 514 千字
印　　次 / 2013 年 4 月第 1 次印刷
书　　号 / ISBN 978-7-5097-3812-2
著作权合同登记号 / 图字 01-2011-6845 号
定　　价 / 89.00 元